Andreas Fischer
Herausgeber

Ausbildung und Kunst

:Haupt

Andreas Fischer
Herausgeber

Ausbildung und Kunst

Die Bedeutung des Künstlerischen
für sozial- und heilpädagogische Berufe

Haupt Verlag
Bern · Stuttgart · Wien

1. Auflage 2006

Bibliografische Information der Deutschen Bibliothek

Die Deutsche Bibliothek verzeichnet diese Publikation in der Deutschen Nationalbibliografie; detaillierte bibliografische Daten sind im Internet über http://dnb.ddb.de abrufbar.

ISBN 13: 978-3-258-07075-9
ISBN 10:   3-258-07075-X

Alle Rechte vorbehalten
Copyright © 2006 by Haupt Berne
Jede Art der Vervielfältigung ohne Genehmigung des Verlages ist unzulässig

Titelbild: Marita Caspari
Illustrationen zu Kapitelüberschriften: Renata Fischer
Satz und Gestaltung: Textmanufaktur, Basel
Printed in Switzerland

www.haupt.ch

Inhaltsverzeichnis

Einleitung   9

Umfeld

Pluralismus und Methodenvielfalt in der Ausbildung
Emil E. Kobi   19

Praxis, Methodologie und Menschenverständnis
in der anthroposophischen Heilpädagogik
Rüdiger Grimm   31

Kunst und Wissenschaft
Angelika Gäch   43

Erziehungs- und heilerziehungswissenschaftliche Ergänzungsinhalte zum
Ausbildungscurriculum «Anthroposophische Heilpädagogik»
Maximilian Buchka   53

Medizin und Heilpädagogik
Erdmut J. Schädel   61

Heilpädagogik und Sozialpädagogik:
Verständnisse – Wandlungen – Spannungsfelder
Barbara Jeltsch-Schudel   69

Lachen und Lernen – Die (Wieder-)Entdeckung des Humors
in Lehrveranstaltungen und Unterrichtssituationen
Johannes Gruntz-Stoll   79

Grundlagen

Curriculumsentwicklung angesichts der Bedürfnisse der Praxis
Stefan Osbahr 89

Die Verbindung von Praxis, Theorie und Kunst in der Ausbildung –
Grundlagen und ein Fortbildungsprojekt
Bernhard Schmalenbach 99

Wissenschaft und Praxis
Die Aufgabe einer Studienstätte zukünftiger Lehrer
Götz Kaschubowski 115

Zur Frage der so genannten Sozialkompetenz in der Ausbildung
Joachim Grebert 123

«Oheim, was wirret dir?»
Die Begleitung der Studierenden – eine Kunst in Begegnung
Johannes Denger 141

Ausbildungserfolge
Dieter Schulz 155

Kunst

Der Erkenntniswert des Künstlerischen
Walter Kugler   167

Bedeutung der Kreativität in der Förderung von Kindern
mit schweren Behinderungen
Andreas Fröhlich   179

Der fruchtbare Moment im Ausbildungsprozess – ein trialer Ansatz
Hans Egli   187

Die Kunst des Sprechens
Agnes Zehnter   199

Die Bewegungskunst der Eurythmie –
Beitrag zu einer künstlerischen Methodologie
Jean-Claude Hucher   207

Bildende Künste als Verwandlungsprozess
Marita Caspari   219

Unterrichtsvorbereitung als künstlerischer Prozess
Eva-Maria Schnaith   229

Praxis

Gegenwart ist, wenn das Spiel ernst wird –
Dimitri im Gespräch mit Hans Egli und Eva-Maria Schnaith
Konstanze Brefin Alt   241

Künstlerisches Tun während der Ausbildung
unterstützt Verwandlungsprozesse
Christianne Büchner   253

Gedanken von Betroffenen
Urs Thimm / Nelli Riesen / Marianne Stärkle / Jacqueline Domeyer   269

Die externe Evaluation des Lehrganges
«Sozialpädagogik HFS mit anthroposophischem Ansatz»
Hannes Lindenmeyer   281

Ausbildung im Wandel der Zeit
Andreas Fischer   293

Die Autorinnen und Autoren   307

Einleitung

Ist künstlerisches Tun in der heil- und sozialpädagogischen Ausbildung entspannender Zeitvertreib oder trägt es zur Entwicklung beruflicher Kompetenzen bei? Was macht es für einen Sinn, in Zeiten knapper werdender finanzieller Ressourcen, in Ausbildungen künstlerische Fächer anzubieten, die in keinem direkten Zusammenhang mit der späteren Tätigkeit zu stehen scheinen?

Diesen Fragen und möglichen Antworten versuchen die Beiträge in diesem Buch nachzugehen. Gerade in den Berufen, wo Menschen anderen Menschen unter erschwerten Bedingungen begegnen, kann es in der Ausbildung nicht nur um die Vermittlung von Wissen und Handlungskompetenzen gehen, sondern der Blick auf die eigene Persönlichkeit mit ihren Schwächen und Stärken hat einen grossen Stellenwert. Inwieweit das Künstlerische in diesem Sinn einen essentiellen Beitrag zur Ausbildung als Vorbereitung für die spätere berufliche Tätigkeit leisten kann, wird aus verschiedensten Perspektiven beleuchtet. Bezugspunkt ist in einigen Beiträgen die in den anthroposophischen Ausbildungsstätten seit vielen Jahrzehnten umgesetzte triale Ausbildungsmethodik, die dem Künstlerischen – neben der Erkenntnis und der Praxis – einen gleichwertigen Platz im Ausbildungsgeschehen zugesteht.

Dank an Hans Egli

Anlass für das Erscheinen dieses Buches ist der im Sommer 2006 erfolgte altersbedingte Rücktritt von Hans Egli von der Leitung der Höheren Fachschule für anthroposophische Heilpädagogik in Dornach. Hans Egli hat nach vielen Jahren in der Praxis – unter anderem als Leiter einer Sonderschule – 1990 die Leitung der Ausbildungsstätte in Dornach übernommen.

In seine Ära fielen viele herausfordernde Veränderungen in der nationalen und internationalen Ausbildungslandschaft. Hans Egli war bemüht – immer im Austausch mit Kolleginnen und Kollegen aus Wissenschaft und Praxis – in einer adäquaten Weise auf die Veränderungen zu reagieren und die anthroposophische Heilpädagogik im Rahmen der Schweiz kompetent zu vertreten und auch zu positionieren.

Er ist und war ein Brückenbauer; sein Anliegen war auch der Dialog mit der nichtanthroposophischen Heilpädagogik und ihren Repräsentanten. Immer war er offen für

Anregungen aus dem Umfeld, suchte den Austausch und das Gespräch, hat sich selber nie in den Vordergrund gespielt. Von seiner breiten Akzeptanz in der Fachöffentlichkeit zeugen nicht zuletzt die vielen Lehrverpflichtungen an anderen Ausbildungsstätten und seine Berufung in wichtige nationale und internationale Arbeitskreise und Gremien. Sein Blick war nach vorne gerichtet, er hing nicht am Alten, sondern versuchte, auf die grossen Herausforderungen, wie sie sich gerade in der heutigen Ausbildungslandschaft stellen, entsprechende Antworten zu finden.

Diese Publikation ist ein Dank an Hans Egli für all das, was er für die positive Entwicklung der anthroposophisch orientierten Heilpädagogik und Sozialtherapie getan hat. Gleichzeitig ist die Vielfalt der Beiträge und der Autorinnen und Autoren ein Spiegel für sein Wirken. Die Bedeutung des Künstlerischen in der Ausbildung war ihm ein grosses Anliegen. Er hat sich immer dafür eingesetzt, dass das Künstlerische den ihm zustehenden Platz einnehmen konnte. Viele Weggefährten von Hans Egli – unabhängig von ihrer menschenkundlichen Ausrichtung – haben sich spontan bereit erklärt, für diesen Sammelband einen Beitrag zu verfassen, alle im Wissen, dass die Publikation Hans Egli zugedacht ist. Ihnen allen gebührt ein herzlicher Dank.

Aufbau des Buches

In einem ersten Teil «Umfeld» stehen allgemeine Aspekte im Zusammenhang mit dem Fachgebiet Heil- und Sozialpädagogik und Ausbildung im Vordergrund.

- *Emil E. Kobi* untersucht in seinem Beitrag die Frage der Bedeutung der Methodenvielfalt in der Ausbildung. Er weist darauf hin, dass es – unabhängig von der gewählten Methodik – zentral ist, den Lernenden als Subjekt und nicht als ein auf den richtigen Weg zu führendes Objekt aufzufassen. Jede Methode beinhaltet die Gefahr der Entfremdung, der oft kritiklosen Unterwerfung unter ein Prinzip, während aus seiner Sicht die Persönlichkeit – auch die des Ausbildners – die entscheidende Grösse darstellt.
- «Man kann nicht kein Menschenbild haben», diese leicht abgeänderte aber sinngemäss übertragene Feststellung von Watzlawick ist der Ausgangspunkt der Betrachtung von *Rüdiger Grimm*. Jeder Theorie und Praxis liegen Menschenbilder zugrunde; in diesem Zusammenhang von Neutralität zu sprechen, ist ein Irrtum. Am Beispiel des anthroposophischen Menschenverständnisses wird die Differenzierung zwischen Inhalt und Methode dargestellt und darauf hingewiesen, wie sich Menschenbild, Praxis und Methode gegenseitig tragen.
- Das Verhältnis von Kunst und Wissenschaft ist das Thema von *Angelika Gäch;* sie kann aufzeigen, dass dies nicht zwei sich ausschliessende Gegensätze sind, sondern eine innere Verbindung besteht; mit einem kurzen historischen Abriss und auch am Beispiel der Epilepsie wird dies deutlich. Dazu kommt, dass der Begriff

der Intuition sowohl in der Kunst wie in der Wissenschaft beheimatet ist. Mit einem praktischen Beispiel – dem Unterricht in Embryologie – wird die Relevanz dieser Verbindung im Ausbildungsgeschehen dargestellt.
- *Maximilian Buchka* schildert vor dem Hintergrund des Handbuches für Ausbildungen in Heilpädagogik und Sozialtherapie – herausgegeben von der internationalen Konferenz der Medizinischen Sektion am Goetheanum – die Einbettung der anthroposophischen Ausbildungen im Rahmen der allgemeinen Heilpädagogik und Pädagogik. Aus seiner Sicht liegt da ein Mangel im Sinne eines zu geringen Miteinbezugs vor, dessen Behebung aber zur Steigerung der Ausbildungsqualität und auch zu einer besseren Akzeptanz führen würde.
- Mit einem Rückblick auf die Geschichte des Neben- oder Miteinanders von Heilpädagogik und Medizin beginnt *Erdmut J. Schädel* seinen Beitrag. Als Arzt und Heilpädagoge verfügt er über eine jahrzehntelange Erfahrung im heilpädagogischen Arbeitsfeld, kennt das Spannungsfeld dieser zwei Bereiche bestens und plädiert für ein fachliches und auch soziales Miteinander im Interesse der anvertrauten Menschen.
- Mit den heute feststellbaren Spannungsfeldern von Heil- und Sozialpädagogik – mit verursacht durch unklare Begrifflichkeiten – befasst sich *Barbara Jeltsch-Schudel*. Spannungsfelder führen zu Unsicherheiten und Abgrenzungen, dies ist in einer Zeit voller Umwälzungen wenig sinnvoll. Der Blick in die Geschichte zeigt, dass die Situation von Menschen mit Benachteiligungen Ausgangspunkt und Motiv der Bemühungen beider Fachbereiche waren, die Wege der Umsetzung jedoch verschieden sind.
- Ein auf den ersten Blick eher ungewöhnliches Thema in Bezug auf Ausbildung schneidet *Johannes Gruntz-Stoll* mit seinem Aufsatz über Lachen und Lernen an. Das Phänomen des Humors wird heute zum Glück wieder neu entdeckt und in seinen Ausführungen wird deutlich, dass der Humor sehr viel mit der heil- und sozialpädagogischen Arbeit zu tun hat. Er ermöglicht Beziehung und schafft gleichzeitig Distanz, gibt einen neuen Blick auf eine vielleicht verfahrene Situation und kann im Ausbildungsalltag auch ein positives Lernklima ermöglichen und Lernerfolge fördern.

In einem zweiten Teil «Grundlagen» ist der Fokus auf konkrete Aspekte des Ausbildungsgeschehens selber gerichtet.
- Berufsbildung und schöpferische Tätigkeit ist der Spannungsbogen, unter den *Stefan Osbahr* seinen Beitrag über die Curriculumsentwicklung im Zusammenhang mit den Bedürfnissen der Praxis stellt. Anhand eines konkreten Beispiels einer Neukonzeption eines Ausbildungsganges auf der Tertiärstufe kann er aufzeigen, wie sich Bildungsentwicklung und Praxisentwicklung gegenseitig beeinflus-

sen und befruchten. Sie stehen nicht in einem konträren, sondern in einem komplementären Verhältnis.
- Mit der Verbindung von Praxis, Theorie und Kunst in der Ausbildung beschäftigt sich *Bernhard Schmalenbach*. Umfassend geht er auf die einzelnen Gebiete und deren Bezüge untereinander ein und zeigt deren Relevanz für das Ausbildungsgeschehen auf. Er schliesst mit der Folgerung, dass es in der Begleitung von Auszubildenden eigentlich darum gehen sollte, diesen zu helfen, ihre eigene Künstlerschaft zu entwickeln. Er weist in diesem Zusammenhang auf ein laufendes Projekt im Rahmen der Europäischen Gemeinschaft hin.
- Haben die Inhalte der Ausbildung mit der konkreten Praxis etwas zu tun? Dieser Frage geht *Götz Kaschubowski* nach. Er schildert – ausgehend von persönlichen Erfahrungen als junger Student – das Spannungsfeld von Theorie und Praxis und zeigt deren unterschiedliche Bezugspunkte auf. In seinen Ausführungen wird deutlich, dass es die Kunst ist, die die Brücke zwischen diesen beiden Bereichen bilden kann und darum als wichtiges Element in der Ausbildung von heilpädagogisch Tätigen den ihr zustehenden Platz einnehmen sollte.
- Mit der Frage der Sozialkompetenz und ihrer Vermittlung im Ausbildungsgeschehen beschäftigt sich *Joachim Grebert*. Er beleuchtet die Verunsicherung der Menschen in ihrer historischen Dimension in der heutigen Zeit und zeigt auf, dass nur neue Denk- und Lernformen zur Grundlage von Sozialkompetenz werden können. Dabei ordnet er der Geistesgegenwart, dem Handeln aus dem Jetzt, eine spezielle Bedeutung zu.
- Die zeitgemässe Begleitung der Studierenden steht im Mittelpunkt der Gedanken von *Johannes Denger*. Im ersten Teil setzt er sich mit den Begriffen Bildung und Lernen auseinander und stellt einen gegenseitigen Bezug her. Wichtig bei der Begleitung ist ihm das dialogische Prinzip; dieses erläutert er auch näher und weist hin auf die Bedeutung der Begegnung. Diese schildert er im zweiten Teil seiner Ausführungen als einen Prozess, der sich in Stufen entfaltet.
- Dieter Schulz stellt die Frage nach dem Ausbildungserfolg. Dabei wendet er den Blick nicht in erster Linie auf die äussere Seite, auf die Ausbildungsstätte und ihre Instrumente zur Evaluation, sondern stellt die Frage nach dem Erfolg aus Sicht der Kinder, der Eltern, der Kolleginnen und Kollegen und der Dozierenden. Diese Umkehrung der Blickrichtung bringt neue Einsichten, interessante Perspektiven und auch Folgerungen für die Ausbildungsstätten.

Im Zentrum des dritten Abschnittes «Kunst» liegt das Schwergewicht auf der Darstellung des trialen Ansatzes, der gleichwertigen Gewichtung von Erkenntnis, Praxis und Kunst in der Ausbildung. Nicht alle Kunstformen werden beschrieben, exemplarisch herausgegriffen sind Eurythmie, Sprache, Zeichnen und Plastizieren.

- Das Verhältnis von Kunst und Wissenschaft beleuchtet *Walter Kugler* auf Grundlage des Werkes von Rudolf Steiner. Er kann aufzeigen, wie das Umgehen mit dieser Frage eines der zentralen Motive im Wirken von Rudolf Steiner war und viele Künste durch ihn belebt oder inauguriert werden konnten. Am markantesten tritt der Zusammenhang zwischen Kunst und Wissenschaft seiner Ansicht nach in den Wandtafelzeichnungen Steiners, von denen über 1000 erhalten sind, hervor.
- In Briefen an seinen Freund Hans Egli entwickelt *Andreas Fröhlich* seine Gedanken zur Bedeutung der Kreativität im heilpädagogischen Alltag. Wichtig ist für ihn der ständige Suchprozess nach dem Wesentlichen, vergleichbar dem Suchen nach Möglichkeiten einer adäquaten Begleitung eines schwerstbehinderten Kindes. Auch da geht es, wie in der Kunst, immer um die Suche nach Ideen, nach Antworten auf herausfordernde Fragen, kurz um das Überwinden von Grenzen.
- *Hans Egli* stellt an den Anfang seiner Ausführungen einen kurzen Überblick über die Ausbildungslandschaft und die damit zusammenhängenden Herausforderungen. Dann beleuchtet er die verschiedenen Ansätze in der Ausbildung und weist darauf hin, wie wichtig die Berücksichtigung des Künstlerischen – neben Erkenntnis und Praxis – ist. Er kann zeigen, dass Kreativität und der Umgang mit Grenzerfahrungen im heil- und sozialpädagogischen Alltag zentrale Kompetenzen sind, die durch künstlerisches Üben in der Ausbildung gefördert werden können.
- Den Beitrag der Sprache im Rahmen der Ausbildung untersucht *Agnes Zehnter*, ausgehend von den Entwicklungsschritten des kleinen Kindes. Die bewusste Auseinandersetzung mit dem Raum und der Zeit bildet den Ausgangspunkt der Sprache, die sich dadurch über den Alltag erhöhen kann und zur Grundlage der Begegnung mit einem Menschen wird. Ausbildung ist in diesem Sinne Umbildung, weil wir etwas Alltägliches – die Sprache – so ergreifen lernen, dass sie zur Grundlage der Sozialkunst werden kann.
- Zuerst beschreibt *Jean-Claude Hucher* die Eurythmie als Kunstform, zeigt dann aber auch ihre Bedeutung für den Unterricht an einer Ausbildungsstätte. Er weist darauf hin, dass diese neue Bewegungskunst beitragen kann zum Erwerb von wichtigen Berufsqualifikationen. Diese These untermauert er mit Hinweisen auf die Forschungen aus dem Bereich der Humanwissenschaften im Zusammenhang mit der Bedeutung des Leibes, der emotionalen Intelligenz und der Plastizität des Gehirns.
- Wie können die bildenden Künste einen Verwandlungsprozess bei den Auszubildenden anregen? Dieser und anderen Fragen im Zusammenhang mit dem künstlerischen Tun in Zeichnen, Malen und Plastizieren geht *Marita Caspari* nach. Dabei wird von ihr mit Beispielen herausgearbeitet, dass die Künste auf der einen

Seite auf die Praxis vorbereiten, auf der anderen Seite aber auch zu einer nie versiegenden Kraftquelle im Alltag werden können.
- *Eva-Maria Schnaith* richtet ihren Blick auf die Vorbereitung des Unterrichtes. Sie unterscheidet in ihrem Beitrag drei verschiedene Niveaus: das Sammeln von Informationen, das Suchen nach Zusammenhängen, nach dem Wesentlichen eines Themas und die Umsetzung in das praktische Tun, die Gestaltung. Sie zeigt auf, dass auch die Vorbereitung des Unterrichtes ein künstlerischer Prozess ist, der Zeit, aber auch Freiräume der Reifung und Verwandlung der Inhalte braucht.

Im vierten Teil «Praxis» sind es konkrete Aspekte im Zusammenhang mit der Bedeutung des Künstlerischen allgemein, seiner alltäglichen Wirksamkeit und seiner geschichtlichen Entwicklung und Aktualität im Bereich der anthroposophischen Ausbildungsimpulse.
- Ein Gespräch von Dozierenden der HFHS in Dornach mit dem Pantomimen Dimitri fasst *Konstanze Brefin Alt* zusammen. Dabei zeigt sich, dass es zwischen dem Clown und der sozial- und heilpädagogischen Tätigkeit viel Verbindendes gibt. Jede und jeder hat den Künstler – auch den Clown – in sich. Im beruflichen Alltag üben wir uns immer in Improvisation und dürfen nie der Routine – auch nie unseren Launen – unterliegen. Auch für Dimitri ist das Handeln aus dem Augenblick das Entscheidende, nur so wird das Alltägliche Kunst.
- Wie erleben Studierende nach der Ausbildung die Wirksamkeit des künstlerischen Unterrichtes im praktischen Alltag? Gibt es da überhaupt einen Zusammenhang oder war es vielleicht doch nur Auflockerung und Entspannung im Ausbildungsalltag? *Christianne Büchner* hat dazu Studierende verschiedener Jahrgänge der Ausbildungsstätte in Dornach befragt und fasst die Rückmeldungen zusammen.
- Auf eine ganz spezielle Weise ist der Beitrag von *Urs Thimm* entstanden. Mit Hilfe der gestützten Kommunikation haben seine Kollegin *Jacqueline Domeyer* und er ein Gespräch mit *Nelli Riesen* und *Marianne Stärkle* über das Thema Kunst in der Ausbildung geführt. Die zwei Frauen verfügen über keine Sprache, leben mit einer autistischen Behinderung, sind auf Begleitung und Hilfe im Alltag angewiesen und können sich erst seit drei respektive vier Jahren mit Hilfe der gestützten Kommunikation äussern. Ihre Antworten und Sichtweisen zu den aufgeworfenen Fragen kommen aus der Sicht von Betroffenen, zeugen von einem tiefen Einfühlungsvermögen und regen zum Nachdenken – aber auch zum Schmunzeln – an.
- Die Evaluation des neu begründeten Ausbildungsganges Sozialpädagogik an der HFHS in Dornach steht im Mittelpunkt des Beitrages von *Hannes Lindenmeyer*. Er beginnt seine Ausführungen mit einer Bildbetrachtung und zeigt mit den daraus sich ableitenden Fragen die Dimension einer Evaluation eines Ausbildungs-

ganges, der nicht so ganz in das gewohnte Schema passt, aber doch den Normen und Regelungen der Berufsbildung zu genügen hat.
- Mit einem geschichtlichen Rückblick auf die anthroposophisch orientierten Ausbildungsbemühungen beginnt *Andreas Fischer* seinen Beitrag. Innere und äussere Veränderungen in der Ausbildungslandschaft haben ihre Auswirkungen und Konsequenzen auch auf die Ausbildungsstätten in der Schweiz, diese werden im Beitrag dargestellt. Dabei wird deutlich, dass sich nicht primär das Angebot, sondern die Methodik des künstlerischen Unterrichtes weiterentwickelt und den veränderten Bedürfnissen der Auszubildenden und der sich im Wandel befindlichen Praxis angenähert hat.

Dank

Ein herzlicher Dank geht an alle, die mitgeholfen haben, dass dieses Buch erscheinen konnte. Dem Hofbergli – Verein zur Förderung der anthroposophischen Heilpädagogik in Rehetobel – danken wir für die finanzielle Unterstützung, den Autorinnen und Autoren für die spontane Unterstützung und ihre Beiträge, die ihnen nicht nur viel Zeit, sondern oft auch einiges an innerer Überwindung abverlangt haben. Die Verantwortlichen des Haupt-Verlages in Bern standen unserem Projekt von allem Anfang an positiv gegenüber und die Verhandlungen waren geprägt von Offenheit und Interesse, auch dafür sind wir dankbar.

Ein spezieller Dank gehört Rüdiger Grimm und Christianne Büchner, die das Projekt mit mir gestartet, mich begleitet und tatkräftig unterstützt haben. In den Dank einschliessen möchte ich auch meine Frau Renata Fischer, die viele Arbeiten für mich übernehmen konnte, die Illustrationen anfertigte und das Lektorat besorgte. Konstanze Brefin Alt danke ich für die gute Zusammenarbeit beim Korrekturlesen und der Gestaltung des Buches. Marita Caspari war so freundlich, für den Umschlag des Buches ein Bild zur Verfügung zu stellen, auch dafür herzlichen Dank.

Alle haben mitgeholfen, dass diese Publikation zum Abschied von Hans Egli erscheinen kann und damit seine Verdienste für die anthroposophische Heilpädagogik und Sozialtherapie auch in dieser Form gewürdigt werden können.

Rehetobel, Ende Februar 2006 *Andreas Fischer*

Umfeld

Pluralismus und Methodenvielfalt in der Ausbildung

Emil E. Kobi

Der mir vom Herausgeber zugewiesene Titel versetzt mich wieder einmal in die heikle Rolle des Besinnungsaufsatzschreibers, die mir als Schüler einst des Öfteren die Bemerkung: «Vom Thema abgewichen!» eingetragen hatte. Verfehltes Mainstreaming hiesse das heute, und statt Seitenzahlen sind nun «18 000–25 000 Zeichen (inkl. Leerschläge)» vorgegeben.

1. Ballistik und Selbstregulation

Was bereits eine Abdrift provoziert: «Leerschläge», sind wohl verwandt mit dem, was SPRANGER (1962) einst als «ungewollte pädagogische Nebenwirkungen» (im Neusprech: Kollateralschäden) bezeichnete. Methodik hat in der Tat einiges gemein mit Ballistik (der «Trefferlehre», bzgl. Flugbahnen geworfener oder abgeschossener Körper). Auch sie will geballten Lehrstoff punktgenau einschlagen lassen in den Lernorganen angepeilter Schülerschaften.

> *So ist die Sprache der Bildung denn ausgesprochen kriegerisch: Man kämpft an vorderster Forschungsfront, startet mit zündenden Slogans Bildungsoffensiven, schlägt pionierhaft Brücken zu bildungsfernen Schichten, bricht Konserviertes auf, wirft Altes über Bord, räumt Vorurteile aus, säubert das sprachliche Hinterland, bis es politisch korrekt glänzt, prangert Dissidentes, tribunalisiert Ausser-Ordentliches und inkludiert beides, lässt Reformwellen übers Land rollen und verhilft sich so zum Durchbruch. Oder gelangt aber zur alten Erkenntnis des Strategen* Carl v. Clausewitz *(1780–1831): «Der Krieg ist das Gebiet der Ungewissheit... des Zufalls.»*

Die Durchsicht eines Dutzends Schriften zu Didaktik und Methodik führte mich jedenfalls zum Ergebnis, dass auch da, wo diese sich neuzeitlich nicht mehr nur als Stoffraffinerie, sondern als Theorie des Lehrens und Lernens verstehen, oft noch kaum einen Paradigmenwechsel zu einer systemisch-zirkulären Perspektive vollzogen. Nach wie vor zielen die Bestrebungen hauptsächlich auf eine noch präzisere (Fern-)

Steuerung und Steuerbarkeit der Lernmaschine «Schüler» und stofforientierte Fachdidaktiken erfreuen sich sogar zunehmender Beliebtheit.

Während ein Erfolg versprechender Umgang mit *Objekten* sich auf die akribische Berücksichtigung von Materialeigenschaften und Kontextvariablen konzentrieren kann, sind die Interdependenzen zwischen lehrenden und lernenden *Personen* allerdings durch derart viel subjektive Eigendynamik gekennzeichnet, dass sie mittels kausal-linearen Wirkungsmodellen (wenn > dann!) nicht adäquat zu fassen sind. Effektivität und Effizienz pädagogischer Bemühungen resultieren entscheidend aus Quantität und Qualität dessen, was das lernende Subjekt aus dem Lehrangebot in sein System aufnahm und wie dieses die Perturbationen (die lehrseitigen «An- und Einschläge») verarbeitet: sie akzeptiert, wertet, platziert, konnotiert, versteht, kombiniert, modelliert ... und sie schliesslich aus *seinem* kaleidoskopartig wechselnden Erleben heraus verhaltensmässig beantwortet: Vielleicht in der Perspektive seiner heilsbemühten Pädagogen angemessener, vielleicht aber auch – entgegen aller Gutgemeintheit und methodischer Raffinesse – erneut daneben oder andersrum verquer.

Im Unterschied zu ballistischen werden in selbstregulativen Konzepten Perturbationen in ihren Wirkungen im «Fremdkörper» weiter begleitet und nötigenfalls, auch unter Abweichung vom vorgesehenen Weg (methodenwidrig), permanent justiert.

Schülergelenktes Lehren praktizierte freilich bereits der Urahn der Pädagogik, Sokrates *(469–399), was ihm von seinem Schüler* Menon *den treffenden Vergleich mit einem elektrische Schläge austeilenden Zitterrochen einbrachte: In einer diesmal durch «Lehrschläge» bewirkten Systemirritation liegt offenbar die Chance zur Erweiterung, Restrukturierung und Neukalibrierung bisheriger Wissens- und Erfahrungsorganisation.*

2. Kontamination und Rekonstruktion

Redewendungen wie «Stoff vermitteln, beibringen, sich aneignen und verdauen» lassen die Beziehung zwischen Lehren und Lernen ferner als solides, substanzielles Transfergeschäft erscheinen, bei welchem ein quasi-stoffliches Etwas aus einem Lehr- in einen Lernkörper gekippt wird. Solcher Kontaminations-Zauber nach der Maxime: Der Mensch ist, was er isst, und lernt, was ihm gelehrt wird! –, ist pädagogischer Methodenlehre nach wie vor eigen.

Doch Lehren und Lernen funktionieren nicht wie Injektion und Infusion. Erziehung/Unterricht bedeutet qualifiziert «anstössiges Verhalten», das ein personales System zu Rekonstruktionen in unserem *gemeinsam* zu gestaltenden Dasein anregt (ROTTHAUS 1998).

Lernen (etwas gelernt/erlernt haben) kann für Lehrende und Lernende denn auch Unterschiedliches bedeuten:
- Kongruent reproduzieren und Wiedergabetreue; seine «High Fidelity» unter Beweis stellen können;
- Kausal-linear Zusammenhänge und Abhängigkeiten begreifen, entsprechend handhaben und damit eine ausgeweitete Funktionalität belegen können;
- Grundgestalten sinngemäss, bedeutungserschliessend erfasst haben, zu einem vertieften Wesensverständnis gelangt sein und Schlüsselqualitäten auf andere Gestalten übertragen (transferieren) können;
- Sich etwas zueigen gemacht (interiorisiert), in sein Selbstkonzept aufgenommen, integrativ («erneuernd») zur Wirkung gebracht und dadurch einen Persönlichkeitswandel vollzogen haben.

Subjektorientierte, qualitativ angelegte Lernforschung (GROEBEN, HOLZKAMP u.a.) betrachtet in dieser Konsequenz Lernen prioritär aus der Sicht (dem Erleben und Erfahren) der lernenden Person. Hierbei wird unterschieden zwischen einem «Surface approach» (Bestreben, primär den Lernanforderungen zu entsprechen und Lernen/Gelernthaben als Reproduktionsfähigkeit zu charakterisieren) und «Deep approach», womit ein inhalts- und bedeutungsorientierter, allenfalls auch persönlichkeitsverändernder Zugang gemeint ist.

3. Exekution und Reflexion

Pädagogen waren in geschichtlicher Tradition durchweg Funktionäre im Dienste eines um seine Fortexistenz bemühten Gesellschaftssystems. In stabilen, traditionsgebundenen Verhältnissen sind die Prämissen und Ziele *gegeben;* der Pädagogik bleibt der Part der effizienten Ausführung und Durchsetzung. Daher deren Liebe zur und Not mit der Methodik. In unserer pluralistischen Gesellschaft ist diese pädagogische Dienstbarkeit aufgrund der Vielzahl der Zuständigkeit und Auftragsberechtigung beanspruchenden Instanzen – Familien, Staat, Parteien, Kirchen, Gewerkschaften, Verbände, Firmen – und nicht zuletzt der auf ihr Selbstbestimmungsrecht pochenden Individuen («... We don't need your Education...») allerdings verwirrend gross.

Einen weiteren Grund der Methodengläubigkeit sehe ich in einem der Belehrungssucht eigenen profaneschatologischen Motiv, Menschen nicht nur aktuell Daseinsgestaltungshilfe zu sein, sondern die Gattung Homo generell und nachhaltig zu perfektionieren und endzeitlich ein Paradies auf Erden zu installieren.

4. Sinn, Wert, Zweck

So lange und so weit Erziehung auf Aufzucht und Tradierung innerhalb geschlossener Gesellschaften beschränkt ist, kann und muss Pädagogik einer eigenen Reflexionstheorie entraten. Erst das Erziehungswesen einer freiheitlich-demokratischen, offenen und pluralistischen Gesellschaft sieht sich in der Lage und auch genötigt, methodischen Fragen solche nach Sinn und Wert voranzustellen.

Sinn
bezieht sich auf die Passung gegenständlicher und ideeller, personaler und sozialer Gestaltelemente. Sinn erfüllt sich im Aufgehobensein in einem übergeordneten Zusammenhang. Sinnlos hingegen ist das Zusammenhangslose, nicht (mehr) Zugehörige, isoliert Vereinsamte. Soweit Sinn durch Stiftung und Zuerkennung erzeugt wird, kann er auch abgesprochen werden: Etwas als sinnlos erklären, die Existenz absprechen, ist denn auch buchstäblich ver-nichtend... Hartnäckige Unvereinbarkeit von Lebensformen legt nicht nur Abwertung, sondern auch Vernichtung nahe, sodass alsdann auch kein Weg (meta hodos, griech.) mehr ins Niemandsland führt.

Wert
ist eine Frage von Rang und Geltung. Wertungen erfolgen nach Massgabe von Massstäben, die ihrerseits Geltungen unterworfen sind. Wert ist eine Zuschreibung an Dinge, Ideen, Glaubenssätze. Wert*los* ist das Negativierte oder nicht Rangierte, das aber, im Unterschied zum Sinnlosen, noch (s)eine Existenz als Unwert repräsentiert. Wertungen schaffen vertikale Ordnung und Übersicht, womit ihnen auch eine regulative Funktion zukommt. «Dass Natur und Mensch wertend angegangen werden, ist die universelle Gemeinsamkeit aller Kulturen». Die «subjektive Wertung der Wirklichkeit (ist) erstrangig determinierend» (JOUHY 1985). Pädagogik hat es nicht mit einem Naturgegenstand, sondern mit einem Kulturthema zu tun. Werte sind für die Pädagogik konstitutiv: Erziehung als Praxis agonalen (führenden, beg-*leitenden*) Bemühens findet ihre Existenz nicht allein im Kindsein, sondern in vorlaufenden Wert- und Richtungsentscheidungen. Pädagogik lebt aus dem Komparativ, dem permanenten qualitativen Vergleich von Unterschieden. Sie bliebe im Indikativ platte, deskriptive Kinderpsychologie und wäre im nicht mehr zu überbietenden Superlativ verzichtbar.

Zweck
ist eine Frage der Wirkungsmacht (Effizienz) und instrumentellen Tauglichkeit. Zwecke sind funktional. Hier ist denn auch der Ort der Methoden. Diese haben eine Mittlerfunktion und sind von nachrangiger Bedeutung gegenüber Sinn und Wert. Sie erfüllen als Werkzeuge, Techniken, Verfahrensweisen, Taktiken und Institutionen ihren

Zweck optimal dann, wenn sie rasch, ökonomisch und präzis zum anvisierten Ziel führen. *Un*zweckmässig und revisionsbedürftig sind Methoden und Werkzeuge, die sich als ineffizient und umständlich erweisen.

Trotz zahlreicher Verbindungen und Überblendungen und der für die und in der konkreten Praxis schwierigen Unterscheidung sind *Sinn* (optimale Gestalt), *Wert* (ideeller Rang) und *Zweck* (effiziente Funktion) nicht auseinander ableitbar. In technischen Bereichen mag zwar der utilitaristische Beweisschluss: sinn- und wertvoll, richtig und wahr ist, was funktioniert! seine Berechtigung haben. Im personalen Bereich der Heilpädagogik ist Sinn jedoch weder funktional herzustellen noch zu begründen. Für deren oft lediglich noch als Kostenfaktor wahrgenommene Klientel erwiesen sich Herleitungen von Werten aus Zwecken und die Konstituierung von Sinngehalten aufgrund von Bewertungen bis hin zum Kurz-Schluss von Zwecklosigkeit (Funktionsuntüchtigkeit) auf die Sinnlosigkeit (einer bloss torsohaften, imperfekten Gestalt) verschiedentlich als existenzbedrohlich, wie exkludierende Nützlichkeitsdebatten und Euthanasiepraktiken zeigen. Die Differenz zwischen Pädagogik und Heilpädagogik liegt anthropologisch und gesellschaftspolitisch denn auch darin, dass die Letztgenannte sich, zumal unter einer exzessiv Output-orientierten, ökonomistischen Gesellschaftsdoktrin, ungleich intensiver um existenzbestätigende Be-*Sinnung*, rangierende Be-*Wertung* und handlungssteuernde Be-*Zweckung* zu mühen hat.

Heilpädagogik befasst sich mit Personen, die in Verhalten und Präsentation zunächst einmal als penetrant störend und belastend von Gepflogenheiten und Erwartungen im personalen und sozialen Kontext abweichen. «Behinderung» bezieht sich auf eine *Differenz* innerhalb eines dynamischen Geschehens, die fortzeugend erwartungswidrige Andersheit und Devianz bewirkt. Verzerrungen entstehen, unser Thema betreffend, beispielsweise dadurch, dass keine zweckdienlichen Methoden (mehr) zur Verfügung stehen und die pädagogische (Trans-)Mission durchdreht.

Wo Wegleitungen in der Ausweglosigkeit versagen, sind daher in erster Linie neue Sinnstiftungen und Wertrangierungen notwendig, um eine Lebensform seinsbestätigend zu erhalten *jenseits* dessen, was gesellschaftlichem Common sense als normal, wünschens-, vielleicht sogar lebenswert gilt.

Sinn, Wert und Zweck können auch auseinander laufen, indem etwas Sinnvolles wertwidrig erscheint, für etwas Wertvolles kein Sinn (mehr) gestiftet werden kann, Wertvolles unzweckmässig, Zweckmässiges wertlos wird.

So war für mich die anthroposophische Heilpädagogik mit ihren zielführenden Holzwegen verschiedentlich ein Stein des Anstosses – freilich auch ein Anstoss des Steins: Konnte es denn sinnvoll, geschweige denn zweckmässig sein, mit etwas Wertvollem, wie einer Deklamation aus Faust *– völlig kognitionswissenschaftswidrig! –, vor geistig Behinderte zu treten und diese im Goethetakt um den*

Wohnzimmertisch marschieren zu lassen, wie ich dies als junger Schulpsychologe bei einer Basler Anthroposophin erlebte? – Da hatte offensichtlich ein für mich unerfindlicher Sprung stattgefunden in den «Esprit de finesse», während mein «Esprit géométrique» (Blaise Pascal, 1623–1663) an seinen Grenzen anstand.

5. Trend und Trott

Zeitgenössische Trends, die von aktueller pädagogischer Methodik zu berücksichtigen sind, sehe ich in folgenden Richtungen:
- Verschiebungen von mit dem metaphorischen «Schulsack fürs Leben» abschliessenden Ausbildungen zum «lebenslangen Lernenmüssen». Grundausbildungen können sich heute – im Blick auf flexibel handhabbare, anschlussfähige Diversifikationsprogramme in vertiefender und spezialisierender Weiter- und Fortbildung – vermehrt auf die Vermittlung allgemeiner, basaler Kompetenzen konzentrieren.
- Ausgeweitete Selbstinstruktionsmöglichkeiten bewirken Verschiebungen vom dialogischen zum monologischen Lehren/Lernen, sodass sich Belehrer und Erzähler vermehrt in der Rolle von Mentoren (Begleitern) und Kosmetikerinnen (die in verstörten kindlichen Erlebniswelten Chaos zu Kosmos strukturieren), wiederfinden.
- Verstärkter Einfluss der Lehr- und Lernvehikel gegenüber Lehr- und Lernmethoden: ähnlich dem Strassenverkehr, wo sich das Gefährt immer weniger der Wegsamkeit, als die Verkehrswege den in Gang gesetzten Vehikeln anzupassen haben.
- Zunehmende Bedeutung des Learning by Doing, oft auch ohne spezielles didaktisches Arrangement (in situation/on the job), gegenüber einem Lernen für später («auf Vorrat», «für den kommenden Ernst des Lebens»).
- Zunehmende Bedeutung von Orts- und Methodenkenntnis (wo und wie finde ich aktuelle Informationen?) gegenüber persönlich abrufbarem Faktenwissen. Je mehr das Gattungswesen «Mensch» sein Wissen irgendwo ausserhalb gespeichert hat, umso weniger Vorratshaltung glaubt der Einzelne sich leisten zu können.
- Bedürfnis nach Komplexitätsreduktion in der Konfrontation mit Pluralität: Durch objektseitige (vorab durch Massenmedien gefertigte) Simplifikationen sowie durch eigene, subjektive Werthierarchisierung und Besinnung: Was ist (für) mich/mir hier und jetzt wichtig und sinnvoll? – Entsprechend wird die persönliche Kausalattribuierung eines Leistungsversagens vermehrt in motivationaler (Das interessiert mich eben nicht!) als in kompetenter (Das weiss/kann ich nicht!) Richtung vorgenommen.
- Eine subjektiv-intuitive Unterscheidung des «Surface approach» von einem «Deep approach». Surface kann sowohl auswechselbares, wiederholt (z.B. aufgrund in

rascher Folge auf den Markt geworfener neuer Apparate) revidierungsbedürftiges Anwendungswissen (Know-how) als auch im z. B. migrationsbedingt erforderlichen Austausch unterschiedlich gewertete kulturspezifische Verhaltensweisen beinhalten. Soziokulturelle Diskettenwechsel und das Ausblenden zwischenzeitlicher Nicht-Aktualität gehören heutzutage zum sozial überlebenswichtigen Social engineering.

Mit der Rückkehr der Tochterfamilie von Zimbabwe in die Schweiz wurde meiner Enkelin eine einschneidende gymnasiale «Umwertung der Werte» (von König Lobingula *zu Kaiser* Napoleon *und vom Präsidenten* Mugabe *zu Präsident* Couchepin) *abgefordert. Diese fiel ihr allerdings leicht, wie sie sagte, da sie «History» ohnehin nicht interessiere. Dezidiertes Desinteresse kann als persönliche Rationalisierungsmassnahme auch Herzblut sparen.*

Die Zusammenhänge zwischen persönlichen Lern- und Lehrformen machen es erforderlich, angehende Lehrkräfte zu einer Lernauffassung zu führen, die sich von einem reaktiven Lernbegriff – wie er die objektivistische Lernpsychologie dominiert – distanziert und sich nach einem konstruktivistischen orientiert. Lernen/Lehren sind zirkuläre, akzentuiert kumulative (funktionserweiternde), umstrukturierende (revolutionäre), evolutive (neue Perspektiven eröffnende) Prozesse. Begabungs- und Tauglichkeitskonzepte, wie sie namentlich im Höheren Schulwesen verbreitet und für den Lehrkörper identitätsstiftend sind, legen prioritär selektive Disqualifikationen und weniger Methodenrevisionen nahe. Die vom Lehrkörper paradigmatisch verinnerlichten Lehr- und Lerntheorien sind bzgl. ihrer Bedeutung als handlungsleitende Muster – die sich in der Folge weit gehend auch in den Selbstwertbeurteilungen der Schülerschaft niederschlagen – kaum zu überschätzen. Ausbildungsmethodisch ist daher der Prozessbegleitung ein grösseres Gewicht beizumessen als der Produktorientierung, wobei ein derartiges «Teach-in» freilich mit intensivierter Präsenz der Ausbildner verbunden ist.

6. Linearer Fortschritt und zirkulärer Wandel

Pädagogik kennt wohl gesellschaftspolitischen Wandel, kaum aber einen linearen Fortschritt im technischen Sinne. Das hängt mit der hohen Gleichförmigkeit und der Viskosität des menschlichen Wesens zusammen, das über Jahrtausende einander sehr ähnlich gebliebene Vermittlungsweisen bedingte. Dennoch haben Methodisten oft die penetrante Angewohnheit, mit ihren Kreationen als «neu» in Erscheinung zu treten.

Georges Duhamel *(1884–1966), ein französischer Arzt und Buchautor, liefert dazu eine hübsche Anekdote: «Kürzlich hatte ich den Besuch eines jungen*

Mädchens, das eine Kleinkinderschule gründete. Sie erklärte mir sogleich, sie gedenke die Methode ‹Philibert› anzuwenden.

‹Das ist›, sagte ich ihr, ‹ein sehr lobenswerter Plan.› Und ich fragte ganz aufs Geratewohl, ob diese neue Methode in irgendwelchem Zusammenhang mit den zum Teil erprobten von Fröbel und Montessori stände. ‹Gar keine Beziehung›, wies mich das Mädchen ab, mit einer Gebärde des Entsetzens.

Ich erfuhr also, dass als Erfinder, der dieses Namens würdig ist, Philibert, alle menschliche Erfahrung von sich weist, die vor Philibert gemacht worden ist. Er erklärte wie Rousseau, der Stoff sei nicht behandelt worden. Ich vernahm noch, dass die Methode Philibert völlig auf der ‹Harmonie› beruhe, denn niemand hatte bis jetzt der Harmonie Rechnung getragen.

Nun denn: Wir werden in fünfzig Jahren wieder davon sprechen, wenn die kleinen, unter der Fuchtel Philiberts aufgezogenen Kinder Männer geworden sind. Die Methode Philibert wird gute Resultate ergeben: Die Menschheit ist kräftig genug, um über alle Methoden zu triumphieren, sogar über die verlockendsten.

Während ich ganz vertraulich sprach, betrachtete ich das junge Mädchen. Sie sprach mit Leichtigkeit, mit Leidenschaft; sie zeigte diese Kühnheit der Schwärmer, welche die Welt eher verkommen liessen, als auf ein einziges Jota ihres Programms zu verzichten. Sie war sehr jung, hübsch und mit jenem hartnäckigen Blick der schlecht korrigierten Kurzsichtigen. Und ich dachte: ‹Bah! Der hübsche Prinz wird eines Tages vorüber gehen; er wird dieser unentwegten Mathematikerin ein kleines Kind anbieten und so dem Ansehen Philiberts einen tödlichen Stoss versetzen.›»

Zwar mag Grossväter ein, wie *Pestalozzi* sagen würde, «erheiterndes» Gefühl überkommen, wenn ihre Kinder lustvoll alte Zöpfe abschneiden und so den Enkeln die Möglichkeit eröffnen, sie alsbald wieder wachsen zu lassen, während hinter diesen winzige Zopffetischistlein bereits wieder mit der Schere klappern… Eingedenk des *Herbart'schen* Appells, Lehrer müssten «den Knaben wagen», gilt es daher, sich geziemend zurückzuhalten mit selbsterfahrener Historie und diese nicht in seniler Belehrungs-Inkontinenz als Ablöscher einzusetzen gegen eigensinnige jugendliche Appräsentationen von Vergangenheit und Zukunft.

7. Pluralismus und Vielfalt

Unter dem als Titel vorgegebenen Pluralismus wird vermutlich all das verstanden, was mit postmoderner Flatterhaftigkeit als Postmoderne gedünkt wird, zu deren charakteristischer Charakterlosigkeit das Nix is' fix und der pizzahaft verschmorte integrale Mix von allem mit allem samt endzeitlicher Suche der Lösung in der *Auf*lösung gehören. Celebrate diversity! Das Hetero-Gen machts möglich und wird didaktisch egalisiert.

So ist die Versuchung nahe liegend, dem kontextuellen Pluralismus symmetrisch mit einem methodischen zu begegnen: einem Vielerlei verschiedenster, auch widersprüchlicher, inkommensurabler und oft sehr spezieller und exotischer Verfahrensweisen. Verschiedentlich hat denn nicht nur das ADS-Syndrom die Lehrerschaft erreicht und sich in didaktischer Unruhe niedergeschlagen, auch das Schulsystem als ganzes scheint nicht mehr zur Ruhe (– bedeutete immerhin einmal so viel wie: «Musse»!) kommen zu wollen.

Ich beziehe das Suffix «-vielfalt» in Methoden*vielfalt* daher dezidiert auf reichhaltige und breite, flexible und variable Verwendungsmöglichkeiten jeweils *einer* Methode (Vielfalt der Singularität). Benchmark für die Schule ist nicht das Warenhaus. Pädagogik ist dann fortschrittlich, wenn sie *zurück* geht, ad fontes, *gegen* den Strom schwimmt – je plural, desto singular, je stereo, desto mono, je Gourmand, desto Gourmet – nach dem Elementaren strebt und ihre Bedeutung und Bedeutsamkeit am dadurch erzeugten Widerstand wachsen lässt. In ideologisch, kulturell oder politisch geschlossenen Gesellschaften und Epochen ist Pädagogik ein *Hin-Aus*-Weg, in der offenen Gesellschaft hingegen vermehrt ein *Hinein*weg. Um «draus zu kommen», muss man über Wege zur Wesenserschliessung erst zu sich und in eine Aufgabe *hinein* kommen:

So z.B. schon in banale «Geschichtchenrechnungen», wie Basler Schüler Angewandte Rechenaufgaben treffend nennen. Narrative Sinnerfassung und Bedeutungshierarchisierung geben den Blick frei auf Lösungsmethoden. Erst wer mit der Geschichte vertraut und «im Bilde» ist, kann Methoden effizient handhaben.

«Eingekleidete Aufgaben», wie sie das Leben stellt, sind nicht mit nackten Zahlen zu lösen.

Pädagogik erweist sich nur in Fragmenten als objektivierende Wissenschaft. Erziehung ist wesenhaft Kunst, Pädagogik Kunstlehre, beide je mit engen Verbindungen zu gesellschaftsordnender Politik.

Erzieher haben vor allem darstellerisches Talent zu entwickeln, wie dies z.B. der sowjetische Pädagoge Makarenko *(1888–1939) betont: Nicht einfach zu Unterhaltungszwecken, sondern um die Welt als Mikrokosmos verblüffend vielfarben, vielgestaltig und kleidsam verdichtet widerzuspiegeln.*

«Die Bedeutung der Kunst in der Ausbildung» ist nicht hoch genug einzuschätzen. Denn Kunst, als Freiheit Dinge zu ver-rücken, erlaubt auch wissenschaftlich unstatthafte Assoziationen: von Pizza mit ADS, von Friedens-Tauben mit Jugendgewalt, von Frühenglisch mit Spätdeutsch…

8. Methode haben und sein

Methoden sind hilfreich in Ausrichtung auf eine bestimmte Indikation, und damit in eben dieser indikativen Beschränktheit. Sie machen jedoch – trotz unbestritten *spezifischer* Nützlichkeit – noch keinen Beruf und mutieren schlimmstenfalls zur beängstigenden Manie, wenn sie zur Beru*fung* werden, Allzweckcharakter annehmen, zur heilpädagogisch viel geliebten «Ganzheitlichkeit» drängen oder Attraktor für eine Sektenbildung werden.

Ich finde es daher problematisch, professionelle Identität über eine Methode – mit aufgesetzten Köpfen gar – zu suchen und sich auf diese Weise selbst zu entfremden.

Ich führe nach Affolter, *schaukle nach* Ayres, *töne nach* Tomatis, *bilde die liegende Acht nach* Delacato, *male nach* Stern, *konduktiere nach* Petö, *fazilitiere nach* Bobath, *recke nach* Feldenkrais, *strecke nach* Alexander... Doch *Lieschen Müller praktiziert unausweichlich als und wie* Lieschen Müller: *seis ichidentisch oder aufgesetzt.*

Sogar die gegenwärtige Spasskultur hat sich denn der (Psycho-)Methodenüberflutung angenommen. Auf die Frage: Wo geht's hier zum Bahnhof? (...von wo aus ja alle «die neuen Herausforderungen annehmen» und «weiterkommen» möchten), lässt sie zeitgenössische Methodisten ihnen entsprechende Antworten geben:
Psychoanalytiker: «Sie meinen diese dunkle Öffnung, wo immer was Langes rein- und rausfährt?»
Verhaltenstherapeut: «Heben Sie den rechten Fuss. Schieben sie ihn nach vorn. Setzen Sie ihn auf. Sehr gut. Hier haben Sie einen Keks!»
Bioenergetiker: «Machen Sie mal sch... sch... sch...!»
NLP-Therapeut: «Stell dir vor, du bist am Ziel. Welche Schritte hast du zuvor getan, um dorthin zu gelangen?»
Provokativ-Therapeut: «Ich wette, Sie kommen nie darauf, wo der Bahnhof ist!»

«Man übersieht, dass die Lehrmethode etwas so Persönliches ist wie die Handschrift oder der Schreibstil. Jeder muss doch *seine* Methode entdecken, die Methode, die der natürliche Ausfluss *seines* pädagogischen Wollens, *seiner* Einstellung zum Kinde und *seiner* besonderen Mitteilungsgabe ist», so mein einstiger Pädagogiklehrer Willi SCHOHAUS (1897–1980, 1954), dem ich noch heute dankbar bin für seine Skepsis gegenüber Apostolaten.

Es gibt nur eine Methode: Meine. Mich. Die These ist freilich missverständlich in Richtung Überheblichkeit oder erinnert an *Johannes* 14/6. Doch in pädagogisch irdischen Gefilden bin ich nicht *die* Wahrheit, sondern lediglich *eine* Möglichkeit, bin auch nicht wahr, allenfalls plausibel, bin nicht *der* Weg, sondern *ein* Weg und befinde mich auf einem solchen. *Mein* Weg ist nicht *dein* Weg. I do it my way. Don't follow me! Ich bin *in* einer Schule und schleife nicht eine solche hinter mir her. Wichtig sind *deine* persönlichen Stilübungen: nach*ahmen*, nicht nach*machen*. Ich bin nicht Vorbild, sondern Spiegelbild für dich. Ich bin nur beispielhaft attraktiv: bis hin allenfalls zu deinem aversiven: So *nicht!* Was ich methodisch präsentiere und erläutere, sind Wege, die andere auch schon gegangen sind; neu bin nur ich. Es reicht somit, wenn ich mich dabei erkennbar erkenntlich zeige.

Literaturverzeichnis

GROEBEN, N. et al. (Hrsg.) (1988): *Das Forschungsprogramm Subjektive Theorien. Eine Einführung in die Psychologie des reflektiven Subjekts.* Tübingen: Francke.

HOLZKAMP, K. (1993): *Lernen. Subjektwissenschaftliche Grundlegung.* Frankfurt: Campus.

JOUHY, E. (1985): *Bleiche Herrschaft – dunkle Kulturen.* Frankfurt: Interkult. Komm.

KOBI, E.E. (2004): *Grundfragen der Heilpädagogik.* Berlin: BHP-Verlag.

KOBI, E.E. (2004): *Sinn, Wert und Zweck als Konstituenten heilerzieherischer Daseinsgestaltung.* In: KANNEWISCHER, Sybille et al. (Hrsg), p. 29–44. *Verhalten als subjektiv-sinnhafte Ausdrucksform.* Bad Heilbrunn.

ROTTHAUS, W. (1998): *Wozu erziehen?* Heidelberg.

SCHOHAUS, W. (1954): *Seele und Beruf des Lehrers.* Frauenfeld: Huber.

SPRANGER, E. (1962): *Das Gesetz der ungewollten Nebenwirkungen.* Heidelberg: Quelle & Meyer.

Praxis, Methodologie und Menschenverständnis in der anthroposophischen Heilpädagogik

Rüdiger Grimm

Menschenbild und Öffentlichkeit

Anthroposophische Bildungseinrichtungen – z. B. Waldorfschulen und heilpädagogische Schulen – haben ihren Ruf und ihre Anerkennung vor allem hinsichtlich qualifizierter Praxis. Ihr anthropologischer Hintergrund wird gewöhnlich weniger beachtet, vor allem kaum ihre methodologischen Bezüge. Wenn aber doch, so macht der Blick auf die Weltanschauung «der Anthroposophen» sie eher der Indoktrination verdächtig oder man bedauert, dass eine so praktikable Pädagogik noch immer an einem solch überkommenen Überbau festhalte.

Pädagogische und heilpädagogische Methoden sind nicht denkbar ohne Hintergrund. Sie entstehen nicht aus dem Nichts, sondern spiegeln das Menschen- und Weltverständnis derjenigen, die sie entwickeln oder anwenden, gleichgültig ob dies explizit oder implizit geschieht. Dabei ist es unerheblich, mit welchen Begriffen operiert wird, ob von «Menschenbild», «Weltanschauung» oder «anthropologischen Grundannahmen» gesprochen wird. Entscheidend ist, dass der Zugang zu den im Hintergrund stehenden Werturteilen, Theorien und Begriffen und ihren Inhalten offen und nachvollziehbar ist.

In Anlehnung an Watzlawick könnte man sagen: «Man kann nicht kein Menschenbild haben». Schon vor Jahren hat E. MEINBERG (1988) herausgearbeitet, dass beispielsweise die «soziologische Wende» in der Pädagogik und Sozialwissenschaft keineswegs zu wertneutralen Urteilen über den Menschen führte, sondern ein ganz bestimmtes Menschenbild, nämlich das des rationalistischen Menschen, verfolgt hat. Dass man letztlich nicht anders kann, als zu den eigenen anthropologischen Werturteilen zu stehen – oder sie zu revidieren –, zeigten z.B. die Auseinandersetzungen mit P. Singers «Praktischer Ethik» in den Achtzigerjahren in der Heil- und Sonderpädagogik.

Menschenbilder beinhalten weit reichende Implikationen, deren Erkenntnisdimension ebenso untersucht werden muss wie ihre ethisch-moralische und nicht zuletzt ihre Relevanz für die Praxis, eben z.B. im Feld der Heil- und Sonderpädagogik. Dass der Begriff «Menschenbild» zuweilen kritisiert wird, hat mit der scheinbaren Abgeschlossenheit bzw. starren Normativität zu tun, die er suggeriert. Daher sagt W. Schad: «Der Terminus Menschenbild legt nahe, man habe endgültig ein stimmiges, in sich ausgemaltes, fertiges Bild von dem, was der Mensch ist. Das ist ja schon deshalb nicht möglich, weil der Mensch nie ‹ist›, sondern immer ‹wird›» (SCHAD 2006, S. 36). Menschenbilder sind daher nicht nur auf ihre gesellschaftliche Offenheit und Überprüfbarkeit hin zu beurteilen, sondern mehr noch darauf hin, ob sie normative Setzungen über den Menschen beinhalten oder – entwicklungsoffen – zu Erkenntnissen führen, die den Menschen als sich entwickelndes Wesen in seiner individuellen Dimension erfahren lassen.

Neutralität, z.B. im Hinblick auf die Steuerung von Bildungssystemen, ist allenfalls hypothetisch, es sei denn man betrachte die jeweils aktuellen, demokratisch gewählten Machtverhältnisse und deren Repräsentanten, die jeweils gemäss *ihrem* Menschenbild agieren, als neutral. Statt einer fiktiven Neutralität das Wort zu reden, ist es angemessener, die der postmodernen Gesellschaft viel eher entsprechenden Prinzipien zu beachten: nämlich das der *Pluralität,* d.h. der Einzelne wählt selbst die Art von Bildung und Ausbildung, das der *Chancengleichheit* und *Solidarität,* d.h. jedem Mitglied einer Gesellschaft wird gleichermassen der Zugang z.B. zu Bildungsangeboten ermöglicht, und das der *Öffentlichkeit,* d.h. die Träger gesellschaftlicher Angebote legen ihre Grundlagen und ihre Handlungsweise offen.

Wie Bildungsangebote mit eigenem anthropologischem Hintergrund in einer pluralen und aufgeklärten Gesellschaft zu beurteilen sind, ob sie das gesellschaftliche Bildungsangebot bereichern und zur Vielfalt an Methoden beitragen, oder reklusive Inseln mit sektiererischem Charakter sind, hängt von ihrer Art an Öffentlichkeit ab. Dass sie anderes vermitteln, als es im Mainstream gesellschaftlicher Kompromisse oder Mehrheitsverhältnisse geschieht, ist kein Ausschlussgrund, zumindest nicht, solange die Bedingungen für Öffentlichkeit, z.B. offener und freier Zugang, Ausschluss von Indoktrination und Ausbeutung sowie Teilnahme am fachlichen und gesellschaftlichen Diskurs, gewahrt bleiben. Im Fall der anthroposophischen Pädagogik und Heilpädagogik sind diese Bedingungen insofern erfüllt, als sie grundsätzlich öffentlich, d.h. für alle Menschen unabhängig von deren Überzeugungen zugänglich sind, dass sie in das soziale Netz eingebunden sind und regelmässig hinsichtlich ihrer Qualität auditiert werden (vgl. HERRMANNSTORFER 1999) sowie am fachwissenschaftlichen Austausch teilnehmen (vgl. BUCHKA 2004 u. 2003)[1].

---

1   An Stellen, die des hier gebotenen Umfangs wegen nicht eingehender behandelt werden können, verweise ich auf die entsprechende weiterführende Literatur.

Beim Aufbau der ersten Waldorfschule, die 1919 begründet worden war, hat sich R. Steiner explizit und pointiert mit der Frage auseinander gesetzt, in welchem Verhältnis Weltanschauung und Unterrichtsmethoden und -inhalte stehen. «... das Waldorfschul-Prinzip ist nicht ein Prinzip, das eine Weltanschauungsschule machen will, sondern eine Methodenschule. Was erreicht werden soll durch eine Methode, die auf Menschenerkenntnis beruht, ist dasjenige, dass man aus Kindern physisch gesunde und kräftige, seelisch freie und geistig klare Menschen macht» (STEINER 1979, S. 157). Im Hinblick auf die anthroposophische Pädagogik und Heilpädagogik bedeutet dies eine klare Trennung dahingehend, dass Anthroposophie nicht als Inhalt vermittelt wird – die Schüler werden nicht zu Anthroposophen erzogen –, wohl aber, dass ihr Menschenverständnis für die Entwicklung von Unterrichtsmethoden fruchtbar gemacht wird.

Interdisziplinäre Praxis und gemeinsames Menschenverständnis

Anthroposophische Heilpädagogik als Methode ist nicht auf eine bestimmte Angebotsform festgelegt: sie kann in der Früherziehung, der ambulanten Heilpädagogik, in der Schule, Jugendpädagogik und in der Sozialtherapie (Arbeit mit behinderten Erwachsenen) fruchtbar werden. Von ihrem Ansatz her ist sie zugleich interdisziplinär auf ein breites Spektrum von Pädagogik, Medizin, Therapie, Kunst und Sozialwissenschaft angelegt. In ihren Erscheinungformen tritt sie nicht als festgelegtes Handlungsrepertoire auf, das jeweils auf spezifische Verhältnisse angepasst wird, sondern als gemeinsamer anthropologischer Hintergrund, aus dem diagnostische Wege für das Verständnis des individuellen Menschen gewonnen und entsprechende Handlungsformen entwickelt werden können. Der heilpädagogische Ansatz ist davon bestimmt, dem Kind mit seinen besonderen Bedürfnissen nicht nur fragmentierte oder klinische Einzelerfahrungen anzubieten, sondern – so weit möglich und wünschbar – eine ganzheitliche Lebenswelt, welche entwicklungs- und erfahrungsbezogen wirkt.

Dies realisiert sich nicht mit Programmen oder Handlungsmustern, sondern durch die aktuelle und authentische Präsenz derjenigen, die diese Lebenswelt gemeinsam mit dem Kind gestalten. Sie arbeiten in der alltäglichen Praxis individuell, sind aber verbunden durch die Erfahrungen, die sie durch ein gemeinsames Menschenverständnis erwerben (vgl. GRIMM 1997). E.-M. Kranich weist mit Recht auf das entscheidende Kriterium hin, dass das gemeinsame Menschenbild nicht die Funktion einer normativen Deduktion oder einer überholten Menschenbild-Anthropologie (im Sinn einer abstrakten Norm, die dem Individuum oktroyiert wird) innehat, sondern dass das Wesentliche in «der anthroposophischen Pädagogik das einzelne Kind (ist) und die Berücksichtigung jener Gesetze und Bedingungen, die es in seiner Entwicklung, und zwar möglichst im ganzen Umfang des Menschseins, fördern» (KRANICH

1999, S. 15). R. Steiner machte dies als grundsätzlichen Anspruch einer kindgemässen Erziehungswirklichkeit von Anfang an deutlich: «Was der Erzieher tut, kann nur in geringem Masse davon abhängen, was in ihm durch allgemeine Normen einer abstrakten Pädagogik angeregt ist; es muss vielmehr in jedem Augenblicke seines Wirkens aus lebendiger Erkenntnis des werdenden Menschen heraus neu geboren sein» (zit. nach KRANICH 1999, S. 15 f.). Worin liegen die Charakteristika der in der Anthroposophie entwickelten Anthropologie und welche Möglichkeiten einer personalen Aneignung und individuellen Verlebendigung kann sie bieten?

Anthropologische Dimensionen der Anthroposophie

Das «Projekt Anthroposophie», das von R. Steiner zu Beginn des 20. Jahrhunderts begründet und seither in vielerlei Hinsicht weiterentwickelt worden ist, zeichnet sich dadurch aus, dass es mehrdimensional ansetzt[2]: So wird nicht etwa nur eine anthroposophische Weltsicht vertreten, sondern auch die Wege einer geisteswissenschaftlichen Forschungsweise und Epistemiologie untersucht. Leitend ist dabei der Begriff der Entwicklung von Mensch und Welt, wobei dieser in der gegenwärtigen Zeitepoche mehr und mehr aus der Freiheitssituation des Menschen – seiner Loslösung aus früheren geistigen und sozialen Bindungen – und seiner ihm aufgegebenen Selbstbestimmung zu verstehen ist. Der Entwicklungsgedanke bleibt allerdings nicht in bloss philosophischen Erwägungen stecken, sondern führt zu kulturellen und sozialen Erneuerungsintentionen, wie sie z.B. in der Pädagogik und Heilpädagogik, in der Medizin und Heilmittelentwicklung, in der Landwirtschaft, im sozialen Leben und nicht zuletzt auf den verschiedenen Gebieten der Künste zu finden sind. Dabei geht es immer auch um die Entwicklung des Individuums, das sich im Verhältnis zu sich selbst und seinen sozialen Bezügen in der Gegenwart in einer durchaus prekären Lage findet. So scheinen für wesentliche Probleme des individuellen Lebens kaum mehr kollektive Lösungen möglich und umso stärker tritt die ethisch-moralische Herausforderung des Einzelnen ins Bewusstsein.

In der Annäherung an die Frage einer lebendigen Anthropologie und Methodologie in der Pädagogik und Heilpädagogik geht es vor allem um den Begriff der «Menschenkunde» oder Menschenerkenntnis, der sowohl die leiblich-physiologischen als auch die seelischen und geistigen Anteile des menschlichen Wesens und ihrer Wirkungen aufeinander umfasst (vgl. LEBER 1993). Zentral ist darinnen der Begriff

---

2   Zur Begründung und Entwicklung der Anthroposophie siehe LINDENBERG 1997. Von den vielfältigen und mittlerweile nicht nur kaum überschaubaren, sondern auch in unterschiedliche Richtungen zielenden Publikationen seit R. Steiner siehe z.B. DIETZ 1998.

der menschlichen Individualität als einer autonomen, nicht aus der Biologie des Leibes abzuleitenden Entität, die sich biographisch an Leib und Welt entfaltet (vgl. DENGER 2005).

Menschenkunde und Heilpädagogik

Die anthroposophische Menschenkunde entfaltet sich in einem grossangelegten Zusammenhang, aus dem hier lediglich ein für die Heilpädagogik besonders relevanter Teil in Grundzügen aufgegriffen werden soll.

In seinem Heilpädagogischen Kurs legte R. Steiner dar, dass sich wesentliche Entwicklungsstörungen aus dem grundlegenden polaren Kräfteverhältnis zentripetaler und zentrifugaler Prozesse in der Bildung der menschlichen Organisation verstehen lassen (STEINER 1995). Die dort an spezifischen Behinderungsbildern dargestellten Phänomene lassen sich auch allgemeiner als Störungen in den Bereichen des Denkens, Fühlens und Wollens verstehen und sich damit für eine allgemeine heilpädagogische Diagnostik fruchtbar machen (vgl. HOLZAPFEL 1995).

- Kognitiv zeigt sich eine solche Polarität in den Gedächtniszuständen einerseits von Zwang und andererseits von chronischem Nichterinnern. Deren «Mitte» ist geprägt durch die rhythmischen Verhältnisse von Einprägung (Bewusstsein), Vergessen (Nichtbewusstsein), Erinnerungsvorstellung (Bewusstsein) und Absinken der Erinnerungsvorstellung (Nichtbewusstsein), durch welche die Erinnerungsbilder frei zugänglich werden, aber auch wieder abklingen und anderen Bildern Raum geben.
- Eine im sozial-emotionalen Leben auftretende Polarität zeigt sich als Phänomen der Grenze zwischen Selbst und Welt, polarisch vereinseitigt durch Stauung in sich, als extremer leiblicher oder seelischer Verlust an Austausch mit der Welt oder andererseits als extrovertierter Grenzverlust. In beiden Zuständen wird die rhythmische Mitte «zwischen Bindung und Lösung in Bezug zur Umgebung» (NIEMEIJER 2004, S. 47) verloren.
- Eine dritte Polarität tritt im Bewegungsorganismus auf, vereinseitigt in mangelnden Bewegungsimpulsen oder ungesteuerter Überbeweglichkeit. Das Gleichgewicht zwischen Ruhe und Bewegung, Innehalten und Handeln geht verloren, das Kind kommt entweder nicht in Bewegung oder nicht zur Ruhe.

Besonderheiten und Ungleichgewichtigkeiten im Leib-Seele-Geist-Verhältnis sind niemals nur Defizite, sondern immer auch individuelle Persönlichkeitsmerkmale, die mit besonderen Möglichkeiten verbunden sein können. Jede menschliche Seinsform ist Ausdruck eines individuellen Lebenswillens und einer autonomen biographischen Gestaltungskraft. Die Tatsache, dass jeder Mensch in einer bestimmten, individuellen leiblichen Situation lebt, und der Umstand, dass er auch in ihn bedingenden und bestimmenden sozialen Gegebenheiten lebt, gehören zu den Ausgangspunkten einer Entwicklung, die nicht zufällig, sondern als individueller Lebenssinn zu verstehen ist. Phänomene, die gewöhnlich als Behinderung bezeichnet werden, sind damit wie jede andere menschliche Seinsform eine absichtsvolle individuelle Geste der Lebens- und Schicksalsgestaltung des Menschen. So stellt das Phänomen der Mitte kein absolutes Mass oder gar eine normative Forderung dar, aber es lässt eine Entwicklungsrichtung für ausgleichende – «heilende» – Prozesse erkennen, die sich von der polaren Gegenseite her entwickeln lassen.

Die Einheit von Heilpädagogik und Bildung

Bildung kann nicht reduziert werden auf die Vermittlung von Inhalten und Fertigkeiten, sondern dient der Persönlichkeitsentwicklung in einem umfassenderen Sinn, indem sie dem Menschen ermöglicht, das Verhältnis zu sich und der Welt autonom gestalten zu lernen. Dabei geht jeder Mensch von seinen, nur ihm eigenen Voraussetzungen aus und ist von seinen eigenen Möglichkeiten und Begrenzungen abhängig, nicht zuletzt aber auch von der Art und Weise der Unterstützung und Förderung, die er von anderen Menschen erhält. Bildung ist kein Konsumartikel, sie muss sich entwickeln und in die Persönlichkeit integriert werden. Bildungsprozesse erlauben dem heranwachsenden Menschen, sich mit der Welt auseinander zu setzen, Weltwissen in seinen unterschiedlichen Dimensionen zu erwerben, seine Erlebensfähigkeit zu üben und Fähigkeiten zu erwerben, die ihm erlauben, einen aktiven Platz im Leben einzunehmen.

Grundsätzlich gilt dies für Pädagogik und Heilpädagogik gleichermassen. Die Heilpädagogik stellt dem Kind darüber hinaus Möglichkeiten des Aufbaus von Entwicklungsvoraussetzungen des Lernens zur Verfügung, indem sie, ausgehend von einer individuellen medizinisch-psychologisch-pädagogischen Diagnostik, Prozesse des Ausgleichens, Übens und Lernens erst veranlasst, therapeutische, medizinische und pädagogische Massnahmen einleitet.

Entscheidend für den Zusammenhang von Bildung und Heilpädagogik ist, dass ihre innere Einheit gefunden und gewahrt wird. Heilpädagogik ist weder funktionales Training noch auf sich selbst beschränktes Tun, sondern kann dem Kind im Horizont von Bildung helfen, sein Verhältnis zu sich, zu anderen Menschen und zur Welt zu gestalten. Einige zentrale Parameter für ein auf das Kind hin orientiertes Bildungsverständnis hat E.-M. Kranich formuliert: Bildungsprozesse «umfassen u. a. die altersspezifischen Formen des Lernens, die Erweiterung der vielfach reduktionistisch verarmten Stoffgebiete zu Inhalten der Wirklichkeitserfahrung, Einsicht in die spezifische Bedeutung der einzelnen Unterrichtsgebiete für die Entwicklung des heranwachsenden Menschen, das fortlaufende Bemühen um immer konkreteres und tieferes Verstehen der einzelnen Schüler und ihrer Veränderungen und auch der verschiedenen Stoffgebiete» (KRANICH 1999, S. 245). Damit sind zugleich wesentliche methodologische Ansätze formuliert.

Methodologischer Zusammenhang und intuitive Wirksamkeit

Ein methodologischer Ansatz, der innere Lebendigkeit und unmittelbare Bezogenheit auf das Kind beansprucht, ist – wie bereits ausgeführt – nicht deduktionistisch-normativ herzuleiten, sondern muss organisch entwickelt werden, indem verschiedene Gesichtspunkte in Zusammenhang gebracht werden. Diese umfassen
- menschenkundliches Wissen und Verständnis,
- individuelle Diagnostik und Verstehen des Kindes,
- die «Hermeneutik» der Massnahmen und Möglichkeiten, d.h. die Analyse, womit z.B. auf die Entwicklung von Mitte bezogene Arbeitsformen ausgearbeitet werden können,
- die individuelle Ausformung von Handlungsformen und Angeboten.

Durch sie – und das freie Wechselspiel, in dem sie miteinander stehen – kann eine intuitive Heilpädagogik entstehen, die sich aus dem Bild des Kindes, der inneren Kenntnis der menschlichen Konstitution und den Möglichkeiten, die als grundsätzliche Handlungskompetenzen vorliegen, speist. Sie bezieht sich damit auf die gegebene, einmalige Lebenswirklichkeit des Kindes, sein räumliches, zeitliches und soziales Lebensfeld und auf die konkret zur Verfügung stehenden Mittel.

All dies geht nicht in abstrakter Weise vor sich, sondern ist – im «heilpädagogischen Moment» – abhängig von der Persönlichkeit der heilpädagogischen Fachperson, die diesen Zusammenhang in sich bilden und abbilden kann und ihre Handlungsweise aus ihm beziehen will[3]. Die Fähigkeit zum intuitiven Handeln ist indes in der Regel kein vorgegebener oder naturwüchsiger Bestandteil der Persönlichkeit, sondern kann aus dem Studium und Üben dieser Bereiche und dem daraus erwachsenden Erfahrungsgewinn resultieren (vgl. GRIMM 1991; 2005). Die Voraussetzungen intuitiven Handelns zu entwickeln, muss auch als integraler Bestandteil von heilpädagogischen Ausbildungen gesehen werden (vgl. KONFERENZ 2001).

---

3 Natürlich steht die einzelne Fachperson mit ihren Aufgaben nicht allein. Sie handelt auch innerhalb vorgegebener, strukturierter und überlieferter Zusammenhänge und doch muss sie die im Augenblick entstehenden pädagogisch-heilpädagogischen Situationen geistesgegenwärtig und eigenverantwortlich gestalten können.

Beispiel Rhythmen: Heilpädagogische Praxis im Unterricht

Rhythmen sind Grundgegebenheiten des Lebens überhaupt, sie finden sich im Menschen, in der Naturwelt und im Kosmos. Bei Kindern mit Entwicklungsstörungen zeigen sich häufig auch Besonderheiten im Bereich ihrer eigenen leiblichen und seelischen Rhythmik. Rhythmen zeichnen sich durch polare Gegebenheiten aus, die sich in einem wirksamen Verhältnis zueinander befinden und individualisiert auftreten, etwa im Gegensatz zu rein metrischen Verhältnissen (vgl. HEIMANN 1989).

So ist der Rhythmus von Inkarnation und Exkarnation – die Verbindung und Lösung des Seelisch-Geistigen mit und von seinem Leiblich-Physischen – zugleich ein allgemein menschliches Phänomen und eine individuelle Erscheinung. Dabei hat man es zunächst mit physiologisch-leiblichen Vorgängen zu tun, welche die kindliche Gestalt bilden, aber zugleich mit der Individualität des Kindes, die aus dem Vorgeburtlichen heraus diese Leiblichkeit ergreift, sich mit ihr auseinander setzt und an ihr zur Erscheinung bringt. Entwicklungsstörungen können einerseits mit leiblichen Bedingungen, andererseits aber mit der Art und Weise, wie der Individualität dieser Aneignungsprozess gelingt, zusammenhängen.

Schlafen und Wachen ist zugleich ein physiologisch-leiblicher und seelischer Rhythmus, in dem Wachbewusstsein, Traumbewusstsein und Schlafbewusstsein in einem Wechselverhältnis zueinander stehen und sich gegenseitig bedingen. Individuell ist dieses bei jedem Menschen anders ausgeprägt und kann von den mannigfaltigsten Störungen betroffen sein.

Ebenso ist das Gedächtnis, das nicht nur ein kognitiver Apparat, sondern Träger und Vermittler des menschlichen Ich-Bewusstseins ist, geprägt durch die rhythmischen Verhältnisse von Erinnern und Vergessen und deren mögliche Störungen (siehe oben).

Eine Fülle von Phänomenzusammenhängen zwischen Leib und Seele kann aus der Analyse rhythmischer Phänomene gewonnen werden, neben den erwähnten z.B. auch das Verhältnis von Wahrnehmung und Bewegung, von kommunikativer Offenheit und sozialer Abgeschlossenheit u.a.

Rhythmen als pädagogisch-heilpädagogisches Prinzip einzubeziehen, bedeutet immer auch polare Zustände zu bewirken und deren Zusammenhang zu beobachten. Sie treten elementar in den Gegensätzen von Aktivität und Ruhe, von Tun und Betrachten, Gestalten und Auflösen, von Spannungsaufbau und Spannungsabbau auf. Zunächst bleiben diese Prinzipien im Medium des Allgemeinen und besitzen an sich bereits hohen pädagogischen Wert; heilpädagogisch relevant werden sie dann, wenn sie sich auf die individuellen Gegebenheiten des einzelnen Kindes beziehen und komplementär den Pol in Aktion bringen helfen, der bei ihm noch zu schwach ausgebildet ist, z.B. wenn sie beim überbeweglich-unruhigen Kind all das unterstützen, was Ruhemomente und Beobachtungfähigkeit hervorbringt.

Am Unterrichtsgeschehen im Klassenraum kann dann jedes Kind auf seine ihm gemässe Weise beteiligt werden, je nachdem zu welchem Pol es hinneigt und was komplementär ermutigt werden soll. Dabei erlebt es nicht fragmentierte Übungen, sondern einen Unterrichtsorganismus, in dem das eine ins andere wirkt und ein sinnhaftes Ganzes erleben lässt. Die Unterrichtsinhalte gelten für eine Klasse oder Gruppe gemeinsam, was für das einzelne Kind angestrebt wird, stellt eine individuelle Differenzierung im Medium des Gemeinsamen dar. Dann behandeln alle SchülerInnen einer Klasse z.B. das Unterrichtsthema Akustik, das in didaktischer Hinsicht selbst einen rhythmischen Verlauf von Wahrnehmen und Beobachten – Erinnern und Vergegenwärtigen – Erkennen und Können nehmen kann, also von der Sinneswahrnehmung über den Aufbau innerer Bilder zur Handlungsfähigkeit führt. So kann unmittelbar an den Phänomenen selbst die Erkenntnis gebildet werden, z.B. dass tiefer klingende Klangstäbe länger sein müssen als hell klingende, oder es kann am Monochord abgelesen werden, dass Klänge durch mathematische Verhältnisse gebildet werden. Daraus können individuelle heilpädagogische Aufgaben formuliert werden, z.B. welcher rhythmisch-polare Ansatz dem unruhigen, überbeweglichen Kind zu stärkeren Ruhe- und Wahrnehmungsmomenten verhilft, wie ein anderes Kind aus der bewegungsarmen Reserve hervorgelockt werden kann u.a.m.

Rhythmische Beziehungen finden sich aber auch in heilpädagogischen Haltungen: etwa ein Kind wach im Bewusstsein zu tragen und ihm damit Halt zu geben – es aber auch innerlich loszulassen und zu sehen, was es ohne Stütze vermag, und in der Art und Weise der Umgebungsgestaltung, z.B. tragende rhythmische Tagesläufe für Kinder zu gestalten, um die Zeitvorstellung bilden zu helfen (vgl. GRIMM 1991).

Lehrerpersönlichkeit, Gemeinschaftsprozesse und Schulprofile

Die Gestaltung von heilpädagogischen Bildungs- und Entwicklungsräumen lebt zwar aus der authentischen und individuellen Beziehung zwischen Heilpädagogin und Kind; ein eigenständiges Schul- oder Einrichtungsprofil entwickelt sich allerdings erst dann, wenn die Wechselwirkung zwischen dem, was Einzelne gestalten, und dem, was als kollegiale Erfahrung und gemeinsam verantwortetes Schulprofil entwickelt wird, als kontinuierlicher Austausch- und Entwicklungsprozess verstanden wird. Zusammenarbeit kann ein Ganzes und zu einem hohen Mass auch Einheitliches entstehen lassen, das wiederum auch das Handeln der Einzelnen in ihren konkreten Aufgabenstellungen stützen, korrigieren und erweitern helfen, aber auch heftige Konfliktpotenziale hervorrufen kann.

R. Steiner sah das Problem der Schule nicht zuletzt darin, dass sie als ein fremdgesteuertes System den für die Entfaltung von Bildung notwendigen Raum nicht hergab und gründete die Pädagogik der Waldorfschule ganz auf der Selbstverwaltung der in der Schule tätigen Lehrpersonen. Die Leitung und Führung der Schule sollte aus dem Zentrum der Lehrerkonferenz heraus erfolgen, in gleichberechtigter Zusammenarbeit und Verantwortung und individueller Übernahme von Mandaten. Steiner setzte auch hier auf das organische Zusammenwirken nicht nur von Menschen, sondern auch von unterschiedlichen Ebenen in der Zusammenarbeit (vgl. Rawson 2001): die Schule als Gesamtorganismus zu sehen, den Anfangsimpuls lebendig zu halten, sich gemeinsam kontinuierlich weiterzubilden, innere Vertiefung zu suchen, Konflikten und Krisen nicht auszuweichen und Verantwortung nicht nur für den eigenen Bereich zu übernehmen, sondern Gesamtverantwortung mitzutragen.

Schulen als Lebensräume können allen ihren Mitgliedern – Schülern, Eltern und Angehörigen, Mitarbeitern – die Möglichkeit geben, sich initiativ einzubringen und damit die Schule als einen Ort zu erleben, an dem sie ein inneres Zuhause erfahren – trotz allen Schwierigkeiten, Problemen und Konflikten, die das Zusammenwirken individueller Menschen unter heutigen Bedingungen hervorruft. Das ist auch ein gesellschaftliches Argument in den säkularen Umwandlungsprozessen, die den Einzelnen immer mehr zur Übernahme persönlicher Verantwortung und zur Bildung initiativer Sozialprozesse nicht nur aufrufen, sondern geradezu zwingen. Es schadet nicht, dies schon in der Schule lernen zu können.

Literaturverzeichnis

BUCHKA, Maximilian (2003): *Heilen und Erziehen – Rückblick auf eine erfolgreiche Tagungsreihe.* Zeitschrift *Seelenpflege,* 22. Jg. Heft 2, S. 11–19.

BUCHKA, Maximilian (2004): *Die anthroposophische Heilpädagogik im Kontext und Vergleich aktueller Theoriemodelle der Heil- und Sonderpädagogik.* Zeitschrift *Seelenpflege,* 23. Jg. Heft 3, S. 23–42.

DENGER, Johannes (2005) (Hrsg.): *Individualität und Eingriff. Zur Bioethik: Wann ist ein Mensch ein Mensch?* Stuttgart: Verlag Freies Geistesleben.

DIETZ, Karl-Martin; MESSMER, Barbara (Hrsg.) (1998): *Grenzen erweitern – Wirklichkeit erfahren.* Stuttgart: Verlag Freies Geistesleben.

GRIMM, Rüdiger (1991): *Über drei Gesten heilpädagogischer Arbeit. Aspekte eines differenzierten Wirkens des Heil- und Sonderpädagogen.* In: S. GÖRRES u. G. HANSEN: *Psychotherapie bei Menschen mit geistiger Behinderung.* S. 27–48. Bad Heilbrunn: Klinkhardt Verlag.

GRIMM, Rüdiger (1997): *Die gemeinschaftsbildende Kraft der Kinderkonferenz.* Zeitschrift *Seelenpflege,* 16. Jg. Heft 3, S. 220–228.

GRIMM, Rüdiger (2005): *Inneres Bild und intuitives Handeln. Zur meditativen Grundlage heilpädagogischer Arbeit.* Zeitschrift *Seelenpflege,* 24. Jg., Heft 3, S. 4–9.

HEIMANN, Roswitha (1989): *Der Rhythmus und seine Bedeutung für die Heilpädagogik.* Stuttgart: Verlag Urachhaus.

HERRMANNSTORFER, Udo (1999): *«Wege zur Qualität» – Der Arbeitsansatz der anthroposophisch orientierten Einrichtungen der Heilpädagogik und Sozialtherapie.* In: Franz PETERANDER/Otto SPECK: *Qualitätsmanagement in sozialen Einrichtungen.* S. 146–156. München: Reinhardt.

HOLZAPFEL, Walter (1995): *Seelenpflege-bedürftige Kinder.* Teil 2. Dornach: Verlag am Goetheanum.

KONFERENZ für Heilpädagogik und Sozialtherapie (Hrsg.) (2001): *Handbuch für Ausbildungen in Heilpädagogik und Sozialtherapie.* (Bezug: Konferenz für Heilpädagogik, Ruchti-Weg 9, CH-4143 Dornach).

KRANICH, Ernst-Michael (1999): *Anthropologische Grundlagen der Waldorfpädagogik.* Stuttgart: Verlag Freies Geistesleben.

LEBER, Stefan (1993): *Die Menschenkunde der Waldorfpädagogik. Anthropologische Grundlagen der Erziehung des Kindes und Jugendlichen.* Stuttgart: Verlag Freies Geistesleben.

LINDENBERG, Christoph (1997): *Rudolf Steiner. Eine Biographie.* Zwei Bände. Stuttgart: Verlag Freies Geistesleben.

MEINBERG, Eckhard (1988): *Das Menschenbild der modernen Erziehungswissenschaft.* Darmstadt: Wissenschaftliche Buchgesellschaft.

NIEMEIJER, Martin; BARS, Eric (2004): *Bildgestaltende Diagnostik der kindlichen Konstitution. Die Entwicklung eines Messinstruments.* Driebergen: Louis Bolk Instituut. www.louisbolk.nl.

RAWSON, Martyn (2001): *Die Aufgaben der Lehrerkonferenz nach Aussagen Rudolf Steiners.* In: Hartwig SCHILLER (Hrsg.): *Innere Aspekte der Konferenzgestaltung. Übungsansätze, Perspektiven, Erfahrungen.* S. 48–85. Stuttgart: Verlag Freies Geistesleben.

SCHAD, Wolfgang (2006): *Menschenbild und Medizin – Methodologische Zugänge.* In: Matthias GIRKE et al. (Hrsg.): *Menschenbild und Medizin. Das Verständnis des Menschen in Schul- und Komplementärmedizin.* S. 29–40. Köln: Deutscher Ärzte-Verlag.

STEINER, Rudolf (1979): GA 305, *Die geistig-seelischen Grundkräfte der Eziehungskunst. Spirituelle Werte in Erziehung und sozialem Leben.* Dornach: Rudolf Steiner Verlag.

STEINER, Rudolf (1995): GA 318, *Heilpädagogischer Kurs.* 12 Vorträge aus dem Jahr 1924. Dornach: Rudolf Steiner Verlag.

Kunst und Wissenschaft

Angelika Gäch

Einleitung

In der Bewusstseinsgeschichte der Menschheit waren und sind Kunst und Wissenschaft sich durchaus nicht fremd. So setzt im Gegenteil Kepler die von ihm entdeckten Bewegungsgesetze der Planeten in Beziehung zur Musik und spricht von einer Sphärenharmonie. Und von Goethe und Schiller ist bekannt, dass rückblickend auf jenen historischen Abend ihrer ersten intensiven Begegnung nach einem botanischen Vortrag, am 20. Juli 1794, Goethe ein Gespräch über Natur erinnerte und Schiller eines über die Kunst (SAFRANSKI 2004, S. 403). Goethes Zugang zum Gesprächsthema war demnach die äusserlich erfahrbare Naturbegegnung und die im Inneren dadurch angeregte geistige Ideenbildung, und Schiller erschien das gleiche Thema als ästhetisch, d.h. der Kunst zugehörig. Daraus folgend kann sich für uns heute die Frage stellen nach der Gemeinsamkeit von Naturvorgängen, Ideenleben und künstlerischen Prozessen.

Konkrete inhaltliche Entsprechung von Kunst und Wissenschaft

Wie sehr das Erlebnisverhältnis zu Kunstwerken und die Anschauung über Kunst mit der allgemeinen Bewusstseinsentwicklung zusammenhängt, zeigt sich an der Geschichte mancher berühmter Kunstwerke. So wurde Raphaels *Transfiguration,* in seinem Todesjahr 1520 vollendet, vom Zeitgenossen Vasari als «von allen das gefeiertste, schönste, göttliche» Kunstwerk bewertet und später im 18. Jahrhundert aus der Sicht der Französischen Akademie kritisch gesehen. «Unter diesem Blickwinkel konnte man dabei leicht die Einheit von Zeit und Ort vermissen.» (OBERHUBER 1982, S. 9). Im 20. Jahrhundert wurde die Einheitlichkeit von Raphaels Komposition überhaupt nicht mehr gesehen, und das untere Bildfragment diente dem berühmten amerikanischen Epilepsieforscher Lennox als Leitbild seines Lehrbuches. Dazu bemerkt der Neurologe Vogel: «Nun ich meine, es kann der Anerkennung, die Lennox und seinem Werk gebührt, keinen Abbruch tun, wenn wir uns... von Zeit zu Zeit an das grössere, vollständige Bild erinnern lassen und unser wissenschaftliches Fragen unter dessen Signatur stellen.» (KÖNIG 1978, S. 8). Hier erachtet also ein Zeitgenosse von Lennox Raphaels Gesamtkomposition des fachlichen Nachdenkens durchaus wert.

Gleichzeitig weist Vogel darauf hin, dass die zu seiner Zeit aktuelle Epilepsieforschung hervorragende Erfolge auf den Gebieten der Anfallsdifferenzierung, der elektrophysiologischen Beurteilung und der Pharmakotherapie vorzuweisen hat, aber die Selbstwahrnehmung des Kranken demgegenüber sehr in den Hintergrund tritt. «Der Vielklang objektivierender Befunde lässt nur noch selten die leisere Einzelstimme der Selbstwahrnehmung des Kranken vernehmbar werden. Vor den Erfolgsbannern der antikonvulsiven Chemie haben offenbar auch die Psychotherapeuten ihre bescheidenen Wimpel eingezogen...» (VOGEL 1961, S. 438). Der nachdenkliche Blick auf die Stellung des Patienten im Kontext der medizinischen Forschung geht bei Vogel also einher mit einer fragenden Aufmerksamkeit gegenüber der Komposition eines historischen Kunstwerks. Können wir demnach vermuten, dass Einbeziehung der Kunst in die Wissenschaft einer besonderen Wachheit für die Belange des Menschlichen und eines Sinnes für das Ganze bedarf?

König macht im Zusammenhang mit der Epilepsie eindrücklich darauf aufmerksam, dass die Erlebnisse des Anfallsbetroffenen deutlich an die Grenzen der menschlichen Existenz führen. «Aber beim Epileptiker ist die Tagseite heller und die Schattenseite dunkler; es ist so, dass in das Spannungsfeld, in dem sich jeder Mensch befindet, der Epileptiker mit viel grösseren Potenzialen seiner Existenz eingeschaltet ist. Was in diesem Menschen an Furcht und Zweifel, an Schrecken und Angst, an Verzweiflung und Melancholie, an Manischem zutage tritt, das ist – obwohl menschlich – doch durchaus exzessiv und das muss mit in Betracht gezogen werden.» (KÖNIG 1978, S. 8). Diese Potenziale der menschlichen Existenz sieht König in Raphaels Transfiguration auf künstlerische Weise sehr realitätsbezogen und insofern *fachlich* im besten Sinne vertreten. Dass diese wirklichkeitsnahe Darstellungsweise zugleich zu einer grossartigen künstlerischen Gesamtkomposition führt, wird von Oberhuber an vielen Details erläutert (OBERHUBER 1982).

Ergänzung von Wissenschaft durch Kunst – Ein Beispiel aus der Ausbildungspraxis

Die Gesichtspunkte von König und Vogel legen nahe, in der heilpädagogischen Ausbildung bei der Behandlung der Epilepsien nicht nur eine Bildbetrachtung von Raphaels Transfiguration mit einzubeziehen, sondern den Blick auf Kunstwerke auch sonst mit einzubeziehen. Zum Verständnis der einzelnen Anfallsformen zum Beispiel kann die klinische und bioelektrische Klassifikation durch geeignete künstlerische Darstellungen erlebnisnah ergänzt werden. Dazu bieten sich die Schilderungen von

Dostojewskij in dem 1868 erschienenen, stark autobiographisch geprägten Roman *Der Idiot* an.

Zum Beispiel kann die zunächst schwierige Vorstellung, dass ein fokaler (örtlich begrenzter) Anfall mit komplexer Bewusstseinsstörung und nicht, wie die örtliche Begrenzung auf ein Gehirnareal vermuten liesse, mit begrenzter Symptomatik auftritt, zwar natürlich theoretisch verstanden werden, weil die bioelektrische Erregung im Gehirn zwar örtlich begrenzt ist, aber eine multifunktionale Region im Schläfenlappen des Gehirns betrifft. Bildhaftplastisch erlebt wird der Prozess jedoch erst durch die folgende Schilderung: «Er nahm eine Fahrkarte nach Pawlowsk und wartete mit Ungeduld auf den Augenblick der Abfahrt; aber unzweifelhaft verfolgte ihn etwas, und das war Wirklichkeit, keine Phantasie, wie er vielleicht geneigt war zu glauben. Schon im Einsteigen, warf er plötzlich die eben gekaufte Fahrkarte weg und verliess verlegen den Bahnhof. Nach einiger Zeit, auf der Strasse, schien ihm auf einmal ein Gedanke zu kommen: er begriff etwas sehr Seltsames, das ihn schon lange beunruhigt hatte. Er hatte sich plötzlich bewusst bei einer Beschäftigung ertappt, der er sich schon länger hingegeben hatte, ohne es bis zu diesem Augenblick bemerkt zu haben: Schon seit einigen Stunden, noch in der ‹Waage›, ja anscheinend noch früher, hatte er immer wieder angefangen irgendetwas um sich herum zu suchen... es fiel ihm ein, dass er in dem Augenblick, da er bemerkte, dass er nach etwas suche, auf dem Trottoir vor einem Schaufenster gestanden und mit grosser Neugier die dort ausgestellten Waren betrachtet hatte. Und nun wollte er durchaus sich selbst kontrollieren: Hatte er wirklich eben erst, vielleicht vor fünf Minuten, vor diesem Schaufenster gestanden, war es keine Täuschung gewesen, hatte er nicht irgendetwas verwechselt? War dieser Laden und diese Ware wirklich vorhanden? Er fühlte sich heute tatsächlich in einer besonders krankhaften Erregung, fast in der gleichen, die früher über ihn kam, wenn die Anfälle seiner einstigen Krankheit begannen. Er wusste, dass er in den Augenblicken vor einem Anfall ungewöhnlich zerstreut war und oft sogar Gegenstände und Gesichter verwechselte, wenn er sie nicht mit äusserst gespannter Aufmerksamkeit betrachtete.» (DOSTOJEWSKIJ 1986, S. 194/195). In gedrängter Dichte der Bilder und bis in den Sprachrhythmus hinein übermittelt Dostojewskij hier die Irritation des Bewusstseins mit Verlust des Überblicks, mit Verwirrung der Handlungsimpulse und mit emotionaler Beunruhigung. Er fährt dann mit der bekannten Beschreibung einer epileptischen Aura fort, die er als übersteigertes Glücksgefühl erlebt und von der er durch eigene Erfahrung weiss, dass sie in einen grossen Anfall mit abruptem Bewusstseinsverlust mündet. Alle diese Schilderungen vermitteln bei Dostojewskijs grossartiger Fähigkeit, psychologische Nuancen in Sprache zu fassen, überaus lebendige Begegnungen und bereichern den Erlebniszugang zu einer sonst mehr deskriptiv zugänglichen medizinisch-heilpädagogischen Symptomatik.

Methodische Zwischenbemerkung

Wenn auch in den beiden oben genannten Beispielen eine nahe *inhaltliche* Entsprechung zwischen Kunst und Wissenschaft offenkundig ist, liegt der eigentliche und tiefere Zusammenhang zwischen beiden doch auf prozessualem Gebiet. Für die Ausbildungsdidaktik hat Brater in verschiedenen Veröffentlichungen darauf hingewiesen, dass durch Erfahrungsprozesse im künstlerischen Üben berufliche Grundqualifikationen veranlagt werden können: «Dies wird deutlich, wenn man sich vergegenwärtigt, dass der künstlerische Arbeitsprozess nicht mit einer genauen Planung nach exakt vorgegebenen Zielen beginnt, sondern dass es sich immer erst einmal um einen offenen, unbestimmten Prozess handelt, in dem man mutig erste Entscheidungen treffen, Handlungen setzen muss, um dann aus der Sache selbst mögliche weitere Handlungsweisen zu entdecken und im ‹Dialog› mit der Sache allmählich immer genauer zu erkennen, was nun deren Erfordernisse, deren mögliche Weiterentwicklung sind.» (BRATER 1988, S. 113).

Und etwas später fasst Brater zusammen: «Die Schlüsselqualifikationen, die hier ausgebildet werden können, betreffen vor allem solche, die mit Wahrnehmungsvermögen, Improvisationsfähigkeit, Lernfähigkeit, Flexibilität und vor allem mit der Fähigkeit zu tun haben, sich in unerwarteten, unüberschaubaren Situationen zurechtzufinden (Geistesgegenwart). Auch Geduld, Aufmerksamkeit, Konzentration, Sachorientiertheit, Unbefangenheit sind zentrale Lernchancen dieser Übungen, wie man hier auch lernen kann, die Übersicht zu wahren, in Zusammenhängen zu denken und weniger von den eigenen Einfällen als von den Erfordernissen der Sache auszugehen» (BRATER 1988, S. 114). Hiermit werden Fähigkeiten charakterisiert, die für die Berufstätigkeit sowohl in wissenschaftlichen wie in praktischen Arbeitsfeldern grundlegend sind. Auf dieser Basis fusst im Wesentlichen daher auch die triale Ausbildungsmethodik der anthroposophischen Heilpädagogik und Sozialtherapie, wie sie im Internationalen Ausbildungshandbuch im Rahmen eines europäischen Leonardo-Projektes erarbeitet wurde (CESTE 1998–2001).

Intuition – Künstlerische Prozesse in der wissenschaftlichen Arbeit

Neben Präzision, Systematik und Verlässlichkeit hat wissenschaftliche Arbeit selbstverständlich auch mit Kreativität zu tun. Der Pflanzenphysiologe Brunold hat in einer interdisziplinären Vorlesungsreihe an der Universität Bern darauf hingewiesen, dass die Intuition, sonst als Inspirationsquelle bei künstlerischen Prozessen bekannt, in der naturwissenschaftlichen Forschung eine wichtige Rolle spielt «bei der Lösung von Problemen, bei Entdeckungen, Erfindungen und der Entwicklung von neuen Weltbildern.» (BRUNOLD 1999, S. 109 ff.). Den Intuitionsbegriff als Angelpunkt zwischen

Erkenntnis- und Handlungsfähigkeit hatte die Tagungsreihe «Heilen und Erziehen» im November 1999 thematisiert (BUCHKA 2000). Aus der Tagungsdokumentation: «Brunold unterscheidet dabei... die folgenden fünf Stufen der Intuitionsentstehung: Problemstellung, Vorbereitungsphase, Inkubationsphase, Erleuchtungsphase und Überprüfungsphase. Für die Erleuchtungsphase bringt er zahlreiche historische Beispiele von Archimedes, der in der warmen Badewanne sitzend das Prinzip des Auftriebs schlagartig erkannte, über Newton, der nach langen Jahren des Studiums die Gravitationsgesetze formulieren konnte anhand eines Apfels, den er im Garten sitzend fallen sah, bis zu Kekulé, der die chemische Formel des Benzolringes träumend fand, und anderen. Zusammenfassend stellt Brunold fest, dass kleine und grosse Innovationen in der Forschung zwar auf Wissen basieren, aber zugleich des kreativen Anstosses aus dem Unbewussten bedürfen. Anschliessend müssen die so gewonnenen Einsichten selbstverständlich an der Realität überprüft werden.» (BUCHKA 2000, S. 157/158). Die Berührung zwischen der Kunst – hier in Form der mit ihr verbundenen schöpferischen Prozesse – und der Wissenschaft bekommt durch diesen Gesichtspunkt der Freisetzung kreativer Kräfte einen essentiellen Aspekt.

Intuitive Verfasstheit des menschlichen Erkennens

Es soll hier nachdrücklich darauf hingewiesen werden, dass dieser Berührungs- oder vielmehr Durchdringungspunkt ein zentrales Motiv sowohl der anthroposophischen Heilpädagogik wie der Waldorfpädagogik und deren menschenkundlichen Erkenntnisgrundlage darstellt. Um die Verwandtschaft (Zusammenhang, Beziehung) von wissenschaftlichen Erkenntnis- und künstlerischen Erfahrungsprozessen zu verstehen, sei hier ein kurzer erkenntnistheoretischer Exkurs erlaubt. In jüngster Zeit hat Jost Schieren, Leiter des Instituts für Pädagogik an der Alanus-Hochschule in Alfter bei Bonn hingewiesen auf die «prinzipielle intuitive Verfasstheit des menschlichen Erkennens, wie es Rudolf Steiner in seiner ‹Philosophie der Freiheit› dargestellt hat» (SCHIEREN 2005, S. 293). Den Darstellungen Herbert Witzenmanns folgend unterscheidet Schieren drei Elemente in Rudolf Steiners Intuitions-Begriff:
a) die Vollzugsförmigkeit,
b) den Selbstzusammenhang der Inhalte,
c) das rückbestimmte Bestimmen oder den Wesenstausch.

Zu a) führt er aus: «Die Seele weiss nicht, dass sie denkt, wenn sie denkt. Wir wissen zwar, was wir denken, wir wissen aber in der Regel nicht, dass wir denken. Das heisst, wir übersehen den Tätigkeitsanteil, der in unserem Denken existiert. Wir haben in unseren Vorstellungen lediglich ein Inhaltsbewusstsein, das wir als solches hinnehmen bzw. bei näherem Nachforschen als aus der Materie (Gehirnphysiologie), der Wahrnehmung (Affektionstheorie) oder der biographischen Bewusstseinsevolution (Sozialisationstheorie) hervorgehend betrachten. Steiner lenkt die Aufmerksamkeit der seelischen Beobachtung zentral auf den Tätigkeitsanteil des Denkens, welcher nicht geleugnet werden kann, da allein die Tatsache des Unterlassenkönnens den Erweis für die Tätigkeitsgebundenheit des Denkens gibt.» (SCHIEREN 2005, S. 293/294). Der Aspekt der inneren eigenintendierten seelischen Bewegung, auf den hier für das Denken hingewiesen wird, ist aber auch eine wesentliche Triebfeder des künstlerischen Tuns und der damit verbundenen Welterfahrung, wie später zu zeigen sein wird.

Zu b) stellt Schieren fest: «Hier weist nun Herbert Witzenmann im Anschluss an Rudolf Steiner auf verschiedene Merkmale unserer Denkinhalte hin. Ein wesentliches Merkmal ist der Selbstzusammenhang des Denkens: Das Denken kann zur Begründung seiner selbst niemals verlassen werde.» (SCHIEREN 2005, S. 294). Auch für diese Qualität der in sich durchgängigen logischen Kontinuität gibt es in der Kunst Entsprechungen in der Form, dass wir bei einem Kunstwerk bemerken, ob es in sich stimmig, stilistisch logisch und einheitlich gestaltet ist.

Zu c) schliesslich, dem rückbestimmten Bestimmen oder Wesenstausch, setzt Schieren fort: «Das Denken betätigt zwar die Denkinhalte, es verändert sie aber nicht. Es partizipiert denkend an dem allgemeinen Wesensweben der Begriffe... Es ist der individuelle Denkakt, der einen Denkinhalt hervorbringt und ihn insofern bestimmt. Er bestimmt aber nur dessen Erscheinen und nicht dessen Inhalt... Der Denkakt vollzieht den Denkinhalt nach Massgabe von dessen inhaltlicher Selbstbestimmung. Diesen Vorgang des Austausches zwischen individuellen Denkakten und universellen Denkakten bezeichnet Witzenmann als Wesenstausch. Das individuelle denktätige Ich gibt sich den Inhalt eines universellen Begriffes und dieser taucht in die Erscheinungsform eines individuellen Denkaktes ein. Der Wesenstausch vollzieht sich im Rhythmus von Individualisierung der Denkinhalte und Universalisierung von Denkakten.» (SCHIEREN 2005, S. 295). Der hier beschriebene Prozess ist die Grundlage für ein denkendes Erkennen der Welt mit ihren Qualitäten und Gesetzen. Findet dieser Vorgang seine Entsprechung im künstlerischen Tun, kann auf diesem Weg ein Stück Welterkenntnis durch unmittelbares Erleben vermittelt werden. Ansätze dazu finden sich im Ausbildungswesen mehrfach (BUCHKA 2000, S. 160–164, und HUSEMANN 1989) und sind für die anthroposophische Heilpädagogik im Internationalen Ausbildungshandbuch (CESTE 1998–2001) zusammenfassend dargestellt worden.

Zugang zur wissenschaftlichen Erkenntnis durch künstlerische Erfahrung

Rudolf Steiner hat im Zusammenhang mit der Begründung der Waldorfpädagogik darauf hingewiesen, dass die Erkenntnis menschenkundlicher Zusammenhänge durch künstlerische Erfahrungen wesentlich gefördert werden, ja dass durch Einbeziehung

der Kunst sogar eine neue Rationalität in den auf den Menschen bezogenen Ausbildungsgängen entwickelt werden könne (STEINER 1924). Dabei unterscheidet er vier qualitative Stufen des Lernens, die sich auf die Erkenntnis von vier Qualitätsebenen der menschlichen Organisation beziehen:
1. inhaltliches abstrakt logisches Kennenlernen der physischen Gegebenheiten (STEINER 1924),
2. sich in Beziehung setzen zu Bildevorgängen im Bereich des Lebendigen durch Plastizieren,
3. Erleben von inneren Entwicklungsvorgängen und seelischen Prozessen in der Zeit durch musikalisches Üben,
4. in den Bereich der Identitätsfindung eintauchen durch die Beschäftigung mit der Sprache (GÄCH 2000, S. 163).

Die konkrete Umsetzung eines künstlerischen Erfahrungsprozesses in der Ausbildung hat natürlich ihre eigenen Entstehungsbedingungen. Reflektierend kann jedoch gefragt werden, ob der künstlerischen Betätigung, die den Naturerscheinungen nachgehen will, die Kriterien des erkennenden Denkens, z.B. im Sinne der oben entwickelten Darstellung zugrunde liegen, ob das künstlerische Üben und die darauf beruhende Erfahrung also bei den Teilnehmern
* *Tätigkeitsgebundenheit* im Sinne einer initiativen, selbst geführten seelischen Bewegung,
* *Selbstzusammenhang* im Sinne einer innerlich stimmigen stilistischen Logik und
* *Wesenstausch* (SCHIEREN 2005), d.h. wirkliche Weltbegegnung
bewirken.

Projekt Embryologie und Plastizieren

In Zusammenarbeit zwischen der Freien Hochschule für anthroposophische Pädagogik Mannheim und dem Rudolf-Steiner-Seminar für Heilpädagogik Bad Boll wird dies für das Gebiet der Embryologie seit einigen Jahren versucht. Über den Zeitraum von zwei Wochen werden täglich die medizinischen Grundlagen der Embryologie besprochen und die sich verwandelnden Stadien so viel wie möglich naturalistisch farbig gezeichnet. Dies entspricht der oben skizzierten ersten Stufe des Lernens (STEINER 1924). Das sich daran anschliessende Plastizieren mit Ton, die zweite Stufe des Lernens, führt in das Erleben der Bildevorgänge von Entstehung, Verwandlung und Auflösung von Formen und damit in Entwicklungs- und Wachstumsprozesse überhaupt hinein. Der beteiligte plastische Künstler schildert sein Ringen mit der Masse: «Im künstlerisch-plastischen Prozess wirkt meine Aktivität auf die Masse, aber deren Sprache wirkt wiederum auf mich zurück.» (PÜTZ 1995). Als Ergebnis dieses Prozesses treten gerundete oder hohle Formen auf. Der Lernprozess im tätigen Plastizieren besteht darin, sich in ständigem empathischen Mitgehen einfühlend in das hineinzubegeben, was durch die eigene Tätigkeit entsteht, zu fühlen, eine gerundete Form kommt mir entgegen, in eine hohle begebe ich mich hinein usw. Zwischendurch ist es nötig, immer wieder innerlich zurückzutreten, das Gewordene anzuschauen und zu bewerten. Wichtig ist die fachkundige und agogische Begleitung dieses sensiblen Prozesses. Das Merkmal der *Tätigkeitsgebundenheit* (SCHIEREN 2005) im Sinne einer initiativen, selbst geführten seelischen Bewegung wird hier angeregt und in aller Regel auch erreicht.

Die anspruchsvollere Aufgabe ergibt sich auf der nächsten Stufe, «die verschiedenen Qualitäten der Gestaltbildungsvarianten in der Auseinandersetzung mit der Masse nicht nur im Sinne einer kompositionellen Anpassung, sondern mit einer in jedem Punkte aktuellen Präsenz zu erfassen und mit ihnen umzugehen.» Pütz unterscheidet hier

- die Qualität der Dichte und Kompaktheit, in der jeder Punkt ein einzelner Teil ist, die aber verlässliche Festigkeit vermittelt,
- die Qualität der innerlich gleitenden Beweglichkeit, die durch Zusammenfliessen ein Kontinuum schafft und eine Eintrittspforte für höher angesiedelte Prozesse darstellt,
- die Qualität einer elastischen Gespanntheit mit der Fähigkeit, Spannkraft aufzunehmen und zu halten und damit auch im weitesten Sinne Anspannungs- und Entspannungsprozesse zu vermitteln,
- und schliesslich die Qualität einer inneren Aktivität, die alles in ihren Bereich Eintretende weiter entwickelt und verwandelt. (PÜTZ 2005).

Eine bemerkenswerte Tatsache ist, dass uns diese vier Qualitäten auch in den in der klassisch-griechischen Antike entstandenen philosophischen Begriffen der vier Elemente Erde, Wasser, Luft und Wärme begegnen. Hier zeigt sich also die bereits in der historischen Begegnung von Goethe und Schiller eingangs deutlich gewordene Entsprechung von Prozessen in der Beobachtung der Natur und der Betätigung in der Kunst. In der Natur erleben wir die vier Qualitäten als wesenhafte Wirksamkeiten in vielfältigen Erscheinungsformen mit je unverwechselbarer Eigenheit, wie Marti beschrieben hat (MARTI 1994):

- das Element Erde mit Dichte und Kompaktheit,
- das Element Wasser mit innerlicher Beweglichkeit und als Eintrittspforte für Lebensvorgänge,
- das Element Luft mit seiner raumerfüllenden elastischen Ausdehnungsfähigkeit und Spannkraft,
- und schliesslich das Element Wärme mit seiner inneren Aktivität, durch die im Zeitablauf Dinge zerstört, verbrannt werden oder sich entwickeln, keimen, reifen können.

Die künstlerisch-plastische Aufgabe auf dieser Stufe ist, den geschilderten Qualitäten nicht illustrierenden, sondern tätig auseinander setzenden Ausdruck zu geben und damit zum Erlebnis einer innerlich stimmigen, nicht selbst erdachten, sondern in der Welt vorhandenen Realität zu gelangen.

Von dieser Basis wird zu einer weiteren Ebene der Erfahrung und des Übens weiter gegangen. Denn die Qualitäten der Elemente bilden zwar die Grundlage des Lebens, aber aus ihnen allein lässt sich seine Entstehung nicht herleiten. Am Anfang jeder embryologischen Entwicklung stehen mit den biologischen Polaritäten von Einzelle und Spermium vielmehr «Gestaltintentionen auf höherer Stufe, die sich absolut gegenseitig ausschliessen.» (PÜTZ 2005). Sie umfassen in sich die Qualitäten der Wärme, nicht als äusseres Merkmal, sondern als innere Entwicklungsaktivität, und dazu die Eigenschaft des in sich gleitend Beweglichen und kontinuierlich Zusammengefassten im Ovum bzw. des mit Spannkraft Aktiven im Spermium. Aus biologischer Sicht hat Schad die Gegensätze zwischen weiblichen und männlichen Keimzellen mit vielen Beispielen belegt (SCHAD 1982). Zu diesen einzigartigen Qualitäten gilt es einmal über das inhaltliche Verstehen und naturalistische Zeichnen der biologischen Verwandlungsvorgänge und zum anderen über die plastische Erfahrung Zugang zu finden. Als Ergebnis dieses intensiven Prozesses ergibt sich eine vollkommen neue Wertschätzung gegenüber den genialen Kräften und Prozessen, die die Grundlage des Lebens bilden.

Wenn dieses Erleben entsprechend geübt und geführt wird, kommen die Teilnehmer auch in die Lage, Wachstumsvorgänge qualitativ zu erleben und dadurch eine geschultere Verständnisgrundlage für die konstitutionellen Eigenheiten von Kindern im heilpädagogischen Kontext zu entwickeln. Und dies hat durch die Intensität der Erlebnisse und tätigen Auseinandersetzung nicht nur den Aspekt eines vertiefteren diagnostischen Zugangs, sondern vor allem auch einer Belebung und Bereicherung der sachgemässen pädagogisch-therapeutischen Einfälle und Ideen.

Schluss

Anhand einiger grundsätzlicher Überlegungen und eigener Praxiserfahrungen in der Ausbildung von Heilpädagogen habe ich versucht darzulegen, wie Wissenschaft und Kunst sich gegenseitig fördern und befruchten können. Dabei ist, hoffe ich, deutlich geworden, dass von dieser Gegenseitigkeit beide gewinnen, die Wissenschaft an Erlebnisnähe in der Welterkenntnis und die Kunst an methodischer Ausrichtung und Klarheit. Und in Bezug auf die Lebenspraxis der Heilpädagogik benötigen wir beide in gleicher Weise: Wissenschaft und Kunst.

Literaturverzeichnis

BRATER, Michael/Ute Büchele/Erhard Fucke/Gerhard Herz (1988): *Berufsbildung und Persönlichkeitsentwicklung*, Stuttgart: Freies Geistesleben.

BRUNOLD, C. (1999): Intuition in der naturwissenschaftlichen Forschung. In: AUSFELD-HAFTER, B. (Hrsg.), *Intuition in der Medizin – Grundfragen zur Erkenntnisgewinnung*. Bern: Lang.

BUCHKA, Maximilian (Hrsg.) (2000): *Intuition als individuelle Erkenntnis- und Handlungsfähigkeit in der Heilpädagogik*, Luzern: Ed. SZH/SPC.

CESTE (1998–2001): *Curative Education and Social Therapy in Europe: Projekt zur Erarbeitung eines Ausbildungshandbuches im Rahmen des Leonardo-Programmes*.

DOSTOJEWSKIJ, Fjodor (1986): *Der Idiot*, München: dtv, 9. Auflage.

GÄCH, Angelika (2000): *Therapeutische Förderung und Entwicklung der Intuitionsfähigkeit*, In: BUCHKA, Maximilian (Hrsg.) (2000): *Intuition als individuelle Erkenntnis- und Handlungsfähigkeit in der Heilpädagogik*. Luzern: Ed. SZH/SPC.

HUSEMANN, Armin J. (1989): *Der musikalische Bau des Menschen*. Stuttgart: Freies Geistesleben.

KÖNIG, Karl (1978): *Epilepsie und Hysterie*. Arlesheim/Schweiz: Natura.

MARTI, Ernst (1994): *Das Ätherische – Eine Erweiterung der Naturwissenschaft durch Anthroposophie*. Dornach: Die Pforte.

OBERHUBER, Konrad (1982): *Raphaels «Transfiguration». Stil und Bedeutung*. Stuttgart: Urachhaus.

PÜTZ, Peter (1995 und 2005): Freie Hochschule für anthroposophische Pädagogik. Mannheim, mündliche Mitteilungen

SAFRANSKI, Rüdiger (2004): *Friedrich Schiller oder Die Erfindung des Deutschen Idealismus*. München Wien: Carl Hanser.

SCHAD, Wolfgang (1982): *Die Vorgeburtlichkeit des Menschen*. Stuttgart: Urachhaus.

SCHIEREN, Jost (2005): *Die Veranlagung von intuitiven Fähigkeiten in der Pädagogik in: Anthroposophie* IV 2005 Nr. 234, Seite 291–305.

STEINER, Rudolf (1894): GA 4, *Die Philosophie der Freiheit. Grundzüge einer modernen Welt-Anschauung. Seelische Beobachtungsresultate nach naturwissenschaftlicher Methode*. Dornach: Rudolf Steiner Verlag.

STEINER, Rudolf (1924): GA 308, *Die Methodik des Lehrens und die Lebensbedingungen des Erziehens*, Vortrag vom 10. April 1924. Dornach: Rudolf Steiner Verlag.

VOGEL, P. (1961): *Von der Selbstwahrnehmung der Epilepsie. Der Nervenarzt*. 32. Jahrgang 1961, Seite 438, zitiert nach König (1978).

WITZENMANN, Herbert (1992): *Intuition und Beobachtung. Das Erfassen des Geistes im Erleben des Denkens*. Band 1, Stuttgart.

Erziehungs- und heilerziehungswissenschaftliche Ergänzungsinhalte zum Ausbildungscurriculum «Anthroposophische Heilpädagogik»

Eine Beitrag zur heilpädagogischen Ausbildungskultur

Maximilian Buchka

1. Stellenwert der Erziehungs- und Heilerziehungswissenschaft in der Ausbildung «Anthroposophische Heilpädagogik»

Die Erziehungswissenschaft (oder allgemeine Pädagogik) und die Heilerziehungswissenschaft (oder allgemeine Heilpädagogik) finden leider als wichtige Grundlagenwissenschaften für die «anthroposophische Heilpädagogik» in den Ausbildungscurricula der Studienstätten für anthroposophische Heilpädagogik keine gebührende Berücksichtigung. Beispielsweise sind dazu im «Handbuch für Ausbildungen in Heilpädagogik und Sozialtherapie» (vgl. KONFERENZ 2001) nur verkürzte Inhalte angegeben. Aus den grossen systematischen Arbeitsschwerpunkten der Pädagogik und Heilpädagogik werden nur aufgezählt:

a) Geschichte der Pädagogik und Heilpädagogik (S. 1–28 f.)
   – Pädagogisches und heilpädagogisches Denken und Handeln aus historischer Perspektive und Einordnung
   – Bedeutende Erzieherpersönlichkeiten als Vorbild zur Entwicklung der eigenen Berufshaltung.
b) Pädagogik der verschiedenen Lebensalter (S. 1–32)
   – Erziehungsstile
   – Erziehungsmethoden
   – Erziehungsziele Autonomie und Selbstbestimmung.
c) Forschung in der Heilpädagogik (S. 1–76 ff.)
   – Forschungsgegenstand
   – Forschungsziele
   – Forschungsmethoden (einschl. Ergebnisdokumentation)

- Forschungsgrundlagen
- Forschungsvernetzung (auch mit der Erziehungswissenschaft).

Die Angaben zu den Inhalten der Geschichte und Forschung sind wissenschaftlich akzeptabel, die zu der Pädagogik der Lebensalter leider nur ausschnitthaft und stark verkürzt. Inhaltliche Angaben zu Theoriekonzepten, Gegenstandsbestimmungen, pädagogischen und heilpädagogischen Konzepten bei spezifischen Problemlagen, Erziehungsphilosophien und zur vergleichenden Pädagogik bzw. Heilpädagogik fehlen leider.

Diese eingeschränkte Auswahl allgemein-systematischer pädagogischer und heilpädagogischer Arbeitsschwerpunkte im angegebenen Ausbildungshandbuch der Konferenz der Heilpädagogik und Sozialtherapie muss deshalb bedauert werden, weil ansonsten das Ausbildungscurriculum einen sehr hohen fachlichen Standard besitzt hinsichtlich spezifisch-anthroposophischer Inhalts- und Praxisthemen. Man wünschte sich von den Lehr- und Studienplänen anderer Ausbildungsstätten, dass sie in so beispielhafter Form Theorie und Praxis aufeinander beziehen würden, wie es dem international besetzten Arbeitskreis der Konferenz für Heilpädagogik und Sozialtherapie im Ausbildungshandbuch «Heilpädagogik und Sozialtherapie» der Medizinischen Sektion der Freien Hochschule am Goetheanum gelungen ist.

Nachzusehen wäre der beklagte Sachverhalt, wenn die Studierenden der Ausbildungsstätten für anthroposophische Heilpädagogik über eine vorangegangene Grundausbildung in den angesprochenen Fächern verfügen würden und sie sich jetzt in der zu absolvierenden Ausbildung (Zweitstudium), gleichsam zur Vertiefung bzw. Ergänzung zum Erststudium, sich nur mit den speziellen anthroposophischen Sicht- und Arbeitsweisen der Heilpädagogik auseinander zu setzen hätten. Da diese Ausgangslage aber nur in den seltensten Fällen (vielleicht am häufigsten bei Lehramtsstudiengängen) zutrifft, sollte man meiner Meinung nach den Inhalten der allgemein-systematischen Pädagogik (Erziehungswissenschaft) und Heilpädagogik (Heilerziehungswissenschaft) einen breiteren Raum im Studium der anthroposophischen Heilpädagogik einräumen, um die pädagogischen und heilpädagogischen Basiskompetenzen deutlich zu erweitern. Dieser Erweiterung der Ausbildungscurricula zur «Anthroposophischen Heilpädagogik» um die allgemein-systematische Pädagogik und Heilpädagogik dienen die nachfolgenden Gedanken.

2. Zur Ergänzung und Erweiterung der Ausbildungskompetenzen

Es gehört zum heutigen Standard von Ausbildungen, dass nicht nur Inhalte vermittelt werden, sondern dass die Studierenden spezifische Kompetenzen erwerben, die sie befähigen, notwendiges Wissen, praktisches Können und ethische Haltungen in ihr späteres Berufsleben einbringen bzw. leben zu können. Im Hinblick auf diese Trias der

Kompetenzen sollten neben den schon bestehenden auch solche in die Ausbildungscurricula aufgenommen werden, die aus der allgemeinen Pädagogik und Heilpädagogik stammen, sowohl im Hinblick auf Wissens- und Fähigkeitskompetenz, Haltungs- und Fertigkeitskompetenz sowie auf Haltungs- und Einstellungskompetenz eines/r anthroposophischen Heilpädagogen/-in.

- *Heilpädagogische Wissens- und Fähigkeitskompetenz*

Die Wissens- und Fähigkeitskompetenz würde durch die Aufnahme von allgemein-systematischen Studieninhalten der Pädagogik und Heilpädagogik deutlich verbessert werden können, weil die Studierenden pädagogische und heilpädagogische Grundbegriffe, erziehungs- und heilerziehungswissenschaftliche Theorieentwürfe, historische Zusammenhänge (vgl. S. 1–28 im Ausbildungshandbuch), pädagogische und heilpädagogische Lebensalterskonzepte (vgl. S. 1–32 im Ausbildungshandbuch), vergleichende Theorie- und Praxisansätze, Grundfragen der pädagogischen bzw. heilpädagogischen Anthropologie, wissenschaftliche Didaktikmodelle und vieles mehr, die die aktuelle Fachdiskussion ausserhalb der anthroposophischen Heilpädagogik bestimmen, besser verstehen zu können und sich zu diesem allgemeinen Fachdiskurs, vor dem Hintergrund der anthroposophischen Heilpädagogik, beteiligen zu können. Sie würden zudem befähigt, die Spezifika der anthroposophischen Heilpädagogik im Kontext des allgemeinen Wissens über pädagogische und heilpädagogische Fragen erklären, vergleichen und ihren besonderen Stellenwert wissenschaftlich begründen zu können.

- *Heilpädagogische Handlungs- und Fertigkeitskompetenz*

Die Erweiterung der heilpädagogischen Handlungs- und Fertigkeitskompetenz ist nicht so zu verstehen, dass ohne die allgemein-systematischen Inhalte der Pädagogik und Heilpädagogik der Eigencharakter der anthroposophisch-heilpädagogischen Erziehung und Bildung, Begleitung und Beratung, Förderung und Therapie nichts wert wäre, im Gegenteil, gerade sie stellen die notwendige Vertiefung, Ergänzung und Spezialisierung im heilpädagogischen Handlungsfeld dar. Sie sind für die Fachwelt ein ständiger Anreiz dafür, sich mit der heilpädagogischen Waldorfschulpädagogik, Waldorfkindergartenpädagogik oder Kunsttherapie zu beschäftigen. Trotz ihren qualitativen und bewährten Konzepten könnten diese noch optimiert werden, wenn in der Ausbildung ermöglicht werden könnte, dass die Studierenden nicht nur eine Einführung in Erziehungsstile und Erziehungsmethoden der «Praktischen Pädagogik» (BREZINKA 1978) erhalten würden (vgl. S. 1–32 im Ausbildungshandbuch), sondern auch allgemeine und sonderschulpädagogische Didaktik, heil- und sonderpädagogische Organisationskonzepte (Frühförderung, Kindergarten, Sonderschule, Berufsbildung, Gemeinwesen-/Netzwerkarbeit), Empowermentmodelle u.a.m. kennen lernen könnten.

Das könnte sie befähigen, ihre pädagogischen Alltagsaufgaben im Kontext der allgemein-systematischen Pädagogik und Heilpädagogik zu analysieren, um zu erkennen, wann, wo, wie und womit diese Alltagsaufgaben durch speziell-anthroposophische Handlungsansätze vertieft, ergänzt, ersetzt, korrigiert, kompensiert oder unterstützt werden können. Die Auseinandersetzung mit diesen zusätzlichen Studieninhalten kann die anthroposophischen Heilpädagogen/-innen besser befähigen, qualitativ am fachlichen Diskurs teilzunehmen, weil sie mit den anderen auf gleicher «Kommunikationsebene» sich austauschen können. Darüber hinaus können sie zugleich die Bedeutung der Handlungsansätze der anthroposophischen Heilpädagogik durch die gemeinsame Wissenschaftssprache begründen, die die Aussenstehenden (d.h. die nicht an anthroposophischen Studienstätten ausgebildet wurden) verstehen und nachvollziehen können.

Letztlich gehört zur Erweiterung der heilpädagogischen Handlungs- und Fertigkeitskompetenz auch eine breitgestreute Ausbildung hinsichtlich Planung, Durchführung und Auswertung von Forschungsarbeiten. Hier verfügt die allgemeine Pädagogik über eine fast hundertjährige Tradition, die auch für die anthroposophisch-heilpädagogische Forschung nutzbar gemacht werden sollte. Einige Grundideen dazu werden im Ausbildungshandbuch (vgl. S. 1–76 ff.) schon angesprochen. Neben der Einzelfallforschung als phänomenologischer oder hermeneutischer Forschungsansatz gewinnt heute in heilpädagogischen Einrichtungen die sozialwissenschaftliche (qualitativ-quantitative) Handlungs-, Praxis- und Evaluationsforschung (HUPPERTZ 1998; von SPIEGEL 1993) eine immer grössere Bedeutung, vor allem im Hinblick auf die Qualitätsverbesserung bzw. das Qualitätsmanagement. Davon wird sich gegenwärtig, ganz sicher aber zukünftig, keine anthroposophische Einrichtung der Heilpädagogik ausschliessen können. Um hier handlungsfähig zu werden, d.h. mit Formen und Methoden der Praxis- und Handlungsforschung zur Qualitätsverbesserung umgehen zu können, gehören die dazu notwendigen Inhalte unabdingbar in das Studium der anthroposophischen Heilpädagogik hinein, ohne dass die Einzelfallforschung aufgegeben werden darf.

- *Heilpädagogische Haltungs- und Einstellungskompetenz*

Während für die beiden vorgenannten Kompetenzen im Ausbildungshandbuch Hinweise, wenn auch nur ansatzweise, enthalten sind, finden sich zu der hier in Rede stehenden Haltungs- und Einstellungskompetenz leider keine erziehungs- bzw. heilerziehungswissenschaftlichen Angaben.

Die gegenwärtigen Inhalte zur Ausbildung anthroposophisch-heilpädagogischer Handlungs- und Einstellungskompetenz, und das ist sicher auch gut und richtig so, entstammen aus den philosophischen, pädagogischen und heilpädagogischen Schriften Rudolf Steiners und den entsprechenden Kommentaren dazu. Eine weitere Möglichkeit zu einer eigenen heilpädagogischen Haltungs- und Einstellungskompetenz zu kommen, ist das biographische Studium von bedeutenden Erzieherpersönlichkeiten der heilpädagogischen Geschichte (BUCHKA et al. 2002), so wie es im Ausbildungshandbuch vorgeschlagen wird (vgl. S. 1–28 f.). Ergänzt werden könnten diese Inhalte durch Texte der pädagogischen bzw. heilpädagogischen Anthropologie (BOLLNOW 1983; GERNER 1998) bzw. der «pädagogischen Menschenkunde» (NOHL 1970; HAEBERLIN 1985; LEONHARD 1996), die die Beziehung zum und mit dem Menschen zum Gegenstand haben, sowie der Erziehungsphilosophie (BOLLNOW 1978, LÖWISCH 1982; OELKERS 1992; GRÖSCHKE 1993; FISCHER; LÖWISCH 1998), die sich mit Werten und Normen in Erziehung und Bildung auseinander setzen. Mit Hilfe hermeneutischer Textstudien und durch die innerseelische Auseinandersetzung mit diesen Inhalten und den Vorbildern, wie sie uns in den Klassikern der Pädagogik bzw. Heilpädagogik gegeben sind, kommen sehr viele Studierende in nicht-anthroposophischen Ausbildungsstätten zu den Grundlagen ihrer Haltungs- und Einstellungskompetenz. Durch die Kenntnis dieser Inhalte können die Studierenden der Ausbildungsstätten für anthroposophische Heilpädagogik die Argumentations- und die Handlungsweisen ihrer nicht anthroposophisch ausgebildeten Kolleginnen und Kollegen der Heilpädagogik besser verstehen und könnten, im Kontext zur allgemeinen Pädagogik und Heilpädagogik, eine neue Sichtweise hinsichtlich der Bedeutung und Tragweite des anthroposophisch-heilpädagogischen Haltungs- und Einstellungsansatzes gewinnen.

3. Zusammenfassung und Perspektiven für die heilpädagogische Ausbildungskultur

Bislang wurde darauf hingewiesen, dass in den bestehenden Ausbildungscurricula der Studienstätten für anthroposophische Heilpädagogik nur wenige Inhalte der allgemein-systematischen Pädagogik (Erziehungswissenschaft) und Heilpädagogik (Heilerziehungswissenschaft) gelehrt werden. Des Weiteren wurde, mittels der Ausbildungskompetenzen, dafür zu sensibilisieren versucht, dass die vermissten Lehrinhalte auch für die Berufsträger/-innen der anthroposophischen Heilpädagogik von Bedeutung sein können und eine wichtige und notwendige Erweiterung, Vertiefung und Ergänzung ihrer Ausbildung darstellen würden. Leitlinie dabei war immer der Blick auf die Zusammenarbeit mit Berufskollegen/innen anderer heilpädagogischen Ausbildungen und der fachliche Austausch mit ihnen, um sie besser verstehen zu können bzw. von ihnen besser verstanden zu werden.

Zum Abschluss sollten nun noch Perspektiven eröffnet werden, welche allgemein-systematische Inhalte der Pädagogik und Heilpädagogik in die Ausbildung der anthroposophischen Heilpädagogik aufgenommen werden sollten, um der zuvor geäusserten Inhaltskritik zu genügen. Diese Ergänzungen dienen letztlich auch der

Komplettierung der Ausbildungskultur, wenn wir diese als eine gelebte Form des Ausgleichs zwischen dem Anspruch, der von der anthroposophische Heilpädagogik auf die Studierenden zukommt und mit der sie sich in der Ausbildung auseinander setzen müssen, und den Erwartungen, die die akademische Fachwelt an ein heilpädagogisches Studium stellt und von dem sie erwartet, dass die Studierenden sich auch mit den von ihnen allseits akzeptierten wissenschaftlichen Inhalten und Standards auskennen.

Literaturverzeichnis

BOLLNOW, O. F. (1978): *Existenzphilosophie und Pädagogik*. 8. Aufl., Stuttgart: Kohlhammer.

BOLLNOW, O. F. (1983): *Anthropologische Pädagogik*. 3. Aufl., Bern, Stuttgart: Haupt.

BREZINKA, W (1978): *Metatheorie der Erziehung. Eine Einführung in die Grundlagen der Erziehungswissenschaft, der Philosophie der Erziehung und der Praktischen Pädagogik*. 4. Aufl., München, Basel: Reinhardt.

BUCHKA, M./GRIMM, R./KLEIN, F. (Hrsg.) (2002): *Lebensbilder bedeutender Heilpädagoginnen und Heilpädagogen des 20. Jahrhunderts*. 2. Aufl., München: Reinhardt.

FISCHER, W.; LÖWISCH, D.-J. (Hrsg.) (1998): *Philosophen als Pädagogen. Wichtige Entwürfe klassischer Denker*. 2. Aufl., Darmstadt: Wiss. Buchgesellschaft.

GERNER, B. (1998): *Einführung in die Pädagogische Anthropologie*. 2. Aufl., Darmstadt: Wiss. Buchgesellschaft.

GRÖSCHKE, D. (1993): *Praktische Ethik der Heilpädagogik. Individual- und sozialethische Reflexionen zu Grundfragen der Behindertenhilfe*. Bad Heilbrunn: Klinkhardt.

HAEBERLIN, U. (1985): *Das Menschenbild für die Heilpädagogik*. Bern, Stuttgart: Haupt.

LEONHARD, H.-W. (1996): *Pädagogische Menschenkunde. Deskriptive Phänomenologie des Fühlens, Denkens und Wollens*. Weinheim München: Juventa.

HUPPERTZ, N. (Hrsg.) (1998): *Theorie und Forschung in der Sozialen Arbeit*. Neuwied Kriftel: Luchterhand.

KONFERENZ für Heilpädagogik und Sozialtherapie, Medizinische Sektion der Freien Hochschule am Goetheanum (Hrsg.) (2001): *Handbuch für Ausbildungen in Heilpädagogik und Sozialtherapie*. Dornach.

LÖWISCH, D.-J. (1982): *Einführung in die Erziehungsphilosophie*. Darmstadt: Wiss. Buchgesellschaft.

NOHL, H. (1970): *Charakter und Schicksal. Eine pädagogische Menschenkunde*. 7. Aufl., Frankfurt/Main: Schulte-Bulmke.

OELKERS, J. (1992): *Pädagogische Ethik. Eine Einführung in Probleme, Paradoxien und Perspektiven*. Weinheim München: Beltz.

SPIEGEL, H. von (1993): *Aus Erfahrung lernen. Qualifizierung durch Selbstevaluation*. Münster: Votum.

Medizin und Heilpädagogik

Erdmut J. Schädel

Besonderes Merkmal der anthroposophischen Heilpädagogik ist es, dass die Medizin ein integrierter Bestandteil der pädagogischen Arbeit ist, weil sie einmal die Voraussetzungen dafür schafft, Entwicklungsbesonderheiten und Pathologien zu definieren und einzuordnen, auf der anderen Seite aber auch die Möglichkeit bietet, durch therapeutische Massnahmen die heilpädagogischen Bemühungen in entscheidender Weise zu unterstützen. Dies erfordert ein Zusammenwirken beider Disziplinen, sowohl im fachlichen wie auch im sozialen Bereich. Rudolf Steiner nennt dies «einen fortwährenden lebendigen Zusammenhang herstellen zwischen diesen beiden Bereichen, ohne Egoismus im Spezialwirken» (STEINER 1967, GA 317, S. 184). Es wird hier auf eine sich gegenseitig ergänzende und befruchtende Zusammenarbeit hingewiesen, die ihre Ziele nicht nur im fachlichen Bereich, sondern auch im sozialen Zusammenhang einer heilpädagogischen Schule oder Institution verfolgt.

Geschichte

Das Wort Heilpädagogik, welches beide Aspekte in sich hat, nämlich den der Heilung und den der Pädagogik, kam erst vor ca. 150 Jahren auf. Georgens und Deinhard, die in der Heilpflege und Erziehungsanstalt Levana bei Wien tätig waren, benutzten diesen Begriff erstmalig 1861 in ihrem Buch «Die Heilpädagogik mit besonderer Berücksichtigung der Idiotie und Idiotenanstalten.» (SCHUURMANS 1988, S. 2). Damals gab es für diese Orte viele Bezeichnungen, wie z. B. «Krüppelheime», «Idiotenanstalten», «Heime für epileptische und pathologische Kinder», «Kretinenanstalten», «Siechenheime» usw.

Der Schweizer Arzt und Heilpädagoge Johann Jakob Guggenbühl war einer der ersten, der versuchte, von verschiedenen Seiten auf das entwicklungsgestörte Kind einzugehen. In seinem Leitbild für die Krüppelanstalten formulierte er das so: «Man sollte kräftig den Glauben bestreiten: als habe der Schöpfer die Krüppel unter uns gesetzt, auf dass der Gesunde sich seiner Glieder freue» (STREULI 1973, S. 9).

Rudolf Steiner hatte bei der ersten Gründung einer heilpädagogischen Institution auf anthroposophischer Grundlage auf dem Lauenstein bei Jena 1923 die angehenden

Heilpädagogen dazu aufgefordert, auch einen neuen Namen für diese Einrichtungen zu finden, sein Vorschlag war: «Es muss schon aus dem Titel ersichtlich sein, was dort geschieht. Wir müssen einen Namen wählen, der die Kinder nicht gleich abstempelt.» Er schlug die Bezeichnung «Heil- und Erziehungsinstitut für Seelenpflege-bedürftige Kinder» vor (STROHSCHEIN 1967, S. 217).

Dieser Begriff wird auch heute noch in den meisten heilpädagogischen Instituten auf anthroposophischer Grundlage verwendet, weil er nicht nur die Praxis, sondern auch die Methode der anthroposophischen Heilpädagogik beinhaltet.

Das Interesse für Kinder mit Entwicklungsstörungen begann sich erst langsam zu entwickeln, es war zunächst medizinisch geprägt und erfuhr dann zunehmend auch die professionelle Zuwendung von speziell heilpädagogisch ausgebildeten Personen.

Noch bis in die Gegenwart hinein sind in einigen Ländern die Verhältnisse so, dass so genannte behinderte Menschen notdürftig medizinisch versorgt werden, jedoch keine professionelle pädagogische Förderung, geschweige denn Integration in die Gesellschaft erfahren.

Schwerpunkte des Medizinischen

In der ersten Hälfte des letzten Jahrhunderts stand sogar mehr das wissenschaftliche und medizinische Interesse an dem behinderten Menschen im Vordergrund. Neue Krankheitsbilder wurden definiert, wie z. B. der infantile Autismus, der erstmalig 1943 durch den Arzt L. Kanner in Amerika beschrieben wurde. Dies setzte sich lawinenartig fort, je mehr auch die medizinischen Ursachen einer Behinderung erkannt wurden. Etwa um die gleiche Zeit gelang es, die Chromosomen des Menschen zu bestimmen und viele bisher unbekannte oder noch nicht beschriebene Syndrome wurden auf eine Anomalie dieser 46 Chromosomen zurückgeführt. Die Pränatalzeit wurde immer mehr angesehen als die eigentliche «Brutstätte» somatischer Erkrankungen, gegen die man vorzugehen versuchte. Ende der 70er-Jahre des 20. Jahrhunderts gab es in der Schweiz bereits 1000 solcher Chromosomenuntersuchungen, die aus dem Fruchtwasser von noch nicht geborenen Kindern vorgenommen wurden, 10 000 waren es dann schon in den 90er-Jahren, und heute sind es noch viel mehr, weil inzwischen auch angeborene Stoffwechselerkrankungen und so genannte Neuralrohrdefekte durch pränatale Enzymbestimmungen vorzeitig entdeckt werden können. Bei praktisch allen Fällen, die ein positives Resultat auf eine der angeborenen Chromosomenaberrationen oder Enzymdefekte zeigen (über 10%), wird heute ein Schwangerschaftsabbruch vorgenommen. In der Bioethikkonvention, wie sie vom Europarat den einzelnen Regierungen zur Verabschiedung vorgeschlagen wurde, sind alle Eingriffe in das menschliche Genom und fremdnutzige Forschung an nicht einwilligungsfähigen Personen, d. h. eben auch behinderten Personen, möglich und erlaubt.

Damit haben der medizinische Einfluss und das medizinische Denken sich stark etabliert in der Auseinandersetzung mit dem behinderten Menschen und es zeigt sich, dass eine echte Achtung vor der Menschenwürde des Behinderten und Schwachen immer weniger vorhanden ist. In extremer Weise drückt dies der bekannte und umstrittene australische Moralphilosoph Peter Singer aus, der nur zwischen Personen und Nichtpersonen unterscheidet. Dabei ist es völlig unwesentlich, ob es sich um Menschen oder Tiere handelt, es kommt lediglich darauf an, ob es sich um Wesen mit einer hohen oder niedrigen Intelligenz handelt: «Eine Schnecke oder ein 1 Tage altes Kind sind gleichwertig, weil Schnecken und Neugeborene unfähig sind, Wünsche zu haben.» (SINGER, 1994, S. 82).

Auf der anderen Seite jedoch haben sich immer ausgefeiltere Methoden zur Behandlung von schweren seelischen und körperlichen Behinderungen entwickelt. In noch nie da gewesenem Masse kann heute sowohl in gutem als auch in schlechtem Sinn in das Leben und in die Fortentwicklung solcher Menschen eingegriffen werden. Neue medizinische Behandlungsmöglichkeiten mit Antibiotika, Antiepileptika, Psychopharmaka und auch orthopädischen und anderen mechanischen und elektronischen Hilfsmitteln hielten Einzug in die Heilpädagogik. Auf diese Weise kann ein ganz neuer Kommunikationsaufbau zwischen dem Behinderten und seiner Umwelt stattfinden, was auch die Haltung des Heilpädagogen oder Arztes diesen Menschen gegenüber grundlegend verändert. Dadurch hat das behinderte Kind eine wesentlich höhere Lebenserwartung als dies noch vor nicht allzu langer Zeit der Fall gewesen ist. Der zunehmende Fortschritt der Medizin macht teilweise auch ein Leben möglich, das nur noch unter extremen Bedingungen aufrechterhalten werden kann. So können heute Kinder am Leben erhalten werden, die weniger als 25 Wochen im Mutterleib verbracht haben. Doch nicht alle Frühgeborenen und vor allem extrem Frühgeborenen überleben solche Ereignisse. Die Säuglingssterblichkeit ist durch die Frühgeborenenmedizin paradoxerweise wieder angestiegen, was sich durch die hohe Komplikationsrate von Zwischenfällen während der ersten Lebenszeit dieser Kinder erklären lässt. Neben den zweifellos vielen Kindern, die Dank der intensiven Hilfe während der ersten Zeit ihrer Frühgeborenheit überlebt haben und nun eine gesunde und normale Kindheit durchlaufen, gibt es auch etwa genauso viele, die einen bleibenden gesundheitlichen Schaden davontragen und ihr ganzes weiteres Lebens als geistig und körperlich behindert zuhause oder in Heimen verbringen. Dies hat auch einen Wandel in der Bandbreite der Krankheitsbilder gebracht, mit denen wir es in der Heilpädagogik zu tun haben. Mit den ausgeklügeltsten Methoden wird Leben erzeugt oder erhalten (Präimplantationsdiagnostik, In-vitro-Fertilisation, Frühgeburtenintensivbehandlungen usw.), die wiederum weitere Erkrankungen verursachen können, welche weit gehende Folgen für unsere Kultur, unsere Zivilisation und unser Sozialversicherungswesen haben.

Die rasante Fortentwicklung der Medizin, nicht nur in der Heilpädagogik, macht auch eine dementsprechende Pädagogik im Umgang mit dem geistig und körperlich behinderten Menschen notwendig. Verschiedenste pädagogische Modelle und Methoden sind beschrieben und werden praktiziert, die alle zum Ziel haben, die Behinderung als eine Entwicklungsbesonderheit zu sehen, bei der die vorhandenen Ressourcen heilpädagogisch und psychologisch erkannt und genutzt werden sollen. Dies findet statt im Rahmen einer Gesamtpädagogik, bei der die Heilpädagogik nur eine Sonderform der Normalpädagogik ist, die zunehmend das Ziel hat, das entwicklungsauffällige und behinderte Kind in den normalen Zusammenhang einer Schule oder Familie zu integrieren.

Anthroposophische Heilpädagogik

Anders stellt sich die anthroposophische Heilpädagogik diesen Anforderungen. Schon mit der Gründung der ersten anthroposophischen heilpädagogischen Einrichtungen vor über 80 Jahren wurde versucht, die immer mehr sich verselbstständigenden Richtungen der Behindertenmedizin und der Heilpädagogik in einen Zusammenhang zu bringen, wo das gegenseitige Fachwissen und die gegenseitigen Erfahrungen in der Behandlung des behinderten Kindes gemeinsam und fruchtbringend genutzt werden können.

Die anthroposophische Heilpädagogik ist im Grunde genommen auf drei Ursprünge zurückzuführen: einmal auf die heilpädagogische Tätigkeit von Dr. Karl Schubert, der die erste Förderklasse an der damals neu gegründeten Waldorfschule in Stuttgart leitete; dann auf die Gründung des ersten heilpädagogischen Institutes auf dem Lauenstein, welches den Namen trug «Heil- und Erziehungsinstitut für Seelenpflege-bedürftige Kinder», und schliesslich auf die mehr medizinisch-therapeutische Richtung, die von dem Klinisch-Therapeutischen Institut in Arlesheim ausging. Dieses wurde von Dr. Ita Wegman und Rudolf Steiner 1922 gegründet. Damals formulierte Ita Wegman das so: «Nach zwei Jahren Arbeit zeigte sich die Notwendigkeit, ein Kinderheim einzurichten für kranke und erholungsbedürftige Kinder, die nicht nur medikamentös behandelt, sondern auch nach pädagogischen Prinzipien, je nach Anlage, Aufnahmefähigkeit und therapeutischen Notwendigkeiten erzogen werden sollen.» (WEGMAN 1952). Mit der Gründung des Sonnenhofes in Arlesheim war sozusagen der Anfang gemacht worden für eine «klinisch-therapeutische» Heilpädagogik, in welcher Medizin und Heilpädagogik in einen «fortwährenden lebendigen Zusammenhang» gestellt wurden. Solche Institute waren richtungsweisend in der anthroposophischen Heilpädagogik für die besondere Zusammenarbeit zwischen Medizin, Therapie und Pädagogik, die nicht als separate Fachrichtungen, sondern als gegenseitige Ergänzungen in der Arbeit mit dem behinderten Kinde gelten sollten. Die dadurch gewonnenen ärztlichen und auch pädagogischen Erfahrungen führten dazu, dass auch die medizinische Richtung der Heilpädagogik Eingang fand in die Ausbildung der angehenden Heilpädagogen und dort einen wichtigen Anteil des Lehrinhaltes bilden. Das frühere Rudolf-Steiner-Seminar für Heilpädagogik in Dornach, die Ausbildung für Sozialpädagogik am Sonnenhof, die heutige Höhere Fachschule für Heilpädagogik und Sozialtherapie sowie andere Ausbildungen in Heilpädagogik und Sozialtherapie sind aus diesen Impulsen hervorgegangen.

Heilen und Erziehen

In der Pädagogik und Medizin gibt es zwei grosse Strömungen, die in frühen Phasen der Menschheit noch zusammengehörten. Heilen und Erziehen waren in alten Zeiten dasselbe und wurden auch von denselben Menschen in einer Person ausgeführt. Rudolf Steiner drückt dies in einem Spruch aus, den er angehenden Ärzten mit auf den Weg gab (STEINER 1967, GA 316, S. 223):

Es war in alten Zeiten,
Da lebte in der Eingeweihten Seelen
Kraftvoll der Gedanke, dass krank
Von Natur ein jeglicher Mensch sei.
Und Erziehen ward angesehen
Gleich dem Heilprozess,
Der dem Kinde mit dem Reifen
Die Gesundheit zugleich erbrachte
Für des Lebens vollendetes Menschsein.

Heute ist das nicht mehr so. Es kann auch in dieser Weise nicht mehr so sein, weil die beiden Aufgabengebiete viel zu differenziert sind und in viel weitere Lebensbereiche hineingehen als das früher der Fall war. Dennoch sollte der Zusammenhang nicht ganz verloren gehen, weil nur durch gegenseitiges Ergänzen der Anschauungen und Methoden in der Behandlung des Seelenpflege-bedürftigen Menschen eine optimale und professionelle Förderung möglich wird.

Die anthroposophisch erweiterte Medizin und Heilpädagogik geht dabei von einem Menschen- und Weltbild aus, welches für den Arzt und Heilpädagogen ein wichtiger Schlüssel für das Verständnis von Krankheitsursachen und Entwicklungsstörungen sein kann. Dies erfordert zunächst eine sorgfältige Erhebung der Krankheitsgeschichte und Familienanamnese, aber auch ein genaues Beobachten und Beschreiben der Krankheitsphänomene, um daraus ein grundlegendes Verständnis für die Entwicklungsbesonderheiten und -störungen zu entwickeln.

Rudolf Steiner stellt im Heilpädagogischen Kurs, den er 1924 vor angehenden Heilpädagogen und Ärzten gehalten hat (STEINER 1967, GA 317), eine Methode vor, die nicht nur bei der symptomatologischen Beschreibung eines Krankheitsbildes stehen bleibt, sondern zu den eigentlichen Wurzeln, der Substantialität einer Krankheit aus geisteswissenschaftlicher Forschung heraus vorzudringen versucht.

Dadurch wird die Arbeit mit dem entwicklungsbehinderten Kinde stark beeinflusst und impulsiert. Es wird dabei eine ganzheitliche Methode angewendet, welche die medizinischen, psychologischen und pädagogischen Aspekte vollumfänglich mit berücksichtigt.

Anthroposophische Heilpädagogik kann jedoch nicht ohne Selbstschulung und Selbsterziehung des Arztes, Heilpädagogen und Therapeuten erfolgen. Die von Rudolf Steiner im Heilpädagogischen Kurs beschriebenen Krankheiten zeigen Einseitigkeiten auf, die verschieden stark ausgeprägt sind und auch in pathologische Zustände hinein führen. Immer wird jedoch auf den Ursprung eines andersartigen Verhaltens oder Aussehens eingegangen, der nicht nur in dem Erbgang oder einer exogenen Schädigung zu sehen ist, sondern ganz zentral mit dem Schicksal eines Menschen und seiner Entwicklungsmöglichkeiten zu tun hat. Die Andersartigkeit des zu betreuenden Kindes und Seelenpflege-bedürftigen Menschen muss auch als ein Teil in uns selbst erkannt werden, denn «irgendwo in einer Ecke sitzt bei jedem Menschen im Seelenleben zunächst eine so genannte Unnormalität» (STEINER 1967, GA 317, S. 9).

In der anthroposophischen Heilpädagogik lebt die alte Weisheit in neuer Form wieder auf, dass Heilen und Erziehen als etwas Ganzes zu sehen sind. Dies erfordert in der Arbeit mit dem Seelenpflege-bedürftigen Menschen eine vermehrte interdisziplinäre Zusammenarbeit zwischen Pädagogik und Medizin sowohl im fachlichen wie auch im sozialen Bereich.

«Sie müssen sich klar sein, dass die Medizinische Sektion Ihnen dasjenige allein geben kann, was nun die Pädagogik vertiefen kann nach der Abnormität des Menschen hin» (STEINER 1967, GA 317, S. 184). Nicht um eine medizinische Abklärung und notwendige medikamentöse Behandlung im üblichen Sinne durch den Arzt geht es mit anschliessender Überweisung an den Heilpädagogen, sondern um den dauernden patientennahen Austausch mit allen Fachpersonen, denen das Wohl des behinderten Kindes am Herzen liegt. Darin eingeschlossen ist natürlich auch das Gespräch mit Eltern und Angehörigen.

So sind wir auch heute noch in der gegenwärtig praktizierten Heilpädagogik vor die Herausforderung gestellt, über die Grenzen der Fachlichkeit hinaus eine Medizin voranzutreiben, die den gesunden Kern eines jeden Menschen achtet und respektiert und ihm Hilfen und Beistand dort anbietet, wo es nötig erscheint im Sinne seines eigenen Entwicklungsweges.

Literaturverzeichnis

KRÜCK VON POTURZYN, M. J. (1967): *Wir erlebten Rudolf Steiner. Erinnerungen seiner Schüler.* Stuttgart: Verlag Freies Geistesleben.

SCHUURMANS STEKHOVEN, Julian (1988): *Zur Förderung des behinderten Kindes. Praxis und Paradigma der Heilpädagogik nach Rudolf Steiner.* Dissertation Universität Zürich.

SINGER, Peter (1994): *Praktische Ethik.* Stuttgart: Philipp Reclam jun.

STEINER, Rudolf (1967): *Heilpädagogischer Kursus.* Dornach: Verlag der Rudolf Steiner Nachlassverwaltung.

STEINER, Rudolf (1967): *Meditative Betrachtungen und Anleitungen zur Vertiefung der Heilkunst. Für Ärzte und Medizinstudierende.* Dornach: Verlag der Rudolf Steiner Nachlassverwaltung.

STREULI, Rolf (1973): *Johann Jakob Guggenbühl und die Kretinenheilanstalt auf dem Abendberg bei Interlaken.* Dissertation Universität Bern.

STROHSCHEIN, Albrecht (1967): *Die Entstehung der anthroposophischen Heilpädagogik.* In: *Wir erlebten Rudolf Steiner.*

WEGMAN, Ita (1952): *Fondsheft des Ita Wegman Fonds.*

Heilpädagogik und Sozialpädagogik: Verständnisse – Wandlungen – Spannungsfelder

Barbara Jeltsch-Schudel

Heilpädagogik und Sozialpädagogik sind zwei unklare und schillernde Begriffe. Für beide existiert weder eine allgemein anerkannte wissenschaftliche Definition noch ein genau umschriebenes Berufsbild für die Praxis. Dennoch werden beide Begriffe im wissenschaftlichen Diskurs ebenso wie in den praktischen Handlungsfeldern verwendet. Dabei ist nicht zu übersehen, dass es im Feld nicht nur um Heilpädagogik und Sozialpädagogik geht, sondern noch weitere Bezeichnungen im Spiel sind: Behindertenbetreuung, Sonderschulung, Soziale Arbeit, Soziale Animation und andere mehr.

Hier geht es nicht um alle möglichen benachbarten Bezeichnungen, weil unklar ist, inwieweit sie aneinander angrenzen, sich also unterscheiden lassen, oder inwieweit sie sich gegenseitig überschneiden, also gemeinsame Inhalte haben. Die Herausarbeitung von Unterschieden und Gemeinsamkeiten soll lediglich im Bezug auf Heilpädagogik und Sozialpädagogik und aus historischer Perspektive vorgenommen werden.

Socialpädagogik 1844 und Heilpädagogik 1861 – Erste Begriffsverwendungen

Socialpädagogik wurde 1844 erstmals von Mager in der «pädagogischen Revue» verwendet (TUGGENER 1979, S. 97, 113). Sie ist ein Teil dessen, was «Die Deutsche Volksschule» enthalten muss, nämlich:
A. Allgemeine Pädagogik (wobei als ein Teil davon Methodik und Didaktik zu verstehen sind)
B. Scholastik (hierzu gehören verschiedene Schulformen, u. a. werden auch Sonderschulen für Behinderte genannt)
C. Socialpädagogik (ebd. S.102)

Damit wird deutlich, dass Sozialpädagogik in eine Systematik eingebunden ist; wie die Allgemeine Pädagogik wird sie als Teil der Schule verstanden.

Das Verständnis Magers von Socialpädagogik ist indes nicht eindeutig, sondern es lassen sich drei Bedeutungsvarianten unterscheiden:
- «Sozialpädagogik als Inbegriff aller informell-funktionalen Einwirkungen sozialer Kreise auf Einzelne, die der Wirkung nach, d.h. retrospektiv als ‹pädagogisch› bezeichnet werden.
- Sozialpädagogik als pädagogische Einwirkung auf kollektive Adressaten (Stände, Nation).
- Sozialpädagogik als Inbegriff der ‹erziehenden Veranstaltungen der Gesellschaft› ausserhalb von Haus und Familie einerseits, der Schule andererseits (Scholastik).» (ebd. S. 113).

Die Deutsche Volksschule ist also zunächst der Ausgangspunkt, von dem aus Sozialpädagogik als eigener Bereich umschrieben wird. Mager nimmt bereits entscheidende Bedeutungserweiterungen vor, indem er Sozialpädagogik nicht nur auf den Einzelnen bezieht (dies auch), sondern mit den kollektiven Adressaten (Stände, Nation) eine politische Dimension hinzufügt, welche in der Entwicklung des Verständnisses von Sozialpädagogik weiterhin eine Rolle spielen wird.

Die dritte Bedeutungsvariante weist ebenfalls auf eine Weiterentwicklung des Verständnisses von Sozialpädagogik hin, nämlich auf die klassische Fassung Gertrud Bäumers von 1929: Der Begriff Sozialpädagogik «bezeichnet nicht ein Prinzip, dem die gesamte Pädagogik, sowohl ihre Theorie wie ihre Methoden, wie ihre Anstalten und Werke – also vor allem die Schule – unterstellt ist, sondern einen Ausschnitt: alles, was Erziehung, aber nicht Schule und nicht Familie ist. Sozialpädagogik bedeutet hier den Inbegriff der gesellschaftlichen und staatlichen Erziehungsfürsorge, sofern sie ausserhalb der Schule liegt» (zit. nach TUGGENER 1979, S. 112).

Die erstmalige Verwendung des Begriffs *Heilpädagogik* datiert einige Jahre später; seine Einführung erfolgte 1861 durch Georgens und Deinhardt. Sie umschreiben ihr Verständnis folgendermassen:

«… weil nach unserer Ueberzeugung die heilpädagogischen Leistungen isolirte und durch diese Isolirtheit verschwindende bleiben, so lange ihre gemeinsame Beziehung zu der organisirten Wohlthätigkeit und zu der Volksschule den Heilpädagogen nicht zum Bewusstsein und zu praktischer, wie zu theoretischer Geltung gekommen ist, weil ferner, was damit zusammenhängt, die eigentliche Bedeutung der Heilpädagogik nicht in ihren nächsten Erfolgen bei den heil- und besserungsbedürftigen Individuen, sondern in der Vorarbeit liegt, die sie der pädagogischen Reform und dem systematischen Kampfe gegen bedrohliche Gesellschaftsübel zu leisten vermag und leisten muss.» (GEORGENS/DEINHARDT 1861, VI)

Heilpädagogische Leistung ist auf zwei Ebenen zu sehen: einerseits geht es um Leistungen für Individuen, welche als heil- und besserungsbedürftig bezeichnet werden, und andererseits geht es um die gesellschaftliche Ebene, indem die pädagogische Reform und vor allem der Kampf gegen bedrohliche Gesellschaftsübel erwähnt werden. Die heilpädagogische Arbeit auf der individuellen Ebene bleibt ohne die Berücksichtigung der gesellschaftlichen wirkungslos. Ein weiterer Gesichtspunkt ist die Bedeutung der Verknüpfungen der Heilpädagogik mit der Volksschule einerseits und mit der organisierten Wohltätigkeit andererseits. Heilpädagogik soll sich also nicht isolieren, sondern sich als Teil und eingebettet in ein Ganzes mit verschiedenen Ebenen und unterschiedlichen Bereichen verstehen.

Die Weiterentwicklung des Verständnisses von Heilpädagogik formuliert Heinrich Hanselmann – ebenfalls ein Klassiker seines Fachs – im Jahre 1930 folgendermassen: «Heilpädagogik ist die Lehre vom Unterricht, von der Erziehung und Fürsorge aller jener Kinder, deren körperlich-seelische Entwicklung dauernd durch individuale und soziale Faktoren gehemmt ist» (HANSELMANN 1930). Während die Verknüpfung zwischen Heilpädagogik mit Schule und Wohltätigkeit, hier Fürsorge genannt, weiterhin als bedeutsam für die Heilpädagogik verstanden wird, spielt der Kampf gegen gesellschaftliche Übel nicht mehr eine zentrale Rolle. Diese meine Bemerkungen beziehen sich auf Hanselmanns Definition der Heilpädagogik in seiner «Einführung in die Heilpädagogik». In seinem späteren Werk, den «Grundlinien zu einer Theorie der Sondererziehung», äussert sich Hanselmann 1941 dezidiert (und für die damalige Zeit mutig) zu den gesellschaftlichen Übeln, namentlich zu der zu jener Zeit geführten Diskussion über Lebenswert.

In der aus der «Einführung» zitierten Definition der Heilpädagogik erwähnt Hanselmann individuale und gesellschaftliche Faktoren, wobei er unter den ersteren Schädigungsformen auflistet und unter letzteren Umweltfehler versteht, die er mit der Schwererziehbarkeit von Kindern in Zusammenhang bringt (ebd. 1930). Daraus geht hervor, dass er die «gesellschaftlichen» Faktoren ebenfalls auf der individuellen Ebene ansiedelt; sein Schlüsselbegriff ist die Entwicklungshemmung.

Sozialpädagogik und Heilpädagogik in ihrer frühesten Verwendung weisen einige Gemeinsamkeiten auf:

1844 bzw. 1861	*Socialpädagogik (Mager)*	*Heilpädagogik (Georgens/Deinhardt)*
Individuelle Ebene	Socialpädagogik wirkt auf Individuen ein. Socialpädagogik ist ein Bereich ausserhalb von Schule und Familie.	Heilpädagogik beschäftigt sich mit heil- und besserungsbedürftigen Individuen.
Verbindung mit anderen Systemen	Socialpädagogik und allgemeine Pädagogik sind Teil der Deutschen Volksschule.	Heilpädagogik steht in enger Verbindung zur Volksschule und zur Wohltätigkeit.

1844 bzw. 1861	*Socialpädagogik (Mager)*	*Heilpädagogik (Georgens/Deinhardt)*
Gesellschaftliche Ebene	Socialpädagogik wirkt pädagogisch auf kollektive Adressaten ein.	Heilpädagogik beteiligt sich an der pädagogischen Reform und am Kampf gegen die Gesellschaftsübel.

1929 bzw. 1930	*Sozialpädagogik (Bäumer)*	*Heilpädagogik (Hanselmann)*
Wirkungsbereiche	Soziale Systeme ausser Familie und Schule.	Erziehung, Unterricht und Fürsorge von entwicklungsgehemmten Kindern.

Diese beiden Gegenüberstellungen zeigen, dass in der Frühzeit, also im 19. Jahrhundert, Sozialpädagogik und Heilpädagogik viel umfassender verstanden wurden und durchaus gemeinsame Stossrichtungen bzw. Perspektiven aufwiesen. Die in der ersten Hälfte des 20. Jahrhunderts entwickelten «klassischen» Definitionen präzisieren das Verständnis und verengen es gleichzeitig. Es gibt kaum mehr Überschneidungsbereiche von Sozialpädagogik und Heilpädagogik. Dazu ist zu erwähnen, dass Hanselmann in seinem späteren Werk, den Grundlinien, noch eine weitere Einschränkung vornimmt, indem er nur noch Erziehung und Unterricht als Aufgaben der Heilpädagogik versteht. Die Fürsorge sieht Hanselmann (1941) als ein Arbeitsgebiet an, mit dem die Heilpädagogik eng zusammenarbeiten soll.

Anlässe sozialpädagogischer und heilpädagogischer Bestrebungen – Historische Wurzeln

Der Beginn sozialpädagogischen Handelns (noch ohne die Begrifflichkeit) lässt sich nicht genau datieren, zumeist wird in der Schweiz auf Pestalozzi als Mentor rekurriert. Die im 19. Jahrhundert, im Zuge der Industrialisierung entstandenen sozialstrukturellen Veränderungen führten zu einer Verarmung grosser Teile der Bevölkerung. Die Armutsfrage (Pauperismus) musste gelöst werden. Damit beschäftigten sich die Kirchen beider Konfessionen. In der Schweiz lassen sich als Zeichen dafür die vielen Gründungen von Anstalten verschiedenster Art im 19. Jahrhundert verstehen: In der ersten Hälfte wurden reformierte Armenerziehungs- und Rettungsanstalten pietistischer Prägung (CHMELIK 1978) gegründet und etwas später begann die Gründungswelle der katholischen Erziehungsheime (ALZINGER/FREI 1987). Zu den Klienten dieser Anstalten gehörten einerseits Kinder, die mit «arm», «verwaist» und «verwahrlost» bezeichnet werden können (ALZINGER/FREI 1987, S. 44), andererseits auch behinderte und alte (und dadurch verarmte) Menschen.

Das Problem der *Armut* griff Papst Leo XIII. in seiner vielbeachteten Enzyklika Rerum Novarum von 1861 auf, in der er die Basis der katholischen Soziallehre setzte. In diesem Rundschreiben stellt er die Arbeiterfrage ins Zentrum und fordert eine baldige Hilfe, «weil Unzählige ein wahrhaft gedrücktes und unwürdiges Dasein führen» (LEO XIII., 1891, S. 1). Geeignete Hilfe sieht er vor allem in einer materiellen Unterstützung, die auf der Almosenlehre basiert und deren Triebfeder die Caritas ist. Hier ist eine erste Wurzel der sozialpädagogischen Bemühungen zu sehen.

Nicht nur die Kirchen beschäftigten sich mit der Armutsfrage, sondern auch andere, soziale bzw. politische Gruppierungen hatten sich mit den negativen Folgen der Industrialisierung und der damit verbundenen sozialen Problematik auseinander zu setzen (BRAKELMANN 1979, S. 42). Zu diesen Gruppierungen gehörten verschiedene Spielarten des Sozialismus. Die Lösung der *sozialen Frage* gestaltete sich als Emanzipationskampf des vierten Standes (ebd., S. 56). In diesem Kontext kann Sozialpädagogik als Versuch gesehen werden, in die stürmischen gesellschaftlichen Entwicklungen einzugreifen, welche durch die Industrialisierung hervorgerufen wurden, und welche ein Auseinanderbrechen früherer Gruppierungen und eine Vereinzelung zur Folge hatten. Der Individualisierung wurde eine Erziehung durch die Gemeinschaft zur Gemeinschaft entgegengesetzt (MARBURGER 1979, S. 24). In der sozialpolitisch fundierten Antwort der Sozialisten auf die soziale Frage ist eine weitere Wurzel sozialpädagogischen Handelns zu erkennen.

Das Problem der *Verwahrlosung* führt zu einer weiteren Wurzel der Sozialpädagogik (zur Verwahrlosung siehe TUGGENER 1983, S. 178 ff.). Die Deutung der Verwahrlosung kann auf einem theologischen Paradigma beruhen, welches davon ausgeht, dass der Mensch von innen aus böse ist und daher gerettet werden muss. Eine geeignete Möglichkeit ist durch Erziehung gegeben – ein geeigneter Rahmen durch eine Rettungsanstalt. Die anthropologische Deutung von Verwahrlosung verweist auf einen Mangelzustand eines Kindes oder Jugendlichen und zwar an Erziehung. Verwahrlosung und Erziehung wird – beispielsweise von Völter (in TUGGENER 1983, S. 178 ff.) – in einen komplementären Zusammenhang gebracht; die geeignete Abhilfe von der Verwahrlosung als Un-Erziehung ist die Erziehung, die als Verwahrung verstanden wird. Diese beiden Lesarten der Verwahrlosung basieren auf einem christlichen Hintergrund.

Der Kampf gegen und die Aufhebung von Armut und Verwahrlosung auf der Basis der Caritas und des Sozialismus sind also als wesentlicher Antrieb für die Entwicklung sozialpädagogischer Tätigkeit zu sehen.

Der Beginn heilpädagogischen Handelns kann ebenso wenig datiert werden. Nicht zuletzt liegt dies auch daran, dass Menschen mit Behinderungen bislang kaum von historiographischem Interesse waren (SOLAROVA 1983, S. 19). Dennoch scheint das Phänomen, dass ein Mensch anders ist als die meisten andern und möglicherweise sichtbare Zeichen trägt, seit jeher bekannt zu sein. Es wurde aber unterschiedlich benannt und auch verschieden bewertet. Das Wissen «über die Existenz Behinderter war den Menschen vermutlich immer gegenwärtig» (SOLAROVA 1983, S. 8), aber die Erkenntnis, dass behinderte Menschen planmässige Erziehung brauchen bzw. die Entdeckung ihrer Bildbarkeit (ELLGER-RÜTTGART et al. 1998) ist neueren Datums. Erste Bemühungen um Menschen mit Behinderungen wandten sich denn auch an bestimmte Personengruppen oder sogar Einzelpersonen, und erst später wurden Einrichtungen (damals sog. Anstalten) gegründet (ebd., S. 9), die aber oftmals Kinder mit verschiedenen Behinderungen aufnahmen (beispielsweise Taubstumme und Blinde).

Die Motive der Beschäftigung mit Menschen mit Behinderungen sind unterschiedlich. Modelle und Paradigmata können ihnen zugrunde liegen (KOBI 1977). In der heilpädagogischen Literatur finden sich bis in neuere Zeit (ausführlich zuletzt BLEIDICK 1999) Auseinandersetzungen mit den zugrunde liegenden Paradigmata, die als Deutungsmuster von Behinderungen verstanden werden können.

Aus historischer Sicht spielt das karitative Modell für den Beginn der Beschäftigung mit behinderten Menschen eine tragende Rolle. Caritas ist tätige opfernde Nächstenliebe im Auftrag einer transzendenten oder transzendierenden Instanz und wird mit «Christi Liebestätigkeit gegenüber den Elenden und Verkommenen» (KOBI 1977, S. 12) begründet. Zu den «Elenden und Verkommenen» gehören behinderte Menschen ebenso wie Arme und Kranke. In der Verbindung zur Transzendenz wird eine Intention sichtbar, nämlich dass den Bedürftigen zu ihrem Heil verholfen werden soll. Diese Konnotation ist in der Heilpädagogik noch erkennbar, in diesem Sinne eher eine Heilspädagogik (Bopp, Montalta).

Der Wortteil Heil kann auch mit der Tätigkeit des Heilens in Verbindung gebracht werden, einem medizinischen Begriff. Das medizinische Modell als eine weitere Wurzel der Heilpädagogik verweist darauf, dass Erziehung als Remedium zunächst von Kinderfehlern (Salzmann, Strümpell) galt. Heilpädagogik wurde als «Überschneidungsbereich von Medizin und Pädagogik» verstanden (BLEIDICK 1999, S. 27), wobei medizinische Einsichten die Basis für pädagogisches Tun bildeten. Diese Verflechtung mit der Medizin wurde auch bei der Einrichtung des ersten Lehrstuhles für Heilpädagogik in Europa an der Universität Zürich insofern deutlich, als zuerst unklar war, ob er der Philosophischen oder der Medizinischen Fakultät zugeordnet werden sollte (HEESE et al. 1990).

Weitere in der heilpädagogischen Literatur beschriebene Paradigmata entstanden später, haben also mehr mit der Entwicklung der Heilpädagogik und ihrer Theorie als mit den historischen Wurzeln zu tun.

Die Bildung und Erziehung behinderter Menschen hat in der Caritas zum einen und in der Medizin zum anderen wesentliche historische Wurzeln. Zielsetzungen sind die Erreichung des seelischen und körperlichen Heils. Beide Ansätze beziehen sich auf den behinderten Menschen als Individuum, Anlass für die Heilpädagogik ist die Behinderung.

Die Aufgabenstellung der Sozialpädagogik, Armut und Verwahrlosung zu bekämpfen, setzt eine Auseinandersetzung mit den sozialen Gegebenheiten voraus. Die Aufgabenstellung der Heilpädagogik, Menschen mit Behinderungen im Hinblick auf physische und psychische Integrität zu bilden und zu erziehen, setzt die differenzierte Auseinandersetzung mit Behinderungen voraus.

Diese überspitzt und dadurch plakativ formulierten Aufgabenstellungen zeigen, dass die Blickrichtung der Sozialpädagogik historisch eine grundsätzlich andere ist als jene der Heilpädagogik.

Die in der ersten Hälfte des 20. Jahrhunderts vorgenommenen Verengungen und Präzisierungen der beiden Disziplinen (BÄUMER 1929, HANSELMANN 1930) lassen sich sehr gut mit den beiden Blickrichtungen in Beziehung setzen. Interessant bleibt indes, dass die ersten begrifflichen Fassungen (MAGER 1844, GEORGENS/DEINHARDT 1861) so viel weiter sind. Bei ihnen lassen sich diese beiden Blickrichtungen noch nicht ausmachen.

Ein Blick auf die aktuelle Situation

Rund hundertfünfzig Jahre nach der Einführung der Begriffe Heilpädagogik und Sozialpädagogik stehen wir gewissermassen wieder an einem ähnlichen Ort wie damals: die beiden Disziplinen weisen viele Gemeinsamkeiten auf.

Im Gegensatz zu den engeren Fassungen von 1930 ist die hauptsächliche Fokussierung auf das Individuum oder auf die gesellschaftlich-sozialen Kontexte zugunsten einer gleichzeitigen Berücksichtigung beider Aspekte in den Hintergrund getreten. Interaktive Ansätze, ein systemisches Verständnis, ökologische Denkmuster – um einige Schlagworte zu nennen – kennzeichnen sowohl die Heilpädagogik wie auch die Sozialpädagogik.

Eine wesentliche Gemeinsamkeit ist es auch, dass beide Disziplinen sich der Pädagogik eng verbunden fühlen. Gewisse systematische Ansätze ordnen die verschiedenen Bindestrich-Pädagogiken, zu denen die Heil- und die Sozialpädagogik zu zählen sind, der Allgemeinen Pädagogik unter.

Parallel zur Wissensentwicklung veränderte sich in beiden Disziplinen auch die Auffassung dessen, was unter heil- bzw. sozialpädagogischer Tätigkeit, was unter sozial- bzw. heilpädagogischen Handlungsfeldern zu verstehen sei. Die zwischen den Disziplinen entstandenen Spannungsfelder sind u.a. auf diese Annäherungen und Überschneidungen zurückzuführen. Es ist nicht mehr so klar wie es 1930 war (oder schien), welches die Schlüsselbegriffe und Kernaufgaben der Heil- und der Sozialpädagogik seien. Dies schlägt sich in einer Zeit finanzieller Engpässe in einem Kampf um Handlungsfelder und Klienten genauso nieder wie in Diskussionen über Berufsbezeichnungen und Ausbildungsgänge.

Dennoch sind gewisse Unterschiede geblieben: Die Heilpädagogik setzte und setzt sich – im Gegensatz zur Sozialpädagogik – zum einen weiterhin mit dem Begriff der Behinderung auseinander (wenn auch unter anderen Prämissen!) und wandte sich zum andern vermehrt der Schule und schulischen Aufgaben zu. Die Sozialpädagogik näherte sich in ihrer Auseinandersetzung mit der Sozialen Arbeit mehr der Sozialpolitik (also einer nicht-pädagogischen Disziplin) an.

Ob diese Schwerpunktsetzungen zu einer erneuten Verengung und Fokussierung und somit Abgrenzung der beiden Disziplinen führen wird oder ob sie als Residuen des Verständnisses von 1930 zu verstehen sind, bleibt abzuwarten.

Als Gemeinsamkeit bleiben einige Grundthemen, mit denen sich sowohl die Heilpädagogik wie auch die Sozialpädagogik wohl weiterhin beschäftigen müssen.

Erstens sind es die Themen, mit der sich jede Pädagogik auseinander zu setzen hat: sich wandelnde Überlegungen zur «*pädagogischen Beziehung*», zu der sich im Bezug auf die Praxis verschiedene Fragen stellen, etwa danach, was in der Situation intimer Alltagsverrichtungen mit Assistenz eine professionelle von einer privaten Beziehung unterscheidet (siehe hierzu auch JELTSCH-SCHUDEL 2004) oder danach, wie eine «agogische» Beziehung in verschiedenen Lebensphasen zu gestalten ist, insbesondere, wenn der Klient älter ist als die Fachperson, oder danach, wie das Theorie-Praxis-Verhältnis gestaltet wird.

Zweitens sind es zeitlich-kontextuelle Bedingungen, die die pädagogische Tätigkeit bestimmen. Im Zuge der *Ökonomisierung* aller Gesellschaftsbereiche sollen Strukturen geschaffen werden, die messbare Kategorien aufweisen. Die Messungen sollen beispielsweise eine Verbesserung der Lebensqualität ermöglichen. Nur schon die Diskussion darüber, was denn unter Lebensqualität verstanden werden soll, zeigt die Schwierigkeit, den verschiedenen Gesellschaftspraxen, die nach eigenen Gesetzmässigkeiten funktionieren, ein einheitliches Messsystem überstülpen zu wollen.

Und damit verbunden sind drittens *ethische Fragestellungen,* die der Pädagogik als Disziplin inhärent sind. Sie sind auf allen Ebenen pädagogischer Tätigkeit, also in Wissenschaft und Praxis, zu formulieren und zu bearbeiten – egal, wo – ob in der Heilpädagogik oder in der Sozialpädagogik – sie als Probleme aufgetaucht sind.

Mit den letzten drei Punkten, welche die gemeinsamen Grundthemen hervorheben, sollen keine Unterschiedlichkeiten überspielt werden. Dass es diese gibt, macht insofern Sinn, als sie Anstösse geben können zur Diskussion, zu weiterer Auseinandersetzung und Reflexion und damit letztlich der Verbesserung der Situation benachteiligter Menschen dienen.

Und dies war seit jeher das Motiv der Heilpädagogik und der Sozialpädagogik.

Literaturverzeichnis

ALZINGER Barbara/FREI Remi (1987): *Die katholischen Erziehungsheime im 19. Jahrhundert in der deutschsprachigen Schweiz.* Lizentiatsarbeit am Pädagogischen Institut der Universität Zürich.

BÄUMER Gertrud/DROESCHER Lili (Hrsg.) (1929): *Von der Kinderseele.* Leipzig: Voigtländer.

BLEIDICK Ulrich (1999): *Behinderung als pädagogische Aufgabe – Behinderungsbegriff und behindertenpädagogische Theorie.* Stuttgart: Kohlhammer.

BRAKELMANN Günter (1979): *Die soziale Frage des 19. Jahrhunderts.* 6. Aufl. Bielefeld: Luther Verlag.

CHMELIK Peter (1978): *Armenerziehungs- und Rettungsanstalten – Erziehungsheime für reformierte Kinder im 19. Jahrhundert in der deutschsprachigen Schweiz.* Diss. Phil. Fak. I, Universität Zürich.

ELLGER-RÜTTGART Sieglind/TENORTH Heinz-Elmar (1998): *Die Erweiterung von Idee und Praxis der Bildsamkeit durch die Entdeckung der Bildbarkeit Behinderter.* Zs. f. Heilpäd. 10, S. 438–441.

GEORGENS Jan Daniel/DEINHARDT Heinrich Marianus (1861): *Heilpädagogik – mit besonderer Berücksichtigung der Idiotie und der Idiotenanstalten* (Neuauflage). Leipzig: Friedrich Fleischer.

HANSELMANN Heinrich (1930): *Einführung in die Heilpädagogik;* aus der Ausgabe: 1976, 9.Aufl. Zürich: Rotapfel-Verlag.

HANSELMANN Heinrich (1941): *Grundlinien zu einer Theorie der Sondererziehung.* Zürich-Erlenbach: Rotapfel-Verlag.

HEESE Gerhard/JELTSCH-SCHUDEL Barbara/STOFFEL Anne-Marie (Hrsg.) (1990): *Über Hanselmann nachdenken.* Zürich.

JELTSCH-SCHUDEL Barbara (2004): *Klinische Heilpädagogik: unüblich als Begriff, vernachlässigt als Bereich, herausfordernd als Aufgabe.* In: GREVING Heinrich/ MÜRNER Christian/RÖDLER Peter (Hrsg): *Zeichen und Gesten – Heilpädagogik als Kulturthema.* S. 178–190. Giessen: Edition psychosozial.

KOBI Emil E. (1977): *Modelle und Paradigmen in der heilpädagogischen Theoriebildung.* In: BÜRLI Alois: *Sonderpädagogische Theoriebildung – Vergleichende Sonderpädagogik.* Luzern: SZH.

KOBI Emil E. (1985): *Behinderung als pädagogisches Problem.* VHN 2, S. 121–126.

LEO XIII. (1891): *Enzyklika Rerum Novarum,* http://www.christusrex.org/wwwI/ overkott/rerum.htm (23.2.2006).

LÖWE Armin (1983): *Gehörlosenpädagogik.* In: SOLAROVA Svetluse (Hrsg): *Geschichte der Sonderpädagogik.* S. 12–48. Stuttgart: Kohlhammer.

MAGER Karl (1944): In: *Pädagogische Revue.* Zürich: Schulthess.

MARBURGER Helga (1979): *Entwicklung und Konzepte der Sozialpädagogik*. München: Juventa.

SOLAROVA Svertluse (1983): *Einleitung*. In: SOLAROVA Svetluse (Hrsg): *Geschichte der Sonderpädagogik*. S. 7–11. Stuttgart: Kohlhammer.

TUGGENER Heinrich (1979): *«Scholastik und Socialpädagogik» – Anmerkungen zum vermutlich ersten Gebrauch des Ausdrucks «Socialpädagogik»* In: HERZOG Walter/MEILE Bruno: *Schwerpunkt Schule*. S. 95–116. Zürich: Rotapfel-Verlag.

TUGGENER Heinrich (1983): *Verwahrlostenpädagogik*. In: SOLAROVA Svetluse (Hrsg): *Geschichte der Sonderpädagogik*. S. 167–211. Stuttgart: Kohlhammer.

Lachen und Lernen

Die (Wieder-)Entdeckung des Humors in Lehrveranstaltungen und Unterrichtssituationen

Johannes Gruntz-Stoll

Humor ist keine Kunst – Komik hingegen schon

Lachen können eigentlich jedefrau und jedermann, auch wenn manche Menschen über ein besonders ansteckendes, erheiterndes oder klangvolles Lachen verfügen – wie beispielsweise «Timm Thaler» (KRÜSS 1999) in der gleichnamigen Geschichte von James Krüss – und andere wiederum versuchen, den Klang und die Lautstärke ihres Gelächters nach ihren Vorstellungen zu beeinflussen und dessen Wirkung zu steuern: Lachen als menschliche Ausdrucksmöglichkeit ist also eine ebenso universelle wie individuelle Angelegenheit; und Lachen kann sowohl natürlich wie auch künstlich klingen und wirken. Daraus auf eine Kunst des Lachens zu schliessen oder gar das Lachen als Kunst zu deuten, halte ich für eine Fehldeutung, einen Trugschluss, denn Lachen ist nun einmal keine Kunst. Auch der Humor ist eine Erfahrung, welche alle Menschen machen können; denn Humor ist ja zuallererst ein Gefühl, ein seelisches Erlebnis, das sich im Denken wie auch im Verhalten niederschlagen und ausdrücken kann und das sowohl beim Einzelnen als individuelle Haltung wie auch im Zwischenmenschlichen als soziales Verhalten sichtbar wird. All dies und noch etliches mehr ist Humor, nur eine Kunst ist er nicht. Zur Kunst gehört nämlich ein Können, das gelernt, geübt, verfeinert und schliesslich zur Meisterschaft gebracht werden kann; Humor zu lernen und Lachen zu üben – das sind irritierende Vorstellungen, die bestenfalls zum Lachen reizen und dabei unfreiwillig den Humor ins Spiel bringen.

Was aber ist Humor? Was hat er mit Kunst zu tun? Gibt es Verbindungen zum Lehren und Lernen? Hat der Humor in Ausbildungssituationen etwas zu suchen? Welche Bezüge lassen sich zwischen Lernen und Lachen herstellen? Meine Überlegungen zur Bedeutung und (Wieder)Entdeckung des Humors in Lehrveranstaltungen gehen diesen Fragen nach – ohne Anspruch auf Vollständigkeit und auch nicht systematisch, dafür einigen wenigen Feststellungen zugeordnet und immer wieder mit eigenen Erfahrungen verknüpft. Die Schilderung dieser Erfahrungen, Feststellungen und Überlegungen ist im Übrigen weder besonders humorvoll noch zum Lachen gedacht, denn dafür bräuchte es ein Können, eine Kunst: Die Komik ist der Begriff für diese Kunst, welche seit Menschengedenken dazu beiträgt, dem Humor wie dem Lachen Raum zu geben – in Bild und Wort, auf der Bühne oder in den Medien. Umberto Eco erinnert im Roman «Der Name der Rose» (ECO 2001) an eine verschollene Abhandlung des Aristoteles, welche der Komik gewidmet und in Widerspruch zur christlichen Tradition von Busse und Schuld, Leiden und Erlösung geraten ist. Das Lachen, der Humor, sie sind offenbar in christlich-abendländischer Überlieferung verpönt und werden in Schranken gewiesen. Eine Komikerin oder ein Komiker ist denn auch jemand, der das Publikum erheitert – durch die Kunst, Ernstes komisch darzustellen.

Humor ist ein Grenzphänomen – mit revolutionärem Potenzial

In seinem Essay über «Das Lachen» (BERGSON 1972) betont Henri Bergson dessen disziplinierenden Charakter: Durch ihr «Gelächter rächt sich die Gesellschaft für die Freiheiten, die man sich ihr gegenüber herausgenommen hat» (ebd. S. 130). Dies ist freilich nur die eine Seite der Medaille: Humor spielt sich stets an Grenzen ab, berührt und bricht Tabus; so gesehen kann Humor sowohl bestehende Normen bestätigen und erhalten, indem Abweichungen als ‹komisch› angesprochen, belacht und verspottet werden, wie auch geltende Regeln und Ordnungen infrage stellen und – zumindest vorübergehend – ausser Kraft setzen, wenn die Hierarchien und Normen selbst zum Gegenstand von Lachen, Spott und Witz werden. Genau hier liegt denn auch ein Grund, warum der Humor in didaktischen Konzepten so gut wie nicht vorkommt und in der Ausbildung ein Schattendasein fristet.

Lehren und Lernen beruhen ja traditionellerweise auf einem Gefälle zwischen Lehrperson und Lernenden, welchem im Kontext von Unterricht und Schule sowohl die Differenz zwischen Erwachsenen und Heranwachsenden wie auch unterschiedliche Rechte und Pflichten entsprechen: Die Aufhebung dieser Ordnung, die Umkehrung der vorgegebenen Rollen und die Infragestellung vermittelter Normen – sie rütteln an den Grundfesten pädagogischen wie didaktischen Denkens und Handelns. So vermutet Bergson in Bezug auf das Lachen, dass seine Aufgabe auch darin bestehe, «das Starre beweglich zu machen» (ebd. S. 119); und immer schon haben unterdrückte Menschen sich über Tyrannen und Diktaturen lustig gemacht, haben laut oder leise lachend an Hierarchien und Normen gerüttelt und passiv oder aktiv die Sprengkraft des Humors erfahren.

Der Begriff ‹Humor› ist ja ursprünglich auf die Vorstellung von den Körpersäften zurückzuführen, deren Vorhandensein und gutes Gemisch auch eine entsprechende

Stimmung hervorbringen sollen; wo hingegen die Mischung ungünstig ist oder gar die Flüssigkeit fehlt, gerät das innere Gleichgewicht aus den Fugen, sind Erstarrung und Tod die Folgen. Auf den sozialen Kontext übertragen bedeutet dies, dass der Humor dazu beitragen kann, Kommunikation im Fluss und Beziehungen lebendig zu halten: Nicht nur steht ein Lächeln am Anfang vieler Beziehungen zwischen Menschen und gemeinsames Lachen verbindet Menschen ungeachtet ihrer Verschiedenheit, sondern ein Auslachen bedeutet auch meist den Beginn einer Trennung oder gar das Ende von Kontakt und Kommunikation. Hier wird einmal mehr die Ambivalenz des Humors sichtbar, der Beziehungen stiften und zerstören, soziale Ordnungen erhalten und aufbrechen kann. Dass Lachen wie Humor damit jedem totalitären Regime, wo immer es sich durchzusetzen versucht, suspekt sind, lässt sich ohne weiteres nachvollziehen.

Humor ermöglicht Beziehung – und schafft Distanz

Darüber hinaus setzt jedes Lachen explosionsartig beträchtliche Energie frei, ja es führt zu «spastischen Körperzuckungen und fanfarenartigen Lautsalven» (MAYER-LIST 1997, S. 18). Diesen körperlichen Erschütterungen, die nicht nur Atmung und Kreislauf auf Touren bringen, sondern sich auch erwiesenermassen günstig auf Immunabwehr und Gesundheit auswirken, entsprechen psychische Erfahrungen: Auch hier lässt sich sozusagen ein mittleres Beben registrieren, welches Gedankengänge unterbricht, Denkmuster vorübergehend ausser Kraft setzt, starke Gefühle auslöst und scheinbar Festgefügtes kurzfristig und zugleich nachhaltig verrückt; im Anschluss an eine derartige Humorerfahrung ist wohl alles beim Alten und – doch zugleich völlig neu und anders. Dies habe ich jedenfalls immer wieder beobachtet und erfahren: Erlebte und geschilderte Schwierigkeiten in Erziehungs- oder Unterrichtssituationen beispielsweise sind während und im Anschluss an ein herzhaftes Lachen dieselben geblieben; der Blick darauf, die Einstellung dazu oder meinetwegen der Rahmen darum herum – sie haben sich verändert.

Aus psychologischer Sicht ist in diesem Zusammenhang von Reframing die Rede – vom Prozess des Umdeutens und der «Rekonstruktion einer Problemsituation in einem Lösungskontext» (GRUNTZ-STOLL 1997, S. 49); dabei geht es immer auch um einen Vorgang des Abstandnehmens, der Distanzierung, welche einen Wechsel der eigenen Position und damit eine Veränderung des Blickwinkels gegenüber der schwierigen Situation erfordert und ermöglicht. Offenbar ist Humor ein Elixier, welches gerade solche Distanznahme und Neuorientierung begünstigen und unterstützen kann. Traditionelle Humortheorien bezeichnen dies als kathartische Wirkung von Humor – in Verbindung mit ebenfalls beobachteten befreienden und entspannenden Effekten, mit einem «Lustgewinn» (FREUD 1999, S. 253) durch Ersparnis von Gefühlsaufwand und durch Energieabfuhr, wie Sigmund Freud diese Wirkungen umschreibt. Lachen wie

Humor, so viel steht fest, sind spontane Phänomene von explosiver Kraft und nachhaltiger Wirkung, welche auch in Unterrichtssituationen und Lehrveranstaltungen auftreten (können), ob dies nun erwünscht ist oder nicht.

Das heisst aber nichts anderes, als dass Lachen und Humor – freiwillig oder unfreiwillig – auch im Ausbildungskontext vorkommen; sie müssen also keineswegs erst erfunden und – beiläufig oder gezielt – eingesetzt werden. Ein derartiger Einsatz ist ja ohnehin von vornherein zum Scheitern verurteilt, weil er zur Spontaneität des Phänomens im Widerspruch steht. Vielmehr geht es in Lehrveranstaltungen und Unterrichtssituationen vor allem darum, den Humor wahrzunehmen und zuzulassen, sich darüber zu freuen und das Lachen nicht vor lauter Ernsthaftigkeit bei Veranstaltungsbeginn abzulegen oder gar vor die Tür zu stellen: Lachen und Humor sind ja zunächst nichts anderes als Ausdrucksmöglichkeiten und Gefühlsregungen. Wer sie unterdrückt, verliert Lebendigkeit; wer sie übersieht, hat das Nachsehen. Darum stellt sich nochmals die Frage: Was ist Humor, welches sind seine Bedeutungen und wie lässt sich das Phänomen begrifflich fassen?

Humor bricht auf – und kommt abhanden

Wer es schon einmal versucht hat, weiss es ein für alle Mal: Humor zu umschreiben ist eine denkbar humorlose Angelegenheit, mehr noch – Humor ist offenbar genau das, was abhanden kommt, wenn er definiert werden soll. Zwar gibt es treffende Umschreibungen – etwa von *Joachim Ringelnatz,* der Humor als den Knopf bezeichnet, der verhindert, dass einem der Kragen platzt; oder von *Groucho Marx,* der meint, Humor sei wie Aspirin, nur wirke er doppelt so schnell. Humor ist und bleibt aber ungeachtet aller mehr oder weniger geistreichen Definitionsversuche ein facettenreiches, ein ambivalentes und jedenfalls ein spontanes Phänomen: Humor wirkt ja erfahrungsgemäss ansteckend, lässt sich aber weder befehlen noch ohne weiteres verbieten. Damit entzieht sich der Humor als Erfahrung der Kontrolle und Verfügbarkeit – und letztlich auch der Umschreibung und Fixierung als Begriff.

Darüber hinaus gibt es freilich eine ganze Palette verschiedener Humorformen oder Arten des Humors, aus denen sich jedefrau ihre und jedermann seine Vorlieben herauspicken können: Manche bevorzugen schwarzen Humor, andere lieben Situationskomik oder Sprachwitz; einige mögens ironisch, andere gar zynisch, manche lachen gern laut und mit anderen, manche ziehen es vor, leise und für sich auf den Stockzähnen zu lachen, augenzwinkernd vielleicht und mit einer Portion Herzlichkeit. Es gibt den Humor von Kindern, den Humor von Mädchen und Knaben ebenso wie jenen erwachsener Menschen und verschiedener Alters-, Berufs- oder Freizeitgruppen – mit entsprechenden Präferenzen und Differenzen: Zahlreiche Witzsammlungen unterschiedlicher Art und Richtung belegen und illustrieren diese Vielfalt.

Darin bestehen denn auch das faszinierende Spektrum und die irritierende Ambivalenz des Phänomens, dass es nicht nur vielfältig und alters- wie geschlechtsspezifisch, sondern ausserdem sowohl kalt, beissend und abschätzig wie auch freundschaftlich, berührend und wertschätzend auftreten und wirken kann. Ambivalenz und Facettenreichtum tragen freilich kaum dazu bei, dem Humor auch in Kontexten von Ausbildung und Unterricht einen festen Platz zu sichern – zu unsicher und vielseitig, zu unbestimmt auch und unberechenbar ist dieses Phänomen. Gibt es dennoch Gründe und Überlegungen, die dem Lachen wie dem Humor in Lehrveranstaltungen mehr als ein randständiges Schattendasein zugestehen?

Humor erwärmt das Lernklima – und fördert den Lernerfolg

Anhand von beobachtbaren Wirkungen lassen sich zahlreiche Spielarten des Humors voneinander unterscheiden; denn es liegt auf der Hand, dass sowohl bissiger Zynismus wie auch ätzender Sarkasmus kaum einen Beitrag zur Verflüssigung von erstarrter Kommunikation zu leisten vermögen – im Gegenteil, vielleicht sind sie es gerade, welche Gespräch und Beziehung in die Gegend des Gefrierpunkts und schliesslich zum Erstarren gebracht haben. Das heisst aber nichts anderes, als dass nicht der Humor schlechthin und das Lachen per se in sozialen Kontexten positiv wirken; vielmehr basieren solche Wirkungen einerseits auf humorunabhängigen Voraussetzungen der betreffenden Situationen wie der beteiligten Personen und erfordern andererseits geeignete Ausdrucksformen und Einsatzmöglichkeiten sozialen Humorverhaltens.

Ein solches Zusammen-Lachen kommt vielleicht zustande, wenn ich mich bei meinem Gegenüber nach ihren oder seinen Humorvorlieben erkundige, wenn ich über mein eigenes Fehlverhalten lache oder mit einer witzigen Begebenheit einen Sachverhalt erläutere. Es braucht also ein Bewusstsein möglicher Formen und die Erfahrung ihrer Wirkungen, dazu eine Beziehung, in der Humor Platz hat, und – dies zuallererst – eine Bereitschaft und Haltung, mit Lachen und Humor einen Beitrag zur Erwärmung des Sozialklimas zu leisten. Sind diese Voraussetzungen gegeben, so kann sich das gemeinsame Lachen als ebenso kraft- wie wirkungsvolles Element erweisen: Lachen verbindet, und Humor erweist sich in der Tat als Schmiermittel für harzige Kommunikationsprozesse.

Unter diesen Voraussetzungen tragen Lachen und Humor unmittelbar zur Erwärmung des Lernklimas und mittelbar zum Lernerfolg bei, denn Lehr-Lern-Prozesse sind immer auch Kommunikationsprozesse und erwiesenermassen erfolgreicher, wenn sie in einem entspannten Klima stattfinden, welches durch Wertschätzung und Wohlwollen ebenso charakterisiert ist wie durch entsprechende Beziehung und Kommunikation. Das heisst aber, dass sich Humor und Lachen nicht unmittelbar für eine Steigerung von Lernerfolgen instrumentalisieren lassen; vielmehr bilden sie Teil der emotionalen und interaktiven Dimension jeden Unterrichts und tragen auf diese Weise zu einer Atmosphäre bei, welche wiederum erfolgreiches Lernen und wirkungsvolles Unterrichten ermöglicht. So absurd also die Idee eines gezielten Einsatzes von Humorinterventionen zur Förderung von Lernleistungen ist, so grotesk ist auch die Vorstellung eines eigentlichen Lehrgangs Humor.

Humor lässt sich zwar nicht lernen – aber doch entwickeln

Dennoch lohnt es sich allein schon wegen der beobachteten und beschriebenen Wirkungen, dem Humor in seinen vielfältigen Formen, seinen zahlreichen Facetten und unterschiedlichen Aspekten nachzuspüren, sich den eigenen Humor bewusst zu machen, ihn zu entwickeln und – warum eigentlich nicht? – auch ins professionelle Spiel zu bringen: behutsam und mit Respekt, weniger als Lehrmittel, als didaktische Intervention oder gar als Unterrichtssequenz, sondern vielmehr als Einstellung zu sich selbst, zum eigenen Tun, zum gemeinsamen Weg von Lernenden und Lehrenden, als individuelle Haltung also und in Verbindung mit sozialem Verhalten. Dazu gibt es neben den eigenen Erfahrungen und Vorstellungen Angebote und Anregungen, Gelegenheiten und Hilfen in grosser Zahl: Bücher und andere Medien, Humorveranstaltungen und Lachclubs, Lachmeditationen und Lachtherapien, wie sie in kleiner Auswahl auch in den nachfolgenden Literaturhinweisen zu finden sind.

Eine solche Auseinandersetzung und Einstellung kommt zuallererst denen zu gute, die sie bei sich selbst entwickeln: Sie erschliessen Ressourcen, die zusammen mit anderen so genannten Coping-Strategien schwierige Situationen ebenso wie die Grenzen des eigenen Tuns und die Belastung durch Misserfolg und Scheitern ertragen und meistern helfen. Sie wirkt sich aber auch für die anderen Beteiligten in Unterrichtssituationen und in Lehrveranstaltungen positiv aus, denn hier können Möglichkeiten für die eigene Entwicklung und Veränderung erfahren und kennen gelernt werden: Die Erfahrung von Entspannung und Befreiung, von Distanzierung und Klimaerwärmung mit Humor – vorübergehend zwar als Erlebnis, dabei aber nachhaltig in der Wirkung – ist modellhaft für den weiteren eigenen Umgang mit schwierigen Situationen.

Das heisst, dass sich die Entwicklung des Humorpotenzials für Lehr- und Lernsituationen als hilfreich und nützlich erweist und die Arbeit an Lösungsmöglichkeiten, den Umgang mit Schwierigkeiten und Problemen zu erleichtern und zu verbessern vermag. Entscheidend und wegweisend sind dabei die Spontaneität und die Unmittelbarkeit des Humors: Lachen ereignet sich jetzt und wirkt weiter; Humor geschieht in der Gegenwart und wärmt in die Zukunft. Höchste Zeit also, den Überraschungseffekt zu geniessen und das revolutionäre Potenzial wie die explosive Kraft des wohl stets ambivalenten, vor allem aber facettenreichen, wirkungsvollen und spontanen Phänomens zu nutzen und mit dem Humor ernst zu machen: Es darf gelacht werden – auch in Ausbildungssituationen und Lehrveranstaltungen.

Humor gehört in jede Lehrveranstaltung – Komik kaum

Während sich also Komik lehren und lernen lässt und zugleich in Ausbildungskontexten kaum Raum beanspruchen kann, hat Humor in jeder Lehrveranstaltung Platz und Berechtigung – zunächst als Haltung der Dozierenden und im Weiteren als Element der Kommunikation zwischen Studierenden und Dozierenden. Dazu kommen überraschende Momente des unfreiwilligen Humors, wie er sich in Verbindung mit kleinen und grösseren Missgeschicken einstellen kann, und schliesslich auch humorvolle Beiträge aller Beteiligten. All diese Beiträge, Momente und Elemente beeinflussen das Lernklima, begünstigen den Lernerfolg und tragen zum Gelingen von Unterricht bei.

Wer sich all das vor Augen hält, wer darüber hinaus von den positiven Erfahrungen mit Humor im Gesundheitswesen weiss, wer für sich und mit anderen die befreiende und entspannende Kraft des Lachens erlebt und kennen gelernt hat, wer eigene Schwächen und Unzulänglichkeiten zwischendurch mit Gelassenheit statt Verdrossenheit, mit Heiterkeit statt Unzufriedenheit akzeptieren kann, wer ausserdem erfahren hat, wie der Humor ein irritierendes Ungleichgewicht, eine scheinbare Unstimmigkeit oder ein vorübergehendes Unsicherheitsgefühl schlagartig wieder ins Lot bringt und wie dabei ein sanftes Prickeln – oder ist es ein zärtliches Kitzeln? – von irgendwoher an die Oberfläche von Psyche und Körper steigt, sich hier buchstäblich und heftig Luft macht und holt, sich ausbreitet, um sich greift, andere ansteckt, mitreisst und schliesslich irgendwohin abhebt, wer also von alledem weiss oder zumindest eine Ahnung hat, der wird sich auch vom Humor und seinen Wirkungen überraschen lassen und andere damit überraschen können – auch und gerade in Lehrveranstaltungen und Unterrichtssituationen.

Literaturverzeichnis

BERGER, Peter L. (1998): *Erlösendes Lachen. Das Komische in der menschlichen Erfahrung*. Berlin: de Gruyter.

BERGSON, Henri (1921; 1972): *Das Lachen*. Zürich: Arche.

BOKUN, Branko (1986; dt. 1987, 1997): *Wer lacht, lebt. Emotionale Intelligenz und gelassene Reife*. Kreuzlingen: Ariston.

ECO, Umberto (1980; dt. 1982, 2001): *Der Name der Rose*. Roman. München: dtv.

FREUD, Sigmund (1905; 1927; 1992, 1999): *Der Witz und seine Beziehung zum Unbewussten. Der Humor*. Frankfurt: Fischer.

GRUNTZ-STOLL, Johannes (1994, 1997): *Probleme mit Problemen. Ein Lei(d)tfaden zur Theorie und Praxis des Problemlösens*. Dortmund: borgmann.

GRUNTZ-STOLL, Johannes (2001): *Ernsthaft humorvoll. Lachen(d) Lernen in Erziehung und Unterricht, Beratung und Therapie*. Bad Heilbrunn: Klinkhardt.

GRUNTZ-STOLL, Johannes/RISSLAND, Birgit (2002): *Lachen macht Schule. Humor in Erziehung und Unterricht*. Bad Heilbrunn: Klinkhardt.

HÖFNER, Eleonore/SCHACHTNER, Hans-Ulrich (1995; 1997): *Das wäre doch gelacht! Humor und Provokation in der Therapie*. Reinbek: Rowohlt.

KACHLER, Roland (2001): *Warum Lachen die beste Therapie für Paare ist*. Stuttgart: Kreuz.

KOTTHOFF, Helga (Hrsg.)(1996): *Das Gelächter der Geschlechter. Humor und Macht in Gesprächen von Frauen und Männern*. Konstanz: Universitätsverlag.

KRÜSS, James (1962; 1997, 1999): *Timm Thaler. Oder das verkaufte Lachen*. Ravensburg: Ravensburger Buchverlag.

MAYER-LIST, Irene (1997): *Lachen. Ursprung, Sinn und Macht einer seltsamen Regung*. In: *Geo. Das Reportage-Magazin*. Nr. 97/8. Hamburg: Gruner & Jahr.

NEUWIRTH, Erwin/TIDSTRAND, Jan (2001): *Lachtherapie. Bevor die Gesundheit flöten geht*. Wien: Almathea.

PAULOS, John A. (1985; dt. 1988, 1991): *Ich lache, also bin ich. Einladung zur Philosophie*. Frankfurt: Campus.

ROBINSON, Vera M. (1991; dt. 1999): *Praxishandbuch Therapeutischer Humor. Grundlagen und Anwendungen für Pflege- und Gesundheitsberufe*. Wiesbaden: Ullstein.

TITZE, Michael/ESCHENRÖDER, Christof T. (1998): *Therapeutischer Humor. Grundlagen und Anwendungen*. Frankfurt: Fischer.

WEINSTEIN, Matt (1996): *Lachen ist gesund – auch für ein Unternehmen. Lach- statt Krachmanagement*. Wien: Ueberreuter.

WIPPICH, Jürgen/DERRA-WIPPICH, Ingrid (1996): *Lachen lernen. Einführung in die provokative Therapie Frank Farellys*. Paderborn: Junfermann.

Grundlagen

Curriculumsentwicklung angesichts der Bedürfnisse der Praxis

Stefan Osbahr

1. Einleitung

In den Jahren seit 2003 habe ich das Glück, mit Hans Egli in beruflichem Kontakt zu stehen: Als die HFHS mit dem Ziel, ihren Ausbildungsgang Sozialpädagogik zu entwickeln, den Austausch mit Agogis suchte. Als Leiter der Höheren Fachschule (HF) für Sozialpädagogik Agogis erlebte ich in diesen Begegnungen, wie Hans Egli sorgfältig den neuen Ausbildungsgang formte, dabei nie einfach eigene Vorstellungen durchsetzte, sondern im gemeinsamen offenen Gespräch, in der Zusammenarbeit gute Lösungen anstrebte.

In meiner eigenen Biographie machte ich früh Erfahrungen mit anthroposophischer Pädagogik: Ich besuchte die Rudolf-Steiner-Schule in Zürich. Jahrzehnte später in Hans Egli den brücken-bauenden Dornacher Ausbildungsleiter zu treffen, empfand ich – selbst mittlerweile promovierter Sozial-/Sonderpädagoge und Ausbildungsleiter – als grosses Glück.

Ist es Einflüssen der Steiner-Pädagogik zuzuschreiben, dass mir das Ganzheitliche und Praxisbegründete in der Berufsbildung ein besonderes Anliegen ist? Als ich vor fünf Jahren an meiner damaligen Tätigkeit als Fachhochschul-Professor das Sozialpädagogik-FH-Studium zu stark akademisiert fand, schätzte ich mich froh, an die Höhere Fachschule für Sozialpädagogik Agogis wechseln zu können, zu deren Kernkompetenzen die Verwurzelung in der Praxis und eine ganzheitliche Erwachsenenbildung mit Fokus Handlungskompetenz zählen.

Für den vorliegenden Artikel hat mir der Herausgeber die Aufgabe gestellt, darzulegen, wie die berufliche Praxis ihre Bedürfnisse in die Curriculumsentwicklung einbringen könne. Ich werde die Frage vorwiegend mit Blick auf die Höhere Berufsbildung der Schweiz erörtern. Zunächst aber sei versucht, das Aufsatzthema in den Zusammenhang des ganzen Buches zu stellen.

2. Berufsbildung als schöpferische Tätigkeit

Bildung und Ausbildung im Sozialbereich sind lebendige, schöpferische Tätigkeiten, welche von den Lernenden ebenso mitgestaltet werden wie von den AusbildnerInnen und von den durch die Berufsleute begleiteten, betreuten Menschen.

Die berufliche Bildung von SozialpädagogInnen zielt zum einen auf die Befähigung, einen Beruf auszuüben. Zum anderen ist sie (Menschen-)Bildung durch den Beruf und somit eine schöpferische Tätigkeit. Denn berufliche Bildung ist mehr als blosse Vermittlung von instrumentellen Fertigkeiten und befähigt SozialpädagogInnen dazu, in ihrer Arbeit schrittweise eine persönliche Meisterschaft und Kunst zu entwickeln.

Die berufliche Aufgabe von SozialpädagogInnen ist nur gestaltend und schöpferisch zu leisten:

- zusammen mit den begleiteten Menschen stellvertretende Lebensräume gestalten,
- dabei ihre Teilhabe am gesellschaftlichen Leben zu gewährleisten und Diskriminierungen abzuwenden,
- Menschen beim Gebrauch ihrer Ressourcen, bei ihrer Alltagsbewältigung und in schwierigen Situationen unterstützen – den Hauptpersonen dabei als Subjekten oder «ExpertInnen in eigener Sache» wertschätzend und akzeptierend begegnen,
- sich der Wirkungen der eigenen Person reflexiv bewusst sein und mit Ungewissheiten reflexiv umgehen.

Ein solches Verständnis von Professionalität fordert von SozialpädagogInnen, dass sie sich unbefangen und innerlich frei in die Begegnung mit begleiteten Menschen eingeben und dabei geistig beweglich und emotional berührbar sind. Zudem bedeutet dieses Verständnis, dass SozialpädagogInnen fähig sein sollten, das alltäglich Unvorhersehbare oder Widerständige schöpferisch anzugehen – gut ausgestattet mit Handlungskompetenzen und Reflexionsvermögen.

So gesehen sollte jede Ausbildung von SozialpädagogInnen schöpferische Prozesse enthalten – denn jede ausgebildete Sozialpädagogin ist in dieser Sichtweise künstlerisch tätig.

3. Die duale Schweizer Berufsbildung

Die Schweizer Berufsbildung ist eine duale Bildung und findet in den zwei Lernfeldern Lehrbetrieb und Schule statt; berufliche Bildungskonzepte beziehen sich immer auf diese beiden Lernorte[1], und die Ausbildung im Praxisfeld hat in unserem Land einen hohen Stellenwert.

In der Schweiz werden zwei Berufsbildungsniveaus unterschieden[2]:

- Die *berufliche Grundbildung* vermittelt grundlegende Kompetenzen und führt zum eidgenössischen Fähigkeitszeugnis (im Sozialbereich zur Fachperson Betreuung; Sekundarstufe 2).
- Die *Höhere Berufsbildung* vermittelt auf die Grundbildung aufbauende und weiterführende Kompetenzen; sie führt zum Diplom (im Sozialbereich z. B. zur Sozialpädagogin oder zum Arbeitsagogen; Tertiärstufe).

Das Schweizer Berufsbildungssystem hat durch das neue Berufsbildungsgesetz von 2004 (BBG) einen Innovationsschub erhalten und gleicht zurzeit nicht nur im (neu durch den Bund geregelten) Sozialbereich einer Baustelle.

Das zuständige Bundesamt für Berufsbildung und Technologie BBT erlässt für jeden Bildungsgang die rechtlichen Vorgaben: in der beruflichen Grundbildung als Bildungsverordnung, in der Höheren Berufsbildung in Form eines Rahmenlehrplans[3] bzw. eines Prüfungsreglements[4].

4. Berufsbildung und Curriculum

Was soll in einem beruflichen Bildungsgang erreicht werden (Ziele, Wirkungen)? Mit welchen Mitteln und auf welchen Wegen hat dies zu geschehen (Ressourcen, Inhalte)? Wie werden die Prozesse und Resultate überprüft (Evaluation, Qualitätssicherung)? All dies wird zur Hauptsache mit einem Instrument gesteuert, das je nach Kontext Curriculum oder Lehrplan oder Bildungsplan genannt wird. Zu unterscheiden sind eine Makro- und eine Mesoebene: Rahmenlehrpläne steuern auf der Makroebene die Bildungsqualität eines Berufes, während Schullehrpläne auf der Mesoebene die Eckpunkte für den einzelnen Bildungsgang eines Anbieters definieren. *Rahmen*lehrpläne werden durch das Bundesamt erlassen, *Schul*lehrpläne durch den Bildungsanbieter; letztere haben die Vorgaben der Rahmenlehrpläne zu berücksichtigen.

Berufliche Curricula entstehen aufgrund eines Bedarfs der Arbeitswelt; sie fordert bestimmte berufliche Qualifikationen, die zu einem Berufsprofil und somit zu einem Berufstitel gehören sollen. Qualifikationen, Erwerb von Handlungskompetenzen und Lernwege werden curricular gesteuert. Der ständige Wandel von Gesellschaft und Arbeitswelt fordert die Berufsbildung heraus, ihre Bildungsgänge fortwährend weiter zu entwickeln, bestehende Curricula zu evaluieren und zu verbessern.

---

1   Die schweizerische berufliche Grundbildung kennt mit den «Überbetrieblichen Kursen» einen dritten Lernort.
2   vom Hochschulsystem abgesehen
3   Höhere Fachschulen
4   Höhere Fachprüfungen

Für Bedarfsermittlung und Curriculumsentwicklung weist das neue BBG den Verbänden der Arbeitswelt eine massgebliche Rolle zu[5]. Dahinter steht der politische Wille zu arbeitsmarktnahen Qualifikationen. In der Berufspädagogik und Berufsbildungsdidaktik findet diese «arbeitsorientierte Wende» ebenfalls statt, welche die «bedeutsamen beruflichen Arbeitssituationen und das darauf bezogene Arbeitsprozesswissen als Dreh- und Angelpunkt für die Gestaltung beruflicher Bildungsgänge und -prozesse hervor(hebt)» (RAUNER 2004b, S. 273). Dieses Lernfeldkonzept[6] ist vor allem in Deutschland etabliert, beeinflusst aber auch die Schweizer Berufsbildung.

5. Beruf, Lernfelder und Curriculumsentwicklung

Die brachenrelevanten Organisationen der Arbeitswelt (OdA) formulieren die gefragten beruflichen Qualifikationen. Dies geschieht im Zusammenspiel von Bildungsexpertinnen und Fachleuten aus dem betreffenden Berufsfeld.

Das Vorgehen zur Definition von Berufsqualifikationen und deren Umsetzung in Curricula gliedert sich grob in folgende Schritte:

1. Aus der vertieften Beschäftigung mit dem beruflichen Handlungsfeld werden die charakteristischen Tätigkeiten in typischen beruflichen Arbeitssituationen und Handlungsabläufen beschrieben.
2. Diese so genannten «Arbeitsprozesse» werden als bedeutsame Arbeitsaufgaben des zu definierenden Berufes systematisiert[7]. Wichtig ist dabei der Kontext, in den die Arbeitsaufgaben eingebettet sind.
3. Aus einer solchen Tätigkeitsanalyse lässt sich über mehrere Schritte das Berufsprofil sowie die zu erreichenden Kompetenzen und Qualifikationen bestimmen.
4. In der Folge können Bildungsgänge vom Bundesamt reglementiert und von den Bildungsanbietern konzipiert werden.
5. In der Konzeption eines Bildungsganges sind heute Lernfelder wichtiger als Fachsystematiken, und es werden von Anfang an Praxis und Bildungsanbieter einbezogen.

---

5 Gemäss neuem BBG ist die Berufsbildung eine gemeinsame Aufgabe von Bund, Kantonen und Organisationen der Arbeitswelt (Art. 1).
6 Gefordert und gefördert durch die Vereinbarung der Kultusministerkonferenz KMK von 1999 zur Entwicklung beruflicher Curricula. – Einführende Aufsätze zum Lernfeldkonzept finden sich in BADER, R. et al. 2000.
7 Mit den wichtigsten 10 bis 20 beruflichen Arbeitsaufgaben, verstanden als sinnvolle, zusammenhängende «Arbeitsprozesse» in beruflichen Handlungssituationen, lassen sich gemäss Berufsbildungsforschern die meisten Berufe beschreiben (vgl. RAUNER 2004a, S. 118).

Waren Bildungsgänge früher primär fachsystematisch gegliedert, so orientieren sie sich heute an den beruflichen Handlungsfeldern, wie sie sich aus den zu bewältigenden Arbeitssituationen ergeben. Damit korrespondieren didaktisch begründete Lernfelder und exemplarische Lernsituationen. Lernfelder sind durch Kompetenzbeschreibungen, Zielformulierungen und Inhaltsangaben bestimmt. Lernergebnisse werden in diesem Konzept als berufliche Handlungskompetenzen verstanden[8]. Das Lernfeldkonzept der Berufsbildung (vgl. BADER et al. 2000) geht davon aus, dass Lernende bedeutsame berufliche Aufgaben und Situationen in ihrem Arbeitsfeld immer besser bewältigen lernen sollen[9] und so handlungskompetent werden. Handlungskompetenzen sind dabei situations- und kontextgebunden; sie sollten sich letztlich als Wirkungen im Arbeitsfeld zeigen und sind auch nur in beruflichen Handlungssituationen nachweisbar.

Curriculumsentwicklung ist in der dualen Berufsbildung also darauf ausgerichtet, die Berufspraxis verfahrensmässig mit einzubeziehen und die Bildungsgänge so zu regeln, dass sie optimal zu den sich wandelnden Qualifikationserfordernissen der Berufswelt passen («fachliche Ziele») und gleichzeitig persönlichkeits-, sozial- und gesellschaftsbezogene Kompetenzen angemessen gewichten («überfachliche Bildungsziele»).

6. Curriculumsentwicklung in der Sozialpädagogik-Ausbildung von Agogis

Schon seit ihrer Gründung 1972 steht Agogis dafür ein, dass berufliche Bildungsangebote praxisnah konzipiert werden[10]. Agogis, berufliche Bildung im Sozialbereich, wurde von den Deutschschweizer Institutionen der stationären Behindertenhilfe gegründet, welche für ihr Fachpersonal keine geeigneten und/oder erreichbaren Bildungsangebote vorfanden. Heute wird Agogis von über 450 Praxisorganisationen des ganzen Sozialbereichs getragen; die Mitglieder stammen aus 21 Kantonen. Durch den Vereinszweck ist gewährleistet, dass Agogis Bildungsangebote auf Initiative oder in enger Zusammenarbeit mit der Praxis schafft bzw. weiter entwickelt. Waren PraxisvertreterInnen in den Anfangszeiten selbst als Dozierende tätig, so sind sie heute ExpertInnen, Mitglieder der Ausbildungskommission oder vereinzelt FachreferentInnen.

---

8   Handlungskompetenzen sind verankert im beruflichen Handlungsfeld; dies im Unterschied zu Lernzielen, die im schulischen Lernfeld situiert sind.

9   und dass nicht die Wiedergabe von fachsystematischem Wissen den kompetenten Lernenden bzw. Berufsangehörigen auszeichnet.

10 Damals unter dem Namen «VPG – Vereinigung zur Personalausbildung für Geistigbehinderte», der 1995 durch «Agogis» abgelöst wurde.

Aktuell heisst Bildungsentwicklung angesichts der Praxisbedürfnisse für Agogis etwa:

- Die Praxis will BehindertenbetreuerInnen oder KleinkinderzieherInnen zu SozialpädagogInnen HF weiter qualifizieren. Deshalb entwickelt Agogis eine verkürzte Anschluss-Ausbildung, die ab 2006 umgesetzt wird (Näheres siehe unten).
- Die Praxis erwartet von SozialpädagogInnen HF ausgeprägtere Handlungskompetenz in Bereichen wie Psychische Beeinträchtigung, Gewaltprävention, Krisenintervention oder Case Management. Deshalb werden diese Lernfelder im Sozialpädagogik-Curriculum der HF Agogis schrittweise ausgebaut.

Anhand des erstgenannten Beispiels möchte ich nachfolgend darstellen, wie die Bildungsorganisation Agogis Curriculumsentwicklung zusammen mit der Praxis angeht und umsetzt.

7. Curriculumsentwicklung im Zusammenspiel mit der Praxis: Das Beispiel Anschluss-HF Sozialpädagogik

Agogis wird ab Oktober 2006 für Berufsleute mit einschlägigem Fähigkeitszeugnis im Sozialbereich einen verkürzten Ausbildungsgang zum Diplom als Sozialpädagogin HF anbieten[11]. Unter «einschlägig» versteht das Berufsbildungsrecht die anerkannten eidgenössischen Fähigkeitszeugnisse (EFZ) der jeweiligen Branche. In unserem Fall sind dies die bisherigen Abschlüsse als Kleinkinderzieherin, Betagtenbetreuerin, Behindertenbetreuerin und Sozialagogin sowie das neue EFZ Fachfrau bzw. Fachmann Betreuung[12].

Mit der so genannten «Anschluss-HF Sozialpädagogik» nimmt Agogis ein aktuelles Bildungsbedürfnis aus der Praxis auf. Wichtig ist:
- Der Ausbildungsgang ist dem Prinzip «Anschluss nach jedem Abschluss» verpflichtet: Vorhandene Kompetenzen, welche in der ersten Ausbildung erworben wurden, sind im weiterführenden HF-Bildungsgang berücksichtigt.
- Das Angebot steht im Kontext der aktuellen Berufsbildungssystematik und führt zu einem anerkannten Diplom.
- Das Angebot ist praxisrelevant, attraktiv und innovativ.

Die Anschluss-HF ist von einem Projektteam entwickelt worden, dem u.a. zwei Praxisvertreter angehörten. So sind Praxisbedürfnisse von Anfang an ins Projekt ein-

---

11 Zunächst sollen mit einer Pilotklasse Erfahrungen gesammelt werden.
12 Bildungsverordnung Fachfrau/Fachmann Betreuung vom 16. Juni 2005

geflossen. Gemäss dem «Geschwister-Prinzip» haben wir grundlegende Konzeptelemente aus dem angestammten anerkannten Ausbildungsgang, der sogenannten «Regel-HF»[13], übernommen. Das sind z. B.:
- ganzheitliche Erwachsenenbildung mit viel studentischer Eigenaktivität sowie einem besonderen Akzent auf personalen und sozialen Kompetenzen,
- das Lernen im Klassenverband mit viel Unterricht im Teamteaching und somit in Halbklassen- und Gruppensettings,
- ein an Themen orientiertes Curriculum und das didaktische Spiralprinzip mit handlungsorientiertem Unterricht.

Innovative Akzente setzen wir mit stark ausgebauten Lerngruppen- und Projektarbeits-Elementen sowie mit Selbstlernphasen.

Wie wird nun das Curriculum der Anschluss-HF entwickelt? Da die Vorgaben des Bundes zu den Rahmenlehrplänen der Höheren Fachschulen in der Zeit seit Projektbeginn (Januar 2005) bis Redaktionsschluss dieses Artikels (Februar 2006) noch nicht erlassen worden sind, leisten wir die Curriculumsarbeiten parallel zur Ausarbeitung der bundesamtlichen Vorgaben. Zum Erscheinungsdatum dieses Buches im Sommer 2006 werden die Arbeiten am Curriculum abgeschlossen sein.

Die Anschluss-HF greift gemäss dem Geschwister-Prinzip auf das Curriculum der Regel-HF zurück, welches quantitativ um einen Drittel reduziert und qualitativ angepasst wird. Die Anschluss-HF umfasst insgesamt 3600 Lernstunden, verglichen mit 5400 Lernstunden der Regel-HF[14]. Die Kürzung um einen Drittel bezieht sich laut Gesetzgeber auf alle Ausbildungsteile und berücksichtigt die einschlägigen Kompetenzen der Berufsleute aus der jeweiligen Branche.

Wir finden es verantwortbar, in dieser Curriculumsentwicklung pragmatisch vorzugehen und auf eine umfassende Tätigkeitsanalyse und Erhebung in der Praxis zu verzichten. Dies, weil eine völlige Neukonzeption des Curriculums – etwa ausgerichtet auf das Lernfeldkonzept – weder von der Praxis oder von den Behörden als notwendig gesehen wird noch von unseren Ressourcen her realistisch wäre.

---

13 Die Regel-HF der Agogis führt als Vollzeitausbildung mit paralleler Praxistätigkeit jährlich 5 Sozialpädagogik-Klassen für Personen mit anerkanntem erstem Berufsabschluss *ausserhalb* des Sozialbereichs. Die Ausbildung dauert 3 Jahre, die Studierenden arbeiten zu mind. 60% (netto) in einer anerkannten Praxisinstitution, welche die praktische Ausbildung gewährleistet.

14 Lernstunden beinhalten alle ausbildungsrelevanten Lerngefässe, vom klassischen dozentInnengebundenen Unterricht über die schriftlichen Arbeiten, das Selbststudium bis hin zur Praxisausbildung; Lernstunden sind also mehr als Lektionen.

Das Projektteam hat die Curriculumsentwicklung auf folgende Leitideen abgestützt:
- Das Curriculum auf bedeutsame berufliche Situationen, auf Handlungskompetenzen und auf sozialpädagogische Berufsidentität orientieren,
- Unterrichtsthemen im Spiralmodell erarbeiten und auf Fachsystematik verzichten zugunsten von handlungs- und situations-orientiertem Lernen,
- alle Themen des Curriculums in der Matrix «fachliche Grundlagen – professionelles sozialpädagogisches Handeln – spezifische Praxisfelder» positionieren,
- die Lernenden aktualisieren zu Beginn eines Themas ihr vorhandenes Wissen mittels Selbststudium (Coaching durch Dozierende ist verfügbar),
- vorhandene Kompetenzen betonen und in der heterogenen Lerngruppe nutzbar machen (Lernende bringen berufsrelevante Ressourcen und Kompetenzen mit und können sich gegenseitig unterstützen),
- Teilnehmende ansprechen als fortgeschrittene, erwachsene Lernende mit guter Selbstlernkompetenz und grossem Interesse an Wahl(pflicht)elementen sowie an projektbezogenem Lernen,
- handlungsorientiertes und exemplarisches Lehren und Lernen sowie Problemlösungskompetenzen in beruflichen Situationen betonen,
- Auseinandersetzungsbereitschaft der Studierenden einfordern und personal-soziale Kompetenzen ganzheitlich üben und entwickeln.

8. Fazit

Die eingangs gestellte Frage, wie die berufliche Praxis ihre Bedürfnisse in eine Curriculumsentwicklung einbringen könne, beantworte ich so:
- In der Schweizer Berufsbildung ist die Praxis über die OdA umfassend in Bedarfsdefinition und Bestimmung relevanter Berufsprofile eingebunden.
- Eine Orientierung an Lernfeldprinzip und Handlungskompetenzen gewährleistet am besten, dass berufliche Curricula nahe der Qualifikationsbedürfnisse der Praxis entwickelt werden.
- Am Beispiel der Agogis Anschluss-HF Sozialpädagogik habe ich gezeigt, wie Praxisbedürfnisse inhaltlich und strukturell in die Curriculumsentwicklung einbezogen und auf pragmatischem Weg für ein kompetenzorientiertes Curriculum genutzt werden können.

Wenn ein beruflicher Bildungsgang neu konzipiert wird, dann sollte
1. klar sein, dass berufliche Handlungskompetenz auf Bewältigung von (gegenwärtigen und zukünftigen) beruflichen Arbeitssituationen zielt *und ebenso* auf Persönlichkeits- und soziale Bildung, welche Berufsleute befähigt, Arbeitswelt und Gesellschaft mitzugestalten;

2. das berufliche Handlungsfeld umfassend analysiert werden, um die typischen Arbeitsprozesse bzw. bedeutsamen Arbeitsaufgaben zu ermitteln. Dies geschieht im gemeinsamen Vorgehen von Organisationen der Arbeitswelt und Bildungsfachleuten (Makroebene: Bildungsbedarfsanalyse, Tätigkeiten-Kompetenzen-Analyse, Erarbeitung eines Rahmenlehrplans);
3. sollten folgende curriculumstrategischen Prinzipien beachtet werden: Lernfeldprinzip, Handlungsorientierung und Problemorientierung (Mesoebene: Erarbeitung des Curriculum und Grundlagen der Didaktik).

Entwicklung der Berufsbildungsqualität ist heute in der Schweiz stark darauf abgestützt, die Bedürfnisse der Praxis zu berücksichtigen. Doch Bildungsentwicklung und Praxisentwicklung beeinflussen sich gegenseitig. Dass im kleinräumigen Schweizer Sozialbereich die vielfältigen Akteure ihre Kräfte noch vermehrt bündeln sollten, um die sich bietenden Chancen etwa in der Berufsbildung zu nutzen, ist kein Geheimnis und wird gerade von der Praxis zunehmend gefordert.

Literaturverzeichnis

BADER, Reinhard/SLOANE, Peter F. E. (Hrsg.) (2000): *Lernen in Lernfeldern: Theoretische Analysen und Gestaltungsansätze zum Lernfeld-Konzept.* Markt-Schwaben, Eusl-Verlagsgesellschaft.

RAUNER, Felix (2004a): *Qualifikationsforschung und Curriculum. Analysieren und Gestalten beruflicher Arbeit und Bildung.* Bielefeld: W. Bertelsmann-Verlag.

RAUNER, Felix (2004b): *Die arbeitsorientierte Wende in der Didaktik beruflicher Bildung.* In: Andreas BUSIAN/Gerhard DREES/Martin LANG (Hrsg.): *Mensch – Bildung – Beruf. Herausforderungen an die Berufspädagogik.* Bochum, Freiburg: Projekt-Verlag, S. 273–282.

Die Verbindung von Praxis, Theorie und Kunst in der Ausbildung – Grundlagen und ein Fortbildungsprojekt

Bernhard Schmalenbach

«Jeder Mensch ist ein kleiner Künstler.» Novalis

In dem massgeblich von ihm entwickelten Seminar zur Qualifikation von Ausbildern in der Heilpädagogik und Sozialtherapie unterscheidet Hans Egli drei Entwicklungsfelder:
* die persönliche Kompetenz im Umgang mit der eigenen Person,
* die soziale Kompetenz in der Beziehung zu den Auszubildenden und den Kollegen,
* die Wissens- und Handlungsfähigkeiten (KONFERENZ 2001, Handbuch, Kp. 2.6).

Sich seiner diesbezüglichen Fähigkeiten bewusst zu werden und sie weiter zu entwickeln, wird bei den in der Ausbildung tätigen Menschen umso wichtiger, je mehr der Vorgang der Ausbildung eine Neuinterpretation erfährt. Die klassischen Rollenvorgaben von Lehrern und Praxisanleitern treten in den Hintergrund, und der Auszubildende erscheint nun als Gestalter eines eigenen und hochindividuellen Lern- und Bildungsprozesses auf «theoretischem» wie auf praktischem Gebiet (vgl. BRATER 2004). Auch hier manifestiert sich damit eine Entwicklung, welche in den sozialen, pädagogischen und therapeutischen Zusammenhängen wie auch in Gesellschaft und Politik den vormaligen Empfängern von Erziehung, Betreuung und Beratung, von gesellschaftlicher und politischer Führung eine in der Geschichte neue selbstgestaltende Rolle zuerkennt. Damit dieser Anspruch auch Wirklichkeit werden kann, braucht es entsprechende Haltungen und ebenso geeignete Methoden.

Ausbildung in Heilpädagogik und Sozialtherapie ereignet sich in den verschiedensten Kontexten, in der praktischen Arbeit, der Vermittlung von Inhalten und der Begleitung von Projekten. Jedem dieser Felder kommen eigene Aufgaben, Rollengestaltungen und auch Beschränkungen zu, und es ist viel gewonnen, wenn die jeweiligen Erwartungen und Ziele zu Beginn geklärt sind – bis hin zu den Methoden – und im weiteren Prozess reflektiert und gegebenenfalls verändert werden. In der Betonung der «Selbsttätigkeit» der Auszubildenden, so zeitgemäss sie ist, schwingt gelegentlich auch eine Spur von Rhetorik und von Bequemlichkeit mit. Auch heute noch hören Auszubildende zu, wenn ein Ausbilder mitteilt, was er sich erarbeitet hat, und sie legen durchaus Wert auf überzeugende Vorbilder in der konkreten Arbeit. Jedoch scheint die einst vorhandene Bereitschaft zur Assimiliation des Gesehenen und Gehörten einer Haltung zu weichen, welche in ihrer engagierten Ausprägung einem angehenden Künstler gleicht, der sich zunächst an Vorbildern orientiert, sich diese auch erarbeitet, um dann einen eigenen «Stil», eigene Akzente zu entwickeln.

In jedem der vielfältigen Ausbildungsbereiche findet sich der Ausbilder in einem zweifachen Verhältnis: zu seinem Feld und zu den Auszubildenden – den sich Ausbildenden. Für diese wird bald spürbar, ob ihr Gegenüber sich als ein Fragender, ein Forschender in seinem Gebiet bewegt und zugleich über ein vertieftes Wissen oder Können verfügt. So macht es einen grossen Unterschied, ob ein Dozent Inhalte, etwa in Gruppenarbeit, erarbeiten lässt, die er sich selbst intensiv zu eigen gemacht hat. Hält er diese nun aber zurück, so entfaltet sich ein Raum, in dem die Auszubildenden, vielleicht von sparsamen Hinweisen geführt, zu Ergebnissen kommen, die dann auch den Lehrer erstaunen lassen.

In der Beziehung zu den Auszubildenden wenden Ausbilder eine Vielzahl von «Gesten» an, darunter etwa Lehren, Befragen, Fordern, Vermitteln, Zeigen, um nur einige zu nennen. Es kommt viel darauf an, diese Haltungen an sich zu erkennen sowie zu lernen, welche von ihnen ohnehin den eigenen Neigungen entsprechen, welche andere noch auszubilden wären. In der zweifelsohne berechtigten Betonung kommunikativer und methodischer Fähigkeiten («skills» und «tools») in der entsprechenden Literatur kommt die Bedeutung eines echten, aber einfachen Interesses für die Fragen und Wege der Lernenden oft etwas kurz. Dies bezieht sich auch, gerade in grundständigen Ausbildungen, auf das Interesse und die Verstehensbemühung um die Auszubildenden als Teil einer dem Ausbilder fremden Generation. Nicht umsonst gelten Generationen mit ihren gesellschaftlichen und die Nationen übergreifenden Impulsen als eines der soziologisch robustesten Phänomene.[1] So spricht manches dafür, dass sich gegenwärtig eine auf das Prinzipielle orientierte, von Bildzusammenhängen und den «grossen Erzählungen» geprägte Generation einer anderen gegenübersteht, welche pragmatischer erscheint, in ihrer ideellen Motivation konkreter und weniger auf Konzepte oder Leitvorstellungen ausgerichtet, dafür vielleicht in anderer Weise für innere Wahrnehmungen begabt.

---

1   Dies hat besonders der Soziologe Heinz Bude herausgearbeitet, siehe etwa seinen Beitrag: «Generationen im 20. Jahrhundert», in: Merkur, Heft 7. 2000.

Verbindungen von Praxis, Theorie und Kunst

Alle Ausbildungen für pädagogische, soziale und therapeutische Berufe suchen Verbindungen von theoretischen und praktischen Aspekten des Lernens. Hier versuchen manche Ausbildungen, insbesondere diejenigen mit einer anthroposophischen Orientierung, sowie eine Reihe von therapeutischen Ausbildungen, mit der Verwendung künstlerischen Arbeitens eine Brücke zu bilden. Anhand künstlerischer Erfahrungen und übender Tätigkeit sollen Haltungen und Fähigkeiten ausgebildet werden, welche in der sozialen Arbeit unentbehrlich sind. Zu diesen gehören beispielsweise die Schulung der Wahrnehmung und des Ausdrucks, von Kreativität, Improvisationsvermögen und eigenständigem Handeln.

Dabei weisen Ausbildungsforscher darauf hin, dass in einer Zeit rascher sozialer Veränderungen und nicht absehbarer Aufgabenstellungen diese Fähigkeiten in der beruflichen Arbeit immer bedeutender werden. Die Anwendung von gewohnten Regeln und Prinzipien dagegen verliert an Gewicht (BRATER 2004).

Im Umgang mit künstlerischen Medien verbinden sich kognitive Prozesse wie Wahrnehmen, Bewerten, Kategorisieren oder Planen mit den willensbezogenen Prozessen der Gewohnheitsbildung, dem Umgang mit Widerständen und der Hemmung unerwünschter Verhaltensweisen. Künstlerisches Arbeiten verbindet zugleich das in der praktischen Arbeit massgebliche, implizite Wissen mit dem expliziten Wissen über Tatsachen, Zusammenhänge und Regeln. In diesen und auch in weiteren Feldern lässt sich zeigen, wie die Kunst eine vermittelnde Rolle spielen kann, welche einige zentrale Polaritäten des menschlichen Erlebens als solche aufhebt. Friedrich Schiller hatte dies vor Augen, als er Kunst und auch Spiel als Emanzipationsräume des Menschen beschrieb (SCHILLER 1984). Diese Sphäre gestattet es gleichermassen, unbewusste Impulse und Konflikte auszudrücken und zu entwickeln, wie auch das Dargestellte in eine überzeitliche, geistige Perspektive zu setzen.

Theorie und Kunst

In vielfältigen Projekten lassen sich theoretische Inhalte und künstlerische Ausdrucksformen in Verbindung setzen. Als ein Beispiel sei die Arbeit an Märchen genannt. Die eingehende psychologische Interpretation eines Märchens lässt sich verbinden mit der Darstellung seiner charakteristischen Stationen mit Hilfe etwa von Aquarellfarben und durch kleine musikalische Sentenzen. In einem weiteren Schritt kann man versuchen, das Märchen auf künstlerische Weise zu erzählen. Bei einem solchen Vorgehen kommt es nun darauf an zu prüfen, ob diese Vorgänge einander tragen und ergänzen zu einem möglichst umfassenden oder vertieften Verständnis eines Märchens, oder ob die künstlerischen Übungen nur illustrieren. Dies hängt in hohem Masse davon ab, ob jeder Weg mit entsprechender Intensität und Konzentration oder nur wie nebenbei beschritten wird. Welche Farben und Formen entsprechen etwa dem der Situation am Brunnen im Märchen von *Frau Holle*, welche den Begegnungen in dem «anderen Land»? Wie nimmt man die Dramatik oder Poesie jede dieser Stationen in sein Erzählen auf? Gelingt es, so offenbart sich dann etwas vom «Wesen» eines Märchens und seiner Thematik, so wie in Shakespeares Othello etwas vom Wesen der Eifersucht zum Ausdruck kommt, das begrifflich nicht mehr definiert, sondern nur noch umschrieben werden kann. Im Märchen von Schneewittchen tritt das Wesen der Eifersucht alleine in den verschiedenen Bezeichnungen von «Herzensempfindungen» in Erscheinung.

Indem die verschiedenen Zugänge, jeder für sich methodisch konsequent beschritten, zusammenklingen, wird das Wesen eines Inhaltes spürbar, welches sich in den verschiedenen Medien jeweils anders ausspricht. Gerade Werke der Malerei sind in ihren psychologischen und menschenkundlichen Bild-Aussagen für die Psychologie und der ihr verwandten Gebiete noch wenig erschlossen – man denke nur an Munchs «Schrei» oder an die zahlreichen Bilder von Mutter und Kind, von den Madonnenbildern bis hin zu Picasso – im Hinblick darauf, wie sie Bindungsverhältnisse darstellen. Solche Werke, phänomenologisch interpretiert, vertiefen den Bezug zu einem Thema und erweitern den Horizont.

Unter Kunst- wie Musikwissenschaftlern wird die Entwicklung ihrer Künste im Laufe der Jahrtausende und Jahrhunderte auch als Entwicklung des menschlichen Bewusstseins charakterisiert, auch Kulturwissenschaftler machen sich diese Perspektive zu Eigen. Es steht jedoch noch an, sie auch im Rahmen der Psychologie und Pädagogik zu überprüfen. Hier haben Jean Gebser und Rudolf Steiner wichtige Anregungen gegeben, welche die Bewusstseinsentwicklung in der Menschheitsentwicklung wie in der Kindheit im Spiegel von Malerei oder in der Abfolge sich ablösender musikalischer Stimmungen veranschaulichen (GEBSER 1973)[2].

Als eine besonders ausgearbeitete Methode kann die «plastisch-musikalisch-sprachliche Menschenkunde» gelten, entwickelt unter anderem von Gisbert und Armin Husemann, welche aufbauend auf Forschungen Rudolf Steiners etwa die Bildung des menschlichen Körpers aus plastischen und musikalischen Formimpulsen heraus anschaulich und erlebbar machen – in einer Methode, die so poetisch wie exakt ist (HUSEMANN 1989/1996). Noch viele Beispiele liessen sich beschreiben im Rahmen dieses Projektes der Verbindung von Wissenschaft und Kunst, welches in der Neuzeit wohl zuerst von Novalis[3] angelegt worden ist und seit einiger Zeit in den verschiedensten Ge-

---

2   Zu Rudolf Steiners Ansatz siehe WÜNSCH, Wolfgang.
3   Novalis konzipierte ein Projekt zur Vereinigung der Wissenschaften (in seinem Allgemeinen Brouillon von 1798/99). Viele seiner noch unerschlossenen Fragmente verbinden «Wissenschaft» und Kunst.

bieten ein Echo findet[4]. Dieses Projekt steht einer weiteren Ausgestaltung und Erprobung offen, sowie einer an der zeitgenössischen Forschung orientierten Grundlegung.

Praxis und Kunst

Auch in der Verbindung von Praxis und künstlerischem Tun ergeben sich verschiedene Arbeitsrichtungen. Wahrnehmungen in der Praxis im Lichte einer künstlerischen Perspektive gewinnen an Transparenz: So können wir die Bewegungen eines Kindes in musikalischer Weise sehen lernen, oder sein Sozialverhalten «dramatisch» erleben. Wir können versuchen, wiederum im Sinne Novalis», einen Menschen oder eine Situation «romantisierend» zu beschreiben, in einem Gedicht oder einem fiktiven Selbstzeugnis. Bestimmte Momente oder Aspekte lassen sich in Bildern oder musikalischen Sequenzen nachbilden. Solche Versuche, die eigene Wahrnehmung in künstlerischer Form weiter zu gestalten, zielen weder auf eine «imitatio» im Sinne getreuer Abbildung noch auf den subjektiven Ausdruck dessen, was etwa ein von mir betreuter Mensch nun in mir «auslöst» – die beiden seit langem sich gegenüberstehenden Auffassungen vom Wesen der Kunst. Die poetische oder gestalterische Bearbeitung der Wahrnehmungen versucht eher eine bestimmte Dynamik oder Konstellation in den Gesetzen eines Mediums darzustellen; sie bedarf einer gewissen Disziplin im Umgang mit diesem Medium und eine durch Übung erworbene Vertrautheit, sich überhaupt in dessen Elementen bewegen zu können. Die Ergebnisse einer solchen Arbeit können offen gehalten werden für ein gemeinsames Reflektieren oder Vergleichen z. B. im Rahmen einer Gruppe von Auszubildenden.

Natürlich ist es auch möglich, eigene, in den Begegnungen der praktischen Arbeit sich ergebende Emotionen oder Spannungen in einer auf Supervision angelegten Arbeit künstlerisch zu bearbeiten, es kommt nur stets darauf an, die jeweilige Arbeitsrichtung klar zu umreissen.

Ein seit langem schon praktizierter Ansatz in der Verbindung von Praxis und Kunst finden wir in therapeutischen Zusammenhängen, wie der Gestalttherapie oder dem Psychodrama, bei diesem in Form des dramatischen Rollenspiels, welches seinen Ausgang von sozialen Situationen nimmt, diese darstellt und zugleich im Spiel bearbeitet. Auch die so genannte «Skulpturarbeit» mit Familien und Gruppen gehört hierher; sie stellt den Versuch dar, komplexe Zusammenhänge in einem Medium zu erfassen und von dort aus weiter zu entwickeln.

---

[4] Dazu gehört, um nur ein Beispiel zu nennen, etwa der Neurologe Oliver SACKS, der in Anknüpfung an Alexander Luria eine «romantische Wissenschaft» erörtert und in seinem Buch *Der Mann, der seine Frau mit dem Hut verwechselte* auch umzusetzen versucht.

Die verschiedenen Kunsttherapien wiederum nehmen Themen, Probleme oder konstitutionelle Gegebenheiten in sehr differenzierter Weise in das jeweilige künstlerische Medium auf und bieten Gelegenheit zum Ausdruck, zur Vergegenständlichung und Verwandlung. Möglich wird dies dadurch, dass der menschliche Ausdruck und die Elemente der Kunst mindestens miteinander verwandt sind. Dieser Zusammenhang soll uns im Weiteren noch beschäftigen.

Für das tägliche Leben und Arbeiten und damit auch für die Ausbildung von grosser Bedeutung ist die künstlerische Tätigkeit für und mit betreuten Menschen. Dies bedarf der entsprechenden Übung in diesen Künsten und zudem eine gewisse Kenntnis z. B. von Werken der Malerei oder von Liedern. Für die Ausbildung ist die Frage von Bedeutung, wie man etwa Geschichten, Lieder und Bilder für und mit seinen Klienten finden und lernen kann, den Alltag bis in die Gestaltung der Umgebung mit künstlerischer Geste zu bereichern.

Praxis und Theorie

In dem Bemühen, Praxis und Theorie zu verbinden, ist eine Vielfalt von Methoden entwickelt worden[5]. Viele Dozenten bearbeiten ihre Themen mit Hilfe von praktischen Übungen, demgegenüber dienen praxisbegleitende Reflexionsformen wie Tagebücher oder Supervisionsgespräche der Explikation und Ausgestaltung der Erfahrungen und Handlungen. Einen noch wenig dargestellten und erprobten Ansatz regte Albert de Vries in seiner Methode des «Lernens im Alltag» an. Diese fokussiert in der Reflexion der Praxis auf Situationen, welche als gelungen empfunden wurden, und versucht diesen Moment genau zu analysieren und zu verstehen (DE VRIES 2003).

Die Wirkung der oft beschriebenen und ausgiebig konzeptionalisierten Formen von praxisbegleitender Arbeit lebt von der Intensität und Konzentration des Prozesses; Tagebücher etwa bekommen eine hohe Intensität, wenn ein Gesichtspunkt über eine gewisse Zeit beobachtet wird, eine bestimmte Situation oder Verhaltensweise oder der Blick auf die eigenen Intentionen und Haltungen gerichtet wird. Erst eine intensive Arbeit und eine verbindliche Begleitung tragen hier Früchte, sonst berühren sich Praxis und Theorie nur flüchtig und durchdringen sich nicht.

Ähnlich verhält es sich mit den theoretischen Kursen, in denen ja oft auf praktische Erfahrungen verwiesen wird. Eine Prägnanz über anekdotische Beschreibungen hinaus entsteht jedoch dann erst, wenn die verschiedenen Schichten eines Phänomens

---

5   Einen Überblick geben Michael Brater und Peter Rudolf: «Qualifizierung für Interaktionsarbeit», in (Hrsg.) F. Böhle/J. Glaser/A. Büssing: Arbeit in der Interaktion – Interaktion als Arbeit. Wiesbaden: Westdeutscher Verlag (im Erscheinen).

zu Gestalten oder «Bildern» verdichtet werden, zu denen man in der Praxis entsprechende Beispiele auffindet. Nehmen wir eine Arbeit zum Thema Aggression: Hier lassen sich verschiedene Schichten, Ausprägungen und Ursachenzusammenhänge zu charakteristischen Bildern von aggressiven Verhaltensweisen formen, welche man an entsprechenden Beispielen illustriert, es aber dabei nicht belässt, vielmehr nachzuvollziehen sucht, welche tatsächlichen Entwicklungs- oder Verwandlungsmöglichkeiten z. B. aufgrund von bestimmten Interventionen oder Haltungen sich ergeben können. Diese dann beleuchten wieder die «Theorie» der Aggression.

Somit bedeutet die Verbindung von Theorie und Praxis eine mühsame Arbeit, zumal beide Bereiche eigenen Gesetzen folgen. Ihre Durchdringung gelingt stets nur vorübergehend und deren Fruchtbarkeit muss sich jeweils erweisen; sie kann auch nur so weit gehen, als der einzelne Ausbilder tatsächlich in sich trägt, was er zu verbinden sucht. Dies gilt auch für die Verbindung der anderen Bereiche. Es spielt eine grosse Rolle, inwieweit der Auszubildende den Bezug zu den Bereichen in sich ausgebildet hat, die er dann in Beziehung setzt. Andere Fragen schliessen sich an: Inwieweit sind die Verbindungen jeweils inhaltlich stimmig und nachvollziehbar? Ist ein Bezug eingehend und konsequent genug, sodass sich die Bereiche tatsächlich durchdringen und den Zugang zu dem jeweiligen Thema entsprechend vertiefen? Davon hängt es ab, inwieweit dieser Ansatz tatsächlich fruchtbar wird.

Anthropologie der Kunst – eine Skizze

Die sich hier ergebenden, vielfältigen Bezüge der Kunst zur Praxis und zur Theorie sowie die Möglichkeiten der persönlichen Entwicklung durch die Kunst eröffnen die Frage nach der Verbindung der Kunst zum Menschen. In der Geschichte der Menschheit sind Wissen (Religion und Kultus), Kunst und Praxis (Ethik) lange Zeit als eine Einheit aufgefasst worden, als verschiedene Ausdrucksformen des Menschen, die zugleich einander tragen und eine höhere Wahrheit zur Offenbarung bringen (RAPP 1999). Ernst Cassirer beschrieb zu Beginn des 20. Jahrhunderts die Künste neben dem Mythos, der Religion, der Technik, der Sprache und der Wissenschaft gleichermassen als symbolische Formen des Menschen, die Welt zu verstehen und sie zu gestalten (CASSIRER 1973–1975). Liegt die Verbindung im Menschen selbst begründet? Im Folgenden soll die Beziehung der künstlerischen Medien zum menschlichen Ausdruck, zum sozialen Verhalten und zum Denken skizziert werden. Wir finden hier, dass die grundlegenden kognitiven und expressiven Phänomene des Menschen Elemente latent in sich tragen, welche für sich genommen und ausgearbeitet in den Künsten erscheinen.

Erinnern

Im Bereich des Gedächtnisses lassen sich verschiedene Formen unterscheiden, welche vom Wiedererkennen über das Handlungsgedächtnis zum Gedächtnis für Wissensinhalte und Ereignisse bis hin zum autobiographischen Gedächtnis reichen.

Dabei sind die Erinnerungen, welche die einfachsten Formen des Wiedererkennens übersteigen, mehr und anderes als ein blosses Abrufen und Reproduzieren. Selbst Handlungsmuster werden je nach gegebener Situation und gegebenem Ziel beständig variiert. Besonders aber die Erinnerung an Episoden und autobiographische Erinnerungen wird in der Form von Erzählungen organisiert, welche die Erinnerungen gewichten, ordnen und zugleich bewerten und beleuchten, gleich einem schöpferischen, aber implizit arbeitenden Erzähler.

Bewegen

Wo Bewegung phänomenologisch beschrieben wird, verweisen die verwendeten Begriffe auf die den Bewegungen innewohnende musikalische Struktur. So sprechen wir vom Tonus als dem Spannungszustand der Muskeln, wir beschreiben Bewegungen in ihrem Rhythmus und ihrer Harmonie (Koordination), ihrer Expressivität und ihrer Dynamik. Einzelne Bewegungsmuster gleichen Gestalten, welche je nach Temperament und Verfassung des Bewegenden und der Situation, in der er sich befindet, variiert werden. Ihr Spektrum reicht von stets sich wiederholenden Themen (Reflexbewegungen, basale Bewegungsmuster) bis hin zu schöpferischen, improvisierten Bewegungen.

Werden diese und andere Elemente «gesteigert» oder «aufgehoben», so entstehen Tanz und Musik. Im Alltag sind die Bewegungen eine Art gebundener Klang, in der Ausdrucksbewegung von Gestik und Mimik werden sie Bild. Darstellende (ikonische) Gesten «plastizieren» oder «zeichnen» Gegenstände oder Prozesse nach (MÜLLER 1998), doch nicht in einer Art reiner Nachahmung, sondern in Form von individuell akzentuierten Gestaltungen. Einfache Gesten, so genannte Beats, rhythmisieren den Sprachstrom (MCCLAVE 1994).

Fühlen

Gefühle verbinden leibliche Regungen, Emotionen mit kognitiven Bewertungen. Ihre leibliche Komponente bilden vegetative Prozesse, insbesondere Atmung und Puls, welche in ihren Rhythmen dem Spektrum der musikalischen Grundrhythmen entsprechen (HILDEBRANDT 1993). Die Verwandtschaft von Emotionen und Musik ist vielfach beschrieben und für die Musiktherapie fruchtbar gemacht worden, so bezeichnet Reinhard Steinberg Musik als eine «semantisch nicht gebundene Emotionssprache» (STEINBERG 2005). Die Ebene der Bedeutungen und Bewertungen entstammt den inneren Bildern als verdichtete Repräsentationen unserer Erfahrungen, Bilder, die wir übernehmen wie solche, die wir selbst gestalten. In reiner Form finden wir diese Bilder in den Werken der bildenden Kunst wie auch dem Schauspiel.

Sprache
Wie die Kunst entspringt auch die Sprache zweier Quellen und löst sie zugleich in sich auf, erweitert sie: den Ausdruck eigenen Befindens und Erlebens wie die Aufnahme von Erfahrungen und Wahrnehmungen. Auch der sprachliche Ausdruck kann künstlerisch verstanden werden: Wir nehmen in der Sprache eines Menschen Rhythmus, Tempo und Klang und Melodie wahr, die Gewichtung von Vokalen und Konsonanten, die Verwurzelung des Sprechens im Körper und mithin ihre Expressivität, ihren eher prosaischen oder dramatischen Charakter. Wie in den Bewegungen finden wir, auf diese Weise hörend, wie ein Mensch in seiner Sprache, wie die Sprache in einem Menschen lebt.

Wahrnehmen
Jede Kunst erarbeitet sich einen oder mehrere Wahrnehmungsbereiche und gestaltet sie aus. Der Künstler verbindet die Gesetze und Qualitäten von Klängen, Farben, Formen u.a. mit seinem schöpferischen Impuls, um auf diese Weise Bestimmtheit und Unbestimmtheit immer wieder neu zu verbinden. Eine Grundvoraussetzung für diesen Prozess bildet eine gesteigerte Empfindungsfähigkeit für das durch die Sinne vermittelte Medium. Umgekehrt trägt jede Wahrnehmung dieses Erleben der Qualitäten, diesen schöpferischen Umgang potenziell in sich, denn im Wahrnehmungsvorgang treffen wir eine Auswahl und erfassen zumindestens flüchtig den qualitativen Gehalt des Wahrgenommenen. Der Hirnforscher Vilayanur Ramachandran beschreibt konstitutive Prinzipien der Kunst, welche schon in einfachen Wahrnehmungsvorgängen wirksam sind, unter anderen Symmetrie, Gruppierung, Kontrastbildung, Akzentverschiebung, Wiederholung und Rhythmus (RAMACHANDRAN 2005). Hierzu gehört auch das Phänomen der synästhetischen Wahrnehmung, welche bei Künstlern (und bei Kindern) besonders stark ausgeprägt, jedoch auch beim «normalen» Erwachsenen auf dem Grund der Wahrnehmungsvorgänge vorhanden ist. Künstler nehmen ihr Medium in metamorphosierter Weise zugleich auch durch andere Sinne wahr, etwa Helligkeit, Dichte, Gleichgewicht, Wärme oder Struktur in Farben oder Klängen. Synästhetische Wahrnehmungen bilden die Grundlage, Sinneseindrücke im Hinblick auf ihre Qualitäten und Zusammenhänge in Beziehung zu setzen, z.B. die Wahrnehmung des Reifezustandes und (potenziellen) Geschmacks anhand seiner Farbe und Form. Ramachandran zeigt auch, wie synästhetisches Wahrnehmen an der Quelle des Sprechenlernens steht, indem es Hören von Klängen, Sehen von Formen und taktile und propriozeptive Bewegungen an der noch ikonischen Wurzel der Sprache in Einklang bringt. Entwicklungspsychologen verweisen auf einen bestimmten Wahrnehmungsstil bei Kin-

dern wie bei Künstlern, hierzu gehören neben den Synästhesien die Wahrnehmung von Rhythmen, Vitalitätszuständen, von Kohärenz und physiognomischem Ausdruck[6]. Diese Phänomene tragen jedoch zugleich den gewöhnlichen Wahrnehmungsprozess des Erwachsenen, selbst wenn dieser im Wahrnehmen eher registriert und Kategorien bildet; sie stiften den impliziten Zusammenhang der Eindrücke, als Grundlage von Interpretation und Denken.

Zusammenfassend erscheinen hier verschiedene Formen impliziter Kunsttätigkeit an der Wurzel unserer Ausdrucksprozesse. Diesen Zusammenhang können wir auch von der Kunst aus weiter verfolgen, etwa im Hinblick auf soziale Beziehungen.

Musik und Tanz
Vielfältige Forschungen zur Interaktion zeigen, dass die Bewegungen beider Kommunikationspartner, für diese nicht bewusst, aufeinander abgestimmt sind. Ein leiblicher Dialog aus feinsten Bewegungen, einem Tanz ähnlich, bildet die Grundlage für das gegenseitige Verstehen von Ausdruck und Sprache (WACHSMUTH 2000). Die eigenen Bewegungen sind zugleich ein Resonanzorgan für das Verstehen der konkreten Bewegungsvollzüge des Gegenübers[7]. Dialoge beruhen auf Prozesse gegenseitiger Einstimmung, welche schon in frühester Kindheit geübt werden.

Das Verstehen des anderen wird durch das Hören auf die Schwingungen seiner Stimme getragen, und ein metamorphosiertes Hören richtet sich auf die «Themen», welche seine Ausdrucksformen durchziehen: die verschiedenen «Stimmen»[8] in ihm, die Harmonie oder Disharmonie seiner Äusserungen, den ihm eigenen Rhythmus, bis zu dem, was mancher «eigentlich» sagen will. Darauf antworten bedeutet zugleich, diesen Ausdruck in sich aufzunehmen und die eigenen Ausdrucksformen dazu in Beziehung zu setzen, auch auf der Ebene der «musikalischen» Parameter.

---

6   Dieser besondere Wahrnehmungsstil wurde zuerst von Heinz WERNER und Bernard KAPLAN (1994) in ihrem Buch *Symbol formation* beschrieben und dann von Daniel STERN (2000) weiter ausgearbeitet.
7   Dieser Prozess bildet sich in den kürzlich entdeckten so genannten Spiegelneuronen ab, siehe dazu RIZZOLATTI, Fadiga, Fogassi & Gallese (2002).
8   Diese verschiedenen «Stimmen» werden in verschiedenen Ansätzen herausgearbeitet, so in dem weit verbreiteten Modell von SCHULTZ von THUN (1981), der die verschiedenen Ebenen einer Botschaft erläutert, welche man jeweils mit verschiedenen «Ohren» hört. Oder der Ansatz der Transaktionsanalyse mit der Frage, welche der dort beschriebenen Ich-Anteile in einer Botschaft zu Tage treten (HARRIS 1998).

Plastik
In sozialen Interaktionen, welche eine gewisse Zeit verlaufen, bilden sich nach und nach soziale Formen aus, die dann mehr oder weniger veränderbar (plastisch) sind, mehr oder weniger ausgewogen und stimmig. Nicht von ungefähr verwendet die Lernforschung den Begriff des «Lernens am Modell», dem die eigenen Handlungen nachgebildet und zugleich individuell ausgestaltet werden; die Verhaltenstherapie verwendet den Begriff des «Shaping» für das allmähliche Ausgestalten eines erwünschten Verhaltens. Eingespielte Beziehungsmuster in Familien und anderen Gruppen lassen sich durch «soziale Skulpturen» vergegenwärtigen. All diese Phänomene beruhen darauf, dass sich Ausdrucks- und Verhaltensformen in habituellen Formen und Ritualen ausgestalten, welche eine gewisse Trägheit entwickeln und erst in einem allmählichen, diese Formen umbildenden Prozess umgestaltet werden.

Architektur
Eng mit diesem Bildungsprozess verwandt, und ihm eine stärkere Dauerhaftigkeit verleihend, sind soziale Prozesse, welche tragende und stützende Beziehungen errichten oder Institutionen aufbauen. So entstehen feste Rollenverhältnisse und Strukturen mit engen oder weiten Räumen, Geborgenheit vermittelnd oder Bedrängnis. Diese Räume besitzen unterschiedliche Strukturierung und Durchlässigkeit, sie sind den Menschen wie auch der sie umgebenden gesellschaftlichen Umgebung mehr oder weniger angemessen.

Malerei
Innere Bilder geben die Strukturen unseres Handelns vor, Bilder von Situationen wie von Menschen. Wir übernehmen sie als kulturell, gesellschaftlich und familiär verankerte Bilder und gestalten sie um, in einem weit gehend unbewussten Prozess. Diese Bilder, Schemata oder Muster leiten unsere Handlungen und geben uns Orientierung; jede Erfahrung wird auf diese in uns angelegten Tableaus bezogen und darauf hin bewertet (HÜTHER 2005). In den Begegnungen treffen diese Bilder aufeinander, prallen aneinander ab oder verbinden und erweitern sich in einem gemeinsamen, bildschaffenden Prozess. Zu diesem gehören auch die Phänomene der Komplementarität, wie etwa die in der Psychoanalyse beschriebene Übertragung, in der es zur Bildung einer komplementären Struktur kommt. Der fortwährend in uns sich ereignende (und im Gehirn sich spiegelnde) bilderzeugende Prozess dient dazu, die Eindrücke zu sinntragenden Gesamtheiten zu formen, aber auch Vorstellungen zu entwickeln, in denen wir «mentales Probehandeln» für bestimmte Situationen ausführen. Das Urbild dieses Prozesses liegt im Spiel des Kindes.

Die hier angedeutete latente «künstlerische» Tätigkeit des Menschen als «kleiner Künstler» offenbart sich so in einer Reihe von Vorgängen, welche in gesteigerter Form in das künstlerische Tun im klassischen Sinn des Wortes münden. Die sich ergebenden Fragen nach der Beziehung dieser Prozesse zueinander sowie nach ihrer Ausbildung im Laufe der menschlichen Entwicklung können hier nicht erörtert werden. Jedoch sei abschliessend eine Art Synthese versucht.

Der Lebenslauf als Kunstwerk

Unter diesem Titel veröffentlichte Herbert Hahn vor nunmehr vierzig Jahren eine Sammlung von biographischen Essays über hervorragende Künstler und Forscher (HAHN 1966). Mathias Wais, Biographieberater und Forscher, greift diesen Gedanken auf, wenn er in einem Aufsatz den Menschen in seiner Biographie als Künstler beschreibt, der versucht, mit dem ihm zur Verfügung stehenden Material, seinen Fähigkeiten und Erfahrungen die ihm eigenen Themen und Impulse in seinem Leben umzusetzen, in immer wieder neu anhebenden Versuchen und im Spiegel seiner Umwelt (WAIS 2004). Bereits Novalis kennzeichnete die menschliche Persönlichkeit einem Kunstwerk gleich unerschöpflich.[9] Im Laufe der vergangenen Jahrhunderte haben sich die menschlichen Biographien verändert und in gleicher Weise das Verständnis von Kunst und vom Künstler. Lange Zeit bildeten Lebensläufe, bis auf wenige führende Persönlichkeiten, die Situation von Völkern, Schichten oder gesellschaftlichen Gruppen ab. Auch die Kunst hatte abbildende Funktion, sie veranschaulichte einen gemeinsamen geistigen Hintergrund, die Künstler arbeiteten in der Regel im Verbund und traten als Individuen erst spät in Erscheinung (ESTERL 1997). Die Biographien der folgenden Jahrhunderte erscheinen individuell und zugleich prototypisch, ähnlich wie die Werke der Kunst. Heute empfinden Betrachter und Hörer viele Kunstwerke als zugänglich *und* hermetisch. Der Kunstwissenschaftler Wolfgang Zumdick sieht hier «zwei Monaden sich gegenüberstehen, beide so in sich abgeschlossen, dass keine Welt die andere berührt.» (ZUMDICK 1997). Denn auch die Biographien sind in ihrer Vielschichtigkeit und Fragmentierung schwerer nachvollziehbar geworden. Wenn wir den Menschen gleichsam als einen werdenden Künstler verstehen, bis hin zu seinen elementaren Ausdrucksformen, dann liegt es nahe, dass es auch eines künstlerischen Prozesses bedarf, ihn zu verstehen.[10] Im Umgang mit den Elementen seiner Kunst, mit

---

9   «Ein Gedicht muss ganz unerschöpflich seyn, wie ein Mensch» (NOVALIS, Schriften III). Siehe dazu erläuternd: Manfred FRANK. Einführung in die frühromantische Ästhetik, 16. Vorlesung. Frankfurt 1989.

10 Die besondere Form der so genannten «Kinderkonferenz», welche im Rahmen der anthroposophischen Heilpädagogik entwickelt wurde, versucht dem Rechnung zu tragen. Die ihr

Farben, Klängen, mit Sprache entwickelt der Künstler eine besondere Wahrnehmungsfähigkeit. Auch der andere Mensch tritt in unsere Wahrnehmung ein[11], nur haben wir es mit einem Wahrnehmungsgegenstand zu tun, der sich selbst erzeugt.

Wir nehmen den anderen Menschen wahr, indem er gleichsam alle anderen Sinnesprozesse in uns verinnerlicht aufruft: Wir erleben seine Wärme, seinen Klang, die Struktur seiner Grenzen, sein Gleichgewicht, seine innere Beweglichkeit usw. In der Begegnung mit Menschen gilt es, diese umfassende und noch kaum beschriebene Wahrnehmung zu verfeinern. Die Aufgabe der Begleitung, in welchem Zusammenhang auch immer, läge dann darin, dem anderen dabei zu helfen, seine Künstlerschaft zu entwickeln.

«Ausbildung der Ausbilder» – Ein Projekt

Im Umgang mit dem Begriff *Kunst* ist Vorsicht und eine kritische Haltung geboten, denn es lauern Gefahren wie die einer normativen Festlegung bestimmter Praktiken oder Ansätze, ebenso wie das Schwelgen im schönen Schein. Wer möchte nicht zustimmen, wenn etwas mit Kunst in Verbindung gebracht wird?

Ein im Jahre 2005 begonnenes Leonardo-Projekt der Europäischen Gemeinschaft untersucht Möglichkeiten und Grenzen der Verbindung der Bereiche Praxis, Theorie und Kunst in der Ausbildung. Teilnehmer sind 36 erfahrene Dozenten in der Heilpädagogik und Sozialtherapie aus verschiedenen Ländern, welche zu je einem Drittel in einem der drei Gebiete hauptsächlich tätig sind. Im Rahmen einer Handlungsforschung führen sie in ihren Ausbildungen Modellprojekte durch, in welchen sie anhand

---

zugrunde liegende Methodik sieht einen stufenweise verlaufenden Prozess vor, der seinen Ausgang in möglichst phänomenorientierten Schilderungen der verschiedenen Bereiche der Persönlichkeit nimmt, welche zu *Bildern* oder auch *Gesten* ausgestaltet werden. In ihrer Gesamtheit ergeben die Bilder einen Zusammenklang, der selten einheitlich ist. Hier eröffnet sich eine (verinnerlichte) *musikalische Dimension*, in dem es gilt, Themen, Intentionen und Impulse «herauszuhören». Von da aus versuchen die Beteiligten, unter möglichster Zurücknahme eigener Setzungen, eine Empfindung von der Individualität des Kindes zu entwickeln, welche sich in der Sprache der Phänomene offenbart. (MÜLLER-WIEDEMANN 1995).

11 Die Frage, ob und inwieweit der andere Mensch wahrgenommen wird, ist im vorigen Jahrhundert Gegenstand philosophischer Auseinandersetzung geworden. In der Sozialpsychologie meint «soziale Wahrnehmung» heute in der Regel die Entwicklung innerer Bilder oder Konstruktionen vom anderen Menschen, ausgehend von spezifischen akustischen und optischen Wahrnehmungen. Eine Würdigung der überragenden Bedeutung der Wahrnehmung des anderen Menschen als solchen und ihr Verhältnis zu dem zweifelsohne stattfindenden Konstruktionsprozess für den Prozess der Interaktionsarbeit, wie für die Ausbildung, steht noch aus.

bestimmter Kurse oder Themen versuchen, zwei oder drei dieser Bereiche exemplarisch zu verbinden. Diese Projekte werden durch verschiedene Verfahren (peer review, Fragebögen für die Auszubildenden, Selbstevaluation) bewertet. Zugrunde liegt die Frage, welche konkreten Möglichkeiten dieser Ansatz eröffnet, wo aber auch Grenzen oder Probleme liegen können. Dieses Projekt soll im Jahre 2007 mit einer Dokumentation des Prozesses und einiger Projekte abgeschlossen werden.

Literaturverzeichnis

NOVALIS: Schriften III, 664, Nr. 603.
BRATER, Michel (2004): *Thesen zum Wandel in Aus- und Weiterbildung.* In: GAB news, Ausgabe 19. Dezember 2004.
CASSIRER, Ernst (1973–1975): *Philosophie der symbolischen Formen,* 3 Bände, Darmstadt. Zur Einführung: Heinz PAETZOLD: *Ernst Cassirer.* Hamburg 2002.
DE VRIES, Albert (2001): *Erforschung der eigenen Arbeit.* In: *Handbuch für Ausbildungen in Heilpädagogik und Sozialtherapie.* Herausgegeben von der Med. Sektion am Goetheanum und der Konferenz für Heilpädagogik und Sozialtherapie, Kap. 2.7., sowie Petter HOLM: Reflexion der eigenen Arbeit. In: *Seelenpflege in Heilpädagogik und Sozialtherapie,* 2, 2003
ESTERL, Dietrich (1997) (Hrsg.): *Bernhard Hanel und Robin Wagner. Spannungsfeld Kunst (8–12).* Einleitung. Stuttgart.
FRANK, Manfred (1989): *Einführung in die frühromantische Ästhetik, 16.* (Novalis, Schriften, III, 664, Nr. 603). Vorlesung. Frankfurt.
GEBSER, Jean (1997): *Ursprung und Gegenwart, zu Rudolf Steiners Ansatz.* München.
HAHN, Herbert (1966): *Der Lebenslauf als Kunstwerk.* Stuttgart.
HARRIS, Th. (1998): *Ich bin ok, du bist ok.*
HILDEBRANDT, Günther (1993): *Zeiterleben und Zeitorganisation des Menschen.* In: G. KNIEBE (Hrsg.) *Was ist Zeit?* (167–197). Stuttgart.
HÜTHER, Gerald (2005): *Die Macht der inneren Bilder.* Göttingen.
HUSEMANN, Armin (1989): *Der musikalische Bau des Menschen.* Stuttgart.
HUSEMANN, Armin (1996): *Der Zahnwechsel des Kindes.* Stuttgart.
KONFERENZ für Heilpädagogik und Sozialtherapie, Medizinische Sektion der Freien Hochschule am Goetheanum (Hrsg.) (2001): *Handbuch für Ausbildungen in Heilpädagogik und Sozialtherapie.* Dornach.
MCCLAVE, Eve (1994): G*estural beats: The rhythm hypothesis. Journal of Psycholinguistic Research,* 27 (1), 69–89.
MÜLLER, Claudia (1998): *Redebegleitende Gesten. Kulturgeschichte, Theorie, Sprachvergleich.* Berlin.
MÜLLER-WIEDEMANN, Hans (1995) (Hrsg.): R. Grimm/G. Kaschubowski: *Die Erkenntnis des Kindes. Heilen und Erziehen: Sonderpädagogik und anthroposophische Heilpädagogik im Gespräch.* Luzern.
RAMACHANDRAN, Vilayanur (2005): *Eine kurze Reise durch Geist und Gehirn.* Reinbek.
RAPP, Dorothea (1999): *Kann Wahrheit schön sein – oder: Muss Schönheit wahr sein? Nachdenken über Kunst.* In: Jean Claude LIN (Hrsg.): *Wirken im Zeichen von Kunst, Wissenschaft und Religion.* Stuttgart.

RIZZOLATTI, B./FADIGA, L./FOGASSI, L./GALLESE, V. (2002): *From mirror neurons to imitation: Facts and speculations.* In: A. N. MELTZOFF/W. PRINZ (Eds.), *The imitative Mind. Development, Evolution and Brain Bases* (258–266). Cambridge: University Press.

SACKS, Oliver (1987): *Der Mann, der seine Frau mit dem Hut verwechselte.* Reinbek.

SCHILLER, Friedrich (1984): *Über die ästhetische Erziehung des Menschen.* In: *Gedichte und Prosa.* Zürich.

SCHULTZ von THUN, Friedemann (1981): *Miteinander reden.* Reinbek,

STEINBERG, Reinhard (2005): *Musikhören: Beteiligte neuronale Strukturen und deren Pathologie.* In: H. STOFFER/R. OERTER (Hrsg.), *Allgemeine Musikpsychologie* (149.201) (Enzyklopädie der Psychologie, VII,1). Göttingen.

STERN, D. (2000): *Die Lebenserfahrung des Säuglings.* Stuttgart.

WACHSMUTH, Ipke (2000): *Kommunikative Rhythmen in Gestik und Sprache. Kognitionswissenschaft* 8, 151–159.

WAIS, Matthias (2004): *Der Konflikt entsteht da, wo etwas werden könnte. Spannungsmomente zwischen Biografie und Schicksal.* In: *Die Drei,* 6.

WERNER, Heinz/KAPLAN, Bernard (1994): *Symbol formation.* New York.

WÜNSCH, Wolfgang (1997): *Menschenbildung durch Musik.* Stuttgart.

ZUMDICK, Wolfgang (1997) (Hrsg.): Bernhard HANEL/Robin WAGNER: *Wie nimmt man das Geistige eines Kunstwerks wahr?* In: *Spannungsfeld Kunst* (38–59). Stuttgart.

Wissenschaft und Praxis

Die Aufgabe einer Studienstätte zukünftiger Lehrer

Götz Kaschubowski

Persönliche Hinführung zum Thema

Unsere Studentengeneration der 70er- und 80er-Jahre kam sehr oft über ein freiwilliges soziales Jahr oder über den Zivildienst zur Heilpädagogik. Wir hatten Begegnungen mit Menschen, deren erhöhter Hilfebedarf uns im Innersten berührte und nicht selten den eigentlich geplanten Berufsweg grundlegend veränderte.

Mir ging es nicht anders. Erlebnisse während des Zivildienstes in der Behinderteneinrichtung, ein sich veränderndes Bildnis meiner selbst und schliesslich der politische Anspruch, «für Behinderte etwas zu tun», führten mich zum Studium der Sonderpädagogik. Diese hatte – wie ich gleich in meinem ersten Seminarblock bei Aloys Leber erfuhr – gerade ihre eigene Krise erklärt und war weit gehend mit sich selbst beschäftigt. Wie man «mit Behinderten richtig umgeht» schienen wir jungen Studierenden also vorläufig nicht lernen zu können. Wenigstens hatten wir die Theorie als Feld, auf dem wir uns austoben konnten.

Vergessen Sie alles, was Sie an der Uni gelernt haben... hier spielt das wirkliche Leben. Einen solchen oder ähnlichen Satz mussten wir dann immer wieder im Referendariat hören. Die Theorie der Hochschule passte scheinbar nicht zur Praxis der Sonderschule. Die Integrationsdebatte, die wir von eben diesem lebensunpraktischen Ort mit in die Schule brachten, störte eher als dass sie die Arbeit befruchtete. Entsprechend reduzierte sich unser Unterricht weit gehend auf den lebenspraktischen Bereich, der hier nicht näher beschrieben werden muss.

Die wechselseitige Befruchtung von praktischer heilpädagogischer Arbeit und sonderpädagogischen Konzepten fand nicht statt. Vielmehr spiegelte sich in dieser Haltung die alte und immer wieder junge Denkfigur: *Erziehen kann doch jeder!* Pädagogische Akte brauchen damit keine Legitimierung und noch weniger eine (selbst) kritische Reflexion. Sie finden ihre Begründung vielmehr in der – apriori – Erziehungsbedürftigkeit des Kindes und der selbsterklärten Erziehungsfähigkeit des Erwachsenen. Handeln am Kind wird hier zum subjektivistischen Tun.

Persönlich erlebte ich die dauernde konstruktive Befragung meiner Arbeit – und die methodische Anleitung hierzu – erst, als ich meine «Stelle» in einer anthroposophisch-heilpädagogischen Heimschule antrat. Die Kinderbesprechungen und Konferenzarbeiten, die immer in Gruppen stattfanden, gaben Impulse für die weitere – auch wissenschaftliche – Arbeit. Und wenn unser erfahrener «Lehrer» Hans Müller-Wiedemann die Beratungen begleitete, hörten wir oft den Rat: «Denkt doch einmal da und darüber nach.»

Heilpädagogik ist Handlungswissenschaft

Im heilpädagogischen Alltag sind wir ständig gefordert, Entscheidungen zu treffen. Die von uns betreuten Menschen agieren und reagieren auf die ihnen eigene Weise. Dabei kann ihr Verhalten punktuell oder dauerhaft so sein, dass es der eingreifenden Begleitung bedarf. Auch das konstruktivistische Konzept der subjektiven Sinnhaftigkeit jedes Verhaltens zu jedem Zeitpunkt entlässt die heilpädagogisch Tätigen nicht aus der Verantwortung.

Gröschke problematisiert heilpädagogisches Handeln, indem er fordert, dass dies abseits jedes – unterstellten – (?) Helfersyndroms anthropologisch zu begründen ist. Er diskutiert hierbei die Konzepte von Hengstenberg und Levinas, die ganz deutlich den Begegnungsaspekt zweier Menschen zum Erkenntnisgegenstand haben: «Erziehung ist nun immer aber ein zweiseitiger Vorgang, ein zwischenmenschlicher Aspekt.» (GRÖSCHKE 1989, S. 33).

Die entscheidende Frage ist nun eine methodische: Basiert meine Erziehung auf einer «pädagogischen Alltagstheorie» (HIERDEIS/HUG 1992) oder auf einer wissenschaftlich begründeten?

Wissenschaftlich arbeiten heisst reflektieren. Die Methoden sind vielfältig. Sie sind unter Umständen nicht kompatibel, können sich in ihren Implikationen geradezu diametral gegenüberstehen. Sie müssen allerdings offengelegt werden, damit der Erkenntnisprozess und das Ergebnis nachvollzogen werden können.

Haeberlin (HAEBERLIN 1996, 169 ff.) hat den Begriff der Intersubjektiven Überprüfbarkeit zugunsten der Intersubjektiven Nachvollziehbarkeit aufgegeben. Er wollte damit verdeutlichen, dass die Heilpädagogik Erkenntnisse auf unterschiedliche Weise hervorbringt; diese jedoch «... systematisch, begründet und für andere Menschen rational nachvollziehbar gewonnen werden sollen» (a.a.O.). Demnach ist der Anspruch auf Wissenschaftlichkeit verwirklicht, wenn verdeutlicht wird, was, wie, warum, unter welchen Umständen und mit welchem Ziel erforscht wurde. Die Darstellung muss nachvollziehbar sein und darf «... mit Gegenargumenten kritisiert werden.» (HAEBERLIN 1996, S. 171). Den Diskurs setzt Haeberlin keineswegs ausser Kraft.

Diese Neuorientierung Haeberlins ist insofern von Bedeutung, als sie die scheinbar objektiven Ergebnisse wissenschaftlicher Arbeit mit Menschen grundsätzlich in Abrede stellt. Wissenschaftliches Arbeiten in unserem Arbeitsfeld heisst die Subjektorientierung nicht als Störfaktor, sondern als geradezu genuines Element zu begreifen.

Anthroposophische Erkenntniswissenschaft

Das anthroposophische Erkenntnisparadigma kann so beschrieben werden: Die Welt, zumal die lebendige Welt, ist. Sie ist aber nicht willkürlich, sondern wesenhaft. Diese Wesenhaftigkeit, dieses Sein muss entsprechend den ihnen eigenen Gesetzmässigkeiten erkannt werden. Dass es diese gibt, wird vorausgesetzt. Die Erkenntnismethoden sind geisteswissenschaftlicher Natur. Rudolf Steiner nennt sie *imaginieren,* sich *inspirieren* lassen, zu *intuitivem* Denken und Handeln kommen.

Dem Denken kommt in der anthroposophischen Erkenntnismethodik eine entscheidende Aufgabe zu. Es begleitet permanent die Sinneserfahrungen, gibt diesen Struktur, verändert sie u. U. auch und macht damit die Wirklichkeit erst erfahrbar. Wir tragen also keine Abbilder der Wirklichkeit in uns, sondern erleben die Wirklichkeit als von uns selbst erkannt. Erkennen ist ein aktives Geschehen. Das Bewusstsein ist ein aktives – und kein passiv spiegelndes – seelisches Organ (vgl. STEINER, GA 2). Das heisst, wir sind der Welt und auch der Welt der Gedanken nicht hilflos ausgeliefert. Wir haben vielmehr die Möglichkeit, die Wahrnehmungswelt aktiv aus immer neuen Perspektiven zu beleuchten und somit zu vielfältigen, lebendigen Erkenntnissen zu kommen.

Für den nach Erkenntnis Strebenden muss gefordert werden, dass er nicht nur immer wieder veränderte Blickrichtungen auf seinen Erkenntnisgegenstand einnimmt; vielmehr ist er genötigt, sich zunächst die Bildgesetze dieses Gegenstands zu vergegenwärtigen.

Die Naturreiche unterscheiden sich bei einfachster Betrachtung derart grundlegend, dass sich eine vereinheitlichte Forschungsmethodik geradezu verbietet. So wird ein Mineral sich zu allen Zeiten in allen Breitengraden dieser Welt nach denselben Naturgesetzen verhalten, während der Löwenzahn bereits in derselben Gegend im Frühjahr anders gedeiht als im Spätherbst. Entsprechend muss ich meine Forschungsfrage modifizieren, wenn ich etwas über diesen Löwenzahn erfahren will. Komplizierter wird es in der beseelten Welt, und schliesslich stellt sich die Frage nach dem Menschen, der sich durch das absolut individuelle Moment seiner Biographie auszeichnet. Wie soll seine Wirklichkeit erforscht werden?

Wie oben behauptet, erschliesst die reine Beobachtung nicht die Wirklichkeit. In der reinen Beobachtung sähe ich den Wald trotz lauter Bäume nicht, da mir der erkenntnisleitende Blick fehlte. Ich benötige immer die Kraft der Gedanken, um der Wahrnehmung eine Struktur zu geben. Problematisch ist lediglich, ob diese Begriffe bereits Schlussfolgerungen und/oder Urteile einschliessen. Wäre es so, verschlösse sich möglicherweise die richtige Erkenntnis, mein Forschungsergebnis wäre falsch. Auf den individuellen Menschen bezogen hiesse das, ich würde seine Wirklichkeit nicht erkennen und statt dessen mit einem falschen Bild von ihm leben. Es darf wohl behauptet werden, dass diese Situation die alltägliche ist, sonst dürfte die Welt nicht derart konfliktvoll sein.

Theorie-Praxis-Verhältnis im Studium

Heilpädagogisches Handeln ist geleitet von der Grundannahme, dass der Mensch eine Tatsache der Wahrnehmung und keine Frage der Definition ist. Behindertsein ist damit nur eine – besondere? – Form menschlichen Daseins.

Es ist Aufgabe des Heilpädagogen, durch die Hülle der behinderten Leiblichkeit den erkennenden Blick auf den individuellen Menschen zu richten.

Die oben skizzierte Erkenntnismethode soll diesen Blick ermöglichen. Sie ist daher zentraler Bestandteil des Studiums in einer Lehrerbildungsstätte.

Jede anthroposophisch orientierte Ausbildung ruht auf drei Säulen: Studium der Theorie, praktische Übungen bzw. Anwendungen, Erarbeitung künstlerischer Fähigkeiten.

Der Kunst kommt eine besondere Aufgabe zu. Kunst hat zunächst mit Können zu tun. Abseits eines Kunstverständnisses, das jedes sich Austoben in Form und Farbe, Tönen und Klängen, als individuelle Kunst, die nur in sich zu betrachten und zu beurteilen sei, muss die Frage erlaubt sein, ob sich auch in der Kunst Objektives offenbart. Ist es möglich, dass ein Blau eine so besondere Qualität hat, die sich in keiner anderen Farbe ausdrückt? Darf man annehmen, dass Laut- und Klangqualitäten ihre eigenen inneren Gesetzmässigkeiten haben? Drücken Formen seelisch nachvollziehbare Raumverhältnisse aus?

Unabhängig von der individuellen Antwort auf solche Fragen, verändert die Auseinandersetzung mit ihnen den Blick auf den Gegenstand. Und jede Blickrichtungsveränderung erweitert mein Verständnis von Welt.

Im künstlerischen Üben erweitern sich individuelle seelische Gestaltungsmöglichkeiten.

Beispiel: In der Freien Hochschule für anthroposophische Pädagogik in Mannheim müssen alle Studierenden Grundkurse in den fünf Künsten belegen. Die nachfolgenden Kunstkurse werden weit gehend frei ausgewählt. Studierende, die sich ins Plastizieren vertiefen möchten, erwartet eines Tages die Aufforderung des Bildhauers, einen *intelligenten Löffel* zu schnitzen. Kann ein Löffel intelligent sein? Nach dem gängigen Intelligenzbegriff klingt diese Frage geradezu unsinnig. Sie ist es dennoch nicht. Der Bildhauer erwartet von den Studierenden, dass sie sich mit Fragen auseinander setzen: Welche Funktion hat ein Löffel? In welcher Gestaltbeziehung steht die Form des Löffels zu seiner Funktion, d. h. erfüllen alle Löffelformen in derselben Weise ihre Aufgabe? Gibt es Formen oder vielleicht auch nur eine Form, die in besonderer Weise die Funktion des Löffels unterstützen? Das Sicheinlassen auf diese Fragestellung macht es notwendig, den Löffel in Zusammenhänge zu stellen; dabei tauchen weitere Fragen auf: Wie gross ist die Hand, die diesen Löffel halten soll? Wie führt sie ihre Bewegung – etwa zum Mund – aus? Muss die Hand ihren Haltewinkel verändern, um den Stoff oder die Flüssigkeit auf dem Löffel zu halten oder lässt die Form des Löffels einen natürlichen Bewegungsablauf zu?

Allein dieses einfachste Beispiel zeigt, dass die künstlerische Auseinandersetzung mit der lebendigen Welt exakteste Beobachtungen voraussetzt.

Die Welt offenbart mir ihre Gesetzmässigkeiten, mit denen ich gestalterisch umgehen kann. Da die Offenbarungen aber eine offensive Auseinandersetzung des Erkennenden bedürfen, darf behauptet werden, dass solcherlei Lernen lebenslangen Charakter hat.

Dieses darf als ein wesentliches Motiv anthroposophisch orientierter Ausbildung bezeichnet werden: In der Auseinandersetzung mit der Welt erweitere ich meine Fähigkeiten; dadurch, dass ich meine Fähigkeiten erweitere, erschliesst sich mir die Welt in immer mehr Facetten. Niemand kann mich dazu zwingen. Erkenntnisarbeit kann nur aus völliger Freiheit geschehen.

Der werdende Lehrer muss aus eigenem Bedürfnis sich auf den Weg zum Kind machen. Er kann vielleicht hilfreiche Hinweise bekommen, er darf erwarten, dass seine Fragen – auch die nach seiner Entwicklung – hart aber ehrlich beantwortet werden, er kann aber in keinem Fall fremdbestimmt den Weg in seinen Beruf antreten.

Jede Form der unreflektierten Übernahme tradierten Unterrichts widerspricht waldorfpädagogischen Grundsätzen. Vielmehr fordert Steiner in allen seinen pädagogischen Vorträgen den autonomen, schöpferisch tätigen Lehrer. Auch der heilpädagogisch orientierte Lehrer fragt nach den seelischen Notwendigkeiten seiner Schüler. Er ringt um die methodische Umsetzung seiner Inhalte.

Eine exakte Analyse der Lerngruppe, eine Sach- und eine didaktische Analyse sind die notwendige Voraussetzung einer erfolgreichen Epoche. Dass diese Arbeit durch individuelle Förderpläne unterstützt werden muss, gehört heute zum schulischen Standard. Jeder Schüler hat den Anspruch auf grösstmögliche Förderung. Seine errungenen Fähigkeiten und Fertigkeiten ermöglichen ihm, auch in einer behinderten Leiblichkeit so viel wie möglich in diesem Leben zu lernen.

Zusammenfassung

Eine Studienstätte für Lehrer hat zu gewährleisten, dass die Studierenden die Notwendigkeiten ihrer Selbstentwicklung erkennen. Sie muss Raum für Selbsterziehung geben. Gleichzeitig muss sie – geradezu im Widerspruch dazu stehend – verdeutlichen, dass sie sich den zukünftigen Schülern der werdenden Lehrer verpflichtet fühlt und daher Fehlentwicklungen bei Studierenden thematisiert. Die Kunst ist hierbei das wesentliche Hilfsmittel.

Sie stellt Allgemeinbildung zur Verfügung, öffnet den Raum für den erziehungswissenschaftlichen Diskurs.

Daneben vermittelt sie Einblicke in den pädagogischen Alltag. Studierende, die Kinder erst im Schulalltag sehen, können keine «guten» Lehrer werden. Die Mannheimer Tradition, alle Studierenden einmal wöchentlich einen Nachmittag lang ein Kind intensiv betreuen zu lassen, hat sich bewährt. Die zukünftigen Lehrer lernen zu beobachten und zu beschreiben, ohne sofort zu urteilen. Sie lernen Daten über das Kind zu erheben, ohne in allzu voreilige pseudopsychologische Schlussfolgerungen zu verfallen. Sie lernen mit unterschiedlichen sozialen und individuellen Lebenssituationen umzugehen. Phänomenorientierte Kinderbeschreibungen werden erübt, Kinderbeschäftigungen erlernt. Daneben erüben die Studierenden frühzeitig die eigene Arbeit zunächst allein, dann in der Gruppe zu reflektieren. Gleichzeitig üben sie den liebevoll kritischen Umgang mit der Arbeit ihrer Kollegen.

Nach meiner Erfahrung – und die meiner Kollegen – hat sich das dargestellte triale Studiensystem bewährt. Nach einem so gestalteten Studium, das in enger Zusammenarbeit mit den beteiligten Ausbildungsschulen stattfindet, erwartet die jungen Lehrer eben nicht der Satz, man solle besser alles vergessen, was man in der Hochschule gelernt habe.

Literaturverzeichnis

GRÖSCHKE, Dieter (1989): *Praxiskonzepte in der Heilpädagogik.* München: Ernst Reinhardt Verlag.

HAEBERLIN, Urs (1996): *Heilpädagogik als wertgeleitete Wissenschaft.* Bern, Stuttgart, Wien: Verlag Paul Haupt.

HIERDEIS, Helmwart/HUG, Theo (1992): *Pädagogische Alltagstheorien und erziehungswissenschaftliche Theorien. Ein Studienbuch zur Einführung.* Bad Heilbrunn: Verlag Julius Klinkhardt.

STEINER, Rudolf (1960): GA 2, *Grundlinien einer Erkenntnistheorie der Goetheschen Weltanschauung.* Dornach: Rudolf Steiner Verlag.

Zur Frage der so genannten sozialen Kompetenz in der Ausbildung

Joachim Grebert

> *«Wo zwei oder drei in meinem Namen* (Wesen) versammelt sind, da bin ich in ihrer Mitte.» (Mt. 18,20)*

Die historische Dimension

Die sozialen Formen und ihre Bindekraft haben im Laufe der Jahrhunderte ihre Wirksamkeit verloren. Früher war die Gemeinschaft durch göttliche Ordnungen, Gebote, Gesetze gegeben und von religiöser Hingabe getragen. Die Weltanschauung und ihr entsprechendes Sozialsystem stellten den Menschen als seelisches Wesen in einen geistigen Daseinszusammenhang (STEINER 1920, S. 24/25), aus dem ihm damals Lebensorientierung (was das «Menschsein» sollte/wollte), Aufgabenstellung (Beruf/Berufung) und Position (Status) erwuchsen. Der Verlust dieser geistigen Orientierung hat für den Menschen zwei wesentliche Konsequenzen:

- Das Verhältnis des Menschen zum Mitmenschen entbehrt einer klaren Orientierung (Gemeinschaftsorientierung).
- Das Verhältnis des Menschen zu sich selbst ist ungeklärt und dadurch oftmals problematisch (biographische bzw. individuelle Orientierung).

Weil dadurch die Aufgabenstellung sich selbst, seiner Biographie und dem mitmenschlichen Zusammenhang gegenüber unklar oder gar verdeckt ist, werden die leiblichen und seelisch empfundenen Bedürfnisse für die Lebensführung bestimmend. Der Zusammenhang von leiblichen Bedürfnissen und seelisch-geistiger Orientierung ist wenig transparent.

---

*   «... *zu* meinem Namen» (also zum Wesen hingewendet) wäre eigentlich die bessere Übersetzung; sie kommt dem Originaltext näher.

Durch die Bewusstseinsverfassung der Selbstbezogenheit wird der Mensch zu innerer Einsamkeit verurteilt. Selbst in der Nähe zu einem anderen Menschen fühlt er sich oftmals allein und unverstanden. Was zunächst als Bedürfnis, als Wunsch, ja als Sehnsucht auftaucht, in einem sozialen Zusammenhang integriert zu sein, zu leben, ihn zu pflegen, wendet sich ins Gegenteil, oftmals in eine Flucht aus Angst vor dem Scheitern. Wie gemeinschaftliche Zusammenhänge tragend gestaltet werden können, dafür fehlen oftmals das Wissen und die Gewissheit der Lebbarkeit. Die Sehnsucht schlägt in Resignation um. Hatten frühere Generationen so etwas wie ein instinktives Gespür für den Umgang mit sich selbst und für die Aufrechterhaltung gemeinschaftlicher Beziehungen und Strukturen, so entbehren wir heute dieses mitgebrachten Könnens als geistigem Vermächtnis nahezu vollständig.

Anstelle des mitgebrachten Könnens hat der moderne Mensch Aufgaben «geerbt». Aufgrund seines schöpferischen Potenzials kann er durch eigene Anstrengung neue Fähigkeiten erwerben. Das ist gleichzeitig sein Weg zur Individualisierung.

Der Trost für den modernen Menschen ist, dass er den Schlüssel in der Hand hält, um das Reich des menschlichen Miteinander, des Beisammenseins zu erschliessen. Ansonsten wird er Einsamkeit erleiden, das Gefühl des Verlassenseins kann nur durch geistige Aktivität überwunden werden.

Stufen des menschlichen Bewusstseins

Das moderne Bewusstsein ist gekennzeichnet durch die Fähigkeit, auf sich selbst schauen zu können. Das ist der konkrete Beginn des so genannten Bewusstseinsseelen-Zeitalters. In früheren Zeiten lösten verschiedene Zustände entsprechende Bewusstseinsverfassungen beim Menschen aus. Die Fähigkeit, den jeweiligen Zustand zu ändern, lag noch nicht in der Hand des Menschen. Ein Beispiel mag an dieser Stelle helfen. Wenn jemand in einer schlechten, bedrückten Verfassung ist, kann er durch Einnahme von Substanzen seinen Zustand, seine körperliche und seelische Verfassung ändern. Wenn die Substanzwirkung nachlässt, kommt der Mensch wieder in einen anderen Zustand. Er wechselt von einem Zustand in einen anderen über, ohne dass der Übergang bewusst gesteuert wird; es «geschieht» ihm. Seine Bewusstseinsverfassung unterliegt den verschiedenen Zuständen. Der Wechsel von Zuständen, von inneren Verfassungen ist besonders gut bei kleineren Kindern zu beobachten. Sie sind ganz am Gegebenen orientiert. Die jeweilige Bewusstseinsverfassung des Kindes wird von den aktuellen Zuständen «geprägt».

Wenn das Bewusstseinszentrum erwacht, kann der Mensch die Vorgänge im Bewusstsein beobachten und auch lernen, sie zunehmend zu steuern. Eine heute relativ weit verbreitete Abhängigkeit der inneren Verfassung ist die von Wetterzuständen. Ein Gegebenes bewirkt in uns etwas und kann uns je nach innerer Disposition «trübe» stimmen. Das Bewusstseinszentrum kann auf diesen Prozess, der sich ja im Allgemeinen nahezu unmerklich abspielt, zunehmend schauen lernen und dadurch diese Kausalbildung – schlechtes Wetter, gedrückte Stimmung – aufheben. Das kurzzeitige Aufrechterhalten der Autonomie des Bewusstseins verlangt Kraft, Willensengagement.

Wir können dieses Zentrum den *Beobachter* oder *Zeugen* nennen. Diese Instanz kann sich den Inhalten unseres Bewusstseins, den Bildern, Vorstellungen und den sich daraus blitzartig entwickelnden Gefühlssituationen gegenüberstellen. Bleibe ich einer Vorstellung gegenüber wach, kann ich z.B. verhindern, in Panik zu kommen. Denn in Panik komme ich nicht, weil eine Situation so oder so ist, sondern weil ich eine Vorstellung, in der sich die Situation abbildet, «zulasse». Ich lasse die Vorstellung und das sich unmittelbar bildende Gefühl «Panik» zu. So bin ich in einer bestimmten, sehr besorgten Verfassung. Ich könnte ebenso eine andere Vorstellung bilden, die ein anderes Gefühl aufkommen lässt. R. Steiners Hinweis, dass Zaghaftigkeit, Angst, Furcht in keiner Weise eine Situation zum Besseren wenden (STEINER 1969, S. 70/1), basiert auf der Tatsache, dass der Mensch die Möglichkeit hat, jeweils eine andere Bewusstseinsverfassung zu erlangen.

Im meditativen Prozess ist es geradezu die Kernaufgabe, das Zeugenbewusstsein aufrecht zu erhalten, da sich sonst der Prozess sofort auflöst. Der Prozess lebt ausschliesslich vom «Dran bleiben» am Thema (Mantram, Bild etc.).

Die Wachheit, die Aufmerksamkeit geht in dem Moment verloren, in dem das Bewusstsein an einem nicht gewählten Thema anhaftet (Ablenkung, Zerstreuung). Wenn der Mensch an einer Vorstellung anhaftet, schläft der Zeuge unmittelbar ein. Er «versinkt». Taucht der Zeuge nach einiger Zeit wieder auf, kann ich die meditative Übung fortsetzen.

Darin kann sich die Grundfrage für das Leben äussern: Führe ich mein Leben am Thema (meine Aufgaben, Zielsetzungen) orientiert oder lebe ich die Ablenkungen? Ohne zu wissen, was mein «Lebensthema» ist, kann ich sicher sein, auf der «Ablenkungsschiene» zu leben.

Wenn wir davon sprechen, dass der moderne Mensch alles aus seinem Ich heraus schaffen will, dann sprechen wir von diesem Zeugenbewusstsein, welches die innere Unabhängigkeit garantiert, mich der Welt, dem Gegebenen gegenüberzustellen und welches die Basis schöpferischer Wirksamkeit ist. Jeder eigenständig geführte Lernprozess basiert heute auf diesem autonomen Bewusstsein. Dadurch können z.B. auch die drei Phasen des herkömmlichen Lernprozesses wie Lernziel (Aufgabe) – Durchführung (Verwirklichung) – Evaluation (Überprüfung) gesteuert werden. Lernprozesse heute und früher unterscheiden sich grundlegend aufgrund unterschiedlicher Bewusstseinsverfassungen; vergleichbar dem Unterschied zwischen kindlichem Lernen und Erwachsenenlernen. Diese Wende hat wesentliche Konsequenzen für den Prozess sozialer Fähigkeitsbildung.

Essentiell kann hier der Hinweis R. Steiners genommen werden, «alles zu bauen gerade auf die menschliche Individualität, auf den Inhalt und die Tatkraft der menschlichen Individualität» (STEINER 2004a, S. 209). Die Unbedingtheit dieser Aussage macht die radikale Zäsur deutlich, die ein völlig anderes Verhalten des Menschen zukünftig bewirkt. Ein weiterer Hinweis kann dies noch verdeutlichen: «Ich habe gezeigt, wie dasjenige, was allgemeine menschliche Gesetzmässigkeit ist, hervorgehen muss aus jeder menschlichen Individualität und dass, wenn dasjenige, was aus der menschlichen Individualität hervorgeht, sich erhebt bis zum reinen Denken, dass dann durch das Zusammenstimmen dessen, was die Menschen tun, die soziale Ordnung entsteht. Die Menschen fürchten sich vor aller sozialen Ordnung, welche konstituiert wird dadurch, dass aus dem Individuellen heraus ein jeder Mensch sich selbst die Richtung gibt. Sie möchten organisieren, was die Menschen wollen sollen.» (STEINER 2004b, S. 315)

Nur aus dem Verständnis dieser Wende kann der Mensch die Freiheit ergreifen, Lernprozesse ganz individuell zu ergreifen und zu gestalten.

Die Aufgabe

Konventionelle Lernformen im Bereich des schulischen, des beruflichen Lernens, das so genannte «institutionelle Lernen», vermitteln kaum Bilder in Bezug auf Lebensführung und Lebensgestaltung. Sie befähigen auch nicht, tragfähige Arbeitsqualitäten und Arbeitsformen zu entwickeln. Das Ziel oder die Aufgabe kann wie folgt charakterisiert werden: «Lerne vom Anderen her zu denken» («Emotionale Intelligenz»).

Probleme in den verschiedensten Beziehungen hängen oftmals damit zusammen, dass sich der andere nicht verstanden fühlt. Wir merken bald, dass Beziehungen unter Menschen (das «Soziale») nicht ausschliesslich mit dem Denken erfasst und gestaltet werden können; auch wenn es ohne Denken nicht geht.

Dieter Brüll versteht weiter greifend: «Sozial sein ist, die Not des anderen zum Motiv eigenen Handelns machen.» In dieser Idee keimt ein neuer Sozialbegriff auf.

Er verbindet mit diesem Motiv zwei essentielle Qualitäten, die der «Gerechtigkeit» und des «Erbarmens» (BRÜLL 1995).

«Gerechtigkeit» als das Mass für Tätigkeiten innerhalb der Menschengemeinschaft, die rechten Verhältnisse herzustellen. Die Frage ist nämlich: Wie kommt der Mensch ins rechte Verhältnis zu den Bedürfnissen seines Mitmenschen? Wie erfasst er sie überhaupt? Wie findet der Mensch das rechte Verhältnis zu seiner Zukunft, seinen Aufgaben? Denn der Entwicklungsweg des Einzelnen ist immer auch vernetzt mit dem Weg anderer. Taten innerhalb einer Gemeinschaft haben gleichzeitig Wirkungen im Umkreis derselben.

Die zweite Qualität ist das «Erbarmen». Es ist mehr als Mitleid. Denn Mitleid ist die Empfänglichkeit der Seele für eines anderen Schmerz und Leid.

Erbarmen ist darüber hinaus ein zur Handlung schreitendes Herzensbedürfnis, um dem anderen zu helfen (BRÜLL 1995, S. 55). Anders ausgedrückt: «Erbarmen ist... das von Herzen kommende Mit-Gefühl, das zum Handeln bereit macht.» (BRÜLL 1995, S. 72).

Die Sehnsucht nach diesen Qualitäten lebt in vielen Menschen. Will man aber auf die sozialen Verhältnisse vertieft eingehen, so erfordert das, auf «die Intimitäten der menschlichen Wesenheit» (STEINER 1963, S. 97) einzugehen. Die Frage nach der Motivbildung und der gleichzeitig damit einhergehenden Ausbildung von inneren Widerständen dagegen bedarf einer subtilen Bewusstseinsarbeit. Einerseits erleben wir beim heutigen Menschen Sehnsucht nach Integration in einem Gemeinschaftszusammenhang, andererseits unternimmt er verschiedenartigste Fluchtbewegungen. Hier offenbart sich der fundamentale Gegensatz von Drang nach Individualisierung und Sehnsucht nach Gemeinschaft mit ihren verschiedensten Aufgaben, die miteinander zu versöhnen sind.

Es gibt drei Grundformen von Gemeinschaftsbildung. Diese sind: *Lebensgemeinschaften, Arbeitsgemeinschaften* und *Erkenntnis-* oder *Lerngemeinschaften.*

Was ihnen Bestand verleiht, sind: *gemeinsam erlebte Ideale, gemeinsam erstrebte Ziele,* und die *Anerkennung des anderen als Träger dieser Ideale und als Strebender nach diesen Zielen.* Gelegentlich wird die Orientierung an Idealen für das tägliche Handeln als wirklichkeitsfremd empfunden. Jedoch zeigt das Leben, dass der Mensch gerade dadurch überhaupt erst eine Richtschnur für die wirklich praktische Lebensführung gewinnt. Ohne das Spannungsverhältnis zwischen Ideal und konkreter Wirklichkeit würde sich das menschliche Handeln letztlich den Bedingungen der gewordenen, gegenständlichen Welt fügen müssen. Durch sein schöpferisches Potenzial hat der Mensch die Möglichkeit, der Wirklichkeit neue Werte einzuprägen. R. Steiner spricht davon, dass soziale Organisationen eine geistige Mission haben müssen, wenn sie lebensfähig bleiben wollen, und den Willen, sich daran zu orientieren (STEINER 1968, S. 37).

«Nur wenn die Menschen wollen, schreitet die Welt vorwärts. Dass sie aber wollen, dazu ist bei jedem die innere Seelenarbeit notwendig.» (STEINER 1968, S. 44/5)

Wir sind einsam, aber nicht allein

Wenn wir die gegenwärtige Bewusstseinsverfassung und die Lebenssituation des heutigen Menschen und der Bedingungen für gemeinschaftsbildende Strukturen zusammenschauen, erhebt sich die Frage, wie ein effizienter Lernprozess gestaltet werden muss, damit sich Fähigkeiten für den Umgang mit sozialen Fragen und Aufgaben entwickeln. Das Unwesentlichste der sozialen Entwicklung ist die verfasste Struktur der Institutionen, denn es wird im Wesentlichen alles davon abhängen, welche Menschen darin sozial wirken (STEINER 1973, S. 132).

An dieser Stelle seien einige Zitate aus der zeitgenössischen wissenschaftlichen Diskussion eingeblendet, um die streng erscheinenden Bedingungen Rudolf Steiners in ihrer Not-wendenden Qualität auch aus einem anderen Blickwinkel zu betrachten.

In der Welt, in die sich der heutige Mensch einleben muss, den Ort seiner Integration in den drei erwähnten Gemeinschaften zu finden und mitzugestalten, erfordert eine wesentlich andere Befähigung, als dem Menschen früherer Zeiten abverlangt wurde. In diesen drei Gemeinschaftsformen geht es in einem umfassenden Sinne darum, Sinngebung und Lebensqualitäten für Mensch und Erde zu entwickeln und zu pflegen.

Nicht umsonst hat im Jahre 1978 Jack Mezirow als Psychologe das zentrale Thema des «Transformative Learning» (TL) entwickelt. Die Aufgabe der Lern- bzw. Bildungsprozesse ist es, für die Zukunft vorzubereiten. Wohin schauen wir, welche Werte geben uns verbindliche Orientierung?

Welche Bildungsprozesse für Erwachsene sind heute notwendig? Edmund O'Sullivan (Leiter des TL-Centre at Ontario Institute for studies on education) bemerkt, dass wir für die Bildungsprozesse Erwachsener auf die Lage der Welt schauen müssen, sonst gehen Erde und Mensch in den Abgrund.

Die Zeit ist vorbei, junge Menschen darauf vorzubereiten, einfach in unser System integriert zu werden. Ein Bewusstseinswandel steht an: Ein Gefühl für die Einheit der Menschheit und für die Mitarbeit am Erdorganismus ist zu entwickeln. In der wissenschaftlich-technischen Denkweise liegen keine Lösungen und keine Ideen für Erneuerung bzw. Innovation. Wir werden lernen müssen, eine globale Sichtweise zu entwickeln.

Unsere Zeit ist als Epoche der neuen globalen Ordnung durch multinationale Unternehmen geprägt. Lester Brown, Direktor des World Watch Institute in Washington, nennt unsere Dekade «turnaround decade». – Eine radikale Neuorientierung in Bezug auf alle Aspekte unserer Umgebung und unseres Lebens sind notwendig, wenn wir bleibenden Schaden vermeiden wollen. Kulturell gesehen, haben wir einen sehr begrenzten Sinn für kosmologische Zusammenhänge, was mit der destruktiven Natur unserer Konsumkultur zusammenhängt, die in keiner Weise fundamentale menschliche Werte befriedigt.

Der Psychologe Philipp Cushmann bemerkt dazu, dass in der Ära nach dem Zweiten Weltkrieg das Auftauchen eines «leeren Selbst», wie er es nennt, wahrnehmbar ist und dass die Menschen jetzt Erfahrungen suchen, sich mit Konsumgütern, Kalorien, romantischen Partnerschaften, Therapien etc. abfüllen, um der zunehmenden Entfremdung und Zerstückelung ihres Lebens zu entgehen. Insofern wird Konsum zu einem starken Motiv und erzeugt gleichzeitig grosse soziale Ungerechtigkeiten. Hinzu kommt, dass durch die ständige «Nahrung» des Fernsehens Indoktrination entsteht. Die Abwesenheit gemeinsamer spiritueller und ethischer Visionen lässt viele Menschen Trost und Beruhigung in den Geschäftsstrassen oder vor dem Fernsehen suchen.

Lewis Mumford zeigt auf, dass die kulturelle Veränderung vom Mittelalter bis heute so ausserordentlich gravierend ist wie noch nie. Durch diesen Wandel haben wir unsere metaphysische und ideologische Dimension verloren sowie den Sinn für eine umfassende Kosmologie, in der die menschlichen Handlungen eingebettet sind.

Eine ähnliche Anschauung äussert der Philosoph Stephen Toulmin mit seinem kürzlich erschienen Buch «Return to Cosmology», wo er die Sehnsucht der Menschen charakterisiert, den Blick für das Ganze, das Umfassende wieder zu gewinnen. Er nennt vier Bereiche:
1. Bewusstseinsbildung für ein planetarisches Bewusstsein,
2. Bewusstseinsbildung für integrale Entwicklung,
3. Bewusstseinsbildung für Lebensqualität,
4. Bewusstseinsbildung für das Heilige (sacred).

Die Schwierigkeit ist, dass die Wissenschaftler uns eine «Geschichte» (story) vermittelt haben, die sich nur auf den physischen Aspekt des Lebens bezieht, aber die Wirklichkeit nicht in ihrer vollen Tiefe und dem vollen Reichtum ihrer Bedeutung erfasst. Nur eine Entwicklungsbewegung, die sich dynamisch auf eine Ganzheit bezieht, d.h. das ganze Universum und ein vitales Bewusstsein umfasst, kann den Hunger nach tieferem Sinn und höherem Lebenszweck jenseits unseres materiellen Selbstinteresses stillen.

Besonders die vierte Kategorie «Bewusstseinbildung für das Heilige» betont die Sehnsucht nach Spiritualität, die fälschlicherweise oft mit institutionalisierter Religion identifiziert wird.

Nach O'Sullivan ist «unsere erste und vornehmste Aufgabe, unser spirituelles Schicksal, unsere Aufgaben zu ergreifen». «Verwandelndes Lernen (TL)» enthält die Erfahrung eines tiefen, strukturellen Wandels in den grundlegenden Voraussetzungen unseres Denkens, Fühlens und Handelns. Es ist ein Wechsel der Bewusstseinsebene. Damit ändert sich auch unser Empfinden für die Möglichkeit sozialer Gerechtigkeit, Frieden und persönlicher Freude dramatisch.

O'Sullivan hält die Vision eines verwandelnden Lernens (TL) im planetarischen Kontext für das Überleben für notwendig. Er spricht von einer «Survival Education». Er versteht darunter, dass Konditionen für die Fortführung des Lebens geschaffen werden. Zwei Begriffspaare sind für ihn leitend: Überleben und Transformation bzw. Frieden und Entwicklung. Er spricht von drei dynamischen Kräften, die durch den Bildungsprozess (ZL) verwandelt werden müssten, obwohl man diese Kräfte zunächst gar nicht mit Bildung verbinden würde:
- Denial (Ablehnen/Abweisen/Verneinen),
- Dispair (Zweifel),
- Grief (Kummer/Sorgen).

Transformierendes Lernen erfordert u.a. die Fähigkeit, mit diesen drei wirksamen Kräften entsprechend umzugehen zu können.

«Transformative Learning» versteht sich als ein Prozess, der Intuition, Kreativität und Emotionalität (i. S. von Empathie) fördert, durch den neue Einsichten, Beurteilungen und Entscheidungen gebildet und getragen werden (O'SULLIVAN et al., 2002).

Zumutung oder ungeahnte Möglichkeiten

Wie können wir den Weg des heutigen Menschen, diesen Anforderungen zu entsprechen, begreifen? Welche Voraussetzungen und welche Mittel hat er, um die gestellten Aufgaben anzugehen? Es ist eine dreifache Aufgabe. Sie betrifft die eigene Lebensführung, die Gestaltung sozialer Beziehungen und die menschheitlich-kosmologische Dimension. Der Ausgangspunkt ist heute die Bewusstseinsverfassung des einzelnen Menschen, die weit gehend Vergangenheitsbewusstsein ist. Die Inhalte sind längst schon einmal gedacht worden und werden nur neu zusammengestellt, um den jeweiligen Fragen und Problemen zu entsprechen. Damit gekoppelt ist ein bestimmtes Fühlen. Die Sphäre des Vergangenheitsbewusstseins ist gleichzeitig die Sphäre des Getrenntseins von dem in der Welt und im anderen Menschen wirkenden Geist. In dieser Bewusstseinsverfassung wird ein grosser Teil unserer Aufmerksamkeitskraft an den Leib gebunden. Dies erleben wir als unser Selbstempfinden. Es bildet die Grundlage unseres Alltags-Ichs.

Der Mensch geht heute wie selbstverständlich von seinem herkömmlichen Bewusstsein aus, wenn er Fragen und Aufgaben im sozialen Feld angehen will. Man fragt vor allem nach methodischem Handwerkzeug, um im sozialen Bereich konstruktive entwicklungsfördernde Prozesse einzuleiten und durchzuführen und denkt dabei an Gespräche, Gemeinschafts- oder Teambildungen etc.

Die Schwierigkeiten des Sozialen liegen in erster Linie darin, dass die «soziale Kompetenz» besonders im Fühlen und im Wollen zu wenig entwickelt ist. Gerade das erkennende Fühlen («Emotionale Intelligenz») erscheint noch schwach.

Für das soziale Bewusstsein erscheint uns eine radikale Umkehr erforderlich. Es geht darum, in den sozialen Aufgabenstellungen und Anforderungen den Anlass für eine das Bewusstsein selbst verändernde Notwendigkeit zu erkennen. Herkömmliche Denkgewohnheiten sind den sozialen Anforderungen heute nicht mehr gewachsen. Es braucht eine schöpferische Befähigung des Menschen, die sich in der Wandlung denkender, fühlender und wollender Betätigung äussert (KÜHLEWIND 1991, Kap.7/1998 Kap. 22).

Wesentliche Voraussetzung für das Gespräch sind Stille, innere Gemütsruhe, gemeinsames Schweigen sowohl für das Finden von zwei oder mehr Menschen in der Gegenwärtigkeit, als auch für Erreichen des geistigen Ortes der Einfälle, der Eingebung, der Intuition.

Das Licht dieser Einfälle kann dann als das Beglückende und Erfrischende einer Gesprächsbegegnung und Zusammenarbeit von Menschen erlebt werden.

Wo in dieser Art neue Gemeinschaft entsteht, wird durch gemeinsame Aufmerksamkeit eine empfangende Schale gebildet. Diese ist nicht nur «Informationsträger», sondern vermittelt auch für jeden einzelnen Beteiligten das Gefühl des geistigen Erfülltseins. Die Selbstbezogenheit wird für Momente überhöht und es wird eine menschenverbindende Sympathie bestimmend. Das Überpersönlich-Individuelle wirkt gemeinschaftsbildend. Gleichzeitig werden Kräfte frei, die Zukunft bilden. Das Zusammensein, das Gemeinschaftliche ist als Instinkt nicht mehr gegeben, Gemeinschaft im alten Sinne äusserst fragwürdig. Neue Gemeinschaft ist Tun, sonst existiert sie nicht. Getrennt sein ist das «Normale», Beisammensein ist Aufgabe, die zur Charis (Gnade) wird. Sie wird von«oben her» gestiftet (KÜHLEWIND 1981, S. 106/1984 S. 161/ 1998, S. 69).

R. Steiner formuliert hierzu: «Alles ist auf die menschliche Individualität gestellt. Da muss man den einzelnen Menschen, die Individualität anschauen und muss voraussetzen: In diesem Herzen, in dieser Seele sind moralische Intuitionen. Darauf muss aber Erziehung hinauslaufen, diese moralischen Intuitionen zu wecken, sodass jeder Mensch fühlt von sich: Ich bin nicht von dieser Erde allein, ich bin nicht bloss ein Produkt der physischen Vererbung, ich bin aus den geistigen Welten heruntergestiegen auf die Erde und habe etwas zu tun auf dieser Erde als dieser einzelne individuelle Mensch.» (STEINER 1979, S. 51).

Pointierter: «Die Sprache, die angestrebt wird durch die Anthroposophie, wird sich bewegen – mehr als bildlich ist das gemeint – im reinen Elemente des Lichtes, das von Seele zu Seele, von Herz zu Herz geht. Und die moderne Zivilisation wird ein solches Verständigungsmittel brauchen. Sie wird es nicht nur für die Dinge der höheren Bildung, sie wird es brauchen auch für die Dinge des täglichen Lebens.» (STEINER 1973, S. 253).

Diese beiden Zitate machen deutlich, um was es in Zukunft geht.

Lernperspektiven

Der Lernprozess, der zur «Sozialkompetenz» führen soll, bedarf in erster Linie einer Idee, die geeignet ist, zum Ideal zu werden. Denn alles Lernen geht von Ideen und Begriffen aus. Es gibt allerdings neben den Ideen und Begriffen im Bereich des Denkens ebenso Ideen und Begriffe im Bereich des Fühlens und Wollens.

Letztere sind nicht über herkömmliche Lernwege erfahrbar.

Alles Lernen muss von der Zukunft her bestimmt sein. Gewöhnlich haben wir das Empfinden, dass wir uns im Lernprozess in Richtung Zukunft bewegen. Die «Steuerung» des Lernprozesses geschieht jedoch paradoxerweise aus der Zukunft heraus, aus unserem Zukunftsmenschen. Diesbezüglich bewegen wir uns zeitlich in einem Doppelstrom:

Der eine Zeitstrom kommt aus der Vergangenheit und der andere aus der Zukunft. Das Verlangen zu lernen, selbst unter schwierigen Umständen, kommt aus der Zukunft, d.h. aus unserem Zukunftsmenschen. Dieser gibt uns die Gewissheit, dass wir uns dabei auf dem richtigen Wege befinden. Er kündigt sich im reinen (erkennenden) Denken, im erkennenden Fühlen und im erkennenden Wollen an. «Wo das reine Denken als Wille erlebt wird, ist der Mensch in künstlerischer Verfassung» (STEINER 1964, S. 145), d.h. er ist in der Bewusstseinsverfassung der Gegenwärtigkeit.

Nur durch solche Erfahrungsmomente können wir überhaupt das Gefühl haben, dass sich ein für das Vergangenheitsbewusstsein schwer verständliches Phänomen wie das «Beisammensein im Licht» als erstrebenswertes Ziel fassen lässt. Gerade dort, wo wir uns ohnmächtig fühlen, sind wir dieser Dimension oft näher als wir ahnen, weil wir an dieser Stelle das gewöhnliche Bewusstsein durchbrechen, das aus der Routine immer schon «weiss, was zu tun ist».

Es scheint, «als ob dies alles der Menschheit noch recht ferne liegen könne; doch es ist ‹im Geiste› nahe; es muss nur ‹gesehen› werden. Von dieser Tatsache, dass die Ideen des Menschen nicht nur ‹denkend› bleiben, sondern im Denken ‹sehend› werden, hängt unermesslich viel ab.» (STEINER 1989, S. 67/8). Es ist nicht eine Frage der Zeit, sondern der Intensität der Bewusstseinskraft, unserer Aufmerksamkeit (KÜHLEWIND, Beiträge zum Thema «Schulung der Aufmerksamkeit»; WEIL 1979, S. 50).

Diese grosse Fähigkeit, an der Sphäre des Lichtes, des Geistes, d.h. des «heilenden Geistes» teilnehmen zu können, setzt immerwährende Bemühung voraus, die sich in konkreten Lernschritten niederschlagen kann. Von «heilend» kann man sprechen, weil diese Teilnahme aus einer veränderten Bewusstseinsverfassung heraus Harmonie und Frieden erzeugt sowie das Gefühl der Ganzheit und der unmittelbaren Zugehörigkeit vermittelt. Vorausgehende Lernschritte können in der Fähigkeitsbildung zur «Emotionalen Intelligenz» als auch zum «Erbarmen» gesehen werden.

Für die mehr konkret erscheinenden Fähigkeiten wie Konfliktfähigkeit, Kooperationsfähigkeit, Offenheit herstellen, Vertrauen bilden, Teamkultur schaffen, authentisch sein, Kontakt- und Kommunikationsfähigkeit etc. können wir einen klaren Weg des Übens planen. Deshalb werden die Aufgaben notwendigerweise operationalisiert, d.h. in kleine realisierbare Übungsschritte zerlegt. Wir bestimmen das Was, Wie und Wann so, dass die jeweilige Fähigkeit in bestimmten Situationen geübt werden kann. Denn auch diese Übungsschritte können den Menschen für Momente in das Bewusstsein der Unmittelbarkeit führen. Wenn ich durch höchst gesteigerte Aufmerksamkeit in die seelische Verfassung des anderen eintauche, bzw. wenn ich mich mit ihm in einem gemeinsamen Geistigen treffe, verwirkliche ich etwas von dieser grossen Fähigkeit des «Beisammenseins im Lichte». Durch die verschiedenen Übungsansätze bildet sich eine neue Gesinnungsrichtung.

Wissen wir, wie wir lernen?

Der herkömmliche Lernweg gliedert sich in drei Phasen: Lernziel – Durchführung – Bewertung. Diese Lernform – auch als «institutionelles Lernen» bezeichnet – ist uns vertraut aus schulischen und beruflichen Lernsituationen, aus Weiterbildungs-, Vertiefungs- und Trainingsseminaren. Diese Form gilt heute noch als effizient und vernünftig. Vernünftig und effizient deshalb, weil der Lernende ein klar definiertes Ziel vor Augen hat, relevantes Lernmaterial (Stoff) erhält, vielfach auch begleitet wird durch Experten aus dem entsprechenden Fachgebiet, weil das Lernsetting günstig gestaltet, der Lernprozess in übersichtliche Etappen gegliedert ist, damit das gesteckte Lernziel immer Leitstern bleibt und die Motivation fördern kann. Dieses Lernmodell ist durchaus für die Entwicklung einer Anzahl von Fähigkeiten das angemessene Prozedere. In der Regel ist dieses Lernmodell antwortorientiert. Dahinter verbirgt sich die Annahme, Lernen sei kumulativ. Ebenso gilt bei diesem Lernmodell die Prämisse, dass es ein elementares und ein fortgeschrittenes Stadium gebe und dass die elementare Stufe die notwendige Voraussetzung für die nächste Stufe bildet (VAILL 1998, S. 58 ff.).

Gemäss diesem Modell «beginnt Lernen im Zustand der Verwirrung und schliesst ein beträchtliches Mass an Unannehmlichkeiten und Leid ein; erst danach kann sich ein Zustand relativer Kompetenz und relativer Zufriedenheit einstellen» (VAILL 1998, S. 62).

«Streng genommen ist das institutionelle Lernen ebenso sehr ein System zur Indoktrination und Kontrolle wie ein System des Lernens» (VAILL 1998, S. 64).

Denn der im Voraus festgelegte Stoff, das genau definierte Ziel, der abgesteckte Zeitrahmen lassen den ganzen Prozess gut «überwachen», das ganze Setting erzeugt Druck und je nach individueller Gegebenheit Angst und Unsicherheit. In diesem Modell entwickelt der Lernende unterschwellig die Haltung: «Gut, ich begebe mich in Ihre Hände. Bringen Sie mir etwas bei.» Ihm begegnet die Haltung: «Es wird erwartet, dass Sie nutzen, was man Ihnen in diesem Lernsetting bereitgestellt hat.» Die Eigeninitiative wird im Grunde sehr eingeschränkt. Es läuft darauf hinaus, «eine Geisteshaltung der Passivität und Abhängigkeit anzunehmen» (VAILL 1998, S. 86).

Dieses Lernmodell ist denkbar ungeeignet, «Sozialkompetenz» zu entwickeln.

Es ist zu fragen: *In welcher Art kann durch das Lernen selber «Sozialkompetenz» entwickelt werden?*

Neben dem Mainstream-Modell des «institutionellen Lernens» gibt es ein anderes. Dieses Modell kann bezeichnet werden als «Lernen als Lebensform» oder «Learning as a way of being» (VAILL 1998 S. 77 ff.) Diese Lernform ist viel unmittelbarer mit dem Leben verbunden.

Wesentliche Elemente dieses Modells sind:

Selbstgesteuerte Lernprozesse: Beim «institutionellen Lernen» werden die Lernerfahrungen und Prozesse vorstrukturiert durch das, was man im Rahmen traditioneller Lernvorstellungen den «Stoff» nennt, die kognitiven Inhalte wie Ideen, Konzepte, Theorien, Forschungsergebnisse, Modelle sowie die daraus resultierenden Lernstrategien. «Der ursprüngliche Geist des empirischen Lernens wird untergraben und zu einem harmlosen Anhängsel seines wichtigsten Auftrags gemacht: der Vermittlung von Inhalten auf effiziente, unpersönliche Weise.» (VAILL 1998, S. 97) Im Gegensatz dazu kommt es darauf an, im Lernen selber sich eigeninitiativ zurechtzufinden. Bei diesem Lernprozess werden Zweck, Inhalt, Form und die Schnelligkeit des Lernvorgangs selbst bestimmt sowie die Einschätzung, wann man ausreichend gelernt hat.

Kreatives Lernen: Es bedeutet Entdecker sein und nicht zu wissen, wo die Reise hingeht, wogegen beim herkömmlichen Lernprozess ein klar definiertes Lernziel notwendige Voraussetzung ist. Hingegen sind beim «Lernen als Seinsform» Prozess und Ziel des Lernprozesses nicht vorgegeben. «Das Lernen unter turbulenten Bedingungen muss in hohem Masse schöpferisch, entdeckend und erfindungsreich sein.» (VAILL 1998, S. 70) Demgegenüber bereitet das institutionelle Lernmodell wenig auf schöpferisches Lernen vor.

Expressives Lernen bedeutet Lernen in der Realsituation des Lebens und nicht im künstlichen Schonraum. Hier ist der Begriff des «Aktionslernens» von Revans sehr zutreffend. (REVANS 1986) Im Zusammenhang mit dem expressiven Lernen steht der Begriff der «Gestalt», d.h. ein Gefühl dafür zu entwickeln, was zu dem Lernprozess alles dazugehört. Man könnte in diesem Zusammenhang auch von einem «Fühlbild» sprechen, welches den Handelnden leitet. Der künstlerisch Tätige kann auch nicht sagen, wie das Ergebnis seines Schaffens aussieht, und doch fühlt er eine Orientierung. Ähnlich ist die Situation in der Erziehung. Der Erziehende «weiss» nicht, wie das Ergebnis seiner Bemühungen aussieht. Wüsste er es, würde er den zu Erziehenden geradezu «vergewaltigen». Wo Lernprozesse sich im Leben abspielen, können wir die Prozessqualität skizzieren, aber nicht ein klar definiertes Ziel angeben. Jeder Lernprozess ist komplex. Viele Handlungen gehören zu einem Gesamtbild («Gestalt»), ohne welches der Lernprozess seine Orientierung nicht findet. Wir fühlen in der Tat mehr vom Umfang des Lernprozesses, als wir rational aussagen könnten.

Gefühlslernen: Tief verwurzelte Gefühle werden voll mit einbezogen. Das Gelernte und das Wissen werden in das Fühlen aufgenommen, verarbeitet und dadurch verinnerlicht. Entscheidend dabei ist, dass Bedeutungen viel tief greifender erlernt werden. Lerneinstellungen wie Mut, Neugierde, Selbstachtung, Zähigkeit, Zuversicht, etwas sachlich und nüchtern einschätzen sind massgebende Qualitäten neben «Sachverhalten» und «Methoden» beim Lernprozess, besonders wenn der Lernprozess sich als Entdeckungsreise erweist (VAILL 1998, S. 103/4).

Online-Lernen: Hiermit wird ein Prozess bezeichnet, der am Arbeitsplatz und mitten im Leben stattfindet. Gardner hat das treffend charakterisiert, wenn er sagt: «Letztlich zielt das Bildungssystem darauf ab, dem Einzelnen die Bürde aufzuerlegen, seine Erziehung selbst in die Hand zu nehmen. Dies wird erst dann zu einem von vielen geteilten Streben, wenn man die seltsame Überzeugung überwindet, wonach sich Lernen in Schulgebäuden und nirgendwo sonst abzuspielen hat. Es setzt sich nicht nur fort, wenn die Ausbildung endet, sondern es beschränkt sich auch nicht auf das, was man in Seminaren zur Erwachsenenbildung studiert. Die Welt ist ein unvergleichliches Klassenzimmer, und das Leben ein unvergesslicher Schulmeister für alle, die keine Angst davor haben.» (GARDNER 1964, S. 12)

Kontinuierliches Lernen erfordert eine schwierige psychische Leistung: geistige Offenheit. Rudolf Steiner nennt es die Übung der Unbefangenheit (so genannte 5. Nebenübung). Immer wieder Anfänger sein können, sich in die Bewusstseinsverfassung des «Anfangs» zu versetzen, ist eine geistige Herausforderung und Leistung, besonders wenn man schon sehr viel in einem Gebiet «weiss und Erfahrung hat». Gustav Mahler dazu: «Jede Routine, die man entwickelt, ist nutzlos. Wer etwas Neues leisten will, muss immer wieder ganz von vorne beginnen. Auf diese Weise bleibt man stets ein Anfänger.» (VAILL 1998, S. 114)

Reflexives Lernen als letztes wichtiges Element der Lerntätigkeit bedeutet Rückblick und Evaluation, um in konkreten Abläufen des Lebens schöpferisch zu lernen. Deshalb ist der Lernende bemüht, die anderen sechs Lerneigenschaften in ihrem Bezug zu den jeweiligen Lebenssituationen in der rechten Weise einzuschätzen und einzusetzen. Denn letztlich gibt es keine Lehre von «einem richtigen Weg» (VAILL 1998, S. 129).

Bedeutsam ist, ein gutes unterstützendes Lernklima zu schaffen, in dem Qualitäten wie aufrichtige Zuneigung und Fürsorge vorherrschend sind, ohne dass Konkurrenzverhalten hereinspielt. Denn das traditionelle Lernmodell basiert auf Bewertung an Hand eines definierten Lernzieles, auf Vergleich, auf Kontrolle, welche «Belohnung» und «Bestrafung» zur Folge haben. Ein Lernender, der im Prozess des «Lernens als Seinsform» aufgeht, empfindet zunehmend die Grösse und das Umfassende, ja Grenzenlose der Lernprozesse. Und das löst in ihm ein fast natürliches Gefühl von Ehrfurcht und Bescheidenheit aus, wie wir es auch von grossen Persönlichkeiten kennen, die sich durch grosse Befähigung ausgezeichnet haben. «Lernen als Lebensform» und Persönlichkeitsentfaltung hängen aufs Engste zusammen, da bei dieser Form des Lernens immer der ganze Mensch beteiligt ist.

Wenden wir uns wieder unserem Anliegen zu. Wie befähigen wir uns als Lernende, mit sozialen Anforderungen, Situationen, Beziehungen, Schicksalsfragen in der rechten Weise umzugehen? Wir können erleben, wie das Modell «Lernen als Lebensform» die adäquate Art des Vorgehens ist für die Bildung von «Sozialkompetenz». Das

Leben selbst ist nicht rational planbar. Insofern ist auch das Modell des «institutionellen Lernens» weit gehend ungeeignet, um «Sozialkompetenz» entwickeln zu helfen. Handwerkzeug lässt sich zwar erwerben, aber damit stossen wir auch an eine Grenze.

Dieses Feld des «Sozialen» erfordert nicht nur die Entwicklung von Fähigkeiten, sondern grundsätzlich eine neue Art des Lernens. *Geistesgegenwart oder Handeln aus dem Jetzt ist der Kern dieses neuen Lernprozesses.*

Ausblick

Je mehr der Mensch aus der Gegenwärtigkeit des Geistes zum Handeln kommt, je mehr er es vermeiden kann, sein Handeln aus Erfahrungen der Vergangenheit bestimmen zu lassen, umso mehr lebt er in der heute geforderten Wirklichkeit der Gemeinschaft mit anderen Menschen und Dem, der da sagt: «Wo zwei oder drei zu meinem Namen (Wesen) versammelt sind, da bin ich in ihrer Mitte.»

Anmerkung:
Viele Menschen fragen sich heute, wie kann ich zur Verbesserung von Mensch und Welt etwas beitragen? Bevor sie zum Handeln kommen, fühlen sie dann oftmals Resignation trotz bestem Willen. J. Beuys formulierte einmal: «Global denken und lokal handeln».

Für viele war diese Aussage ein Rätsel. Nun ist Anfang Februar 2006 ein Buch erschienen, «Einfach die Welt verändern», mit dem Untertitel «50 kleine Ideen mit grosser Wirkung» (ROBINSON/HARVEY 2006). Hier rufen die Autoren dazu auf, bestimmte Dinge zu tun, die für das Gesamt von Mensch und Planet Auswirkungen haben. Es sind Handlungen, die aus einem grossen Sinnzusammenhang entstanden sind und entsprechende Wirkungen zeitigen, die globales Ausmass haben. Wie sind sie auf diese Ideen gekommen und wie haben sie ihre Ideen verwirklicht? Wie kann man lernen, sich vorzubereiten, solche Ideen und Handlungen zu produzieren, deren Wirkungen weit über das eigene Wirkungsfeld hinausgehen?

Hierzu zwei Beispiele aus ihrem Buch:

«Beim Zähneputzen die Welt retten

Die meisten Leute lassen das Wasser laufen, während sie ihre Zähne putzen. Dabei gehen bis zu neun Liter Wasser pro Minute den Bach runter. Eine Familie kommt so im Jahr auf mehr als 26 000 Liter.» (ROBINSON/HARVEY 2006, Aktion 31)

«Studien zeigen, dass Kinder, die gemeinsam mit ihren Eltern essen, deutlich besser mit Angst und Stress umgehen.» (ROBINSON/HARVEY 2006, Aktion 23)

Literaturverzeichnis

BRÜLL, Dieter (1995): *Bausteine für einen sozialen Sakramentalismus*. Dornach: Rudolf Steiner Verlag.

GARDNER, J. W. (1964): *Self-Renewal* (zitiert nach P. B. Vaill 1998, S.106). New York: Harper Collins.

KÜHLEWIND, Georg (1991): *Vom Umgang mit der Anthroposophie*. Dornach: Rudolf Steiner Nachlassverwaltung.

KÜHLEWIND, Georg (1998): *Aufmerksamkeit und Hingabe*. Stuttgart: Verlag Freies Geistesleben und Urachhaus GmbH.

KÜHLEWIND, Georg (1984): *Das Licht des Wortes*. Stuttgart: Edition Tertium.

KÜHLEWIND, Georg (1981): *Die Diener des Logos*. Stuttgart: Verlag Freies Geistesleben.

KÜHLEWIND, Georg (1998): *Der Gral oder Was die Liebe vermag*. Stuttgart: Verlag Freies Geistesleben und Urachhaus GmbH.

Die Aussagen stützen sich auf Auszüge aus den folgenden Schriften:

MEZIROW, Jack (2000): *Learning as transformation*. Wiley and Sons.

O'SULLIVAN, Edmund: *Integral Education: A Vision of Transformative Learning in a Planetary Context*.

O'SULLIVAN, Edmund: *Education and Transformative Learning: The need to choose between Global Visions*.

O'SULLIVAN, Edmund (editor) (1999): *Transformative Learning*. Toronto: University of Toronto Press.

O'SULLIVAN/MORELL/O'CONNOR (editors) (2002): *Expanding the boundaries of transformative learning*. New York: Palgrave Macmillan.

IMEL, Susan: *Transformative Learning in Adulthood*.

STEIN, David/IMEL, Susan (editors) (2002): *Adult learning in community*. San Francisco: Jossey-Bass.

HOCK, Dee: *The Art of Chaordic Leadership*. Internetauszug.

REVANS, R. W. (1986): *Action Learning and the Cowboys*. In: Organizational Development Journal, Herbst 1986, S. 71–79 (zitiert nach P.B. Vaill 1998, S. 99).

ROBINSON D./HARVEY, E. (2006): *Einfach die Welt verändern*. München und Zürich: Pendo Verlag.

STEINER, Rudolf (1920): *Die Kernpunkte der Sozialen Frage.* Stuttgart: Verlag Der kommende Tag A.G.

STEINER, Rudolf (2004): GA 185a, *Entwicklungsgeschichtliche Unterlagen zur Bildung eines sozialen Urteils.* Dornach: Rudolf Steiner Verlag.

STEINER, Rudolf (2004): GA 203, *Die Verantwortung des Menschen für die Weltentwickelung.* Dornach: Rudolf Steiner Verlag.

STEINER, Rudolf (1979): Separatdruck aus GA 305, *Die geistig-seelischen Grundkräfte der Erziehungskunst.* Dornach: Rudolf Steiner Verlag.

STEINER, Rudolf (1973): GA 307, *Gegenwärtiges Geistesleben und Erziehung.* Dornach: Rudolf Steiner Verlag.

STEINER, Rudolf (1963): GA 186, *Die soziale Grundforderung unserer Zeit.* Dornach: Rudolf Steiner Verlag.

STEINER, Rudolf (1964): GA 217, *Geistige Wirkenskräfte im Zusammenleben von alter und junger Generation.* Dornach: Rudolf Steiner Verlag.

STEINER, Rudolf (1989): GA 26, *Anthroposophische Leitsätze.* Dornach: Rudolf Steiner Verlag.

STEINER, Rudolf (1961): GA 10, *Wie erlangt man Erkenntnisse der höheren Welten?* Dornach: Rudolf Steiner Verlag.

STEINER, Rudolf (1968): *Geisteswissenschaft und Soziale Frage,* Sonderdruck aus GA 34. Dornach: Rudolf Steiner Verlag.

VAILL, P. B. (1998): *Lernen als Lebensform.* Stuttgart: Klett-Cotta Verlag.

WEIL, Simone (1979): *Zeugnis für das Gute.* Olten, Freiburg i. B.: Walter Verlag.

«Oheim, was wirret dir?»

Die Begleitung der Studierenden – eine Kunst in Begegnung

Johannes Denger

Wahrnehmung und Anerkennung

Einführend in die Aufgabe, Studierende auf ihrem Weg durch die Ausbildung zu begleiten, möchte ich zwei konkrete Situationen schildern:
- In einem anthroposophisch orientierten Seminar für Heilpädagogik wird vom Leiter die Tugend des Heilpädagogen als absolute gelebt, den anderen Menschen in seinem Sosein zu nehmen wie er ist, ohne ihn zu beurteilen. Unter den Studenten breitet sich nach und nach ein Hunger danach aus zu erfahren, wie der Leiter sie in ihren Bemühungen des Lernens wahrnimmt und sieht. Da von ihm nichts zu erfahren ist, er weder Anerkennung zollt noch Kritik übt, macht sich nach einer Weile Frustration breit.
- In einer anderen anthroposophisch orientierten Ausbildungsstätte mit staatlicher Anerkennung werden die Studierenden – wie von staatlicher Seite verlangt – schriftlich und mündlich zensiert. Sie müssen sich laufend fragen, ob ihr Beitrag dem Dozenten genehm ist und erhalten die Quittung in Form einer Note. Hier macht sich die Stimmung breit: Wie kommt ein Erwachsener eigentlich dazu, einen anderen Erwachsenen zu beurteilen und zu benoten?

Es gibt heute eine ausgeprägte Sehnsucht der Menschen nach Wahrnehmung und Anerkennung. Werde ich als der, der ich bin, von dir wahrgenommen und anerkannt? Nimmst du meine Stärken und den Charakter meiner Persönlichkeit wahr? Diese Sehnsucht beinhaltet auch den Wunsch, in seinen Schwächen wahrgenommen zu werden. Stellst du angesichts meiner Wunde die Parzival-Frage: Oheim, was wirret dir? Nichts ist ja grausamer, als wenn eine Lerngruppe oder ein Kollegium die offensichtliche Verwundung eines Kollegen aus Bequemlichkeit und Konfliktscheu ignoriert oder nicht thematisiert: Alle wissen Bescheid, aber keiner spricht es an.

Die Lebenserfahrung lehrt uns, dass es sich mit Wahrnehmung und Anerkennung so ähnlich verhält wie mit der Liebe: Ich kann sie nicht einfordern, ich kann nur versuchen, sie selber zu leben. Wahrnehmung und Anerkennung sollten unter erwachsenen Menschen immer dialogisch, auf Gegenseitigkeit geübt werden. Das bedeutet aber für den die Studierenden Begleitenden, dass er sich um eine vertiefte Wahrnehmung des Studierenden bemühen sollte – wir werden Wege der Vertiefung weiter unten behandeln – und dass er sich nicht nur hinter seiner Rolle versteckt, sondern als Mensch, als Persönlichkeit, mit seinen Stärken aber *auch* mit Fehlern und Schwächen, für den Studierenden wahrnehmbar und erlebbar wird. Man mag einwenden, dass dies ja in jedem Fall geschehe. Es ist aber für die soziale Situation ein erheblicher Unterschied, ob der Anleitende sich dem anderen öffnet oder Zeit und Kraft vorwiegend dazu verwendet, seine Schwächen zu verbergen.

Begegnung von Ich und Ich

Damit ist nun keineswegs ein peinliches Fraternisieren gemeint. Selbstverständlich gibt es Unterschiede zwischen Studierenden und Unterrichtenden im Fähigkeitswesen, in den Fachkenntnissen, oft auch in Bezug auf die Lebenserfahrung und Entwicklungsreife. Es gilt allerdings auch hier wie etwa in einer Klasse an der Waldorfschule: Es ist gut möglich, dass in meinem Seminar Menschen sitzen, die mich als Persönlichkeit überragen und mich in ihrem Fähigkeitswesen weit übertreffen werden. Ja, ich kann doch eigentlich im Sinne des Fortschritts und der Entwicklung unserer Professionalität und unserer Bewegung nur hoffen, dass dem so sein möge! Das aber führt unmittelbar zur Frage, was die der Erwachsenenbildung entsprechende Art und Form der Begegnung ist.

In meiner früheren Tätigkeit als Sekretär der internationalen heilpädagogisch-sozialtherapeutischen Bewegung auf anthroposophischer Grundlage konnte ich eine seltsame Erfahrung machen: Mir fiel nach einiger Zeit auf, dass die Gestik mancher Mitarbeiter in unserer Bewegung eine auffallende Ähnlichkeit aufwies. Bei näherer Betrachtung zeigte sich, dass diese Menschen ihre Ausbildung vor Jahren in derselben Einrichtung erhalten hatten, in der eine stark prägende Persönlichkeit lebte. Ihre typische Gestik war klar wieder zu erkennen! Sie ahmten diese Persönlichkeit nach.

Als Dozent konnte ich neulich eine Gruppe von Menschen unterrichten, die oft von einer Persönlichkeit mit einer ganz spezifischen erkenntnistheoretischen Herangehensweise unterrichtet worden war, die ich selber an dieser Persönlichkeit kennen und schätzen gelernt hatte. Nun war ein interessanter Unterschied bei den Studierenden zu bemerken: Sie alle waren auffallend gut geschult und es war ein Genuss, im Dialog auf diese Denkfähigkeit zu treffen. Einer von ihnen aber wirkte wie eine Kopie des besagten Dozenten; er ahmte ihn von den Bewegungen bis zum Sprach-, ja bis zum Denkgestus hin perfekt nach. Mir erschien das unheimlich! Wo war er *selbst* geblieben?

Nachahmung, so Jörgen Smit, der ehemalige Leiter der Pädagogischen Sektion am Goetheanum in seinem verschriftlichten Vortrag «Der Ausbildungsalltag als Herausforderung», Nachahmung ist Kindergartenstufe (SMIT 1989, S. 12). Vorbild und Nachahmung als Erziehungsprinzip gehören ins erste Jahrsiebt (0–7 Jahre). Gewiss ist es nicht falsch, wenn ich bestimmte Handhabungen einer Kindergärtnerin oder eines Lehrers übernehme – und selbstverständlich basieren spätere Lernschritte auf den basalen frühen –, aber ich muss sie individualisieren, mir zueigen machen.

Auch ein manchmal zu beobachtendes Autoritätsverhältnis zum Dozenten ist nicht angebracht: Ich übernehme das, was er sagt, weil er es sagt, und überprüfe es nicht selbstständig. Dieses Verhalten entspräche dem zweiten Jahrsiebt (7–14 Jahre), Autorität und Nachfolge: Ich tue das, weil meine Lehrerin es sagt. Aber selbst die Lernbeziehung des dritten Jahrsiebts (14–21 Jahre), in welchem es darum geht, dass der Oberstufenschüler eine eigene, direkte Beziehung zum Thema bekommt und so urteilsfähig wird, reicht noch nicht aus. Es geht um die Begegnung auf Augenhöhe, von Ich zu Ich! Wie lässt sich diese realisieren?

Beziehung und Erfahrung – Doppelstrom und werdender Mensch

Wenn wir Martin Bubers Dialogischem Prinzip (BUBER 1979, S. 7) folgen, so können wir zwei Wortpaare unterscheiden: Ich-Es, das er das Wortpaar der Erfahrung nennt, und Ich-Du, das Wortpaar der Beziehung.

Selbstverständlich ist es hilfreich, wenn wir Spielregeln für unser bürgerliches Dasein haben. Es macht den Alltag überschau- und planbar. Zu diesen Spielregeln gehört auch ein gewisses Rollenverhalten zwischen Ausbildnern und Auszubildenden. Das Problem besteht nun darin, dass die Ich-Du-Beziehung in der Begegnung, wenn ich keine Seelenarbeit leiste, zu einem Ich-Es-Verhältnis wird. Der andere wird mir zum Objekt, etwa zum Exemplar der Gattung Studierende, und ich ihm zum Exemplar der Gattung Dozenten. Das lässt sich nicht immer vermeiden und ist im Sinne eines Rollenspiels unter Erwachsenen auch manchmal notwendig. Bleibt es allerdings bei dieser Objektbeziehung, so wird das Verhältnis unlebendig. Der eine sieht im anderen nur das Gewordene, die Vergangenheit, das eigentlich Tote.

Die entscheidende Frage für die Qualität der Begegnung ist, ob ich im anderen den werdenden Menschen ansprechen kann und ob er in mir den werdenden Menschen erlebt. Dann entsteht ein Doppelstrom in der Begegnung und wir werden auf Gegenseitigkeit ernährt (SMIT 1989, S. 24). – Um besser zu verstehen, wie ich einen in Ausbildung begriffenen Menschen sinnvoll begleiten kann, muss ich mir zunächst die Frage stellen, was Bildung und was Lernen eigentlich ist.

Was ist Bildung?
Die allgemeine Diskussion von Bildungs- und Lerntheorien

Die eigene Erfahrung sowie die einschlägige Fachliteratur zeigen, dass der Bildungsbegriff in den 60er- und 70er-Jahren durch andere sozialwissenschaftliche Begriffe verdrängt wurde. Bildung galt als bürgerlicher Begriff, der verbunden wurde mit einem vermeintlichen oder tatsächlichen Desinteresse für die öffentliche Sphäre und einem Rückzug in die Innerlichkeit des Bildungsbürgertums. Seit Mitte der 80er-Jahre lässt sich wieder eine verstärkte Hinwendung zum Bildungsbegriff und zu Bildungstheorien erkennen, nicht zuletzt ausgelöst durch die Enttäuschung über eine bloss technokratisch verstandene Bildungspolitik und die Hoffnung auf die Gewinnung *individueller Urteils- und Handlungsfähigkeit* in einer zunehmend pluralistischen Gesellschaft in der Wertekrise der Postmoderne.

Bildung wird heute schlagwortartig unter anderem bestimmt
- als vor allem die politischen Herrschaftsverhältnisse und -interessen einbeziehende und enthüllende emanzipatorische Befreiung des Menschen zu sich selber (*H. Blankertz* u.a.),
- als durch Belehrung und authentische Erfahrungen ermöglichte Selbstfindung und -bestimmung gegenüber dem Systemcharakter der Gesellschaft (*H. von Hentig*),
- als Schaffen grundlegender Orientierungen über die wirklichen Verhältnisse in einem realitätsgerechten Bewusstsein bzw. für eine nicht um ihre originalen Möglichkeiten betrogene Person (*H. J. Gamm* u.a.),
- als dialogische Führung der Aktivität des Ichs zu begründbarem Wissen und verantwortbarer Haltung in der Einheit der Person (*M. Heitger* u.a.).

Ging es Meister Eckhart in der spätmittelalterlichen Mystik in einer Verschmelzung von christlichem und neuplatonischem Gedankengut um die «Entbildung» des Menschen und seine «Einbildung» oder «Überbildung» in Gott, um mit ihm eins zu werden, so übernimmt auch der später säkularisierte Bildungsbegriff aus der mystischen Tradition zwei markante Merkmale: Bildung ist nicht identisch mit Wissensvermittlung und -aneignung, und Bildung besagt Gewinn oder Gewähr der dem Menschen angemessenen, ihn auszeichnenden Lebensform.

Paideia, der griechische Ausdruck für Bildung, steht seit dem 5. Jahrhundert v. Chr. nicht mehr für Erziehung und Unterweisung der Kinder, sondern für die Hin- oder Umwendung des Menschen zum Denken des Massgeblichen (*Platon*). Im 18. Jahrhundert beginnt sich ein neuer Bildungsbegriff durchzusetzen. An die Stelle des Aufstiegs zum Unbedingten, dem «Überbildetwerden in Gott», tritt das Verständnis von Bildung als Hervorbringung der Menschlichkeit des Menschen aus eigener Anstrengung aus sich heraus. Nach W. von Humboldt soll Bildung zu einer sich selbst bestimmenden Individualität führen, die in ihrer Idealität und Einzigartigkeit die Menschheit bereichert.

Den meisten der gegenwärtig formulierten Bildungsbegriffe geht es im Anschluss an die Aufklärung um die Befreiung des Menschen aus undurchschauten Abhängigkeiten, «selbstverschuldeter Unmündigkeit» (*Kant*), aus ihn gängelnden und beschwichtigenden normativ-weltanschaulichen Doktrinen. Dabei wird alles Tun und Lassen in den Dienst der werdenden Persönlichkeit gestellt: Selbstsuche, Selbstfindung, Selbstbestimmung, Selbstverwirklichung, auch Identitätsbildung sind jüngere Namen für den Prozess, in dem das Subjekt durch Aneignung und Nutzung alles Vorfindlichen sich selbst als Zentrum und Zweck konstituiert.

Dieser Dominanz, oft auch Arroganz der Selbstbezüglichkeit wird eine Revolution der Denkungsart entgegengesetzt, die zur Selbstständigkeit im Denken – nicht nur zu einem subjektiv-selbstständigen Denken – führen soll, einer Entbindung des Menschen zu einem skeptisch-kritischen Denken – auch sich selbst gegenüber (BROCKHAUS 2001, Bd. 3, S. 330).

Lebenslanges Lernen: Eine Drohung?

Nachdem wir gesehen haben, dass der Begriff Bildung ganz zentral und gewichtig für die Entwicklung des Menschen ist, aber als Vorgang des Bildens und in seinem jeweiligen Zeitbezug recht schwer zu fassen ist (Wer bildet? Was bildet? Was wird gebildet, eingebildet, überbildet?), lernen wir weiter, dass auch das Lernen nicht zu fassen ist. Lernen selbst kann nicht beobachtet, sondern nur aus der Veränderung von Verhaltensweisen eines Individuums erschlossen werden. Seit den 1960er-Jahren ist eine Bildungsexpansion zu beobachten, von einer isolierten Lernphase im Kindes- und Jugendalter hin zu einem Konzept lebenslangen Lernens.

Der Begriff «lebenslänglich» hat ja immer auch etwas Bedrohliches an sich. So ist etwa die Erhaltung und Steigerung der wirtschaftlichen Leistungsfähigkeit der Industrienationen an Lernen und an den Aufbau zur Kompetenz zu lebenslangem Lernen gebunden (man denke an den problematischen Begriff «Humankapital»!)

Lernen wird als relativ dauerhafte Veränderung von Verhalten aufgrund von vorhergehender Erfahrung definiert (BROCKHAUS, Bd. 13, S. 310). Drei grobe Richtungen lassen sich bei den Lerntheorien unterscheiden: Das *Kontiguitäts-Lernen* durch Reiz und Reaktion, das *Bekräftigungslernen* durch Verstärker und das *Lernen durch Einsicht*. Bei der Lerntheorie der *kognitiven Organisation* geht man von der Bedeutung der Einsicht für das menschliche Lernen aus.

Seit den 80er-Jahren wird zunehmend die Bedeutung der Emotion und das Einbeziehen von Kreativität für Lernprozesse entdeckt. Mit den bahnbrechenden Fortschritten im Verständnis des Gehirns wird Lernen auch zunehmend ein Forschungsgegenstand der Neurophysiologie, die Lernen als Gedächtnisbildung durch so genannte molekulare Bahnung in Synapsen auffasst. Ohne natürliche und soziale Determinanten von Verhaltensänderungen zu bestreiten, wird in der neueren Bildungsdiskussion vor allem danach gefragt, welche Art und Weise von Lernen der (auszulegenden und zu begründenden) Menschlichkeit angemessen ist. Es geht darum, sich selbst als auch seine Beziehung zur Welt «in Ordnung zu bringen». Diesen Prozess kann man auch als «Identitätsbildung» bezeichnen.

Kritisch wird angemerkt, die Lerntheorie unterbiete die Bildungstheorie z. B. darin, dass sie dem Menschen äusserstenfalls das Problemlösen antrage, statt ihm zuzumuten, Probleme zu stellen!

Lernvorgänge im Sinne der informationsverarbeitenden Angleichung eines mangelhaften Ausgangswissens an vorgegebene Normen der Problemlösung werden möglicherweise in Zukunft an lernende Maschinen abgegeben (künstliche Intelligenz). Daraus kann man folgern, *dass nicht die Optimierung von Lernfähigkeit die entscheidende Aufgabe heutiger Bildungssysteme ist, sondern der Aufbau von personaler Handlungskompetenz.*

Heute anerkannte Bedingungen für menschenwürdiges Lernen sind
- Freiheit von Angst,
- anregungsreiche, aber überschaubare Situationen,
- ein mittlerer, individuell abgestimmter Schwierigkeitsgrad von Aufgaben,
- Gelegenheit zum Erproben des eigenen Könnens ohne Androhung von Sanktionen im Falle des Misslingens,
- Vermeidung stereotyper Lernformen und mechanischer Wiederholungen,
- die Möglichkeit des Vorausblicks auf grössere Sinnzusammenhänge,
- und die Anerkennung von Fortschritten.

Was wir nicht wissen.
Der Zwischenraum beim Lattenzaun als Problem und Chance.

Fasst man die positiven Aussagen aus der oben in aller Kürze wiedergegebenen Diskussion über Bildung und Lernen zusammen, könnte man es auf folgende Formel bringen:

Bildung soll dem Menschen individuelle Urteils- und Handlungsfähigkeit ermöglichen. Dies geschieht durch Lernen. Im Lernen gelangt der Mensch nicht nur zu Erfahrungen und Erkenntnissen über die Welt, sondern auch über sich selbst. Dadurch wirkt Lernen identitätsstiftend und stärkt den Einzelnen in der Ausbildung und Erfahrung seiner Individualität und seiner personalen Handlungskompetenz.

Nun haben wir die Lösung, es fehlt nur noch das Problem! Ermutigt durch die Zumutung von weiter oben, Probleme nicht nur zu lösen, sondern auch zu stellen, möchte ich auf drei Schwierigkeiten in der Diskussion hinweisen: Wir wissen nicht wirklich, was Bildung ist, wir wissen nicht, wie Lernen geschieht, und wir wissen nicht, was ein Individuum eigentlich ist.

Was ist ein Individuum? Im «Brockhaus» finden wir eine hinreissende Formulierung. (Individuum lat. «das Unteilbare», Lehnübersetzung von griech. átomon «Unteilbares» «Atom».) Abgesehen vom allgemeinen Gebrauch als Einzelexemplar einer Gattung verstehen wir unter Individuum laut Brockhaus: «… das Einzelwesen, das nicht mehr geteilt werden kann, ohne seine Eigenart zu verlieren… Sofern Individuum gerade *das* an einem Seienden meint, was es nicht mit anderen gemein hat, ist es weder in Allgemeinbegriffen aussprechbar noch anderen als solches mitteilbar.»

Etwas, das weder in Allgemeinbegriffen aussprechbar noch anderen als solches mitteilbar ist, würde man gemeinhin als nicht existent betrachten… Und doch spricht selbst die Enzyklopädie von einer Erfahrung, die wir im Allgemeinen an anderen Menschen machen können, nämlich, dass es eben das an einem Seienden gibt. Hier werden wir auf eine übersinnliche Realität aufmerksam gemacht! (DENGER 2005, S. 12)

Wir stossen also auf das verblüffende Phänomen, dass wir es in der Bildungsdiskussion, wenn wir von den einzelnen Bildungs*inhalten* einmal absehen, mit lauter unscharfen, nicht klar definierten Begriffen zu tun haben. Ich fühle mich dabei an das Gedicht *Der Lattenzaun* von Christian Morgenstern (MORGENSTERN 1979, S. 26) erinnert:

> *Der Lattenzaun* (von *Christian Morgenstern*)
>
> *Es war einmal ein Lattenzaun,*
> *mit Zwischenraum, hindurchzuschaun.*
>
> *Ein Architekt, der dieses sah,*
> *stand eines Abends plötzlich da –*
>
> *und nahm den Zwischenraum heraus*
> *und baute draus ein grosses Haus.*
>
> *Der Zaun indessen stand ganz dumm,*
> *mit Latten ohne was herum.*
>
> *Ein Anblick grässlich und gemein.*
> *Drum zog ihn der Senat auch ein.*
>
> *Der Architekt jedoch entfloh*
> *nach Afri- od- Ameriko.*

Obwohl der Zwischenraum «nichts» ist, ist er für einen Lattenzaun eben unverzichtbar und konstituierend! Man kann sagen, dass Rudolf Steiner mit seiner Anthroposophie den Versuch unternimmt, den Zwischenraum wahrzunehmen und für andere nachvollziehbar zu beschreiben. Das anerkanntermassen nicht Beschreibbare zu beschreiben ist sowohl als Akt der Erkenntnis als auch im Hinblick auf die scientific community und ihr jeweils herrschendes Paradigma gewagt. – Seis gewagt!

Was ist Lernen? Was ist Bildung?
Ein Beitrag aus Anthroposophie

Rudolf Steiner macht aufmerksam auf ein im Menschen wirksames Organisationsprinzip, das über die physisch wahrnehmbare Realität eines Menschen hinausgeht und doch mittelbar an dieser wahrnehmbar ist, insofern, als die physische Materie, die wir am Menschen wahrnehmen, in einer *Gestalt* auftritt. (Dies gilt natürlich in modifizierter Weise für alle Lebewesen.) Indem ich also ein Lebewesen wahrnehme, sehe ich die physische Materie, aber nicht als undifferenzierten Haufen, sondern immer schon gestaltet. Das wirksame Prinzip, das dieser Gestaltung zu Grunde liegt, das sie in je typischer Weise hervor bringt, nennt Rudolf Steiner den Bildekräfteleib (auch Ätherleib) (STEINER 1995, S. 37).

Nun sind zwei Phänomene zu beobachten: Einmal, dass die Gestaltung vor allem in der Kindheit zunehmend differenziertere, individuellere Formen hervorbringt (Säuglinge sind schwerer zu unterscheiden als etwa Schulanfänger) und zum andern, dass sich die Art, wie ein Kind lernt, im Laufe seiner Entwicklung stark verändert. Eine besonders auffallende Gleichzeitigkeit finden wir im Gestaltwandel vom Kindergartenkind zum Schulkind und dem Auftreten der Entwicklungsstufe der so genannten Schulreife. Hier ist ein Zusammenhang zwischen einem vorläufigen markanten Abschluss eines Gestaltwandels (von der mehr rumpfbetonten Kleinkindgestalt zur durch Gliedmassenwachstum entstandenen Streckung der Schulkindgestalt) und einer neuen Fähigkeit zu lernen evident. Rudolf Steiner zeigt, dass der Bildekräfteleib, der bis dahin vorwiegend die Organe und den ganzen Körper des Kindes ausgestaltet hat, metamorphosiert frei wird für das Lernen. Was davor im wahrsten Sinne des Wortes den Leib *organisiert* hat, steht nun zur Verfügung für das Bilden und Festhalten von Vorstellungen und dadurch die Möglichkeit, zum Beispiel Relationen anfänglich zu begreifen, für eine neue Stufe der Organisation des Bewusstseins (LEBER 1992, S. 252). Aus eigener Erfahrung als Lehrer in dieser Altersstufe kann ich nur bestätigen, dass dieser Vorgang an manchen Kindern förmlich ablesbar deutlich auftritt.

Die Phänomene sind ja sowohl aus dem Erleben wie auch aus der Forschung bekannt. Jean Piaget (KESSELRING 1988, S. 110) zum Beispiel schildert diesen Übergang als den vom *präoperativen Denken* (von eineinhalb bis ca. sieben Jahre) zu den *konkreten Operationen* (von ca. sieben bis elf Jahre). Einen weiteren wesentlichen Schritt finden wir beim Elf- bis Zwölfjährigen, wo die *formalen Operationen* (*Piaget:* Die Intelligenz wird wissenschaftlich) möglich werden. Wiederum geht der Stufe im markanten Gliedmassenwachstum eine wesentliche Gestaltverwandlung voraus. In der Waldorfschule setzt exakt hier der erste naturwissenschaftliche Unterricht ein.

Das hier im Rahmen dieses Beitrages nur beispielhaft Angedeutete zeigt, dass der Begriff *Bildung* in der Tat ein sehr zutreffender ist. Es wird etwas gebildet, es bildet jemand, jemand kann jemanden bilden und jemand kann sich selbst bilden. Das für das herkömmliche Denken Ungewöhnliche, ja zunächst Befremdliche ist hier der Leibesaspekt. Mit diesem hängt auch die für alles Lernen und alle Bildung so wesentliche Fähigkeit des Erinnerns und Vergessens zusammen, wobei es eben nicht nur um «molekulare Bahnung von Synapsen» (siehe weiter oben) geht – was ja, nebenbei bemerkt, auch ein Leibaspekt ist.

Der in diesem Abschnitt in aller Kürze skizzierte *Individualisierungsprozess durch Entwicklung und Bildung* schreitet dann weiter fort in der Ausgestaltung und Individualisierung der seelischen Grundlagen in Pubertät und Adoleszenz bis hin zur Mündigkeit, die Steiner «Ich-Geburt» nennt. Damit sind wir wieder bei der Frage angelangt, wie Erwachsene lernen und sich bilden können und welche Form der unterstützenden Begleitung angemessen ist.

Bildung ist Verwandlung

Wenn wir von der oben angedeuteten Hypothese ausgehen, dass wir es bei einem sich entwickelnden Menschen nicht nur mit dem materiell feststellbaren Körper zu tun haben, sondern dass weitere den Leib und die Seele organisierende Prinzipien wirksam sind, so können wir feststellen, dass der Bildung tatsächlich sowohl etwas zu Grunde liegt, das gebildet wird, als auch *jemand,* der bildet und dass dabei immer Verwandlung eines früheren (in gewisser Weise auch einfacheren) in einen späteren (komplexeren) Bewusstseinszustand vollzogen wird.

Dieses Bilden geschieht nun im Kindesalter nicht ausschliesslich, aber wesentlich durch andere Menschen. Eltern, Geschwister, Freunde, Kindergärtnerinnen, Lehrer wirken auf das Kind und bilden es – ob sie wollen oder nicht. Das kann und soll, ja muss sich ändern bei der Bildung von Erwachsenen. Der mündig gewordene, zu sich selbst erwachte Erwachsene bildet sich eigentlich selbst aus. Er braucht die inhaltliche, die methodisch-didaktische Anregung und gewisse Spielregeln für das Studium, aber ob und wie er sich bildet, ist jetzt seine Sache. Dabei spielt selbstverständlich die Art und Weise des Unterrichtes und auch die Persönlichkeit des Unterrichtenden nach wie vor eine grosse Rolle.

Auch beim Erwachsenen geht es im Sinne dieses umfassenden Bildungsbegriffes darum, ihn als ganzen Menschen, als denkenden, fühlenden und tätig sein wollenden anzusprechen. In der anthroposophisch orientierten Erwachsenenbildung – und hier insbesondere in der Heilpädagogik und Sozialtherapie – hat sich der so genannte *triale Ausbildungsweg* herausgebildet, in dem Erkenntnis, Kunst und Praxis als dreigegliederte Einheit zusammenwirken (KONFERENZ 2001, S. 45). Dabei werden zwei grundsätzlich verschiedene Wege des Lernens berücksichtigt, der Denkweg und der Willensweg. Der Denkweg führt von der Erkenntnis über die gefühlsmässige Vertiefung zur Handlung, der Willensweg setzt beim Tätigsein an und führt über das Erleben zum bewussten Durchdringen und Verstehen. Traditionsgemäss dominiert in der Erwachsenenbildung (vor allem an der Universität) noch immer der Denkweg (auch Instruktionsweg), der dann bei den Studenten, wenn sie ins wirkliche Leben ihres jeweiligen Fachgebietes münden, zum berühmt-berüchtigten Praxisschock führt. Der Willensweg ist der methodisch neuere und gewinnt zunehmend an Bedeutung. Ein Blick auf den Menschen zeigt, dass es sich bei diesen beiden Wegen nicht um alternative, sondern um sich ergänzende handelt. Der Mensch ist Kraft seiner Konstitution ein Erkennender und ein Handelnder, er hat einen Kopf und Glieder. Der erkennende und der handelnde Mensch drohen immer wieder auseinander zu fallen. So ist bekannterweise der weiteste Weg auf Erden der vom Kopf zur Hand! Auf den aus Erkenntnis Handelnden kommt es an; aber nicht nur, auch auf den im Handeln Erkennenden. Lernen und Bildung haben Wegcharakter. Der Bereich, der beim Menschen zwischen Kopf und Hand liegt, ist der mittlere Mensch, der in Rhythmen lebt (Puls/Atem) und im Gefühl (Sympathie/Antipathie). Hier, beim Tor der Mitte, setzt nun die Kunst an, sie vermittelt uns im Üben den Weg zwischen Kopf und Hand, zwischen Theorie und Praxis, sie bildet uns als Menschen.

Begleitung in Begegnung

Um zu einem Verständnis der Ausgangsfrage dieses Beitrages zu kommen, wie ein lernender Erwachsener sinnvoll zu begleiten ist, mussten wir erst wenigstens anfänglich klären, was Bildung überhaupt ist und wie Lernen geschieht. Der Unterschied zwischen einem Kind und einem Erwachsenen in Bezug auf diese beiden Fragen liegt nun darin, dass sich das Kind vorwiegend an anderen Menschen bildet, während das oben skizzierte Bildungsgeschehen als ein Verwandeln leibgebundener Kräfte in seelisch-geistige Potenz sich beim Erwachsenen mehr innerhalb seines eigenen Wesensgefüges vollzieht. Das ist der Grund, warum schiere Nachahmung oder schlichtes Lernen auf Autorität hin so nicht mehr ins Erwachsenenalter gehören. Der Akt der Verwandlung und Entwicklung ist ganz in die Verantwortung der mündigen Individualität gestellt. Der Wille zum Lernen und zur Entwicklung ist entscheidend. Zu tun, was man will, ist entgegen landläufiger Vermutung gar nicht einfach! Was will ich eigentlich? Es ist nun die Aufgabe des Begleiters, dem Lernenden zu helfen, diesen Willen bei sich zu entdecken, zu verstehen, sodass er ihn zur Entfaltung bringen kann. Das beginnt mit einem Gespräch am Anfang der Ausbildung zu der einfachen Frage: Was will ich lernen? Was sind meine Ziele? Was glaube ich zu können, wo liegen meine Schwächen, sodass neben dem allgemeinen Lehrplan der Ausbildung individuelle Lernziele formuliert werden können.

Dabei nimmt der Auszubildende selbstverständlich auch die Beschränkungen und Schwächen des Ausbilders wahr. Die entscheidende Frage ist, ob er ihn auch als ein auf dem Wege, in Entwicklung Befindlichen erlebt. Vorbildlich ist er nicht in seinem jeweiligen Sosein, sondern in der Tatsache des sich Entwickelns. Darin können sich nun Lernender und Lehrender begegnen und es entsteht jener Doppelstrom, der die beiden Werdenden auf Gegenseitigkeit ernährt. (Das ist nicht zwischen allen Persönlichkeiten ohne weiteres möglich, deshalb ist es gut, wenn der Lernende seinen Begleiter mit wählen und unter Umständen auch zu einem anderen wechseln kann.)

Es ist deutlich, dass es für dieses Wahrnehmen der Individualität des anderen Menschen und ihres auf die Zukunft gerichteten eigenen Entwicklungswillens einer vertieften Art des Begegnens bedarf. Sie soll hier abschließend skizziert werden (ausführlicher siehe in DENGER 2002, S. 105).

Vertiefte Begegnung – eine Kunst

Zunächst geht es darum, die Tatsache, dass man sich begegnet und in eine gegenseitige Lernbeziehung eintritt, ernst zu nehmen. Ob sich zwei Menschen begegnen oder nicht, hängt laut Rudolf Steiner mit vergangenem Schicksal zusammen. Wie die Begegnung und Begleitung in den Jahren der Ausbildung sich entwickelt, bewirkt künftiges Schicksal. In der aktuellen Begegnungssituation wird im Freiraum des Jetzt Vergangenes in Künftiges verwandelt.

Die Begegnung geschieht durch Wahrnehmung des anderen Menschen. An diese Wahrnehmung schliesst sich im Alltag blitzschnell ein Urteil aus Sympathie und/oder Antipathie an. Will man nun einen bewusst vertiefenden Umgang mit der Begegnung praktizieren, so geht es darum, sich des schnellen (Vor-)Urteils erst einmal zu enthalten und das Wahrnehmen zu intensivieren. Die Menschen in einem Kollegium oder einer Lerngruppe sind ja unglaublich verschieden voneinander! Diese Unterschiedlichkeit im Verhältnis, aber auch das Sosein des Einzelnen an sich wirklich wahrzunehmen (und nicht nur schemenhaft), ist ausgesprochen interessant. Der andere Mensch wird so in allen seinen Äußerungsformen – wie er aussieht, wie er sich gestisch bewegt, wie er spricht, wie er denkt – Ausdruck seiner selbst. Diesen Ausdruck wirklich und ohne Beurteilung für wahr zu nehmen, ist die erste Stufe eines vertiefenden Begegnungsweges. Ich habe versucht, es in einem kleinen Gedicht auszudrücken:

Botschaft Mensch

Ganz Geste bist du
Gast nur auf der Erde
sprichst du dich aus
dass Lebens Lauf zur Geste werde.

Eindruck empfangen
Ausdruck sein
weltumfangen
Du all-ein.

Hinweis auf
und deutend hin
auf den Ursprung
des Ich Bin.

Es gibt ja nichts Sinnloseres und Unfruchtbareres, als dem anderen Menschen vorzuwerfen, wie er ist! Und doch wird es im Sozialen oft und gerne so praktiziert.

Auf der zweiten Stufe des Begegnungsweges geht es nun darum, den anderen in seinem Sosein in sich nachzuschaffen, seelisch Schale zu bilden für ihn (STEINER 1975, S. 34). Auch das tun wir im Alltag ohnehin, wenn wir begegnen. Nur geht es hier im Sinne des übenden Vertiefens einmal darum, es ohne Urteil zu tun und dann, es bewusst zuzulassen und den anderen nicht so schnell wieder aus dem eigenen Erleben hinauszuwerfen, wie das üblicherweise geschieht.

Auf der dritten Stufe wird dieses innerlich Erlebte des Soseins des anderen Menschen bewusst in Beziehung gesetzt zu dem Idealmenschlichen, zu dem Massstab, den jeder von uns in sich trägt und in jeder Begegnung mehr oder weniger unbewusst handhabt (und daher zu schnellen Urteilen kommt). Ich bin mir des Heiklen dieses Vorganges bewusst und wenn man in Seminaren an diesem Stufenweg arbeitet, wird verständlicherweise genau das hinterfragt. Erst neulich wieder meldete sich ein Student, um das mit grossem Frageernst zu bezweifeln. Ich antwortete ihm, dass ich genau die Instanz meine, die er in diesem Augenblick in sich handhabt! Das ernste, abwägende Urteilen – im Gegensatz zum Vorurteil – setzt ja einen Massstab voraus, ein Gleichgewichtsempfinden, an dem ich das Unausgewogene einer Aussage oder eben die Einseitigkeit des Soseins eines Menschen bemerke. Um einen bewussten Umgang mit dieser Instanz in uns geht es. Da wir alle nicht idealmenschlich im Sinne der absoluten Ausgewogenheit sind, sondern unsere charakteristischen Einseitigkeiten haben, unser individuelles Gleichgewicht durch laufendes Ausbalancieren der Einseitigkeiten laufend neu finden müssen, wird im Verhältnis der Entwicklungsbedarf deutlich. Es entsteht in mir ein Bild davon, wie der andere Mensch zwischen den polar wirksamen Kräften leiblich-seelisch sein Gleichgewicht sucht.

Es ist deutlich: Eine über diese drei Stufen vertiefte Begegnung führt auf der vierten Stufe zu einer neuen Qualität. Geschieht sie dialogisch und auf Gegenseitigkeit, so werden wir uns gegenseitig zum Menschenbruder, zur Menschenschwester, der oder die zum Entwicklungsbegleiter für den anderen wird – wenn er es will.

Der hier idealtypisch geschilderte Stufenweg mag dem Leser als schwer zu vollziehen und umständlich erscheinen. Mit einiger Übung und im wirklichen Leben kann sich ein solcher Prozess in wenigen Augenblicken abspielen. Oft spielt er sich ab, ohne dass wir uns dessen bewusst sind.

Gewiss, es bedarf der Anstrengung und der Umgang damit ist selbstverständlich eine Frage des Taktes und der Diskretion. Wenn wir aber aus Bequemlichkeit oder aus Gründen der Konvention die Augen vor dem offenbaren Geheimnis des anderen verschliessen, kann das seelisch grausam sein; in jedem Fall wird das Leben dann langweiliger.

Es gibt eine grosse Sehnsucht der Menschen nach Wahrnehmung und Anerkennung heute. Wenn Lernende und Lehrende in den Ausbildungen auf Gegenseitigkeit in der oben geschilderten oder in einer vergleichbaren Art ihr Wahrnehmen und Anerkennen des anderen Menschen vertiefen, werden sie zum Entwicklungsbegleiter. Da wir es in der Pädagogik, Heilpädagogik, Sozialtherapie und sozialen Arbeit vorwiegend mit Begegnung zu tun haben und der Mensch selbst das Instrument der Ausübung seines Berufens ist, fallen hier Inhalt und Methode zusammen: Der Mensch wird am Menschen zum Menschen.

«Das Gewahrwerden der Idee in der Wirklichkeit ist die wahre Kommunion des Menschen.» (STEINER 1982) Das gegenseitige Wahrnehmen und Anerkennen der Individualitäten in ihrer leiblich-seelisch-geistigen Erscheinungsform führt zum Einssein im Geiste.

Literatur

BLANKERTZ, Herwig (1992): *Die Geschichte der Pädagogik. Von der Aufklärung bis zur Gegenwart.* Wetzlar: Büchse der Pandora Verlags-GmbH.

BUBER, Martin (1979): *Das dialogische Prinzip. Ich und Du.* Heidelberg: Verlag Lambert Schneider.

BROCKHAUS, die Enzyklopädie (2001). Leipzig, Mannheim.

DENGER, Johannes (2005): *Aufgabe Mensch – ein Versuch.* In: Johannes DENGER (Hrsg.): *Individualität und Eingriff. Wann ist ein Mensch ein Mensch?* (S. 12–37). Stuttgart: Verlag Freies Geistesleben.

DENGER, Johannes (2002): *«Es quillt ein Bild heraus…». Vom Überwinden der Abstraktion in der Menschenbegegnung.* In: HALFEN, Roland/NEIDER, Andreas (Hrsg.): *Imagination. Das Erleben des schaffenden Geistes* (S. 105–123). Stuttgart: Verlag Freies Geistesleben.

KONFERENZ für Heilpädagogik und Sozialtherapie, Medizinische Sektion der Freien Hochschule am Goetheanum (Hrsg.) (2001): *Handbuch für Ausbildungen in Heilpädagogik und Sozialtherapie.* Dornach.

KESSELRING, Thomas (1988): *Jean Piaget.* München: C.H. Beck'sche Verlagsbuchhandlung.

LEBER, Stefan (1993): *Die Menschenkunde der Waldorfpädagogik. Anthropologische Grundlagen der Erziehung des Kindes und Jugendlichen.* Stuttgart: Verlag Freies Geistesleben.

MORGENSTERN, Christian (1979): *Jubiläumsausgabe in vier Bänden.* München, Zürich: R. Piper & Co. Verlag.

SMIT, Jörgen (1989): *Der Ausbildungsalltag als Herausforderung.* Dornach: Verlag am Goetheanum.

STEINER, Rudolf (1975): *Heilpädagogischer Kursus.* Zwölf Vorträge. Dornach: Rudolf Steiner Verlag.

STEINER, Rudolf (1995): *Theosophie. Eine Einführung in übersinnliche Welterkenntnis und Menschenbestimmung.* Dornach: Rudolf Steiner Verlag.

STEINER, Rudolf (Hrsg.) (1982): In: GOETHE, Johann Wolfgang von: *Naturwissenschaftliche Schriften.* Dornach: Rudolf Steiner Verlag.

Ausbildungserfolge

Dieter Schulz

Einleitung

«*Der wahre Beruf des Menschen ist, zu sich selbst zu kommen!*»
Hermann Hesse, Demian (1919)

Als Mitarbeiter einer Ausbildungsstätte unterrichten und begleiten wir die Auszubildenden bis zum Tage ihrer Diplomierung. Dann werden sie mit dem nun erlernten Beruf in die Arbeitswelt entlassen – und für diejenigen, die sich für die Ausbildung verantwortlich fühlen, kann die Frage auftauchen, ob die Ausbildung so verlief, dass die Absolventen im beruflichen Alltag erfolgreich arbeiten können.

Wann kann man von Ausbildungserfolgen sprechen? Welche Urteilskriterien könnten bei dieser Frage eine Rolle spielen? Ich möchte davon ausgehen, dass es einerseits eine äussere, überprüfbare und zu bewertende Seite der Ausbildung gibt, andererseits aber auch eine mehr innere Seite, die sich nicht mit Prüfungsregularien und Testverfahren feststellen lässt.

Dazu gehört alles das, was der Auszubildende im Laufe seiner Studienjahre an innerer Entwicklung durchmacht und als Haltung in sein berufliches Tun einfliessen lässt.

Die Frage nach Ausbildungserfolgen möchte ich in diesem Beitrag vor allem aus der Sicht derjenigen stellen, die unmittelbar von den Ausbildungsresultaten betroffen sind. Daher möchte ich aus der Perspektive des Kindes, seiner Eltern, eines Kollegiums und des Auszubildenden den Ausbildungserfolg thematisieren und schliesslich auch aus der Sicht des Ausbildners einige Gedanken dazu hinzufügen.

Denken wir uns also, wir könnten diese Frage an das Klientel des frischgebackenen Heil- oder Sozialpädagogen stellen. Ich möchte das veranschaulichen, indem ich ein Kind mit einer schweren Behinderung darum bitte, mir auf die Frage, was seiner Meinung nach ein Ausbildungserfolg sein könnte, zu antworten.

Ausbildungserfolge aus der Sicht des Kindes

«Der Erfolg ruht in des Himmels Hand»
Diego in *Friedrich Schillers* Die Braut von Messina.

Ich versuche also, mich in die Situation dieses Kindes hineinzuversetzen und abzuspüren, woran es den Ausbildungserfolg festmachen würde. Verleihe ich ihm hier meine Stimme, so würde es vielleicht so antworten:

Das Wichtigste ist mir, dass mich mein Betreuer von Herzen gern hat. Dass er mich so annimmt, wie ich bin, mit all meinen Schwierigkeiten, Auffälligkeiten und arbeitsintensiven Umständen.

Ich wünsche mir von ihm echtes, liebevolles Interesse an meiner Person und dass er mir auch emotional Zuwendung gibt, wenn ich sie brauche.

Ich wünsche mir von ihm, dass er meine Abneigungen und Vorlieben kennt und respektiert, meine Ängste ernst nimmt und meine Zwänge nicht als Provokation erlebt, sondern als Ausdruck meiner unvollkommenen Verbundenheit mit der Welt.

Ich wünsche mir, dass er mein Syndrom, meine Behinderung nicht nur kennt, sondern deren Folgen für meine Seele auch durchschaut. Das Durchschauen ist ein Resultat diagnostischen Könnens. Für den diagnostischen Vorgang erhoffe ich mir insbesondere, dass ich meinem Betreuer vertrauen darf. Vertrauen darauf, dass er nicht mit klinischer Kälte das analytische Seziermesser führt und als Ergebnis ein paar allgemeine, seelenlose Begriffe formuliert, mit denen ich dann identifiziert werde.

Ich wünsche mir vielmehr ein von Interesse an meinem Mensch-Sein getragenes, nicht nur defizit-orientiertes, sondern auch meine Vorzüge berücksichtigendes, behutsames diagnostisches Vorgehen. Dieses sollte nicht definieren, sondern charakterisieren und Möglichkeiten des Irrtums oder der Lückenhaftigkeit nicht ausschliessen. Hier vertraue ich auf die Fachlichkeit und innere Haltung meines Betreuers, aus der heraus er dann seine Handlungskompetenzen entwickelt. Handlungskompetenz bedeutet auch, für mich geeignete Therapieangebote zu schaffen, aber so, dass ich mich entscheiden darf, ob ich mich auf die Therapie einlassen will oder nicht.

Auch hier wünsche ich mir, dass mein Betreuer empathisch handelt und seinen professionellen Umgang mit mir auch kritisch hinterfragen, gegebenenfalls verändern und meiner Situation gemäss besser anpassen kann.

Und ich möchte auch nicht ununterbrochen gefördert werden, sondern absichtsfreie Zeiten erleben, wo ich einfach nur sein darf und Spass habe und spielen kann oder auch nicht. Mein Betreuer sollte mir die Möglichkeit geben, zu lernen, wie man mit anderen Kindern spielt.

Ich wünsche mir von ihm, dass er mit mir auch einmal unvernünftig und übermütig ist, solange ich dabei nicht ernsthaft gefährdet werde und er mich ausser der Reihe einmal länger aufsein lässt, mit mir Pizzaessen geht oder, wenn ich damit nicht überfordert bin, mir einen Kinobesuch mit Popcorn und Limonade ermöglicht.

Ich möchte das Leben nicht nur aus der Perspektive von Rhythmus und Struktur erfahren, sondern Grenzen kennen lernen und das wunderbare Gefühl haben dürfen, diese auch einmal überschritten zu haben.

An dieser Stelle ist es mir wichtig, auch darauf hinzuweisen, dass ich nicht irgendwelchen Vorstellungen von Erwachsenen angepasst werden möchte, wie ich zu sein habe und wie nicht, was ich zu tun und zu unterlassen habe, sondern ich wünsche mir so viel Toleranz wie nur möglich, solange durch mein Verhalten die Gemeinschaft nicht gestört wird oder ich mir in meiner Entwicklung dadurch nicht selbst im Wege stehe.

Ausserdem ist es mir wichtig, dass mein Betreuer ein gutes Verhältnis zu meinen Eltern hat und deren Ängste und Sorgen um mich kennt und ernst nimmt. Meine Eltern sollten die Möglichkeit haben, ihre Wünsche zu äussern und es sollte Handlungsspielraum für individuelle Lösungen geben, wie ein Wochenendbesuch ausser der Reihe oder die Möglichkeit, früher in die Ferien gehen zu dürfen, wenn die familiäre Situation es erfordert.

Ich wünsche mir, dass es meinem Betreuer gut geht, denn dann ist er fröhlich und gut gelaunt und dann fördert er mich am allerbesten. Er sollte nicht nur auf mich achten, sondern auch auf sich, dass er sich nicht ständig überfordert oder überfordern lässt, authentisch bleibt und mich lange mit Enthusiasmus begleiten will.

Für die Ausbildungsstätte bedeutet die Aussage des Kindes, den Auszubildenden die Erlebniswelt des Kindes durch Wahrnehmungsübungen nahe zu bringen. Rollenspiele und die Vermittlung von Hilfestellungen zur Entwicklung einer empathischen Haltung können weiterhin dazu beitragen, zu lernen, sich in die Situation des Kindes hineinzuversetzen.

Ausbildungserfolge aus der Sicht von Eltern

«Am Mute hängt der Erfolg»   *Theodor Fontane*, Stine (1890)

Aus der Sicht der Eltern wird der Ausbildungserfolg sowohl daran gemessen werden, mit wie viel Menschlichkeit, Fachlichkeit und Handlungskompetenz ihr Kind betreut wird, als auch an der Qualität der Zusammenarbeit zwischen der Fachperson und ihnen selbst. Die Zusammenarbeit setzt Kommunikationsfähigkeit voraus, Kritikfähigkeit, zumindest Grundkenntnisse in der Handhabung von Konfliktsituationen, aber, allem voran, die Fähigkeit, sich so weit wie möglich in die Situation der Eltern hineinversetzen zu können.

Das beinhaltet auch die Kenntnis von Erfahrungsberichten betroffener Eltern und welche Möglichkeiten einer Begleitung wirklich hilfreich sind. Wir können jedoch nur von Ausbildungserfolg sprechen, wenn die Zusammenarbeit mit Eltern auch während der Ausbildung thematisiert wurde.

Ich denke, es geht nicht darum, den Anspruch zu hegen, dass der soeben fertig ausgebildete Heil- oder Sozialpädagoge den oben genannten Ansprüchen von Anfang an vollkommen entspricht, sondern es geht im Hinblick auf die Ausbildungsqualität meines Erachtens insbesondere um eine Bewusstseinsbildung für die Notwendigkeit, sich als Lernender zu verstehen.

Eltern bewegen auch die folgenden Themen:

Welche Möglichkeiten hat die Fachperson, die Beziehung zwischen Eltern und Kind, nach sorgfältiger Absprache mit den Eltern, mitzugestalten? Diese Frage steht vor dem Hintergrund der oftmals von institutioneller Seite aus eingeforderten Lösung der Eltern von ihrem Kind, wenn es sich zum Jugendlichen oder jungen Erwachsenen entwickelt hat.

Wie kann eine notwendig gewordene stationäre Unterbringung des Kindes mit seiner Familie optimal vorbereitet werden?

Werden Eltern als Fachpersonen in die Arbeit mit dem Kind einbezogen?

Kennt der Betreuer des Kindes seine Kompetenzgrenzen in der Zusammenarbeit mit Eltern und kann er dazu auch stehen? Das heisst, kann er es einschätzen, wann seine Begleitung nicht mehr ausreicht, sondern vielleicht familien- oder psychotherapeutische Unterstützung notwendig ist? Wäre vielleicht eine Fortbildung in Familientherapie oder Gesprächsführung sinnvoll?

Ich denke, dass hier aus Elternsicht ein wesentlicher Aspekt von Ausbildungserfolg berührt wird. Inwieweit ist der fertig ausgebildete Mitarbeiter dazu in der Lage, nicht nur sein Können unter Beweis zu stellen, sondern auch sein Nicht-Können wahrzunehmen, diese Grenze zu akzeptieren und entsprechende klare (Fortbildungs-)Konsequenzen daraus zu ziehen?

Welchen Beitrag können wir diesbezüglich als für die Ausbildung Verantwortliche den Auszubildenden mit auf den Weg geben?

Ein wesentlicher Aspekt ist nach meiner Erfahrung, dass der Auszubildende genügend Möglichkeiten bekommt, in unmittelbaren Kontakt mit den Eltern zu treten. Das insbesondere in der Rolle des Wahrnehmenden, Zuhörenden und Fragenden, mit entsprechender Begleitung Erfahrener, und der Möglichkeit des reflektierenden Gesprächs.

Ausbildungserfolge aus der Sicht des Kollegiums

«Die Welt richtet nach dem Erfolge und nennt ihn Gottesgericht»
Heinrich Laube, Die Karlsschüler (letzter Auftritt)

In einem weiteren Schritt möchte ich die Frage, woran man Ausbildungserfolge erkennen kann, aus dem Blickwinkel der Mitarbeiterinnen und Mitarbeiter unseres jüngst ins Berufsleben entlassenen Heil- oder Sozialpädagogen erörtern. Wir haben es hier insbesondere mit der Entwicklung von Sozialkompetenz zu tun, die in diesem Buch in einem Aufsatz von Joachim Grebert separat thematisiert wird. Deswegen möchte ich nur im Hinblick auf den Ausbildungserfolg einige Gedanken andeuten.

Sozialkompetenz bekommt ihre besondere Prägung durch die individuellen Eigenschaften einer Persönlichkeit. Dem einen fällt es von Natur aus leicht, sich in Gruppen zu bewegen, dem anderen macht es Mühe, seinen Platz in einer Gruppe zu finden. Temperament, Charaktereigenschaften und familiär-biographische Hintergründe haben wesentlichen Einfluss auf das Sozialverhalten des Menschen.

Eine Hilfe zu geben, dass die Auszubildenden sich über diese Zusammenhänge bewusst werden, durch Selbsterfahrungsübungen, Rollenspiele und künstlerische Aktivitäten, Basiswissen über Teamentwicklung und Gruppendynamik zu vermitteln, im Rahmen der Ausbildungsgruppe hierzu praktische Erfahrungen zu sammeln, dies zu ermöglichen kann und soll eine Aufgabe der Ausbildungsstätte sein. Es ist ja nicht so, dass man Sozialkompetenz von Natur aus entweder hat oder eben nicht hat, sondern Sozialkompetenz kann zu einem grossen Teil gelernt und in der Praxis geübt werden.

Ausbildungserfolge im Bereich der Zusammenarbeit einer Gemeinschaft, eines Kollegiums oder Teams zeigen sich dann in der Fähigkeit, Lernerfahrungen, die während der Ausbildung gemacht wurden, nun in den beruflichen Alltag integrieren zu können. Wir treffen auch in diesem Zusammenhang wieder auf das Thema «Kommunikationsfähigkeit», aber auch Verantwortung übernehmen, selbstständig arbeiten können, Absprachen einhalten, sich gegenseitig entlasten, Kompetenzen klären, umsichtig handeln, an Wert- und Leitbildern mitarbeiten – die Liste liesse sich beliebig verlängern –, all das sind Qualitäten, die, von Mitarbeiterseite aus gesehen, als Ausbildungserfolg bewertet würden. Es ist aber auch hier sicher realistischer, die aufgezählten Eigenschaften als Entwicklungsaufforderungen zu sehen, die während der Ausbildung veranlagt wurden, aber nicht als bereits ausgebildete Fertigkeiten mitgebracht werden müssen.

Zu diesen psychologisch orientierten Gesichtspunkten zur Förderung des sozialen Lebens eines Arbeitskollegiums möchte ich die gemeinschaftsbildende Kraft einer gemeinsam durchgeführten Kinderkonferenz oder Arbeit an einem spirituellen Thema hinzufügen. Wenn es gelingt, dem Auszubildenden eine Erfahrung davon zu vermitteln, wie durch eine gemeinsame Bemühung auf geistiger Ebene die Sozialgestalt einer Gemeinschaft Leben und Impulse für ihre tägliche Arbeit und Zusammenarbeit bekommt, dann möchte ich in diesem Zusammenhang weniger von Ausbildungserfolg sprechen als vielmehr von der Veranlagung eines Keimes, der die freie Entwicklungsmöglichkeit von Individual- und Gemeinschaftsbildung in sich trägt.

An dieser Stelle möchte ich auf meinen geschätzten Lehrer Dr. Hans Müller-Wiedemann hinweisen, der anlässlich unserer Diplomierungsfeier im Jahr 1979 in seiner Festansprache grossen Wert darauf legte, dass wir Absolventen des Camphill-Seminars für Heilpädagogik unsere nun abgeschlossene Ausbildung nicht nur als Wissensvermittlung auffassen, sondern das Anliegen des Seminars, auch eine Menschen-Bildungsstätte zu sein, Menschen-Bildung zu veranlagen und zu impulsieren, auf unseren weiteren Berufs- und Lebensweg mitnehmen.

Menschen-Bildung als «innere» Seite einer Ausbildung oder eines Studiums, um den Anforderungen in der Begegnung mit den uns anvertrauten Menschen zunehmend gerecht werden zu können.

Ausbildungserfolge aus der Sicht des Ausgebildeten

«Der Erfolg ist der Lehrer der Toren» Livius

Im Hinblick auf den Ausbildungserfolg möchte ich nun den erst vor kurzer Zeit diplomierten Heilpädagogen in Form eines von mir geschaffenen Selbstgespräches zu Wort kommen lassen:

Ich hatte Glück. Schon meine erste Bewerbung in einer heilpädagogischen Heimsonderschule wurde positiv beantwortet und nun bin ich bereits seit sieben Monaten verantwortlich tätig für die Leitung einer Gruppe von fünf Kindern. Mit mir arbeiten noch eine Praktikantin und ein Auszubildender. Das Besondere an ihm ist, dass er vierzehn Jahre älter ist als ich und dass ihn zwanzig Jahre von unserer Praktikantin trennen. Auch wenn wir versuchen, den Alltag nach gemeinsamer Absprache zu gestalten, gibt es hin und wieder Situationen, wo ich als Hauptverantwortlicher für die Gruppe auf die Einhaltung vereinbarter Kompetenzbereiche bestehen muss.

Neulich gab es eine Situation, wo der Auszubildende, ohne sich vorher mit mir abzusprechen, ein Elterngespräch führte, in dem er unangemessen scharf auf den Vorwurf der Eltern reagierte, dass beim letzten Heimfahrtwochenende des Kindes schon wieder die Hausschuhe nicht eingepackt worden seien. Ich bin bloss froh, dass wir im letzten Ausbildungsjahr einen Wochenkurs zum Thema «Umgang mit Konflikten» hatten und ich nicht völlig ratlos vor dieser Situation stand. In einem gemeinsamen Gespräch, wenige Tage später, konnten wir die Spannung zwischen den Eltern und dem Auszubildenden auflösen und uns auf konkretere Absprachen einigen, was für die Heimfahrtwochenenden eingepackt werden soll und was nicht. Es fiel mir zwar furchtbar schwer, dem mir an Lebenserfahrung weit überlegenen Auszubildenden anschliessend in aller Deutlichkeit seine Kompetenzgrenzen aufzuzeigen und wo er sich unbedingt mit mir absprechen muss, aber ich bin froh, dass ich es geschafft habe.

Kurz nachdem ich die Gruppe verantwortlich übernommen hatte, ist mir etwas Dummes passiert. Ich musste abends die Kinder ins Bett bringen und wollte unbedingt spätestens um 20 Uhr das Haus verlassen. Eines der Kinder verlor sich, wie so oft, in seinem Zwang mit Wasser spielen zu müssen, und ich habe mich davon so provozieren lassen, dass ich die Nerven verlor und unangemessen laut reagierte. Das hatte wiederum eine heftige Reaktion des Kindes zur Folge, sodass ich erst gegen 20.30 Uhr völlig erschöpft die Gruppe verlassen konnte und der so schön geplante Abend war für mich gelaufen. Ich schämte mich, dass ich so ungehalten auf das Verhalten des Kindes reagiert hatte und beschloss, diese Situation mit einer älteren Kollegin aus dem Nachbarhaus nachzubesprechen. Zum Glück fand sie gleich Zeit für mich. Sie hatte die Grösse, mir zu erzählen, dass ihr Ähnliches auch schon ein paarmal passiert sei und zwar immer dann, wenn sie, so wie ich, unter Zeitdruck stand. Nach diesem Gespräch fühlte ich mich entlastet und ich erinnerte mich daran, wie unsere Dozenten nicht müde wurden, immer wieder darauf hinzuweisen, wie wichtig das kollegiale Gespräch über schwierige Situationen des Arbeitsalltags sei und wie die Inanspruchnahme von Supervision nicht nur zur eigenen Entlastung beiträgt, sondern berufliches Handeln zugunsten des Klientels optimiert wird. Dabei, so bekamen wir zu hören, sind es gerade die Misserfolge, die wach machen und Entwicklungswege öffnen.

Natürlich freue ich mich über Erfolge in meiner Arbeit und eine positive Rückmeldung der Eltern stärkt mein Selbstbewusstsein. Ich muss aber aufpassen, dass ich den eigenen Erfolg nicht zur Handlungsrichtschnur erhebe und damit unter Erfolgszwang und Leistungsdruck gerate.

Ausbildungserfolge aus der Sicht eines Dozenten

> «Jetzt beichte mal», fing sie an; «was ist los? Hapert´s in der Schule?
> Vorigen Herbst hast du ja noch Aussicht auf den Primus gehabt.
> Ehrlich gesagt, darauf lege ich wenig Wert. Aus Musterschülern
> werden keine Mustermenschen…»
>
> *Jakob Wassermann,* Der Fall Maurizius (1928)

Von Ausbildungserfolg zu sprechen ist ein zweischneidiges Schwert. Die eine Seite glänzt, man könnte Lorbeerkranz, Ruhm und Ehre assoziieren. Die andere Seite birgt die Gefahr der Eitelkeit in sich, oder die Versuchung, sich auf den erworbenen Lorbeeren auszuruhen. Erfolg ist offensichtlich ein Qualitätsmerkmal, das nur dosiert im guten Sinne wirkt. Alles, was zu viel ist, wirkt giftig.

Wo können wir also Ausbildungserfolg mit gutem Gewissen konstatieren?

Nun ist sicher nichts dagegen einzuwenden, einen guten Prüfungsdurchschnitt mit einer erfolgreichen Ausbildung zu begründen. Das Prüfungsergebnis allein aber ist nicht ausschlaggebend.

Mindestens genauso wichtig ist mir die Prüfungsvorbereitung. Wie geht die Ausbildungsgruppe damit um? Werden Lerngruppen eingerichtet, wird jemand mit einer Fragestellung gehört und von den anderen beraten, findet gegenseitige Unterstützung statt und werden diejenigen mit Prüfungsangst von den anderen mitgetragen? Kurzum, welche sozialen Prozesse leben in der Gruppe und inwieweit können hier im Ausbildungsalltag, unterstützt von der Ausbildungsstätte, weitere konkrete Übungs- und Erfahrungsfelder als Vorbereitung für das Berufsleben bewusst geschaffen werden?

Ausbildungserfolge sollten also nicht nur an Resultaten festgemacht werden, sondern vielmehr im Hinblick auf das *Wie,* auf den Prozess, den die Sozialpädagogin gestaltet, zum Ausdruck kommen.

Dazu ein Beispiel:

Die Sozialpädagogin, Frau R., arbeitet mit der ca. 30-jährigen Frau M., die autistische Züge zeigt, Sprache versteht, aber nicht spricht und sich plötzlich von einem Tag auf den anderen dagegen wehrt, morgens, so wie es die letzten Jahre selbstverständlich war, in die Werkstätte zu gehen. Alles gute Zureden nützt nichts, die junge Frau verweigert sich total. Frau R. gibt ihre Absicht auf, Frau M. in die Werkstätte zu bringen, vereinbart mit dem Werkstattleiter eine Aus-Zeit für Frau M. und legt noch für denselben Nachmittag einen Gesprächstermin mit Werkstattmitarbeitern und einer weiteren Mitarbeiterin aus ihrer Gruppe fest. Sie telefoniert mit Frau M.s Eltern, ob bei ihrem letzten Besuch zuhause irgendetwas Aussergewöhnliches vorgefallen sei. Frau M.s Mutter war aber nichts Besonderes aufgefallen.

Frau R. merkt, wie ihr diese Situation zu schaffen macht. Sie erlebt es als Stress und auch als persönliches Versagen, dass es ihr nicht gelingt, Frau M. zum Werkstattbesuch zu bewegen. Besonders geärgert hat sie sich über die Bemerkung eines Kollegen, der morgens im Vorbeigehen sagte: «Na, tanzt sie dir wieder auf dem Kopf herum?»

Nach einer kritischen Reflektion, inwieweit die Verweigerung von Frau M. etwas mit ihr zu tun haben könnte, kommt sie zu dem Schluss, sich nicht für diese Verweigerung verantwortlich machen zu lassen. Sie kann nach dieser inneren Distanzierung aufatmen und so in Ruhe zu dem geplanten Nachmittagsgespräch gehen.

Anfangs kann sich keiner erklären, warum Frau M. nicht mehr in die Werkstätte kommen möchte. Erst auf ihre Frage, ob es in letzter Zeit irgendwelche äusseren

Veränderungen an Frau M.s Arbeitsplatz gegeben habe, erfährt sie, dass die Bandsäge, die bisher im Nebenraum untergebracht war, aus Platzgründen in den Raum umgezogen wurde, in dem Frau M. arbeitet.

Frau R. kennt die extrem ausgebildete, oft von Panikreaktionen begleitete Geräuschüberempfindlichkeit von Frau M. sehr gut und bittet darum, dass Frau M. wieder einen Platz bekommt, wo sie diesem Geräusch nicht ausgesetzt ist. Der Werkstattleiter sieht darin kein Problem und zeigt Frau R. einen zukünftig möglichen anderen Arbeitsplatz, an dem Frau M. ihre gewohnte Arbeit fortsetzen kann.

Frau R. erzählt abends Frau M. von dem Gespräch in der Werkstatt und kann sie dazu bewegen, zu dieser ungewöhnlichen Zeit noch einen Abendspaziergang zu machen. Ihr Weg führt sie an der Werkstätte vorbei und Frau R. zeigt Frau M. nur von aussen mit einem Blick durch das Fenster, wo ihr neuer Arbeitsplatz ist. Frau M. zeigt keinerlei Reaktion, lässt sich aber am nächsten Morgen von Frau R. in die Werkstätte begleiten.

An diesem Beispiel, das von mir so verändert wurde, dass der Datenschutz garantiert ist, zeigt Frau R., dass sie dazu in der Lage ist, während der Ausbildung erlernte Inhalte bezüglich ihres fachlichen Könnens, sozialen Fähigkeiten und persönlichen Kompetenzen in der Praxis umzusetzen.

In Gesprächen mit Menschen, die ich schon während ihrer Ausbildung kennen gelernt habe und die nun in verantwortlicher Position in Schulen, Kindergärten oder Heimen tätig sind, bekam ich die häufige Rückmeldung, dass insbesondere die Ausbildungsinhalte heute als hilfreich erlebt werden, die durch Gruppen- oder Einzelübungen und mit Beispielen aus der Praxis verbunden waren.

Ich möchte jetzt noch einmal auf Dr. Müller-Wiedemanns Begriff der Menschen-Bildungsstätte zurückkommen.

Eine Ausbildungsstätte hat dafür zu sorgen, dass die Auszubildenden möglichst umfassend auf ihr Berufsleben mit den dafür notwendigen Kompetenzen vorbereitet werden. Eine besonders hohe Anforderung stellt sich an das Ausbildungskollegium im Hinblick auf die Menschen-Bildung. Zu ihr gehören Eigenschaften wie die Entwicklung einer heilpädagogischen Haltung, Enthusiasmus für die Arbeit, Empathie, der achtsame Umgang mit Nähe und Distanz, Verantwortungsfähigkeit, Kritikfähigkeit, Reflexionsvermögen und vieles mehr.

Selbstverständlich reichen die wenigen Jahre der Ausbildungszeit nicht aus, diese genannten Eigenschaften zu entwickeln, sondern sie können nur veranlagt werden. Dabei scheint mir besonders wichtig, wie diese Veranlagung vermittelt wird.

Erziehung verlangt nach Selbsterziehung, an dieser alten Weisheit ist nicht zu rütteln. Die Frage ist nur, aus welchen Motiven heraus die Selbsterziehung geschieht. Ein moralischer Zeigefinger im Hintergrund wäre sicher keine gute Voraussetzung für die Selbsterziehung. Hier trägt die Ausbildungsstätte gegenüber den Auszubildenden ein hohes Mass an Verantwortung. Selbsterziehung bedeutet Persönlichkeitsentwicklung. Können Motive zur Selbsterziehung so vermittelt werden, dass die Auszubildenden aus einem freien Willensentschluss heraus ihre Entwicklung in die Hand nehmen?

Ich habe die Erfahrung gemacht, dass Lehrer und Auszubildende sehr davon profitieren, wenn das Thema Selbsterziehung immer wieder, von verschiedenen Gesichtspunkten aus betrachtet, thematisiert wird und auch Raum entsteht, in dem persönliche Erfahrungen ausgetauscht werden können.

Wenn der Mensch sich übt oder schult, einfach weil er ein übender Mensch sein will, und hierfür das nötige «Rüstzeug» von seiner Ausbildungsstätte vermittelt bekam, so gehört dies sicher zu den besten Ausbildungserfolgen oder, besser gesagt, Ausbildungsfrüchten für den weiteren Beruf(ung)sweg.

Kunst

Der Erkenntniswert des Künstlerischen

Walter Kugler

Vorbemerkung

Lieber Hans: Ja, irgendwann hast du mich angerufen und gefragt, ob ich den Studenten des Heilpädagogischen Seminars etwas über Rudolf Steiner erzählen könne, ja, mir eine seminaristische Arbeit in Richtung einer grundlegenden Einführung in die Anthroposophie vorstellen könne. Soviel hatte ich verstanden: ich sollte also aus dem Fundus unseres Archivs, in dessen Kellergewölben sich das dort Abgelegte die letzten Wahrheiten zuraunt, und auf dem Hintergrund der Erfahrung jahrelanger Mitarbeit an der Herausgabe der Gesamtausgabe die Studenten in das Gebiet der Geisteswissenschaften einführen. Nun, es wurden daraus sieben Jahre Arbeit, zunächst ausschliesslich an der Biographie Steiners, später auch in Richtung einer Einführung in das Traumleben unter Einbeziehung psychoanalytischer Positionen. Und daneben galt es immer wieder, einige Seminaristen pro Jahr in Richtung Diplomarbeit zu bewegen. Es war eine wunderbare Zeit – mit den Studenten, mit dir und Kathrin und all den anderen Dozenten. Als kleinen Dankes- und Erinnerungsgruss an jene durchaus – du weisst schon – auch turbulente Zeiten, hier ein paar Zeilen, in denen ein wenig von dem die Rede ist, was ich auch den Studenten ins Gedächtnis zu schreiben versuchte. Und so raune ich dir und Kathrin ein grosses Danke zu, verbunden mit allen guten Wünschen für Herz und Sinn und alles Drumherum und Mittendurch!

Herzlich, der (Nachlassver-)Walter

In und mit Gegensätzen leben

Das Bewegende, ja das Faszinierende an Rudolf Steiner ist, dass es bei ihm eigentlich nie einen Stillstand gibt. Die von ihm immer wieder neu und ganz gezielt komponierten Kontrastierungen in Wort und Bild, Denken und Handeln, erzeugen unermüdlich Bewegungen, provozieren neues Leben, denn: «Verständnis für das Leben haben» heisst, so Steiner in seiner Autobiographie (Kap. XXII), «voll mit der Seele in Gegensätzen drinnen stehen», denn: «Wo die Gegensätze als ausgeglichen erlebt werden, da herrscht das Leblose, das Tote; das Leben selbst ist die fortdauernde Überwindung, aber zugleich Neuschöpfung von Gegensätzen.» Steiner setzte auf die Durchlässigkeit der Gedanken und vor allem ihre Vermittlungskraft: von der Philosophie hin zur Naturwissenschaft, vom Menschen zum Kosmos, von der Kunst zum Leben, von der Religion zur sozialen Wirklichkeit: «Der Labortisch wird zum Altar werden müssen», rief er immer wieder seinen Zuhörern zu und appellierte damit auch an das ethische Gewissen seiner und kommender Generationen.

Steiner wäre nicht Steiner, wenn er seine Schülerschaft nicht immer wieder auch mit aussergewöhnlichen Überlegungen konfrontiert, ja überrascht hätte: «Ich würde zum Beispiel sehr gern den Inhalt meiner *Philosophie der Freiheit* zeichnen», vertraute er im Dezember 1917 seinen Zuhörern an, sah aber offensichtlich sogleich die Aussichtslosigkeit eines solchen Unternehmens, denn im selben Atemzug fügte er noch die Bemerkung hinzu: «Nur würde man es heute nicht lesen können. Man würde es heute nicht empfinden können, weil man heute auf das Wort dressiert ist.» (STEINER, K-45) – sprachs und begann mit der Niederschrift der inzwischen notwendig gewordenen Zusätze für die zweite Auflage (1918) seines 1894 erschienen philosophischen Hauptwerkes, das eben jenen oben genannten, programmatischen Titel *Die Philosophie der Freiheit* trägt.

Steiners Äusserung, so überraschend sie auch auf den ersten Blick erscheinen mag, war keine blosse Provokation. Sie fiel zu einem Zeitpunkt, als in Dornach das von ihm entworfene *Goetheanum, das Haus des Wortes,* wie er es selbst einmal genannt hat, kurz vor seiner Vollendung stand. Es war ein Gebäude, in dem Statik und künstlerische Gestaltung Hand in Hand gingen, wo Wissenschaft und Kunst sämtliche möglichen Grenzen überschritten, sichtbar in der Aussen- wie auch in der Innengestaltung. Was Steiner bis dahin vor allem in Wort und Schrift zur Darstellung gebracht hatte, war hier aus den vorgezeichneten Bahnen herausgetreten und manifestierte sich in einem künstlerischen Gestaltungswillen, in einem architektonisch-plastisch-malerischen Gestus, in dem die vertrauten Kategorien, die uns Gewissheit geben über das, was Kunst, was Wissenschaft ist oder nicht ist, wie aufgehoben erscheinen.

Das Verhältnis von Kunst und Wissenschaft, insbesondere jene Nahtstellen, wo sich die beiden Gebiete berühren oder gegenseitig beeinflussen, aber auch die scheinbar unüberwindbaren Widersprüche zwischen ihnen, ja das gesamte Spektrum des in der Kulturgeschichte immer wieder nicht ohne Pathos und Dramatik erzeugten Spannungsfeldes zwischen Kunst und Wissenschaft, haben Steiner schon in seiner Wiener Studienzeit beschäftigt, vor allem im Zusammenhang mit seinen Goethestudien, die er in den Neunzigerjahren des 19. Jahrhunderts mit der Herausgabe von Goethes Naturwissenschaftlichen Schriften in der Weimarer *Sophienausgabe* krönte. Ein erstes deutliches Zeichen setzte er im Jahre 1886, als er sein Erstlingswerk *Grundlinien einer Erkenntnistheorie der Goetheschen Weltanschauung* mit einer Abhandlung über *Er-*

kennen und künstlerisches Schaffen beendete. «Sowohl die erkennende wie die künstlerische Tätigkeit», heisst es dort, «beruhen darauf, dass der Mensch von der Wirklichkeit als Produkt sich zu ihr als Produzenten erhebt; dass er von dem Geschaffenen zum Schaffen, von der Zufälligkeit zur Notwendigkeit aufsteigt.» (STEINER, GA 2, S. 131). Im Folgenden werden das Trennende und Verbindende von Idee und Stoff, von Ewigem und Vergänglichem, von Subjekt und Objekt, von Sinnlichkeit und Geist thematisiert und schliesslich mit folgendem Resümee zu einem ersten Abschluss gebracht: «Überwindung der Sinnlichkeit durch den Geist ist das Ziel von Kunst und Wissenschaft. Diese überwindet die Sinnlichkeit, indem sie sie ganz in Geist auflöst; jene, indem sie ihr den Geist einpflanzt. Die Wissenschaft blickt *durch* die Sinnlichkeit auf die *Idee*, die Kunst erblickt die Idee in der Sinnlichkeit.» (STEINER, GA 2, S. 133).

Fortsetzung des Weltprozesses

Entgegen der damals weit verbreiteten Auffassung über Ästhetik, wonach das Schöne die Idee in Form der sinnlichen Erscheinung sei, fordert Steiner eine völlige Umkehr dieses Denkansatzes, die von ihm bereits 1882 in einem Brief angedeutet wird: «Kunst ist einmal das Göttliche nicht als solches, sondern in der *Sinnlichkeit*. Und letztere als solche, nicht das Göttliche, muss gefallen.» (STEINER, GA 38, S. 58). Konkreter wird

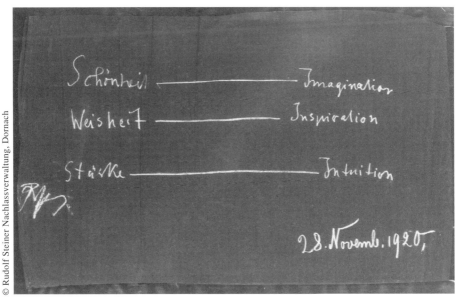

Wandtafelzeichnung, Dornach, 28. November 1920, GA 202, Tafel 5.

er dann in seinem im Wiener Goethe-Verein im Jahre 1888 gehaltenen Vortrag, wo er die Richtung für eine *Ästhetik der Zukunft* mit folgenden Worten vorgibt: «Die Ästhetik nun, die von der Definition ausgeht: Das Schöne ist ein sinnliches Wirkliches, das so erscheint, als wäre es Idee, diese besteht noch nicht. Sie muss geschaffen werden.» (STEINER, GA 271, S. 33). Weder in der Nachahmung der Natur, noch in der Verbildlichung des Geistigen sah er die Aufgabe des Künstlers, denn dies käme letztlich einer Reduktion des eigentlich Schöpferischen gleich. «Kunstschaffen», so Steiner, «ist eine aus der menschlichen Seele entsprungene Fortsetzung des Weltprozesses» (STEINER, GA 271, S. 36) und der «starke Künstler» zwingt gleichermassen den Betrachter zur Teilhabe an diesem Vorgang.

Von Wien, dem Ort des Studiums und seiner ersten Lehrtätigkeit, nach Weimar an das Goethe-Schiller-Archiv berufen (1890–1897), nutzte er die vom Archiv nicht belegte Zeit, um in die Weimarer Kunstszene einzutauchen, wo er einmal dem Maler Otto Fröhlich den Rat gegeben hat, «er möge Nietzsches dichtend gemaltes Bild von Zarathustra und dem hässlichsten Menschen nun malend dichten» (STEINER, GA 271, S. 273). Der Versuch ist allerdings laut Steiners Schilderung gescheitert. Auf seine Verbindung zu Weimarer Künstlern geht auch die Einladung zurück, innerhalb einer von der Buchhandlung L. Thelemann veranstalteten Vortragsreihe über das Thema «Die Phantasie als Kulturschöpferin»[1] zu sprechen. Den Hauptakzent legte er dabei auf die Unterscheidung von Traumbildern und Phantasiebildern. So werden u. a. im Traum innere Leibesvorgänge in symbolisch-bildhafte Erlebnisse umgewandelt, während sich in der Phantasie «die Seele um ebenso viel über den gewöhnlichen Bewusstseinsstand erhebt, wie sie sich im Traumleben unter denselben heruntersenkt. Es erscheint nicht das im Sinnessein verborgene Geistige, sondern das Geistige wirkt auf den Menschen; er kann es aber nicht in seiner ureigenen Gestalt erfassen, sondern er verbildlicht es sich unbewusst durch einen Seeleninhalt, den er aus der Sinneswelt entlehnt.»

Formen als Ausdruck des inneren Lebens

Zu einer ersten umfassenden Demonstration von Steiners künstlerisch-bildnerischem Ansatz kam es im Jahre 1907 in München anlässlich des IV. Jahreskongresses der «Föderation der Europäischen Sektion der Theosophischen Gesellschaft», mit dessen

---

1 Dieser Vortrag, gehalten am 25.11.1891, wurde nicht mitstenographiert; ein ausführlicher Bericht der «Weimarischen Zeitung» ist wieder abgedruckt in der Schriftenreihe «Beiträge zur Rudolf Steiner Gesamtausgabe», Heft 99/100, S. 6 f.; siehe auch Steiners Schilderung in seiner Autobiographie «Mein Lebensgang», Kap. XV.

Durchführung er als Generalsekretär der Deutschen Sektion (seit 1902) beauftragt worden war. Dass in ihm schon einige Jahre zuvor das Künstlerische immer mehr, vor allem im Zusammenhang mit seinen geisteswissenschaftlichen Forschungen, an Bedeutung gewann, ja geradezu zur inneren Notwendigkeit wurde, kann man jenen Zeilen entnehmen, die er am 25. November 1905 an Marie von Sivers, seiner engsten Mitarbeiterin, geschrieben hat: «Dies sollte unser Ideal sein: *Formen* zu schaffen als Ausdruck des inneren Lebens. Denn einer Zeit, die keine Formen schauen und schauend schaffen kann, muss notwendigerweise der Geist zum wesenlosen Abstraktum sich verflüchtigen und die Wirklichkeit muss sich diesem bloss abstrakten Geist als geistlose Stoffaggregation gegenüberstellen. Sind die Menschen imstande, wirklich Formen zu verstehen, zum Beispiel die Geburt des Seelischen aus dem Wolkenäther der Sixtinischen Madonna: Dann gibt es bald für sie keine geistlose Materie mehr. – Und weil man grösseren Menschenmassen gegenüber Formen vergeistigt doch nur durch das Medium der Religion zeigen kann, so muss die Arbeit nach der Zukunft dahin gehen: Religiösen Geist in sinnlich-schöner Form zu gestalten. Dazu aber bedarf es erst der Vertiefung im Inhalte. Theosophie muss zunächst diese Vertiefung bringen. Bevor der Mensch nicht ahnt, dass Geister im Feuer, in Luft, Wasser und Erde leben, wird er auch keine Kunst haben.» (STEINER, GA 284, S.12 f.). Die Steiner auszeichnende Spiritualität gepaart mit jener ihm eigenen künstlerischen Gestaltungskraft, wie sie 1907 in München erlebbar wurde, soll in der Folgezeit die weitere Arbeit Rudolf Steiners prägen, was in dem 1913 begonnenen Goetheanumbau wohl am deutlichsten in Erscheinung trat.

Briefausschnitt Rudolf Steiners vom 25. November 1905 aus Nürnberg an Marie von Sivers in Berlin. GA 262, S. 124–125

Form – Leben – Bewusstsein

In der inneren wie in der äusseren Gestaltung dieses monumentalen Gebäudes folgte Steiner dem von Goethe ausgearbeiteten Metamorphosegedanken[2], demzufolge eine gegebene Grundgestalt, etwa wie sie in der Natur in Erscheinung tritt, durch den rhythmischen Wechsel von Ausdehnung und Zusammenziehung, durch die Dynamik polarer Kräftewirkungen (Wärme – Kälte, Licht – Dunkelheit) eine Steigerung erfährt und in einen qualitativ anderen Zustand erhoben wird. Wie nun Steiner den Metamorphosegedanken in konkrete architektonische Formen Schritt für Schritt umsetzte, sodass sich allmählich eine plastisch-organische Skulptur herausgestaltete, lässt sich im Einzelnen ablesen an seinen Skizzen, die fast alle im Jahr 1913 entstanden sind. Oft scheinbar flüchtig hingeworfen, zeigen sie doch immer das Charakteristische seines Vorhabens. Am Präzisesten, die technische Ausführung betreffend, sind die Skizzen immer dann, wenn die *Form* eine ganz konkrete *Funktion* zum Ausdruck bringen soll, wie z. B. bei der Planung des Transformatorenhauses, das 1921 fertiggestellt wurde, der Treppengestaltung im Goetheanum u.a. Die Form, das Formale – so Steiner – hat dem Leben zu dienen, nicht mehr und nicht weniger. Und das Leben, das Lebendige ist ständig auf der Suche nach der ihm adäquaten Form. Das Korrektiv zwischen beiden ist das Bewusstsein.

Diese Dreiheit von Form, Leben und Bewusstsein durchzieht wie ein roter Faden das gesamte Steinersche Werk. Vom Herbst 1913 bis zum Frühjahr 1914 entstanden die Entwürfe für die neun farbigen Fenster des Goetheanumbaus, ein rotes im Vorraum, je zwei grüne, blaue, violette und rosa Fenster im grossen Kuppelraum, alle in Triptychonform. Anlässlich der Einweihung des Dornacher Künstlerateliers am 17. Juni 1914, in dem die Glasfenster geschliffen werden sollten, äussert sich Steiner über das Vorhaben so: «Jedes unserer Glasfenster wird einfarbig sein, aber wir werden doch an den verschiedenen Stellen verschiedene Farben haben. Darin drückt sich aus, dass geistig-musikalisch gegliedert sein muss der Zusammenhang des Äusseren mit dem Inneren. Und innerhalb des Glasfensters selber, da es einfarbig ist, wird es nur geben die Gliederung in dichtere und dünnere Flächen [...] Das Licht wird stärker einfallen durch die dünneren Stellen der Glasfenster; es wird schwächer einfallen durch die dickeren Stellen und dadurch dunklere Farben geben. Geist und Materie in ihrem Zusammenhang, sie werden empfunden werden können in dem, was die Glasfenster aus-

---

2   Zur Metamorphosenlehre siehe die umfangreiche Arbeit von Christa Lichtenstern «Die Wirkungsgeschichte der Metamorphosenlehre Goethes. Von Philipp Otto Runge bis Joseph Beuys», Weinheim 1990. Siehe dort insbesondere die ausführliche Darstellung über Rudolf Steiner, S. 69–79 und im Zusammenhang mit Joseph Beuys S. 143–153.

drücken. Aber die ganze Innenfläche soll sprechen wollen, sozusagen Organ sein für die Sprache der Götter.» (STEINER, GA 286, S. 72).

Die Skizzen für die einzelnen Fenstermotive entstanden vorwiegend in den Jahren 1913/14. Auf verschiedensten, eher zufälligen Blättern von unterschiedlicher Grösse und Qualität, einige waren aus Notizbüchern herausgerissenen, transkribierte Steiner unter Verwendung mal eines Tinten-, Fett- oder Bleistiftes Vorgänge aus jener Sphäre, in der «das Weltenwort tönt», in eine zeichnerische Formsprache, in der zunächst «vollständiges Schweigen» (STEINER, GA 271, a)[3] angesagt ist. Die Feinheit der Linienführung korrespondiert hier eng mit der Leichtigkeit des Stoffes, nicht was die Inhaltlichkeit, das intellektuelle Verstehen betrifft, sondern das Substanzielle. Der Zeichenstift wird zum Vermittler eines von der Materie sich ablösenden und zugleich hinführenden Geschehens. Kreisförmige Gebilde werden in ihrer Bestimmtheit jäh gestört durch eindringende oder ausbrechende strahlenförmige Gebärden. Was auf dem einen Blatt seine feste Zuordnung erfuhr, wird auf dem nächsten in Unruhe versetzt. Gewissheit und Zögern lösen einander ab, mal durch Modifikationen des Hell-Dunkel, mal durch ein Verschieben der Proportionen oder das Zentrieren von aus verschiedenen Richtungen hereinwirkenden peripheren Kräften, deren ursprünglich geometrischer Ort nicht selten ausserhalb des Zeichenblattes liegt oder in der Gegenrichtung dort aufgesucht wird. Die Grenzen zwischen intuitiver Erkenntnis, zwischen Sehertum und künstlerischer Gestaltung werden hier permanent überschritten und zugleich neu gesetzt.

Bewegte Plastik

Wie Erkenntnis und Zeichnen für ihn in seiner Freiheitsphilosophie nur zwei verschiedene Ausdrucksformen ein und desselben Unendlichen sind, so gab es für ihn noch eine andere, ähnliche Kongruenz: «Können Sie das tanzen?», fragte er im Anschluss an seinen in Hamburg 1908 gehaltenen Vortrag über das Johannes-Evangelium die Malerin Margarita Woloschin. – Vier Jahre später war eine neue Bewegungskunst geboren: die Eurythmie. Schon bei Platon lässt sich dieser Begriff ausmachen. Demnach wird das ganze menschliche Leben bestimmt vom «richtigen Rhythmus», einer universellen Zeitgestalt, dem Ebenmass. «Eurythmie soll eine Kunst sein», so Steiner 1923, «deren Ausdrucksmittel gestaltete Bewegungsformen des menschlichen Organismus an sich und im Raume, sowie bewegte Menschengruppen sind. Es handelt sich aber dabei nicht um mimische Gebärden und auch nicht um Tanzbewe-

---

3 «Kunst und Kunsterkenntnis», GA 271. Im ersten Teil wird dort der Zusammenhang zwischen Sehertum und künstlerischem Schaffen behandelt.

gungen, sondern um wirkliche, sichtbare Sprache oder einen sichtbaren Gesang. Beim Sprechen und Singen wird durch die menschlichen Organe der Luftstrom in einer gewissen Weise geformt. Studiert man in geistig-lebendiger Anschauung die Bildung des Tones, des Vokals, des Konsonanten, des Satzbaus, der Versbildung und so weiter, so kann man sich ganz bestimmte Vorstellungen darüber bilden, welche plastischen Formen bei den entsprechenden Sprach- oder Gesangsoffenbarungen entstehen. Diese lassen sich nun durch den menschlichen Organismus, besonders durch die ausdrucksvollsten Organe, durch Arme und Hände, nachbilden. Man schafft dadurch die Möglichkeit, dass, was beim Singen, Sprechen gehört wird, gesehen werden kann.» (STEINER, GA 36, S. 300 f.).

Als Bühnenkunst hat sich die Eurythmie inzwischen an vielen Orten des In- und Auslandes etabliert. Daneben entwickelte sich eine pädagogische Eurythmie und die Heileurythmie, die in zahlreichen Schulen, heilpädagogischen Heimen und Krankenhäusern ein wesentlicher Bestandteil des Erziehens, Unterrichtens und Therapierens ist.

Als Grundlage für die künstlerische Ausübung der Eurythmie schuf Rudolf Steiner einige hundert «Eurythmieformen» zu Dichtungen und Kompositionen, die – ähnlich choreographischen Aufzeichnungen im Ballett – dem Künstler zur eurythmischen Ausgestaltung einer Dichtung oder eines Musikstückes dienen. Zumeist auf DIN A4 grossen Blättern hat Steiner mit minuziöser Strichführung zeitliche Abläufe, rhythmisch gegliedert, vom Melos der Komposition oder der Sprachmelodie einer Dichtung getragen, im Raume sichtbar gemacht, nicht fixiert, sondern jede Form sucht sich ihren Platz zwischen den Polen der Statik und Dynamik, zwischen Ruhe und Bewegung, Enge und Weite. Die mal zart, mal scharf akzentuiert, mal rund, mal spitz verlaufenden Lineamente erscheinen wie sichtbare Spuren des kosmischen Reigens der Gestirne, die der Entdeckung ihrer irdischen Entsprechung im dreidimensionalen Raum und in der menschlichen Gestalt zu harren scheinen. Kurze Wellenlinien vibrieren aus in grossen Schleifen, um im nächsten Moment auf dem direktesten Wege das Zentrum des Geschehens anzusteuern. Linien, die an ihrem Ausgangspunkt die Mitte «definieren», verlieren sich im nächsten Moment in einer nach Unendlichkeit dürstenden Peripherie und krümmen sich schliesslich zu einem punktuellen Gestus zusammen, der nichts von dem vorangegangenen Geschehen preiszugeben bereit scheint und doch alles in sich enthält. Sprache und Musik werden hier durch Steiners Hand konzentriert zum Zeichen, das aber selbst nichts sein will, sondern nur ständig werden kann.

Vom Begreifen der Kunst zur Kunst des Begreifens

Sosehr Steiner das Wort in immer neuen Formen erlebbar, weil sichtbar machte wie in der Eurythmie und in der Architektur, so kehrte er doch immer wieder zu ihm in seiner ureigensten Gestalt zurück. Mehr als 5000 Vorträge hat er gehalten, von denen etwa 4000 mitstenografiert wurden und inzwischen nahezu vollständig in der Rudolf Steiner Gesamtausgabe[4] publiziert vorliegen. «Es gibt in der ganzen heutigen Kulturwelt keinen grösseren geistigen Genuss, als diesem Manne zuzuhören, als sich von diesem unvergleichlichen Lehrer Vortrag halten zu lassen», schrieb Christian Morgenstern an seinen Freund Friedrich Kayssler am 24. August 1913 und fügte noch hinzu: «Wenn uns Steiner nichts anderes verschafft hätte als das ‹Erlebnis des Lehrers›, es wäre schon genug.»

So frei und doch zugleich auf das Äusserste konzentriert Steiners sprachlicher Gestus war, so frei und ebenso zielgerichtet ging er während seiner Vorträge mit der Wandtafel um, den Redefluss kaum unterbrechend, bisweilen sogar deutlich steigernd. Er benutzte die Tafel sehr häufig, mal, um einen Begriff, einen Namen, eine Jahreszahl hervorzuheben, mal, um einen komplexen Sachverhalt anhand eines Schemas aufzuschlüsseln, oder auch nur, um einen Gedanken durch eine zeichnerische Geste wie zu beleben. Häufig wurden zunächst schlicht angelegte Skizzen im Laufe der Rede immer weiter ausgestaltet, sodass schliesslich, wie durch die Malerin Assja Turgenieff überliefert ist, ein «imaginativ-farbig-fliessendes Gesamtbild» entstand, das als die Transformation des gesprochenen Wortes in ein unmittelbar bildhaft anschauliches Element erlebt werden konnte. Nach dem Vortrag wurden die Zeichnungen gelöscht und waren damit unwiderbringlich verloren; allerdings nicht alle. Es ist der Initiative einer aufmerksamen Zuhörerin, Emma Stolle, zu verdanken, dass im Jahre 1919 damit begonnen wurde, regelmässig die Wandtafel mit schwarzem Papier zu bespannen, sodass die Steinerschen Zeichnungen am Ende des Vortrages fixiert, von der Tafel abgenommen und aufbewahrt werden konnten. Auf diese Weise sind insgesamt 1100 Tafelblätter erhalten geblieben.

Beim Anblick dieser Wandtafelzeichnungen wird der Betrachter unmittelbar vor allem von den kontrastierenden Farben, aber auch von der Vielgestalt der gezeichneten Figuren, die immer wieder eng mit den eingefügten Worten korrespondieren, angesprochen. Frei aus der Hand gezeichnete Kreise und Umkreise, Spiralen von innen nach aussen oder von aussen nach innen sich bewegend, Flächen, die sich gegenseitig berühren oder ineinander verschmelzen, lassen Räume entstehen, um sie im Gegenzug

---

[4] Siehe dazu «Rudolf Steiner Gesamtausgabe. Eine Dokumentation», hrsg. von der Rudolf Steiner Nachlassverwaltung, Dornach 1988.

wieder aufzulösen. Ähnlich wie bei den Eurythmieformen dient das Kompositionsgefüge auch hier vor allem der Vermittlung des Erlebnisses des Gegensatzes, des Gegensatzes von Mikrokosmos und Makrokosmos, von Geist und Materie, von Form und Leben.

Der eingangs geschilderte Zusammenhang von Kunst und Wissenschaft im Werk Rudolf Steiners tritt in seinen Tafelzeichnungen vielleicht am markantesten in Erscheinung. Anlässlich der Präsentation einiger Tafeln in der im Wiener Messepalast Anfang 1993 von Jürgen Schilling installierten Ausstellung «Wille zur Form» war in einer Wiener Zeitung von der Faszination dieser Tafeln als «ästhetisch-philosophischer Doppelreflex» (TITZ 1993) die Rede. Und unter der Überschrift «Bild-Poesie illustriert offene Denksysteme» bemerkte Simone Dattenberger, nachdem sie eine grössere Auswahl von Tafelzeichnungen im Münchner Lenbachhaus gesehen hatte: «Die Exposition ‹Rudolf Steiner – Vom Raum in die Zeit – Wandtafelzeichnungen zu Vorträgen 1919–1924› erweitert die dem Museum gemässe, dominierende Perspektive auf die Bildende Kunst hin zu einer Art von Denksystemen, die es kaum mehr gibt.» (DATTENBERGER 1993). Rudolf Steiners Engagement, sein unermüdliches Schaffen galt vor allem der Inaugurierung einer modernen Geisteswissenschaft, der Anthroposophie. Ihr charakteristisches Merkmal ist ihre Durchlässigkeit, ist ihre Vermittlungskraft hin zur Naturwissenschaft, zur Kunst, zur Religion. Aber auch das soziale Leben, die Politik, die Wirtschaft bleiben nicht ausgespart. In Bezug auf die Kunst hat Steiner einmal seine Intentionen so zum Ausdruck gebracht: «Ich glaube, das wird gerade das Bedeutsame in der weiteren Entwicklung der Geisteswissenschaft sein, dass sie, indem sie die Kunst begreifen will, selber eine Kunst des Begreifens schaffen will, dass sie das Arbeiten, das Tätigsein in Ideen erfüllen will mit Bildlichkeit, mit Realität, und dadurch dasjenige, was wir heute als so trockene, abstrakte Wissenschaft haben, dem Künstlerischen wird annähern können.» (STEINER, GA 283, S. 63).

Literaturverzeichnis

DATTENBERGER, Simone (1993): in: *«Münchner Merkur»*, 26.3.1993.

STEINER, Rudolf, 1979: GA 2, *Grundlinien einer Erkenntnistheorie der Goetheschen Weltanschauung*. Dornach: Rudolf Steiner Verlag.

STEINER, Rudolf (1961): GA 36, *Einleitende Worte zu einer Eurythmie-Vorstellung*. In: *Der Goetheanumgedanke, Gesammelte Aufsätze 1921–1925*. Dornach: Rudolf Steiner Verlag.

STEINER, Rudolf (1985): GA 271, *Kunst und Kunsterkenntnis*. Dornach: Rudolf Steiner Verlag.

STEINER, Rudolf (1985) (a): GA 271, *Kunst und Kunsterkenntnis,* Vortrag vom 5.5.1918, *Die Quellen der künstlerischen Phantasie und die Quellen der übersinnlichen Erkenntnis*. Dornach: Rudolf Steiner Verlag.

STEINER, Rudolf (1989): GA 283, *Das Wesen des Musikalischen,* in Fragenbeantwortung vom 30.9.1920. Dornach: Rudolf Steiner Verlag.

STEINER, Rudolf (1993): GA 284, *Bilder okkulter Siegel und Säulen. Der Münchener Kongress Pfingsten 1907 und seine Auswirkungen*. Dornach: Rudolf Steiner Verlag.

STEINER, Rudolf: GA 286, *Wege zu einem neuen Baustil,* Vortrag vom 17.6.1914. Dornach: Rudolf Steiner Verlag.

STEINER, Rudolf (2005): GA Bd. K-45 (Hrsg.), Roland HALFEN/Walter KUGLER, *Das grafische Werk*. Dornach: Rudolf Steiner Verlag.

STEINER, Rudolf: Briefe I, 1881–1890, GA 38, *Brief an Josef Köck*. Dornach: Rudolf Steiner Verlag.

TITZ, Walter (1993): in: *«Kleine Zeitung»*. Wien: 13.1.1993.

Bedeutung der Kreativität in der Förderung von Kindern mit schweren Behinderungen

Andreas Fröhlich

Landau, den ...

Lieber Hans,

hattest du mich beim Weggehen noch nach *Kreativität* gefragt, oder bilde ich mir das nur ein? Jedenfalls lässt mich die Frage jetzt nicht mehr los und mit sehr vielem von dem, was ich gelesen habe, bin ich einfach nicht zufrieden.

Kreativität, das ist wieder einmal so ein Gedankenkonstrukt, bei dem man ja nun wirklich nicht sagen kann, dass *Kreativität an sich* existiert. Wir tun so, als habe jemand Kreativität, als habe sich Kreativität in jemandem eingenistet und würde dort zum Wirken kommen. Dabei kennen wir doch nur Menschen, deren Verhalten uns immer wieder überraschend vorkommt, ganz speziell ihr künstlerisches Ausdrucksverhalten, die nennen wir dann kreativ. Die Schlussfolgerung, es gäbe so etwas wie Kreativität, beruht, so meine ich, auf einem sprachlichen Irrtum. Unsere Fähigkeit schnell ein Substantiv zu formulieren, verführt uns dazu, zu glauben, dass es dies als Sache, als Ding, als etwas Festes, Eigenes gäbe.

Also fange ich meine Antwort damit an, dass ich erst einmal *Kreativität* abschaffe. Ich will aber festhalten, dass es Menschen gibt, die dieses Überraschungsverhalten in ihrer beruflichen, in ihrer künstlerischen, in ihrer sozialen Verhaltensweise zeigen. Überraschung, unerwartetes Hervorbringen, das gehört ganz sicherlich zu dieser Frage, die du mir vielleicht gestellt hast.

Wenn Menschen kreativ genannt werden, sind sie es dann immer, sind sie es vielleicht sogar nur ein einziges Mal? Ist derjenige, dem eine unglaubliche, vollständig neue Idee, gewissermassen nobelpreiswürdig, kommt, ist derjenige kreativ? Oder muss es ein sprudelnder Quell ständiger Neuerung, ständiger Überraschungen sein?

Aber ich darf mich ja beschränken, ganz oben steht etwas von Kunst. Damit darf ich die Physiker, Chemiker, Ingenieure, Ärzte, Krankenschwestern, Maurer, Gärtner und Saaltöchter ausser Acht lassen. Wie wohl ihre Kreativität – jetzt habe ich das Wort doch benutzt – durchaus zu würdigen wäre. Was täten wir ohne sie?

Also Kunst.

Wer an Anthroposophie denkt, und wer sollte das bei dir nicht, und Kunst hört, wird sicherlich einen ganz bestimmten Typus von Bildern vor seinem inneren Auge aufsteigen sehen, aber wohl auch einen charakteristischen Umgang mit Sprache, mit Bewegung. Ich will versuchen, mit diesen dreien weiterzudenken, wenn es wohl auch am leichtesten fiele, sich auf die bildnerische Kunst zu beschränken. Bietet sie doch die prägnantesten Anschauungsbeispiele.

Noch einmal zu den kreativen Menschen. Ist Picasso mit seinen hunderten, tausenden Bildern, Skizzen, Skulpturen, Keramiken der Kreativere? Kann man ihn mit Vermeer vergleichen, von dem nur ein paar wenige Bilder vorhanden sind? Überborden, übersprudelnd, überquellend, ständig Neues hervorbringend, ist das der kreative Künstler? Wir brauchen diese Frage noch, du wirst schon sehen...

Für heute grüsse ich dich sehr herzlich

Landau, den...

Lieber Freund,

zwar habe ich in der Zwischenzeit nichts von dir gehört, aber gehe einfach davon aus, dass unser Familienspruch gilt «pas de nouvelle, bonne nouvelle».

Ich hatte kürzlich ein Gespräch mit einem jungen Mann, der in der «Kreativbranche» tätig ist. Ich erinnerte mich an meinen Brief und fragte ihn, wie er denn Kreativität definieren würde, wo er doch täglich damit arbeitet. Er schaute mich gross an und meinte, Kreativität? – das definiere ich nicht. Ich insistierte eine Weile, kam recht geisteswissenschaftlich daher und sprach von Begriffeklären, er winkte ab und meinte, wir reden von Ideen, die wir entwickeln.

Ideen haben?, fragte ich, nein, sagte er, Ideen entwickeln. Du musst lernen und hart daran arbeiten, für ein Problem, ein ästhetisches Problem Ideen zu entwickeln, das ist die Kunst. Ist das die Kunst, frage ich mich?

Je länger ich darüber nachdenke, desto besser gefällt mir diese Sicht. Ich habe keine Ideen, ich habe keinen beliebigen Vorrat an Bildern, Tönen, Bewegungen, die ich aus mir hervorbringe, sondern ich stehe vor einer Frage, vor einer Herausforderung des Gestaltens und muss anfangen Ideen zu entwickeln. Ich trage die fertige Antwort nicht mit mir herum, sie gehört noch gar nicht zu meinem Repertoire. Ich habe hoffentlich gelernt, mit meinem Repertoire an künstlerisch-handwerklichen Fähigkeiten flexibel umzugehen, die Eigenschaft von Materialien einzuschätzen und vorhandene Lösungswege zu kennen, sie kritisch zu sichten, auszuwählen und vielleicht auch zu verwerfen.

Jetzt verstehe ich auch Gerd Reising besser, der als promovierter Kunstwissenschafter über Jahrzehnte mit geistig behinderten Menschen an der Kunsthalle Karlsruhe gearbeitet hat. Als wir einmal gemeinsam eine Ausstellung einer geistig behinderten Künstlerin besuchten, meinte er, das Wesentliche am künstlerischen Arbeiten ist das ständige Suchen nach dem vollendeten Ausdruck.

Künstler ist nicht, wem einmal ein gutes Bild gelingt, sondern der oder die, die immer wieder versucht den Eindruck, den Ausdruck, die Mitteilung, die Botschaft, die Farbe, die Form zu gestalten.

Viel Gescheitere haben darüber nachgedacht, Menschen, die viel besser schreiben können als ich. Wir sollten bei Schiller nachlesen, vielleicht bei Umberto Eco und natürlich auch bei Vasari.

Ideen entwickeln… Ich schaue noch einmal im alten Griechisch-Lexikon nach und dort ist die Idea übersetzt mit Aussehen, Anblick, äussere Erscheinung, bildgestalte Form, aber auch mit Art und Weise, Eigenschaft und Beschaffenheit, ja mit Wesen. In den Übersetzungsvorschlägen wird auch auf Meinung, Ansicht und Vorstellung verwiesen und zum Schluss dann auf Urbild, auf unsere Idee und das Ideal.

Bist du damit einverstanden, dass wir das «Ideen-Entwickeln» als eine besondere Form des Denkens beschreiben?

Lass von dir hören bis zum nächsten Mal.

Landau, den…

Caro mio,

jetzt hast du mir ein Foto geschickt, auf dem ich die farbverschmierten Hände offenbar recht schwer behinderter Kinder sehe. Sind das Künstlerhände? Wenn ich weiter vor mich hindenke, begebe ich mich aufs Glatteis. Ich weiss nämlich nicht, was ich meinen soll. Auf der einen Seite habe ich eine ziemlich hohe Meinung von künstlerischem Tun, ich bin auch der Überzeugung, dass unser Ideen-Entwickeln nicht so einfach funktioniert, dass es eine anspruchsvolle, auch eine intelligenzfordernde Tätigkeit ist. Und darüber hinaus, muss das alles nicht eine praktische, konkrete Umsetzung erfahren?

Vor einiger Zeit hörte ich irgendwann einmal im Radio eine gelesene kurze Geschichte, an deren Autor ich mich nicht mehr erinnere, vielleicht war es Wladimir

Kaminer, das könnte sein. Es ging darum, dass in seiner Familie die meisten, wie er sagte, nicht praktizierende Schriftsteller wären. Sie entwürfen Dramen, Romane, Gedichte in Gedanken, die sie aber nie aufschreiben würden.

Nichtpraktizierende Künstler – ist das ein radikaler Widerspruch in sich selbst oder wäre es die reine, die wahre Kunst? Gehört das Praktizieren dazu, oder ist es nur ein letzter, vielleicht überflüssiger Schritt. Denk an die letzte Biennale in Venedig, an manche Documenta in Kassel...

Wolfgang Lamers, heute Kollege in Heidelberg, hat sich vor Jahren intensiv mit dem Spiel schwerst behinderter Kinder befasst. Im Rahmen seiner Überlegungen kam er zu dem Schluss, dass bestimmte Formen des Verhaltens dieser Kinder völlig neu interpretiert werden könnten. Ging man bisher davon aus, dass diese Kinder Stereotypien, d.h. unerwünschtes, repetitives, sinnloses Verhalten zeigen, so schlug er vor, gerade dieses Verhalten neu zu interpretieren als Spielverhalten. Also als eine Äusserung kindlicher Lust am Kreativ-Sein, am Ausprobieren, am Neue-Ideen-Entwickeln, wie man mit Material umgeht, wie man vielleicht auch mit sich selbst und mit Menschen umgeht. Liegend die Hand von sich zu strecken, sie über den Kopf zu halten und hin und her zu wedeln, ist dann ein Spiel mit Schatten und Licht, ein Ausprobieren von neuen Eindrücken, von wiederkehrenden Eindrücken, eine Lichtinstallation.
Hattest du das mit Deiner Frage gemeint?

Vielleicht sind spitze Schreie so etwa wie eine Koloratur-Arie, beide Ausdruck höchster musikalischer Erregung.

Und wie viel Konzentration, wie viel Kraft, Schnelligkeit und Körperbeherrschung liegt in manchem seltsamen Springen, im Zucken, das wir nicht verstehen können? Ist das Ausdruckstanz?

Manches bezaubert mich an dieser Idee, ich fühle, wie «meine» schwerst behinderten Kinder eine Aufwertung erfahren, wie ich ihnen Respekt entgegenbringe, wie ich mich vor ihrer Leistung verneige.

Ich spüre, wie ich ihrem Verhalten Raum geben muss, wie ich dieses Verhalten anerkennen sollte, und wie ich die menschliche und dingliche Umgebung gestalten soll, dass freies Experimentieren möglich wird.

Und dann die Gegenüberlegung, ziemlich finster, fast zynisch:

Würde ich ein schreiendes Kind auf eine gut ausgeleuchtete Bühne legen, zahlende Gäste zuhören lassen?

Wenn es denn die Arie ist, dann müsste dies doch erlaubt sein, mehr als erlaubt, vielleicht notwendig, damit andere Menschen diesen Ausdruck als Eindruck aufnehmen?

Mit sehr viel offenen Fragen und in grosser Unsicherheit verbleibe ich
                                                          mit den besten Grüssen dein

Landau, den…

Veni creator spiritus – kennst du dieses Kirchenlied, lieber Hans?

Komm Schöpfer-Geist kehr bei uns ein, so fängt es auf Deutsch an. Und jetzt denke ich an einen meiner tüchtigsten Studenten, der für einige Zeit in der Schweiz arbeitet und der mich immer wieder auf theologische Fragestellungen angesichts schwerster Behinderung hingewiesen hat. Die Frage nach der Kreativität bekommt nämlich auf einmal noch eine viel grössere Dimension. Was ist das eigentlich, dieses Ideen-Entwickeln, Neues hervorbringen? Nichts anderes als Partizipation an Gottes Schöpferkraft, so würde er mir vielleicht sagen. Damit hätten wir einen ganz aktuellen Begriff aus der WHO-Therminologie verbunden mit einem uralten aus den Menschheitsmythologien.

Im Kleinen, so der Gedanke, ist unser kreatives Tun nichts anderes als ein Abbild des göttlichen Schöpfertums, des Hervorbringens aus sich selbst. In manchen jüdischen Traditionen wird die Gottesebenbildlichkeit des Menschen gerade darin beschrieben, dass der Mensch hervorbringend tätig werden kann. Menschen bringen Menschen hervor, Menschen bringen Taten und Werke hervor und Menschen bringen Künstlerisches hervor.

Schlösse ich nun per Definition schwerst behinderte Menschen von diesem Schöpferpotenzial aus, würde ich ihnen ihre prinzipielle Menschlichkeit absprechen. Das werde ich nicht tun, aber ich glaube, ich sollte vorsichtig sein.

So wenig wie alle Menschen Künstler sind, so wenig sind dies alle Kinder mit einer schwersten Behinderung. Ich glaube, es gibt auch bei ihnen Kreative, und andere, die das gerade nicht sind. Das klingt nun sehr banal, aber so ist das mit den Menschen eben oft.

Für mehr langt es heute nicht, mehr ist vielleicht auch gar nicht nötig.

Grüsse, dein

Landau, den…

Lieber Hans,

ich hoffe sehr, dass die ganze Schreiberei dich nicht langweilt. Ich habe auch gar nicht mehr sehr viel zu schreiben, denn es fällt mir nicht mehr dazu ein. Natürlich könnte ich jetzt noch in allerhand wissenschaftlichen Büchern herumstöbern, Zitate sammeln, aber das würde das Bisherige nur ein bisschen ausführlicher machen, vom Gehalt her nicht wesentlich verbessern.

Plötzlich fiel mir auf, dass die Sache mit der «Bedeutung der Kreativität in der Förderung von Kindern mit schweren Behinderungen» ja hätte auch ganz anders verstanden werden können.

Es könnte die Frage nach unserer Kreativität in der Förderung sein. Was fällt uns Professionellen, was fällt den Heilpädagogen, den Sonderpädagogen, den Therapeuten, den Ärzten ein, wie sie die Förderung dieser Kinder besser gestalten könnten? Da tun sich ja nun ganz neue Felder auf, hierzu wären eine Menge Ideen zu entwickeln, ein paar Ideen hätte ich auch schon.

Diese Kinder, diese Menschen, die uns immer wieder vor grosse Herausforderungen stellen, weil *wir* sie nicht verstehen, weil *wir* eingeschränkt sind in unserer Wahrnehmung, weil *wir* nicht die nötigen Kenntnisse haben, mit ihnen in eine gut gelingende Interaktion zu treten, sie fordern uns wirklich heraus, Ideen zu entwickeln. Dies kann ich rückwirkend für mein ganzes berufliches Leben sagen, niemand hat mich je so herausgefordert wie diese Kinder, wenn sie dalagen, Töne von sich gaben, die ich nicht verstand, sich bewegten oder auch nicht und ich ratlos war, was sie mir mitteilen wollten.

Sie haben mich gelehrt, Grenzen im Kopf zu überschreiten, Neues auszuprobieren. Überkommene Lösungen mussten infrage gestellt werden, die bisherigen Antworten der eigenen Fachdisziplin, der eigenen Erfahrungen waren nicht mehr brauchbar.

Die neuen Ideen, die ich entwickeln konnte, sind mittlerweile keine neuen Ideen mehr. Aber es gibt neue Kinder, es gibt neue Fragen, es gibt neue Herausforderungen, und so ist denn unsere Kreativität – Pardon, schon wieder dieses Wort – unbedingt gefordert. Die Jungen müssen ihrerseits neue Ideen entwickeln, neue Antworten und Lösungen finden.

Wenn du mir noch eine Bemerkung erlaubst, möchte ich anfügen, dass künstlerische Tätigkeit in der Ausbildung vielleicht gerade dies besonders fördert. Weil man dann zunächst einmal in einem etwas ungefährlicheren Raum die Erfahrungen mit der Grenzüberschreitung machen kann. Seine eigenen Erfahrungen mit neuen Ideen, mit unerwarteten Lösungen. Mit Papier, mit Farbe, mit Stein, mit Bewegung, mit Tönen kann man experimentieren, mit Menschen sollte man es nicht tun.

Wir «staatlichen Heilpädagogen» haben das weit gehend vernachlässigt, ganz sicher ein Fehler.

Mit sehr vielen guten Wünschen
für «Alterskreativität»

Literaturverzeichnis

Eco, Umberto (2004) (Hrsg.): *Die Geschichte der Schönheit.* München, Wien.

Kraft, Hartmut (1984) (Hrsg.): *Psychoanalyse, Kunst und Kreativität heute.* Köln.

Lamers, Wolfgang (1994): *Spiel mit schwerstbehinderten Kindern und Jugendlichen.* Aachen.

Schiller, Friedrich (1948): *Über die ästhetische Erziehung des Menschen,* 1795. Krefeld.

Sütterlin, Christa. *Kunst und Ästhetik.* In: Schiefenhövel, W./Vogel, Ch. et al. (1994) (Hrsg.): *Gemachte und gedachte Welten – der Mensch und seine Ideen.* Stuttgart.

Vasari, Giorgio (2004): *Kunstgeschichte und Kunsttheorie.* Berlin (Darin insbesondere das ausführliche Glossar von Burioni und Feser).

Der fruchtbare Moment im Ausbildungsprozess – ein trialer Ansatz

Hans Egli

Herausforderungen an Bildung und Ausbildung

Ausbildungen sind heute in vielerlei Hinsicht aufgefordert zu grundlegenden Veränderungen. Sehr entscheidende Auslöser dafür liegen einerseits in der Internationalisierung (Globalisierung in Wirtschaft, Wissenschaft, Technik, Kultur und Medien) von Bildung und Ausbildung und andererseits in der Individualisierung der Gesellschaft und des Alltagslebens.

Mit der Erklärung von Bologna[1] vom Juni 1999 geben die europäischen Bildungsminister eine Antwort auf diese gesellschaftlichen Veränderungen. Im Bereich der Bildung und Ausbildung soll der Internationalisierung und der Individualisierung durch die Einführung eines verständlichen Systems vergleichbarer Abschlüsse, durch die Modularisierung der Studienabschlüsse und durch die Einführung eines Leistungspunktesystems Rechnung getragen werden.

Die Erklärung der Bildungsminister hatte einen starken und nachhaltigen Einfluss auf das gesamte Bildungs- und Ausbildungssystem in Europa.

---

1 Erklärung von Bologna, 19. Juni 1999: 29 europäische Bildungsminister verabschieden die gemeinsame Erklärung zur Bildungsreform. Auch die Schweiz ist vertreten. Die für die Hochschulbildung zuständigen Minister aus Frankreich, Deutschland, Grossbritannien und Italien verpflichteten sich schon 1998 zu einem gemeinsamen Rahmen der Hochschulbildung, um die Anerkennung der akademischen Abschlüsse im Ausland und die Mobilität der Studierenden zu fördern. Anlässlich der Prager Konferenz (Mai 2001) wurde die Bedeutung von Mobilität, Qualitätssicherung und Akkreditierung, die europäische Dimension in der Ausbildung, das lebenslange Lernen und die Schaffung eines europäischen Hochschulraumes bekräftigt.

Internationalität der anthroposophischen Ausbildungen

Seit einigen Jahrzehnten nahm eine Kommission Aufgaben der Zusammenarbeit, der gegenseitigen Anerkennung und der Transparenz unter den verschiedenen anthroposophischen Ausbildungsstätten wahr. Eine besondere Qualität dieses Arbeitskreises erwies sich in der internationalen Zusammensetzung. Dadurch konnten Veränderungen, die über den eigenen nationalen Erfahrungshintergrund hinaus reichen, in die gemeinsame Bearbeitung von Ausbildungsgängen einbezogen werden. Aus unterschiedlichen Wertungen von Zielen und Kompetenzen, die sich nicht zuletzt auf unterschiedliche Mentalitäten zurückführen liessen, entstanden fruchtbare und weiterführende Dialoge. Vergleiche mit der Vergangenheit zeigten zudem die globalen Veränderungen sowohl bei den Studierenden, dem Lehrkörper wie auch bei den Ausbildungs- und Studienstätten.

Veränderte Voraussetzungen bei den Auszubildenden
Auffallend ist, dass gegenwärtig bei der Berufswahl vieler der Auszubildenden die Sinnfrage an vorderster Stelle steht. Es wird nach Perspektiven gesucht, die über Nützlichkeit und Brauchbarkeit hinaus reichen. Im Wunsch nach einer umfassenden beruflichen Grundlage ist auch der gleichwertige Einbezug der Praxis nicht zu überhören. Von den Dozierenden wird mehrheitlich erwartet, dass sich ihr Aufgabenverständnis nicht allein in der Wissensvermittlung erschöpft, sondern dass sie die Auszubildenden auch als Lernende unterstützen und fördern.

Veränderte Voraussetzungen bei den Dozierenden
In den vergangenen Jahrzehnten hat sich das Fachwissen in Heilpädagogik und Sozialpädagogik explosionsartig erweitert und in verschiedene Fachbereiche gefächert. Fach- und systemübergreifende Zusammenarbeit steht heute im Vordergrund. Die Auseinandersetzung mit unterschiedlichen Ansätzen (Medizin, Psychologie, Soziologie, Heilpädagogik usw.) führt zu differenzierteren und klientengerechteren Sichtweisen. Allerdings besteht die Gefahr der Überschüttung mit Fachwissen ohne den gesicherten und ausreichend verarbeiteten persönlichen Bezug. Bei einschränkenden Nachvollzugsmöglichkeiten entstehen bei den Studierenden Passivität und Resignation und in der Folge auch Enttäuschungen bei den Dozierenden.

Veränderte Voraussetzungen in den Ausbildungsstätten
Für Ausbildungsstätten besteht ein Dilemma zwischen der zunehmenden Reglementierung, Standardisierung und Fremdbestimmung der Ausbildungsgänge einerseits und der Pflege des individuellen Charakters, des eigenen Profils der Ausbildungsstätte andererseits. Anthroposophische Ausbildungsstätten für Heilpädagogik und Sozial-

pädagogik umfassen ein breites Spektrum und reichen von Institutionen mit einem minimalen staatlichen Anerkennungsgrad bis zu solchen mit direkter Einbindung in Universität und Hochschule.

Erkenntnisbildung und Praxisausbildung als gleichwertige Lernfelder

Moderne Ausbildungen legen Wert auf ein duales Ausbildungssystem. Die Praxis wird als entscheidendes Lernfeld in den Ausbildungsgang einbezogen. So stellt eine Hochschule nach dem Zusammenschluss mit einer Berufsakademie fest, dass dadurch eine wesentliche Erweiterung und Ausdifferenzierung branchenbezogener Aspekte habe erreicht werden können.

Schule und Praxis ergänzen sich – ein duales Ausbildungssystem
Eine Umschau in Ausbildungsdokumentationen verschiedener dual aufgebauter Ausbildungsinstitutionen zeigt die nahezu übereinstimmende Erwähnung folgender Ausbildungsschwerpunkte:
- Das duale Ausbildungskonzept führt zu Kompetenzen in Schule und Arbeitsplatz.
- Die Auszubildenden erwerben in der Schule die notwendigen theoretischen Grundlagen und Kompetenzen und reflektieren, modifizieren und ergänzen gleichzeitig ihre praktischen Erfahrungen. Sie lernen ihre eigenen Handlungs- und Erklärungsmuster kennen.
- Das in der schulischen Ausbildung erworbene theoretische Wissen wird mit der Realität der Praxis konfrontiert und durch angeleitetes und reflektiertes Handeln differenziert und angepasst.
- Wissenskompetenzen, Methodenkompetenzen, persönliche und soziale Kompetenzen werden gleichwertig ausgebildet und verknüpft.
- Die Praxisanbieter übernehmen den Part für die Praxisausbildung und qualifizieren sich dafür.

Praxisanbieter erfüllen nicht (mehr) nur die Rolle als Kunde und Abnehmer der «Produkte» einer Ausbildungs- und Studienstätte. Zur Erfüllung des dualen Ausbildungssystems gehen Schule und Praxisanbieter gemeinsame Wege zur Kompetenzerweiterung. Dieser Umstand führt in der Praxis zu einem Motivationsschub.

Erkenntnis, Praxis und Kunst – ein triales System

Die Entwicklung der Nachkriegsjahre und speziell die Öffnung zu den ehemaligen Ostblockländern in den Neunzigerjahren führte unter den anthroposophischen Ausbildungen zu einer verstärkten internationalen Zusammenarbeit. Im Rahmen des

Leonardo-da-Vinci-Programms der Europäischen Union wurde der gegenwärtige Ausbildungsstand mit Blick auf Europa untersucht. Ein wesentliches Ziel galt der Feststellung und Beschreibung von Schwerpunkten dieser Ausbildungen. Die Ergebnisse wurden im Handbuch «Ausbildung in Heilpädagogik und Sozialtherapie» (KONFERENZ 2001) veröffentlicht. Im Folgenden wird der triale Ausbildungsweg mit besonderer Berücksichtigung der Kunst betrachtet.

Das triale System

Als «Triales System» (auch als trialer Ausbildungsweg oder triale Ausbildungsmethodik bezeichnet) wird ein dreifacher methodischer Ansatz in der heilpädagogischen und sozialtherapeutischen Ausbildung auf anthroposophischer Grundlage in der Durchdringung von 1. Erkenntnisbildung, 2. Praxiserfahrung und 3. Schulung durch künstlerisches Üben verstanden (Ausbildungshandbuch, Glossar). In der Dreiheit von

- Erkenntnisbildung,
- Praxiserfahrung,
- künstlerischem Üben

werden Studierende angeleitet, sich in drei qualitativ unterschiedliche, sich jedoch gegenseitig durchdringende und unterstützende Lernbereiche einzuarbeiten. Wobei die inhaltlichen Schwerpunkte und die Gewichtung der Erkenntnisbildung und der Praxiserfahrung dem oben beschriebenen dualen Ausbildungsprinzip vergleichbar sind.

Studium zur Erkenntnisbildung
«In der Erkenntnisbildung handelt es sich darum, den methodischen Wechsel von sich stärker differenzierenden Wegen des Fragens, Verstehens und Erkundens, des erklärenden Darstellens und aufnehmenden Lernens sowie der übenden, diskursiven Bearbeitung von Inhalten der jeweiligen Lerngruppe und den Bedürfnissen der Einzelnen entsprechend zu gestalten» (KONFERENZ 2001, Ausbildungshandbuch, S. 1–53). Teilweise wird in anthroposophischen Ausbildungen nach Methoden der Action Research gearbeitet (ALTRICHTER/POSCH).

Praxiserfahrung – Die Uneindeutigkeit der Praxis
Die Auszubildenden sehen sich in der Praxis häufig vor uneindeutige und widersprüchliche Situationen gestellt. Das Leben bietet in der Regel keine «Schulbeispiele», um vereinfacht und abgekürzt zu lernen. Für Dozierende ist es durchaus legitim, manchmal aber auch verlockend, komplexe Lebenssituationen auf Schulbeispiele zu reduzieren (vielleicht um die Studierenden von der Richtigkeit einer Theorie zu überzeugen). Der Alltag lässt nur selten endgültige Lösungen für komplexe Situa-

tionen zu. Meistens sind die getroffenen Entscheidungen und Handlungen das Produkt verschiedener äusserer und innerer Beeinflussungen, die sich im Augenblick der Impulsgestaltung wie in einem Brennpunkt fokussieren. In diesem Dreh- und Angelpunkt (Hypomochlion) setzt Authentizität an. Die Wirkung ist durchaus vergleichbar mit dem Flügelschlag des Schmetterlings, der das sensible Wettergeschehen beeinflusst. Genauso wie beim Wettergeschehen sind es auch bei den menschlichen Handlungen Imponderabilien, welche die Richtung und die Qualität des Geschehens weit gehend bestimmen. Mit künstlerisch-kreativem Üben werden Auszubildende für diese Prozesse sensibilisiert.

Künstlerisches Üben – situatives Handeln

> *«Dem Menschen mag es so erscheinen, dass er alles in der weitmaschigen Begriffslogik erfassen möchte, um hinter die Dinge zu kommen. Wenn aber die Natur nicht so verfährt? Wenn aber die Natur künstlerisch arbeitet? Dann ist es notwendig, dass wir mit unserem Erkenntnisvermögen ihr auf ihrem künstlerischen Wege folgen.»*
>
> (R. Steiner, GA 297a, S. 47)

Es ist für uns Zeitgenossen ungewohnt, im Sinne Steiners, der Kunst einen vergleichbaren Stellenwert einzuräumen wie der Wissenschaft, obwohl viele Künstler in ihrem Suchen nach Erkenntnis zu essenziellen Antworten vorstossen und sich nicht selten in der Wissenschaft geniale Künstlernaturen finden, wie sich umgekehrt in der Kunst auch geniale Forscher betätigen. Hat Steiner Recht, wenn er vom selben Unendlichen als Forschungsgegenstand spricht, mit dem sich sowohl die Kunst wie auch die Wissenschaft beschäftigen? «Es ist dasselbe Unendliche, das Gegenstand der Wissenschaft wie der Kunst ist, nur dass es dort anders erscheint als hier. (…) In der Wissenschaft erscheint die Natur als das alles Einzelne Umfassende rein ideell. In der Kunst erscheint ein Objekt der Aussenwelt dieses Umfassende darstellend» (STEINER 1979, S. 132). Diese Einstellung der Kunst gegenüber hat zweifellos einen wesentlichen und sinnstiftenden Einfluss auf die künstlerisch Übenden.

Authentisches Handeln – Kreativität

Ohne Zweifel ist es für das professionelle Handeln von grundlegender Bedeutung, welche beruflichen und wissenschaftlichen Qualifikationen in Studium und Praxis erworben werden. Doch wie eine Person ihrer Handlung den Stempel der Authentizität aufdrückt, lässt sich damit noch nicht beantworten. Nicht der (einengende) Blick zurück (welche Technik hilft mir, was habe ich darüber gelernt?) noch der (ausschweifende) Blick auf die Zukunft (was wird von mir erwartet, welches Ziel muss ich/will ich erreichen?) dürfen die Aufmerksamkeit schwächen und vom aktuellen Gegenwartsgeschehen abziehen. Das schwer Durchschaubare einer authentischen Willensleistung liegt offenbar in der unverkrampften Offenheit und Kreativität, die auch Ungewohntes, Unerwartetes zulässt. «Künstler und Wissenschaftler sind auf herausragende Weise kreativ. Sie bieten gleichsam einen deutlich vergrösserten Einblick in kreative Prozesse; vor allem Kunst und Wissenschaft gelten als das Paradigma menschlicher Kreativität. Selbstzeugnisse von Künstlern und Wissenschaftlern haben deshalb ein besonderes Gewicht» (BRODBECK 1999, S. 6).

«Wir müssen offen sein für die Idee», sagt Brodbeck. «Kreativität ist nicht etwas, das wir bewusst herstellen können. Sie hat tatsächlich ein wenig den Duft von etwas Besonderem (auch wenn wir vielleicht nicht mehr sagen: ‹Göttlichem›). Andererseits können wir aber sagen: Wenn wir eng, verbohrt, aufgeregt, im Stress, verschlossen, engstirnig sind, dann kann sich Kreativität nicht ereignen. Man kann Kreativität wirksam einschränken. Wodurch? Durch mechanisches Verhalten – aber auch durch Unfähigkeit» (BRODBECK 1999, S. 23). Allerdings kann auch gesagt werden, dass sich Kreativität kaum einstellt, ohne Ausdauer und Anstrengung.

Der Sputnikschock in den USA der 50er-Jahre löste einen Forschungsschub nach der menschlichen Kreativität[2] aus. Der Typus «kreativer Mensch» wurde entdeckt. In psychologischen Verfahren wurde nach Faktoren kreativer Menschen gesucht, um entscheidende Eigenschaften bei anderen Menschen möglichst frühzeitig zu fördern. Fazit dieser Forschung: «Offenbar gibt es keine besonderen Faktoren, die die Menschen in zwei Klassen teilen: kreative und nichtkreative. (…) Ein Absolvent der Universität Cambridge oder Harvard ist nicht prinzipiell kreativer als eine Hausfrau oder ein Verkäufer. Sie sind nur auf andere Weise kreativ» (BRODBECK 1999, S. 23).

Kreativität im Bildungsprozess

Wir teilen die Erfahrung, dass Kreativität durch mechanisches Verhalten, durch Stress, Verschlossenheit, Verbohrtheit usw. eingeschränkt, ja verhindert wird. Ebenso machen wir die Erfahrung, dass sich Kreativität kaum ohne Anstrengung einstellt. Die Anstrengung muss allerdings so gestaltet sein, dass sie Kreativität zulässt. In der Offen-

---

2   «Der Auftakt zu Wettrennen um die Erforschung der Kreativität war ein technisches Ereignis, nämlich die Entsendung des ersten Sputniks ins Weltall. Der Bedarf an kreativen Wissenschaftlern brachten Staat und Industrie vor allem in Amerika dazu, psychologische Untersuchungen zum Thema der Kreativität zu finanzieren und zu fördern. Dieser Beginn stand unter dem Motto: Um als Nation zu überleben, muss das Individuum kreativ denken» (*E. Landau*, zit. in: BRODBECK 1999, S. 4).

heit für das Einmalige und Spezielle jeder Situation und in der Bereitschaft, sich auf genau diese Einmaligkeit einzulassen, liegt die Befähigung, das Neue, noch Unbekannte und Ungewohnte zuzulassen. Die besondere Anstrengung besteht also im Schaffen eines Freiraumes, wo sich das Ungewohnte (das den vor-gefassten Zielen nicht Entsprechende, vielleicht sogar Unerwünschte) einstellen kann. Wie oft muss hinterher, nach einer einmaligen Situation, einer vollzogenen Handlung bei selbstkritischer Beurteilung festgestellt werden, dass im entscheidenden Moment eine kreative Lösung verpasst oder einfach nicht zugelassen wurde! *Das Problem der Kreativität im Bildungsprozess scheint nicht in erster Linie ein Problem der Unfähigkeit zu Kreativität zu sein, als vielmehr ein Problem des nicht «Zulassen-Könnens» oder «Zulassen-Wollens» von Kreativität.*

Jeder Mensch ist kreativ! Das spielende, zeichnende und sprechende Vorschulkind beweist es. Die Behauptung aber ist nicht unbegründet, dass eine auf das kognitive Potenzial des Menschen abzielende Bildung bzw. Ausbildung, die gleichzeitig musisch-künstlerische Aspekte zugunsten «nutzbringender Inhalte» zum nebensächlichen Attribut mutieren lässt, Kreativität sukzessive verhindert.

«Die letzten Generationen haben ihr Schwergewicht mehr und mehr auf das unmittelbar Verwertbare gelegt. (…) Nach und nach wird alles Musische verdrängt, alles, was die Phantasie fördert und was unverzichtbar ist – fast müsste man schon sagen: wäre – für ein menschenwürdiges Leben. Es ist symptomatisch für unsere Bildungsziele, dass bei den Kontrollmethoden – etwa der Pisa-Studie – die Musik praktisch keine Rolle spielt. (…) Wenn zu Rechnen, Schreiben und Lesen nicht die Kunsterziehung gleichgewichtig hinzutritt, wenn das Nützlichkeitsdenken alles beherrscht – und wir sind nahe daran –, dann besteht höchste Gefahr, dass der Materialismus und die Raffgier zur götzenhaften Religion unserer Zeit werden.» (HARNONCOURT 2006)[3]

Ein guter Kunstunterricht ermöglicht es den Übenden, Grenzerfahrungen zu machen, und er schafft Raum für Selbstreflexion und Selbsteinschätzung. Im gleichen Mass wächst bei den Betroffenen der Wille, diese Grenzen zu weiten. Beispielhaft gelingt es dem Filmemacher Urs Graf in «Die Zeit mit Katharina», den Entwicklungsweg der Schauspielschülerin Katharina Bohny über ihre vierjährige Ausbildungszeit zu begleiten und ihre eindrückliche persönliche Veränderung und Reifung filmisch zu dokumentieren (GRAF 1999, Dok-Film). Künstlerisches Üben bedarf eines systematischen und geregelten Aufbaues und darf nicht mit Willkür oder «Herumhängen» verwechselt werden. Vergleiche auch hierzu das Interview mit Clown Dimitri über Improvisation in dieser Publikation.

---

3   Nikolaus Harnoncourt, österreichischer Dirigent, hat das Mozart-Bild massgeblich beeinflusst.

Der fruchtbare Moment im Ausbildungsprozess[4]

An der «Schnittfläche», wo sich einerseits Wissen und Erfahrung (Vergangenheitsbezug) und andererseits das auf rationale Ziele und Vorsätze gerichtete Handeln (Zukunftsbezug, prospektiv) berühren, lässt sich der eigentlich fruchtbare Moment im Bildungs- respektive Ausbildungsprozess ausmachen. Liegt hier nicht eine wesentliche Quelle für die Entdeckerfreude des forschenden Geistes sowohl beim Kind wie beim Erwachsenen? Diese Schwelle gilt es in zunehmender Achtsamkeit und in aktiver Ruhe zu hegen und zu pflegen. Das heisst, sich nicht vom Wissensdrang nach der Manier «Kenne ich doch schon, habe ich verstanden» gleich gradlinig zum nächsten Lern-Event weiterreissen zu lassen. Für das Lernen eröffnet sich erst dann eine neue Dimension.

«Eigentlich ist die Achtsamkeit, die Wachheit und die einhergehende Ruhe und Offenheit auch das Ziel, das wir in allen anderen Zielen suchen: Achtsamkeit ist Quelle und Ziel der Kreativität. Sie ist auch unser ‹Kern› als Menschen, unsere grundlegende Freiheit und Offenheit. Deshalb ist die Betätigung dieser Freiheit als Kreativität auch in höchstem Masse befriedigend. Man könnte sagen: Das Ziel der Kreativität ist die Kreativität. Das Aufwachen zum Weg der Kreativität ist ihr Ziel» (BRODBECK 1999, S. 65).

Wo geschieht Veränderung? – Pflege sensibler Übergänge

Wie so oft, sind es Grenzen, Schwellen, Übergänge, wo sich Entscheidendes ereignet[5], wo Veränderung geschieht, wo sich aber auch Chancen und Risiken häufen. Dies trifft auch zu für die Ausbildung, weil es um das lernende Erweitern von Vorstellungen und Kenntnissen und um das Verändern von Gewohnheiten und Gepflogenheiten geht. Ausbildung wird zu einer Unternehmung, die neben der Fachlichkeit Mut und Risikobereitschaft bei Studierenden und Dozierenden erfordert.

In seinen wissenschaftlichen Abhandlungen über Botanik und Wissenschaftslehre machte sich auch Goethe Gedanken über die hier angesprochenen Gefahren. Er verglich das Überschreiten der Grenze zwischen Erkennen und Handeln mit dem Übersteigen eines Passes: «... denn beim Übergang von der Erfahrung zum Urteil, von der Erkenntnis zur Anwendung ist es, wo dem Menschen gleichsam wie an einem Passe

---

4   In Anlehnung an Friedrich Copei ([1]1924): Der fruchtbare Moment im Bildungsprozess.
5   Die Entdeckung elektro-physikalischer Prozesse bei den so genannten Halbleitern führte 1947 zur Erfindung des Transistors. Die Grenzflächen sich berührender Halbleiter (Bsp. Germanium) erwiesen sich als hochsensibel für elektrische Reize. In der Folge liess sich diese Entdeckung für Steuerungszwecke verwenden. Den Entdeckern wurde 1956 der Nobelpreis verliehen.

alle seine inneren Feinde auflauern, Einbildungskraft, Ungeduld, Vorschnelligkeit, Selbstzufriedenheit, Steifheit, Gedankenform, vorgefasste Meinung, Bequemlichkeit, Leichtsinn, Veränderlichkeit und wie die ganze Schar mit ihrem Gefolge heissen mag, alle liegen hier im Hinterhalt und überwältigen unversehens sowohl den handelnden Weltmann als auch den stillen, vor allen Leidenschaften gesichert scheinenden Beobachter» (GOETHE, S. 161).

Von einer anderen Seite kommend ringt Paul Cézanne um dasselbe Phänomen. Gasquet beschreibt die folgende Situation: «‹Nun ja!› – Er (Cézanne) wiederholt seine Bewegung, entfernt die Hände voneinander, die zehn Finger gespreizt, nähert sie dann langsam, langsam, faltet sie wieder, verschränkt sie krampfhaft ineinander. ‹Hier, das ist es, was man erreichen muss. Wenn ich zu hoch oder zu tief greife, ist alles verpfuscht. Es darf keine einzige lockere Masche geben, kein Loch, durch das die Erregung, das Licht, die Wahrheit entschlüpft. Ich lenke, verstehen Sie, den Realisationsprozess auf meiner Leinwand in allen Teilen gleichzeitig›.» (CÉZANNE, S. 9).

Anthroposophische Heilpädagogik, Sozialpädagogik und Sozialtherapie will mit der trialen Ausbildungsmethodik ein besonderes Gewicht auf die Pflege und Erforschung dieser sensiblen Übergänge lenken, wo sich Erkenntnisbildung und Praxiserfahrung berühren. In der Pflege der Kunst sieht sie eine wirksame Methodik, um dieses Ziel zu erreichen.

Bedeutende Künstler und Wissenschaftler über Kunst und Bildung

Die Kunst ist eben keine hübsche Zuwaage – sie ist die Nabelschnur,
die uns mit dem Göttlichen verbindet, sie garantiert unser Mensch-Sein.
Nikolaus Harnoncourt

In einem Dokumentarfilm über das Leben Mozarts (ARTE/ORF) stellt ein Kulturhistoriker fest, dass Mozart keinen Tag zur Schule ging. Kinder der damaligen Zeit, die häufig mit ihren Vätern unterwegs waren, seien auch unterwegs von diesen geschult worden. «Unsere Gesellschaft ist nicht darauf trainiert, Begabung zu erkennen, primär, sondern ist darauf trainiert, Menschen anzupassen. Also quasi bereit zu machen für etwas, was sie als Gesellschaft für vorstellbar hält. (…) Statt dass wir versuchen Begabungen (…) heraus zu fördern, werden alle über einen Kamm geschert, und wenn es geht, in ein Schema gepresst, wo sicher Begabung nicht gefördert wird, und das nennt man Schule!»

Johannes Wickert berichtet, wie Albert Einstein in den Nachkriegsjahren enttäuscht feststellte: «Die Kunst habe ihre Verankerung in der Gemeinschaft verloren. Das kulturelle Erbe sei durch das Sinken der Werte bedroht und jede Heiligkeit des Lebens verloren gegangen. Vor allem finde der Begriff der Wahrheit um ihrer selbst willen keine Anhänger mehr. Eine ganze Forschergeneration habe vergessen, dass die Wissenschaft verkümmern müsse, wenn sie nur praktische Ziele im Auge habe» (*Albert Einstein,* in: WICKERT 2005, S. 149).

Die Biologin Florianne Koechlin erinnert sich an ihren Lehrer Adolf Portmann, der nicht müde geworden sei, «darauf hinzuweisen, dass naturwissenschaftliches Wissen mehr beinhalte als nur das exakte Messbare. Genauso wichtig sei das Spürbare und das Sinnliche, ja auch das anteilnehmende Erfahren. Er forderte ein wahres savoir par cœur, ein Erkennen der Welt nicht allein mit den Mitteln des Verstandes, sondern auch mit den Mitteln des Herzens» (KOECHLIN 2005, S. 78).

Ausbildungsziel

Ein erfolgreicher Künstler beherrscht sein handwerkliches Fundament so gut, dass er mit seiner Kunst frei umgehen kann. Genauso müssen Auszubildende ihr Handwerk (sprich: Wissen und Können) so beherrschen lernen, dass sie die Kunst des Erziehens, Begleitens und Bildens verstehen und umsetzen können. Pädagogik, Heilpädagogik und Sozialpädagogik sprechen von Erziehungskunst bzw. von sozialer Kunst. «Die Studierenden werden auf ihre erziehungs- resp. sozialkünstlerische Aufgabe vorbereitet. (…) Die Ausbildungsinhalte müssen befähigen, Kenntnisse nicht reproduktiv anzuwenden, sondern in der Praxis zu jeweils neuen Handlungsweisen zu finden» (KONFERENZ 2001, Ausbildungshandbuch, S. 1–45). Anthroposophische Heilpädagogik, Sozialpädagogik und Sozialtherapie will in Lehre und Praxis mit Unterstützung von Künstlern den Ausbildungsauftrag so gestalten, dass sowohl Fachkompetenzen, aber auch kreative, sozial-kreative und auf Authentizität abgestimmte Ziele fruchtbar umgesetzt werden können.

Literaturverzeichnis

ALTRICHTER, Herbert/POSCH, Peter (1998): *Lehrer erforschen ihren Unterricht.* Bad Heilbrunn: Julius Klinkhardt.

BRODBECK, Karl-Heinz (1999): *Entscheidung zur Kreativität.* Darmstadt: Wissenschaftliche Buchgesellschaft.

COPEI, Friedrich (1969): *Der fruchtbare Moment im Bildungsprozess.* Heidelberg, Wiesbaden: Quelle u. Meyer.

HARNONCOURT, Nikolaus: In: *Neue Zürcher Zeitung NZZ* vom 28. Januar 2006.

GOETHE: *Schriften zur Botanik und Wissenschaftslehre.* München: dtv Gesamtausgabe 39.

KOECHLIN, Florianne (2005): *Zellgeflüster – Streifzüge durch wissenschaftliches Neuland.* Basel: Lenos.

KONFERENZ für Heilpädagogik und Sozialtherapie, Medizinische Sektion der Freien Hochschule am Goetheanum (Hrsg.) (2001): *Handbuch für Ausbildungen in Heilpädagogik und Sozialtherapie.* Dornach.

CÉZANNE, Paul (1948): *Über die Kunst – Gespräche mit Gasquet.* Berlin: Henssel.

STEINER, Rudolf (1979): *Grundlinien einer Erkenntnistheorie.* GA 2. Dornach: Rudolf Steiner Verlag.

STEINER, Rudolf: *Erziehung zum Leben.* GA 297a. Dornach: Rudolf Steiner Verlag.

WICKERT, Johannes (2005): *Albert Einstein.* Hamburg: Rowohlt Klassiker.

Dokumentarfilme

GRAF, Urs, (1999): *Die Zeit mit Katharina. Mitwirkung von Dozierenden und Studierenden der Schauspiel Akademie Zürich.* Produktion: Filmkollektiv Zürich.

ARTE/ORF (2006): *Wolfgang Wer?* Ausgestrahlt am 15. Januar.

Die Kunst des Sprechens

Agnes Zehnter

Wie alles beginnt: Von der Bewegung zur Sprache

Dienstagnachmittag, kurz vor 16 Uhr im Saal der Höheren Fachschule für anthroposophische Heilpädagogik – noch steht das Fenster offen und lässt frische Luft und Vogelgesang in den grossen, hohen Raum herein. Da kommen auch schon die StudentInnen, begrüssen mich freudig per Handschlag, setzen sich kurz auf die Bank unterm Fenster, bis alle da sind – und es kann losgehen: Von der Bewegung im Raum in die Sprache, wie das kleine Kind erst gehen, dann sprechen lernt. So machen wir es auch, wir, die wir dankbar sind, sprechen zu können, die sich aber auf den Weg machen, diese Gabe bewusst zu ergreifen und damit umso mehr lieben zu lernen.

So gehen wir zunächst frei im Raum herum, versuchen unsere Schritte innerlich zu begleiten und begrüssen die schlichte und doch zu bewundernde Tatsache, dass wir von der Stelle kommen. Nachdem wir auf diese Weise die Höhe des Raumes, ja des Himmels und die Weite des Horizontes – sei es eine Schweizer Berglandschaft, sei es das brandende Meer – in unserer belebten Vorstellung wachgerufen und mit unserem ganzen Menschen durchlaufen haben, bleiben wir stehen, wo wir gerade sind. Gelingt es uns, die Stimmung aufrechtzuerhalten – in uns und um uns –, so haben wir eine ideale Ausgangssituation: Unser «Instrument» ist gestimmt, wir haben eine angenehme Ausstrahlung und sind für die Welt, für unsere Mitmenschen, für die Sprache da.

Raum und Zeit: «Das Was bedenke, mehr bedenke Wie!»

Haben wir uns in den Raum – oben/unten – hinten/vorne – rechts/links – hineingestellt, können wir uns dort auch zu Gehör bringen. Stehend – aber mit der Seele, mit der Vorstellung, mit dem Erlebnis bewegend – greifen wir unter unsere Füsse, in die Erde hinein und kommen uns selbst wie von unten entgegen: in diesen Moment hinein sprechen wir das schlichte Wort: «unten». Nun greifen wir mit der Seele weit hinauf, behalten aber den Kontakt zur Erde und sprechen: «oben». Schliesslich verbinden wir die beiden Pole, weiten uns in den Horinzont und lassen diesen zu unserer Herzregion zurückwirken und sprechen: «Mitte».

Vergleichen wir diese Hör-Ergebnisse mit unserer alltäglichen Aufzählung der Worte: unten – oben – Mitte, so wird hör-bar, was Sprachgestaltung will, wo Sprachgestaltung beginnt. In der Aufzählung zählt nur die Information, das Was. In der lebendig vorbereiteten, vor-gegriffenen Version, wie sie oben beschrieben ist, wird das Wie bedeutsam und er-zählt uns etwas vom Was, das völkerübergreifend gleich ist, über Sprachen hinweg dem zugrunde liegt, was gemeint ist mit «unten». Das vorher in der Seele erlebte, den Raum bewegte Wort nimmt Gestalt an, erfährt eine Gestaltung im Sprech-Moment, ohne dass ich ihm etwas aufzwinge, es fängt für einen kurzen Augenblick ein Stück Wahrheit ein, die erlebbar wird.

In Beispielen wie «Lehre» und «Leere» wird der Sinn und Zweck, aber auch der Mühe Lohn dieser Vorgehensweise deutlich: «Lehre» greife ich «voll» und umfassend vor; bevor ich «Leere» sage, mache ich innerlich eine horizontale, verneinende Gebärde und empfinde «nichts». Versuchen Sies! Es wird hörbar!

Wir holen in die Gegenwart, in die Aktualität das mit dem Vorgriff herein, was hinter der Sprache liegt – wir gestalten Zeit.

So können wir auch an etwas Vergangenes uns erinnern, dort uns verweilen und mit einem dunklen Klang im hinteren Gaumenbereich sagen: «Es war einmal...» Oder wir klatschen in die Hände und sagen gleich darauf mit einer klaren Stimme hinter den Schneidezähnen: «jetzt!» Oder wir greifen hoffend in den Zukunftsraum vor uns und sagen mit vorsichtiger, tastender Stimmführung wie vor den Lippen zu uns her: «morgen?»

Im unbewussten Alltagssprechen hören wir hin und wieder eine derartige Differenzierung aus der Natur des Sprechenden heraus. Die grosse Aufgabe des heutigen Menschen – seine Verantwortung in seinem Beruf, seine Wirksamkeit – hängt stark davon ab, ob er diese Natur zur Kultur, d.h. zur bewussten, künstlerischen Handhabung modifizieren kann.

Wenn wir so im Raum stehen, uns innerlich im Raum bewegend Zeit gestalten, ruhig und gelassen eine zurückliegende Begebenheit schildern, wach und freudig vom Jetzt sprechen, ahnend und vor-freudig vom Kommenden, entstehen neue Räume, die unser Erleben mitnehmen in Stimmungen, in Atmosphären hinein. Ein guter Pädagoge wechselt auf diese Weise den so genannten Stimmansatz, je nachdem ob er von Cäsar, von einer jetzt zu lösenden Mathematikaufgabe oder von einer zu erwartenden Nebelstimmung im nahenden Herbst spricht.

Die Zauberkraft der Bilder

«Kann man lernen, in Bildern zu sprechen?», fragte mich eine Studentin. Sie hatte «auf der Gruppe» in ihrer praktischen Arbeit unter der Woche die Erfahrung gemacht, dass bei vielen Betreuten gar kein Erfolg zu erzielen ist, wenn man z.B. sagt: «Setze dich aufrecht hin» bzw. auf Schweizerdeutsch: «Hock grad häre!» Regelrecht Wunder wirken aber Sätze wie: «Setz dich mal aufrecht wie ein König», oder «Hock grad häre wie wenn d' a Chönig wärisch.»

Ja, das Bild erreicht die Erlebnisebene und somit viel mehr vom ganzen Menschen, als die uns meist umgebende verstandesorientierte Informationssprache.

Wenn es uns dann und wann auch noch gelingt, spontan kleine Rhythmen und Reime für die Alltagssituationen zu erfinden, geht vieles leichter von der Hand:

«Schnell wie der Wind, mein liebes Kind.»

«Schnauf, schnauf, schnauf den Berg hinauf!»

*«Zähneputzen ist nicht schwer, Zähneputzen mag ich sehr,
einmal hin – einmal her – rundherum, das ist nicht schwer.»*

*«Sag mal deinen Füssen, ich lasse sie grüssen!
Sag ihnen ganz leise auf flüsternde Weise,
sie sollen tüchtig gehen und niemals stillestehen!»*

Die beste Anregung für die eigene Formulierungsgabe ist das tägliche freudige Umgehen mit dem Dichterwort. Wer beneidet nicht Joseph von Eichendorff um sein berühmtes Bild im Gedicht «Mondnacht»: «Es war, als hätt' der Himmel die Erde still geküsst»! Aber auch Hilde Domin führt uns in den bildhaften, die Seele berührenden Vergleich:

*«Nicht müde werden
Sondern dem Wunder
Leise
Wie einem Vogel
Die Hand hinhalten.»*

Die Schweizer Dichterin Thea Uhr lässt uns teilhaben an ihrem Bemühen, einen Innenraum, einen lichten, geschützten Raum für die eigene Seele zu bauen:

*«… baue auf fremden Boden
nun die Sonnenquader
Der Versuch von Helle
für meinen Innenhof»*

Schliesslich sind die Märchen auch eine Fundgrube, bestehen sie doch durch und durch aus Bildern. So heisst es in «Schneeweisschen und Rosenrot»: «Als sie nahe bei dem Bach waren, sahen sie, dass etwas wie eine grosse Heuschrecke nach dem Wasser zuhüpfte, als wollte sie hineinspringen.» «Dass ihr laufen müsstet und die Schuhsohlen verloren hättet!» «Da, die beiden gottlosen Mädchen packt, das sind für Euch zarte Bissen, fett wie junge Wachteln, die fresst in Gottes Namen.»

Um selbst in der Alltagssprache Bilder zu verwenden, braucht es ausser der Anregung durch das Dichterwort meist noch eine gehörige Portion Mut. Denn eine verstandesmässige Formulierung fällt uns erstens schneller ein, zweitens gehen wir sicher, dass wir uns «verständlich» ausdrücken, und drittens sind wir nicht selber mit Haut und Haar gefragt, dabei zu sein. Wer allerdings in einer schon etwas vertrauten Umgebung die ersten Schritte in diese Zauberwelt der Bildsprache wagt, wird selbst bezaubert sein von ihrer Wirkung und die Zunge löst sich nach und nach. Also wirf dein Herz über die Hürde!

Haben Sie heute schon ein Bild verschenkt?

Was Freude macht, stärkt das Selbstbewusstsein

Wer kennt nicht den Anblick eines Jungen, dem es gelingt, einen überschweren Koffer zu tragen oder erfolgreich einen Bumerang zu werfen? Freude und Zufriedenheit glänzt aus jedem Knopfloch und der Dreikäsehoch wird zum stattlichen jungen Mann!

Wer kennt nicht den Anblick eines Mädchens, dem es gelingt, dem Vater einen kleinen Streich zu spielen oder auf dem Einrad frei herumzufahren? Erfülltsein bis in die grosse Zehe, eine Anmut und Grösse breitet sich aus.

Bei uns Erwachsenen ist es nicht anders, nur schaffen wir uns selber oder gegenseitig meist viel zu selten Gelegenheiten, freudig, wirklich freudig zu sein!

Die erste und entscheidende Bedingung für ein Erleben, an dem uns Freude erwächst, ist das ganz Erfüllt-Sein, das Drin-Sein in einer Sache, in einem Vorgang.

Vergleichen wir es mit der Gebärde: Ich kann mit meiner Hand eine Bewegung ausführen, mit Kopf und Sinn aber anderwärtig beschäftigt sein und somit gar nicht «in der Hand drinnen sein». Die gleiche Handbewegung kann ich nun mit Sinn und Verstand, mit ganzem Herzen erfühlen, begleiten und ausführen: Sie bekommt Anmut, Ausstrahlung und etwas Wesenhaftes/Wesentliches, sie wird wahr-genommen.

Übertragen wir diese Erfahrung auf den Sprech-Moment: Ich kann, wie im ersten Kapitel erwähnt, einfach eine Aufzählung sagen, z. B. Sonne, Schnürsenkel und Vermicelles. Ich kann aber auch künstlerisch vorgreifen, d. h. erst Sonne warm und leuchtend erleben und «im Raum platzieren» und dann sprechen: Sonne. Dann wechsle ich die innere Ausrichtung und gebe mich ganz der Eigenart des Schnürsenkels hin, seiner Beweglichkeit, Nützlichkeit und Lautlichkeit (Sch-ü-s-k-l) und spreche in dieses

Vorerlebnis hinein: Schnürsenkel. Ja, und zum Vermicelles brauche ich mich gar nicht hinzubewegen, es – mhhh! – es schmeckt mir schon entgegen, es lässt mir das Wasser im Munde zusammenlaufen, es sättigt schon fast beim Anblick: Ver-mi-sell!

Bei der blossen Aufzählung bleibt die Seele im Verstandesabteil hocken – meint vielleicht noch 1. Klasse zu fahren – und verbiedert und verödet im Polstersessel, alles klingt fast gleich. Greife ich künstlerisch vor, klingt das erste Wort nach Sonne, das zweite nach Schnürsenkel, das dritte nach Vermicelles. Ich habe den ganzen Menschen angestrengt und werde auch als ganzer Mensch «belohnt» – denn es macht Spass, ist kinderleicht und erfolgreich!

Wenn wir dies nun weiter auf ganze Aussagen anwenden, in denen wir authentisch darinnen stehen und dabei immer die Ausstrahlung und den Kontakt zum Umkreis vorher herstellen, bauen wir an unserer eigenen Persönlichkeit, unserem Selbstbewusstsein, unserer Souveränität.

Im besten Falle ist ein Höheres von uns, das jeder an uns kennt, der uns schätzt und liebt, mit-anwesend, mit-wirksam im Moment des Sprechens. Wir werden er-hört, wahr-genommen und durch die Art des Zuhörens unserer Mitmenschen erneut angeregt und aufgefordert, uns zu verlautbaren, uns zu offenbaren, zu zeigen.

Identisch-Sein im Sprechen stärkt nicht nur das Selbstbewusstsein auf – auch für die anderen – angenehme Art, sondern wird auf oben beschriebenem Wege ein realer Beitrag für unsere heutige Menschheitsaufgabe, das uns herausfordernde Projekt: die Sozialkunst.

Bildung – Aus-Bildung – Um-Bildung

Haben die bisherigen Schilderungen Einblicke in einige Möglichkeiten der Sprache gegeben, in ihre Er-höhung von einer naturgegebenen Gabe in kulturschaffende Wirkungen, stellt sich nun die Frage: Worin besteht der Beitrag des Faches «Sprachgestaltung» im Ausbildungsgang Heilpädagogik/Sozialtherapie?

Entscheiden wir uns, Heilpädagogik zu studieren, lernen wir ein Gebiet kennen mit langen Erfahrungen, grossen Forschungen und Vorbildern. Viele Fächer verhelfen uns «im Bilde» zu sein, wir erfahren Bildung, werden «gebildet», gestaltet. Im Wort «Ausbildung» finden wir nun ausserdem die Vorsilbe «Aus». Was sagt sie uns? Etwas ist innen, tritt heraus, bildet sich heraus. In jedem von uns schlummern Fähigkeiten, die gehoben, die aus-gebildet werden können. «Es schlummern in *jedem* Menschen Fähigkeiten, durch die er sich Erkenntnisse über höhere Welten erwerben kann.» (STEINER 1975, S. 16). Hier können die künstlerischen Fächer ihren essenziellen Beitrag geben. Hat doch die künstlerische Betätigung ihren Schwerpunkt darinnen, Innen und Aussen in einen Einklang, in ein Zusammenspiel, in eine gegenseitige Aufeinanderzu-Bewegung zu bringen. Die Sprachgestaltung kann die «Äusserung» des Menschen differenzieren, gestalten, ja überhaupt erst ermöglichen und somit dem Pädagogen/ Agogen im besten Sinne zur Wirksamkeit verhelfen. Auch sind wir ja im sozialen Bereich ständig aufgefordert, Lernende zu bleiben, bereit zu sein, uns zu verändern, uns um-zubilden. So führte ein Gespräch mit den Studenten über Sprachgestaltung zu der spontanen humorvollen Aussage: «Dann sind wir hier ja nicht nur in einer Ausbildung, sondern in einer Um-Bildung.» – Sprache wird als Bewegung (Präpositionen aus-/um- sind Bewegungen), als Chance erlebt.

Zu guter Letzt

Bereits mit dem ersten Schritt – der Bewegung im Raum – schaffen wir Umraum, tragen den Umkreis, in dem wir uns aufrichten, uns ein- und ausrichten – uns «ich-ten», d.h. unser Ich in jedem Moment neu hineinstellen. Geben wir uns nun vom Umkreisbewusstsein dem Zeitenstrom hin, dem Zeit-Gestalten, bewegen wir aus der Zukunft, den Hörraum vorbereitend, das Bild holend – gestalten Sprache. Durch die vertiefte eigene Beschäftigung mit den Inhalten und inneren Aussagen der Märchen, Gedichte, Sprüche und das wiederholendliche Erüben in den Sprachgestaltungsstunden ergreifen wir nach Raum und Zeit eine weitere Dimension, eine dritte Ebene.

Erst durch diesen Dreischritt, durch den Zusammenklang dieser drei Aspekte verlassen wir bewusst die Alltagsebene der Sprache und wirken aus einem übergeordneten, höheren Gesichtspunkt. Rudolf Steiner fasst diesen Weg in einer seiner Atemübungen wie folgt zusammen:

In den unermesslich weiten Räumen
In den endlosen Zeiten
In der Menschenseele Tiefen
In der Weltenoffenbarung
Suche des grossen Rätsels Lösung.

Literaturverzeichnis

DOMIN, Hilde (1999): *Gesammelte Gedichte*. S. Fischer Verlag.

UHR, Thea (2002): *Innenhof, Gedichte*. Verlag Bücher von Batt.

BRÜDER GRIMM (1985): *Kinder- und Hausmärchen*. Frankfurt a.M.: Deutscher Klassiker Verlag.

STEINER, Rudolf (1993): *Wie erlangt man Erkenntnisse der höheren Welten?* Dornach: Rudolf Steiner Verlag.

STEINER, Rudolf (1983): *Methodik und Wesen der Sprachgestaltung*. Dornach: Rudolf Steiner Verlag.

Die Bewegungskunst der Eurythmie –
Beitrag zu einer künstlerischen Methodologie

Jean-Claude Hucher

Die Eurythmie ist aus dem Versuch entstanden, die Bewegungskunst zu beseelen und zu vergeistigen. Sie wurde Anfang des letzten Jahrhunderts von Rudolf Steiner entwickelt. Das Wort Eurythmie kommt aus dem Griechischen: «eu» für schön/harmonisch und «rhythmos» für gegliederte Bewegung. Fast ein Jahrhundert später bestätigen Forschungen auf dem Gebiet der Geisteswissenschaften ihren Sinn und ihre Kohärenz.

Es gibt verschiedene Indizien dafür, dass die Entwicklung in den Geisteswissenschaften zu neuen Durchbrüchen in einer Anzahl von Gebieten führt, die lange nicht beachtet wurden. Es sind dies:
- die Rehabilitierung des Körpers und der Lernprozesse über den Körper,
- die Emotionen und die damit verbundene Intelligenzform,
- die Biographie im Hinblick auf die Einzigartigkeit jedes Wesens und die das Individuum bildenden, verschiedenartigen Eigenschaften,
- die Gehirnplastizität, die neue Aspekte auf die Funktion und die Bedeutung des Gehirns eröffnet.

Diese Entwicklungen werfen ein neues Licht auf die Erneuerung einiger Lernprozesse, die Rudolf Steiner entwickelt hat: Das Lernen über den Körper, eine künstlerische Pädagogik und ein auf die allgemeine und individuelle Entwicklung des Kindes gerichtetes erzieherisches Vorgehen. Diese Formen der pädagogischen Vermittlung betreffen Kopf, Herz und Hand.

Die Kunst der Eurythmie, eine Neuschöpfung, ist darunter beispielhaft und sinnbildlich. Jenseits aller Kunst «um der Kunst willen», die an sich nötig ist, kann sie den Anspruch erheben, neben anderen Anwendungen auch ein spezifischer Bestandteil der Berufsausbildung zu werden, insbesondere auf dem Gebiet der sozialen Berufe, der Beziehungsdienstleistungen.

Das Prinzip der Eurythmie

Die Eurythmie ist als sinnvolle Bewegung und beseeltes Turnen bezeichnet worden. Zwei Prinzipien – die künstlerische Sprache in Dichtung, Erzählung, Märchen usw. und die Musik als Melodie, Rhythmus und Harmonie – erzeugen die Bewegung. So sind die Lauteurythmie als «sichtbare Sprache» und die Toneurythmie als «sichtbarer Gesang» entstanden. Die hörbare Bewegung in der Musik und in der Sprache wird in der Eurythmie sichtbare Bewegung. Die wohltuende Wirkung der eurythmischen Bewegung im pädagogischen Alltag zeigte bald eine hygienische Dimension, die zur Entwicklung einer therapeutischen Anwendung führte, der Heileurythmie. Die Eurythmie wird in der Pädagogik und Heilpädagogik unterrichtet, aber auch in Ausbildungen, Firmen, Altenheimen und öffentlichen Kursen angeboten. Therapeutisch wird sie in Kliniken und Arztpraxen angewandt – wofür eine Zusatzausbildung erforderlich ist – und als Kunst auf der Bühne dargestellt.

Die Laute der Sprache wurden phänomenologisch erarbeitet, um ihre Umsetzung in spezifische, bedeutungsvolle Bewegungen zu vollziehen. Darauf basierend entwickelte sich – jenseits der künstlerischen Ausdruckskraft der Sprache – eine Reihe von Übungen, die aus dem Wesen der Laute entspringen. Diese Übungen haben einen pädagogischen, aufbauenden Charakter. Andere Grundelemente der Sprache, wie Fürwörter, Eigenschaftswörter, Verben und Substantive sind in ihrer Grundqualität charakterisiert und umgesetzt worden.

Was schliesslich in der Eurythmie ausgedrückt wird, ist das Verhältnis des Menschen zu seiner Sprache, sind die Korrespondenzen zwischen dem menschlichen Wesen in seiner Komplexität und dem Wort in seiner schöpferischen Wirksamkeit, Musikalität, Plastizität und Sinnhaftigkeit. Dies gerade ermöglicht es der eurythmischen Kunst, Werkzeug der trialen Methode zu werden.

Die triale Methode – Beitrag der Eurythmie

Der gezielte und schöpferische Einsatz von Eurythmie kann die verschiedenen Bereiche der Berufsausbildung künstlerisch stützen. Die drei, die wir hier veranschaulichen, sind der anthropologische, der soziale und der emotionale Aspekt.

Die im Folgenden beschriebenen Übungen setzen eine genaue theoretische und praktische Kenntnis der Eurythmie voraus. Es wird im Folgenden der Versuch unternommen, die aufgeführten Übungen so genau und konkret wie möglich in ihrem Ablauf darzustellen und die damit verbundenen Prozesse zu erläutern.

Künstlerische Anthropologie
Die erste Übung ermöglicht es dem Menschen, sich bewusst in die Dimensionen des Raumes zu stellen und deren verschiedene Qualitäten zu erleben. Der dreigliedrige Mensch: *IAO:*
- *Licht im Haupte:* Streckung der Wirbelsäule von unten nach oben durch die I-Bewegung, das Haupt krönend, durch die Senkrechte.
- *Kraft in den Beinen:* Öffnung der Füsse durch die A-Bewegung, stabilisierend, verankernd, standhaft.
- *Wärme in den Armen:* Rundung der Arme durch die O-Bewegung; soziale Kommunikation, Ich in dem Anderen, das Äussere im Inneren.

Alle drei Positionen stabilisieren, einen Moment festhalten, dann: das O, das A, das I lösen. Wiederum die drei Gesten bilden, stabilisieren und lösen. Die drei Laute können stufenweise beschleunigt werden, das A springend, bis zur Vereinigung der drei Gesten in einer Bewegung.

Wandlung, Katharsis und Transzendenz der menschlichen Gestalt: «*Hallelujah*».
Diese Übung ist eine vertikale Übung und deutet zunächst auf die psychischen Schichten des Menschen hin, in ihrem Verhältnis zum Leibe:
- Die Füsse als tiefste Regionen der Psyche, wodurch das Schicksal eigentlich wirkt. Es sind die Füsse, die im Leben zu bedeutsamen Begegnungen und Ereignissen hinführen. Durch die Füsse *wird das Ereignis zum Schicksal.*
- Die Beine als Willensträger; die Ereignisse, die auf einen zuströmen empfangend, wie auch die Taten, die man gezielt durchführt. *Arme und Beine als Bereiche der Equilibration* im Sinne Piagets: *Wechselspiel zwischen Assimilation und Akkomodation.*
- Der Bauch- und Geschlechtsbereich, die Regionen des Leibes, wo der Stoffwechsel Lebensenergie spendet; wo ein Organ wie die Leber die Macht der Intentionalität in die Kraft der Verwirklichung umsetzt, die Niere die grundpsychische Spannung erzeugt, die Geschlechtsorgane die Zeugung eines neuen Lebens ermöglichen. Da sitzt das Potenzial der Lebenskraft, die auf menschliche Weise, aber auch mit Gewalt umgesetzt werden kann.
- Der Herz-Lungen Bereich, Sitz des menschlichen Fühlens, der Affekte und Emotionen, stets fluktuierend, stets in wechselnder Bewegung zwischen Bewusstwerdung (Lichtpol) und Fähigkeit zur Tat (Wärmepol).
- Der Kehlkopfbereich, Sitz der Sprache, menschliches Werkzeug par excellence, wo in konzentrierter Harmonie zusammenwirken: Licht des Denkens, Wärme des Fühlens, Kraft des Wollens.
- Der Kopfbereich, Verarbeitung der Sinneseindrücke im Bewusstseinspol, Erzeugung von Selbstbewusstsein und Sinn.

Diese sechs Regionen des Seelenleibes werden mit einer siebten Runde – die alles umschliesst – mit der Bewegung L durchwebt und durchdrungen, abwechselnd aus der tiefsten bis zur höchsten Region. Man hat damit alle Stufen der Psyche bewusst durchlaufen.

Anhand dieser physisch realen, psychisch symbolischen Bewegung wird die ganze Hülle der Seele ihrer Natur gemäss harmonisiert. Die verschiedenen Bereiche werden dadurch symbolisch beleuchtet und gegenseitig in ein fliessendes Verhältnis gebracht. In diesem Sinne finden Katharsis und Wandlung statt.

Der zweite Teil der Übung vollzieht sich in anderen Sphären, oberhalb des Leibes. Damit werden die höheren Sphären des Menschseins – man könnte sagen des potenziellen Menschen – erreicht, wo die tiefen Ressourcen des Selbst ruhen.

Nach einer E-Bewegung nach oben, die Schwelle zwischen dem gewordenen und dem zukünftigen Menschen deutend, entfaltet man drei grosse L-Bewegungen, das Leibliche mit dem Geistigen vereinigend, die drei Stufen im oberen Menschen einbeziehend.

Danach werden zum Schluss drei vokalische Bewegungen vollzogen:
- ein U, welches die seelische Vereinigung mit dieser Sphäre bildet,
- ein I, welches die Zentrierung der Selbstfindung in dieser Sphäre bildet,
- ein A, welches dasjenige empfängt, was aus dieser Sphäre zuströmt.

Dieser zweite Teil der Übung bedeutet und bewirkt die Verwandlung des Alltagsmenschen zum höheren Selbst.

Die Übung wird mit einer H-Bewegung eröffnet: Man lockert sich aus dem Alltagszustand. Dieses H führt in ein A nach unten, als Disponibilität und Erwartungsstimmung, *so wie ich bin, geworden bin...*

Die Übung wird ebenfalls mit einer sich selbst zugewandten H-Bewegung abgeschlossen: sich selber abfangen und zusammennehmen, nach Empfang des Zukünftigen, *was auf mich zukommen will.*

Zusätzlich zu ihrer bedeutsamen anthropologischen, hat diese Übung auch eine hygienische Komponente. Sie fördert Entspannung und innere Disponibilität für die Nacht und einen guten Schlaf.

Die Entwicklung von Sozialkompetenzen
Auch die Ausbildung von Empathie und Reflexivität, Mobilität und Anpassungsfähigkeit kann durch eurythmische Übungen unterstützt werden; zusätzlich wird dabei die Beobachtungsgabe gesteigert und in Gruppenübungen ist Initiative und Zusammenarbeit erforderlich.

Zur plastischen Beweglichkeit: Die *Acht mit Übergang* (auch genannt *Planetentanz*), die *heitere Acht.* Die Form der Acht bedeutet Harmonisierung von zwei Extremen, geometrisch gesehen zwischen dem Geradlinigen und dem Kreisförmigen. Anthropologisch betrachtet repräsentiert die Acht das Fühlen als Ausgleich von Denken und Wollen.

Choreographie: Man läuft die Form einer Acht oder Lemniskate, vor sich liegend, mit einem Anapäst als Rhythmus: Zwei kurze Schritte, gefasst, gebündelt, lösen sich in einem langen Schritt, ausgedehnt, expressiv. Diesen Rhythmus, ballend und spreizend, gliedert die Form in vier Zeiteinheiten. Das Ganze wird frontal gelaufen, das heisst vorwärts die erste Hälfte, rückwärts die zweite Hälfte usw.

Kompetenzen: Die genaue Führung einer präzisen Form verstärkt die Fähigkeit, eine präzise Aufgabe durchzuführen. Die Beweglichkeit ist nicht willkürlich, sondern durch eine klare Form geführt; nicht wild, sondern durch einen wohl temperierten, leicht aktivierenden Rhythmus impulsiert.

Man kann den Prozess noch dadurch steigern, dass man die Teilnehmenden verteilt, je einer vorwärts, je einer rückwärts beginnend, alle aus der Mitte der Acht startend. Es entstehen dadurch zwei Kreise, die sich in entgegengesetzten Richtungen (Zentrum und Peripherie) und sich durchdringend zur anderen Seite hin entfalten.

Die Armbewegungen begleiten in sinnvoller Weise das Geschehen dadurch, dass sie in der Kreuzung der Form (vorwärts oder rückwärts) ein E bilden, ein intimes O in die sich gegen das Zentrum abwickelnde Kurve, ein erweiterndes A in diejenige der Peripherie. Der Übergang wird mit einem I begleitet, Ausdruck des Fortführens.

Das Ganze bildet eine sehr komplexe Bewegungseinheit, die eine höchst organisierte Mobilität verlangt. Im Sinne von Edgar MORIN, bildet sie einen Sinn für die prozessual gesteuerte Komplexität, welche das Einheitliche und das Plurale, Widersprüche und Antagonismen vereint. Andererseits erzeugt diese Übung ein Gefühl der Zusammengehörigkeit und der gegenseitigen Abhängigkeit, wesentliche Werte der Zusammenarbeit.

Im sozialen Zusammenwirken
Harmonische Acht: Choreographisch durchläuft man eine Lemniskate, die sich selbst zum Kreis geschlossen hat, sodass sich zu den zwei inneren Räumen ein dritter bildet, als Kern dieser Dreiheit. Das Durchschreiten dieser Form, zu zweit, symmetrisch, erzeugt eine Reihe von dynamischen Verhältnissen, die symptomatisch sind für soziales Wirken:
- Das Einander-Kreuzen repräsentiert das Engagement des Miteinanders: es wird mit dem Laut E gekennzeichnet.
- Das Bilden eines inneren Zentrums, eines gemeinsamen Raumes, gemeinsamer Ressourcen: geschützt durch eine O-Bewegung.
- Das Zueinander-Strömen in eine entgegengesetzte Form, zur Parallelität hin, Schulter an Schulter: in einer U-Bewegung der Arme. Das Tun in dieselbe Richtung hin orientiert, soziales Zusammenwirken.

- Das Auseinander-Strahlen, jeder seine eigene Richtung verfolgend, zur Peripherie des Kreises hinkommen: mit einem I auswärts. Deutend auf die Kraft der Autonomie in der Durchführung, autonomes Handeln.
- Das Strömenlassen, rückwärts, auf der Peripherie des Kreises: eine A-Bewegung progressiv hinunterstrahlend, den inneren Prozess schützend, umhüllend. Die Folge der Tat einschätzen, wahrnehmen.

Dieser Prozess erreicht einen Stillstand, das A ist ganz unten angekommen. Nach einer Art Taktschritt kann man sich von seinem Tun lösen, bevor man zum Neubeginn bereit ist. Das Durchlaufen dieser Figur kann fliessend, Impuls-mässig stattfinden, aber auch rhythmisch exakt im Anapäst, in gemessener Weise.

E/O, U/I haben aktiven Charakter, vorwärts gehend; A, rückwärts laufend, hat passiven Charakter. Die ganze bewegte Form erscheint wie ein Bewegungsorganismus, wie ein Kreislauf mit arterieller und venöser Dynamik.

Das Geschehen kann zu zweit, aber auch zur viert, gegenübergestellt, oder zu sechst oder acht in ausgeglichenen Positionen stattfinden. Es handelt sich dann darum, den ganzen Prozess als künstlerisches Urbild eines wohl organisierten, sozialen Prozesses mit einem zusammenwirkenden Teil und individualisierten Momenten zu vollziehen, mit abwechselnd aktiv differenziertem Miteinander und kontemplativ umhüllendem Loslassen.

Die Entwicklung von emotionalen Kompetenzen

Diese sind im Zwischenmenschlichen wesentlich; die Kunst wird Bildner des Gefühls, Grundlage der emotionalen – die Intuition fördernden – Intelligenz.

Die Rolle des Verstandes herabwürdigend, setzt Bergson die Intuition als neue Selbst- und Lebenserkenntnismethode ein. Sie entspricht dem emotionalen und geistigen Leben, während die Intelligenz dem praktischen und materiellen Leben entspricht. Die religiöse Meditation oder auch das künstlerische Schaffen ermöglichen die Intuition zu entwickeln (nach Elsa GODART 2006).

In der Eurythmie gibt es noch weitere spezielle Übungen, die dazu beitragen, die Intuitionsfähigkeit zu steigern.

Ich, Du, Es, Er, Wir... die Instanzen des Sozialen bewegen. Die eurythmische Kunst entwickelt Formen für diese Instanzen, die Ausdruck ihrer Wesenhaftigkeit sind, und ermöglicht damit, sie zu erfahren und deren Macht zu stärken.
- *Ich* wird durch eine gerade Linie vorwärts und rückwärts dargestellt: vorwärts als Ausdruck der Intentionalität und Urtätigkeit des Selbst (nach der Schule der Phänomenologie); rückwärts als Identitätserleben, welches entsteht, wenn man über sein eigenes Tun nachdenkt.

- *Du* entsteht in der Begegnung von zwei Ichen, das heisst in der Form einer Kreuzung. Dies wird ausgedrückt in der Übung *Ich und Du*, wo zwei gerade Linien (Ich-Form) sich annähern, dann durchkreuzen, einen neuen Kreis bildend zum Erlebnis *Wir sind* führen.
- Im Sozialen ist die Fähigkeit, sich selber als einem Du zu begegnen, *«soi-même comme un autre»* zu erleben, von hoher Bedeutung. Sie ist die Voraussetzung, sich selber mit einer gewissen Objektivität wahrzunehmen und dadurch eine Arbeit an sich selbst zu vollziehen. Die entsprechende Form ist dann eine Linie, die durch eine Schlinge sich selber kreuzt (wie ein L). Man geht also seinen Weg, kreist zurück, begibt sich in die Peripherie, um sich selber von aussen zu begegnen. Man benützt die Möglichkeit des eigenen Geistes zur Selbstreflexion; nach Morin *«la boucle récursive de l'esprit»* (MORIN 2000). Dies ist schliesslich die Voraussetzung für die *Reflexivität,* die Fähigkeit sich selber wahrzunehmen in der Durchführung einer professionellen Handlung.
- *Er* deutet auf ein Wesen – unabhängig von mir – in sich stehend. Der Kreis wird die entsprechende Figur sein. Man läuft diese Form nach, vorwärts oder rückwärts, wobei die Arme ein E oberhalb des Kopfes bilden. Das *Es* kann man auch so darstellen, um das Selbst zu deuten, als obere Instanz des Ich.
- Die Ausdrucksform des *Wir* ist die Sammlung der Ich-Form eines Kreises zum Zentrum hin und zurück. Das Prinzip erzeugt ein ästhetisches und wohltuendes Zusammengehörigkeitsgefühl, primäres Erleben für jede Teambildung.

Von drei Rehabilitierungen in den Geisteswissenschaften

Wie berechtigt diese Ausbildungsmethode ist, wird von neuesten Forschungsresultaten in den Geisteswissenschaften erhärtet. Wir werden das an drei Beispielen aus der Zeitschrift *Sciences Humaines* von Januar 2006 aufzeigen.

Die Revanche des Körpers (nach Xavier MOLENAT 2006)
Nachdem der Körper lange unbeachtet geblieben war, hat er einen viel beachteten Einzug in verschiedene Forschungsthemen gehalten. Wird der Körper eines der Steckenpferde der Geisteswissenschaften werden? Jedenfalls nimmt die diesbezüglich Aktualität, insbesondere mit dem angekündigten *«Dictionnaire du corps en sciences humaines et sociales»* (unter Leitung von Bernard ANDRIEU, 2006) nicht ab. Über das Interesse hinaus, das die Soziologen den neuen Praktiken wie dem Extremsport oder dem Piercing entgegenbringen – typisch für die neuen Arten, sich durch «Selbstinszenierungen» seine eigene Identität aufzubauen –, nehmen die Untersuchungen in dieser Richtung kein Ende (COLLECTIF 2005) und gehen immer mehr verschiedenartigere Bereiche an. Es entwickelt sich auf diese Weise eine «Soziologie der Selbstver-

wandlung». Unter diesen gibt es eine Analyse des Lernprozesses über den Körper, insbesondere durch Tanz (FAURE 2000).

Die wiederentdeckten Emotionen (nach Achille WEINBERG 2006)
Emotionen haben Wind in den Segeln... Die Psychologen beweisen uns derzeit, dass die Emotionen einen ausgezeichneten Begleiter der Intelligenz abgeben und dem Leben seinen eigentlichen Sinn verleihen. Ihre Wiederkunft hat sich mit der Veröffentlichung von zwei Büchern einem breiten Publikum angekündigt: *«L'intelligence émotionnelle»* von Daniel Goleman und *«L'Erreur de Descartes»* von Antonio Damasio. Bis anhin wurden die Emotionen eher als dem Verstand widerstrebende «Leidenschaften» angesehen. Indem Goleman die Intelligenz und die Emotionen miteinander in Verbindung brachte, wollte er zeigen, dass die Fähigkeit, seine eigenen Emotionen und die anderer zu entziffern oder auch sie ganz bewusst einzusetzen, auf eine gewisse Form von Intelligenz hindeutet (GOLEMAN 1995). Mit *«L'Erreur de Descartes»* ging Damasio noch weiter. Dem an der Universität von Iowa wirkenden, aus Portugal stammenden Neuropsychologen ging es darum, genau eine gegenteilige These von René Descartes – für den Emotionen störend auf die Urteilsfähigkeit wirken – aufzustellen und zu zeigen, wie unentbehrlich Emotionen dem Verstand sind. Er wollte beweisen, dass Emotionen uns helfen können, die richtigen Entscheide zu fällen. Mit *«Spinoza avait raison»* führt er seine Arbeit fort und interessiert sich für Freude und Traurigkeit als wichtigste Gefühle (als subjektive Seite der Emotionen betrachtet) bei der Sinngebung im Leben (DAMASIO 1994/2003). Für Bernard Rimé (RIMÉ 2005) haben Emotionen an der Bildung von Gemeinschaften teil. Alle Spezialisten sind sich darin einig, dass sie uns mit der restlichen lebendigen Welt verbinden und die Ur-Emotionen bereits vor sehr langer Zeit in der Entwicklungsgeschichte der Menschheit aufgetreten sind (DENTON 2005).

Die Gehirnplastizität (nach Philippe LAMBERT 2006)
Lange Zeit glaubten die Wissenschaftler, das ausgereifte Gehirn kennzeichne sich durch die Stabilität seiner Verbindungen, die als unveränderlich galten. Auch meinte man, es presse Verhalten und Lernprozesse in eine Form, die sich durch Starrheit, ja sogar durch biologischen Determinismus auszeichne. Seit rund dreissig Jahren ist diese Vision der Gehirnstruktur und -funktion in die Brüche gegangen. Gemäss dem Neurobiologen Jean-Pierre Changeux (CHANGEUX 1983) ist das Gehirn im Gegenteil ein «selbstgestaltetes, offenes und motiviertes System». Tatsächlich verändert es die Organisation seines Neuronennetzes je nach den Erfahrungen, die der Organismus macht, die so genannte Hirnplastizität. Das Gehirn ist «informabel» und verformbar. Wie wäre es – ohne ein «plastisches» Gehirn, das in der Lage ist, seine Verbindungen in Funktion der Umweltfaktoren umzugestalten, d.h. «die Vergangenheit dem Zeitge-

schmack anzupassen» – möglich, dass wir jemanden wiedererkennen, den wir seit langen Jahren aus den Augen verloren haben? Den Studien über magnetische Resonanzbilder verdankt man das Wissen, dass das Gehirn in ständiger Umgestaltung begriffen ist, und die Plastizität legt nahe, dass eine grosse Auf- und Abbautätigkeit im Spiel ist. So ist unser Gehirn einer fortdauernden Veränderung unterworfen, die ihm unsere persönliche Geschichte auferlegt. Die synaptische Plastizität bedingt aber ein Gleichgewicht zwischen Stabilität und Umgestaltung, sonst wäre das Gehirn ständig destrukturiert und z. B. das Gedächtnis extrem labil. Der Sitz unserer Gedanken lässt gewissermassen an das Schiff von Theseus denken, das durch die ständigen Reparaturen immer anders wurde, aber trotzdem einigermassen gleich blieb.

Berufsqualifikationen im Wandel

Diese drei neu auftretenden Phänomene – das Interesse für den Körper, die Rehabilitierung der Emotionen und die Gehirnplastizität – erlauben ein neues Verständnis der eurythmischen Bewegung, die sich des Körpers, der Emotionen und der Plastizität bedient.

Als letzter Teil und kreative Synthese dieses Artikels werden ein paar grundsätzliche Berufsqualitäten durch die eurythmische Bewegung, die künstlerische Betätigung allgemein, dargestellt.

Gezielte Fluidität, sinnvolle Mobilität
Basis für die Beweglichkeit des Menschen ist der physische Leib, welcher als Spielinstrument betrachtet und angewendet wird, aber auch die in ihm wirkenden Lebenskräfte, der Lebenspol des Organismus, die Bio-Kraft, welche den physischen Leib regeneriert und aufbaut. Diese Sphäre des Lebendigen wird, ihres kosmischen Ursprungs wegen (Hauptquelle der Energie ist die Sonne, in direkter oder indirekter Weise), in der anthroposophischen Terminologie das Ätherische genannt. Ihre Merkmale sind die Fluidität des Wässerigen (Wasser als Substanzträger des Lebens), das rhythmischzyklische des Lebendigen, das holistisch-differenzierte eines Organismus. Diese Eigenschaften verleihen der eurythmischen Bewegung eine besondere Grazie – dem Wesen eines Gedichtes oder eines Musikstückes entsprechend –, hervorgerufen durch poetische und musikalische Rhythmen oder durch das Schreiten geometrischer Formen (Dreieck, Viereck, Kreis, Lemniskate, Spirale, Gerade und Krumme). Die im Rhythmischen beheimateten, bedeutungsvollen Formen entwickeln im hohen Grade sinnvolle, innere wie äussere Mobilität, erkannt als Kernkompetenz des modernen beruflichen Lebens.

Durch Impressionismus und Expressionismus zur Empathie,
durch Empathie zur Responsivität[1]

Jede Kunst besteht einerseits aus objektiver Gesetzmässigkeit, andererseits aus persönlicher Interpretation; die erste Seite hat mehr impressionistischen, die zweite mehr expressionistischen Charakter. Das Fühlen steht im Zentrum des künstlerischen Prozesses. Es nimmt die Bedeutung einer Gesetzmässigkeit wahr, durchlebt sie und weiss sie in Kreativität umzusetzen. Ein solcher Umgang im künstlerischen Tun bildet das Fühlen zur exakten Wahrnehmungsfähigkeit aus, welche im sozialen Prozess als Empathie bezeichnet wird (subjektiv-objektive Wahrnehmung der emotionalen Zustände einer Person). Diese impressive Fähigkeit der Empathie ist Voraussetzung, um mit Emotionen expressiv umzugehen (sowohl mit den eigenen als auch mit denjenigen von zu begleitenden Personen), als Kompetenz der Responsivität (um adäquate Antworten auf die Bedürfnissen eines Menschen, einer Situation zu geben).

Die Gefühle, als verfeinerte individualisierte Emotionen, werden durch künstlerische Betätigung klarer, kräftiger, differenzierter, dadurch besser wahrgenommen und gestaltet. Der künstlerische Prozess bewirkt also am Menschen einen verfeinerten Umgang mit Gefühlen und Emotionen, welcher letztlich die Qualität der Empathie (als objektives Fühlen) und die Kompetenz der Responsivität (der dazugehörigen Antwort) fördert.

Im Lauteurythmiekurs ist das Motto von Steiner: «*Lernen Sie das I empfinden*» – lernen zu empfinden, um den entsprechenden Bewegungsausdruck darzustellen.

Plastische Kraft an Stelle von Gewalt,
musikalische Imagination an Stelle von Abstraktion

Plastizität heisst formbare Kraft. Musikalität heisst imaginative Umsetzung (Durchführung). Plastizität ist Ergiessung der Kraft in sinnvoller Weise: Musikalität ist beseelt ausgeführte Imagination. Plastizität vermeidet und ersetzt Gewalt; Musikalität vermeidet und ersetzt Abstraktion. Gewalt und Abstraktion sind zwei Extreme, welche im Sozialen zur Misshandlung führen. Die eurythmische Kunst setzt ein Gedicht mit Inhalt, Bildern, Rhythmus, Dramatik, Wortklang und Stimmung in eine plastischmusikalische Form um. Das Gedicht bleibt damit nicht im Kopf, nicht nur im Wort, sondern steigt in die Motorik des Menschen herunter, wird Bewegung und Dynamik, gemäss seiner Stimmung, seiner Bedeutung, seiner Dramatik. Der Übende kann lernen, seinen Handlungen Plastizität, Imagination und Kreativität einzuverleiben. So

---

[1] Im Wort Responsivität – von den Erziehungswissenschaften adoptiert – liegt die doppelte Bedeutung: Antwort «réponse» und Verantwortung «responsabilité», also Antwort in Verantwortung.

kann sozialpädagogisches und therapeutisches Handeln zur plastisch-sprachlich-musikalischen Kunst der menschlichen Begleitung, der sozialen Gestaltung, werden.

Literaturverzeichnis

ANDRIEU, Bernard (2006): CNRS, Januar 2006. *Dictionnaire du corps en sciences humaines.*

BERGSON, Henry (2004): *La pensée et le mouvant.* Puf, quadrige.

CHANGEUX, Jean-Pierre (1983): *L'Homme neuronal.* Fayard.

COLLECTIF (2005): *Un corps pour soi.* Puf.

DAMASIO, Antonio (1994): *L'Erreur de Descartes.* Odile Jakob.

DAMASIO, Antonio (2003): *Spinoza avait raison.* Odile Jakob.

DENTON, Derek (2005): *Les Emotions primordiales et l'éveil de la conscience.* Flammarion.

FAURE, Sylvia (2000): *Apprendre par corps. Socioanthropologie des techniques de dance.* La Dispute.

GODART, Elsa (2006): *Henri Bergson, l'intuition contre l'intelligence. Revue Psychologies,* N. 248, S. 70–71.

GOLEMAN, Daniel (1995): *L'intelligence émotionnelle.* Laffont.

LAMBERT, Philippe (2006): *La plasticité cérébrale – Le point sur... Revue Sciences Humaines,* N 167, S. 52–53.

MOLENAT, Xavier (2006): *La revanche du corps.* Dossier: *La pensée éclatée.* Sociologie.

MORIN, Edgar (2000): *Les sept savoirs nécessaires à l'éducation du futur.* Seuil.

RIMÉ, Bernhard (2005): *Le partage social des émotions.* Puf.

WEINBERG, Achille (2006): *Les émotions retrouvées.* Dossier. *La pensée éclatée.* Sociologie.

Bildende Künste als Verwandlungsprozess

Fragen an die Dozentin und Künstlerin Marita Caspari

Wie war dein persönlicher Weg in die Heilpädagogik und wie hast du die Kunst mit der Heilpädagogik verbinden können?

Als ich das erste Mal in einer sozialtherapeutischen Einrichtung behinderten Menschen begegnete, vor 28 Jahren, war ich Kunststudentin und mein ganzes Interesse galt der bildenden Kunst.

Dort traf ich einen Bildhauer und Heilpädagogen, der in seiner Holzwerkstatt mit den betreuten Menschen beeindruckende Holzskulpturen entstehen liess. Sein Umgang mit ihnen versetzte mich in grosses Staunen, ich begriff, dass er sein Künstlertum durch sie hindurch wirken liess und aus ihnen Künstler machte, zumindest während der Zeit seiner Begleitung. Diesen Eindruck habe ich nie vergessen und er erweiterte meinen eigenen Kunstbegriff.

Nach dem Kunststudium machte ich im sozialtherapeutischen Bereich viele Erfahrungen, die Begegnung mit behinderten Menschen war für mich eine äusserst wertvolle Lebensschule. Die Grenzen, an die ich stossen musste, erinnerten mich an die Grenzen, an die ich auch während meiner künstlerischen Arbeit stiess, die immer einen Verwandlungsprozess forderten.

Neben der kunsttherapeutischen Arbeit war mein Anliegen, den Mitarbeitern und Praktikanten Gelegenheit zu bieten, die Kunst als Kraftquelle zu entdecken, als Ausgleich zur alltäglichen Arbeit. Auch nach meiner heilpädagogischen Ausbildung vertiefte sich dieses Interesse, sodass ich inzwischen seit vielen Jahren in Ausbildungs- und Weiterbildungssituationen im heilpädagogischen Zusammenhang versuche, das Entdecken des eigenen Schöpfertums zu fördern durch die Arbeit mit der bildenden Kunst.

Welche Voraussetzungen sollten die Studierenden mitbringen, damit Kunst in der Ausbildung fruchtbar werden kann?

Die wichtigste Voraussetzung ist Interesse und innere Offenheit, sich auf den künstlerischen Prozess einlassen zu wollen. Je unbefangener man eine Aufgabe angehen kann, desto freier kann sich im kreativen Spiel der Entstehungsprozess entfalten. Diese Unbefangenheit müssen wir Erwachsenen uns zunächst erst wieder erringen, denn den paradiesischen Zustand eines unbefangenen Kindes haben wir inzwischen verloren. Das gesunde Kind vermag ganz in die phantasievolle Welt seines eigenen Schöpfertums einzutauchen und sich mit der neu geschaffenen Welt zu identifizieren.

«Kunst ist Kindheit. Kunst ist, nicht wissen, dass die Welt schon ist und eine machen.» Das hört sich bei Rainer Maria Rilke sehr einfach an.

Jeder hat als Kind irgendwann mal gemalt, das ist unsere gemeinsame Voraussetzung. Diese Erlebnisse haben sich tief in die Seele eingeprägt und schlummern oft unbewusst weiter in ihr. Aber auf mehr gemeinsame Voraussetzung können wir nicht zurückgreifen, denn im Laufe jeder Biographie hat sich diese frühkindliche Kreativität verändert. Der eine ist gefördert worden, der andere gehindert worden – im Idealfall ist die Kreativität des Kindes behutsam und freilassend gefördert worden, sodass eine Entfaltung schöpferischer Kräfte möglich wurde. In einer anderen Situation ist vielleicht durch eine ungeschickte Verhaltensweise eines Erziehers die frühkindliche Unbefangenheit schon erstickt worden, bevor sie zum Blühen kommen konnte.

Solche seelischen Verletzungen können die schöpferische Quelle bei manchen Menschen für Jahre oder auch Jahrzehnte zum Schweigen bringen, oder Blockaden, Ängste und Verweigerungen hervorrufen. Das geschieht nicht selten. So bleibt das kostbare schöpferische Potenzial, das jeder Mensch in sich trägt, unerkannt und unentwickelt und will von uns wieder entdeckt werden.

Wenn in einer Ausbildungssituation Individualitäten verschiedenster Prägungen, Altersstufen und Kulturen zusammenkommen, um künstlerisch zu arbeiten, gehe ich als Kursleiterin davon aus, dass jede Persönlichkeit verborgene kreative Kräfte und Möglichkeiten mitbringt. Das ist die Voraussetzung, von der ich ausgehe. Und so einfach wie diese Voraussetzung, sollte auch der Anfang einer gemeinsamen künstlerischen Tätigkeit sein, wenn eine Gruppe ganz neu zusammenkommt, damit die Spannweite der Verschiedenartigkeit sich zunächst einpendeln kann zwischen den Polaritäten, zwischen Unterforderung und Überforderung, zwischen Begabungen und Blockaden, zwischen kreativer Fülle und Aktivität und Ängsten und Passivität, zwischen reichen Erfahrungen und Erfahrungslosigkeit.

All diese unterschiedlichen Tendenzen sollten am Beginn einer gemeinsamen künstlerischen Arbeit unausgesprochen zum Klingen kommen dürfen, denn alles zuvor Erlebte will ernst genommen werden.

Um solch einen kreativen Anfang zu ermöglichen, ist die innere Haltung jeder Persönlichkeit von grossem Wert. Wie kann jeder dazu beitragen, dass die Entfaltung schöpferischer Kräfte bei sich selbst und beim anderen stattfinden kann? Die Bereitschaft zur Auseinandersetzung mit sich selbst und der Respekt vor der Andersartigkeit des Anderen sowie die volle Aufmerksamkeit und Hingabe für die Tätigkeit sind Voraussetzungen für das Gelingen einer fruchtbaren künstlerischen Arbeit in der Ausbildung.

Was verstehst du unter künstlerischem Prozess?
Die Kunst hat die Fähigkeit, die immer mehr absterbenden Sinnesprozesse des Menschen wieder neu zu beleben.

Das Eintauchen in den künstlerischen Prozess gibt dem Kunstschaffenden die Möglichkeit, sich neu zu erfinden – es ist ein Wagnis, ein Abenteuer, das eine gewisse Risikobereitschaft und Experimentierfreude voraussetzt. Im künstlerischen Prozess betritt der Mensch eine neue Ebene, das Alltagsbewusstsein tritt in den Hintergrund, die Wachheit für den Weg zum Kern seiner eigenen individuellen Persönlichkeit wird aktiviert und das innere kreative Kind lebendig. Innere Sammlung und Konzentrationsfähigkeit, höchste Aufmerksamkeit und Sensibilität für das Hier und Jetzt sind gefordert.

Um diesen seelischen Zustand zu erleben, muss ein Gefühl von Freiheit vorangegangen sein; ohne sich frei zu fühlen, ist es unmöglich, in den wahren künstlerischen Prozess einzusteigen. Frei sein heisst auch, im Einklang mit sich selber sein.

Durch dieses Entdecken der eigenen Kreativität ist es möglich, dass ein neuer, unbekannter innerer Raum betreten werden kann. Etwas Neues, Fremdes, Unberührtes und nie zuvor Erlebtes offenbart sich in der Seele und trägt zur Verwandlung und Erneuerung des Kunstschaffenden bei. Durch das Berührt- und Ergriffensein der neu entdeckten Möglichkeit wird auch die Fähigkeit zum Staunen wieder lebendig. Wahres kindhaftes Staunen wird oft erst erlebt, wenn zuvor der fliessende Prozess zum Stillstand gekomen ist, wenn ein Stau, eine Blockade stattgefunden hat, die den Kunstschaffenden an seine eigene Grenze stossen lässt. Die Ratlosigkeit des Fortfahrens, die Verwandlungsunfähigkeit ist immer ein schmerzhaftes Erlebnis. Schmerz bedeutet Zusammenziehung, Vertiefung, Verinnerlichung, er ist individuelle Erfahrung und kann durch Wandlung zur Weisheit werden. Weisheit ist kristallisiertes Leid. Auf der Suche nach Lösungen im künstlerischen Prozess wird man immer wieder Niederlagen erleiden müssen, denn im Ringen um wahre Erkenntnis wie im Ringen um die eigene künstlerische Form ist der Schmerz unumgänglich. Doch darf man diesen Schmerz nicht scheuen, man muss die Wandlung wollen, und es müssen Todesprozesse stattfinden, damit aus der Asche etwas Neues entstehen kann. Gerade dieser Moment ist entscheidend: Kann die Krise als Chance angenommen und somit überwunden werden? Feste Vorstellungen müssen losgelassen werden, neue Fragestellungen entstehen, und in dem Moment, in dem Unmögliches möglich wird und Unerwartetes geschieht, findet eine neue Qualität des Staunens statt. Durch die Überwindung der Herausforderung kann die schöpferische Quelle wieder fliessen und der neu gefundene innere Raum kann betreten werden.

Das ist das Wesentliche, dass durch den wahren künstlerischen Prozess der Mensch in aller Angst des Loslassens doch die Gnade des Gehaltenseins im Offenbarwerden neuer Möglichkeiten erfährt.

Was löst die künstlerische Tätigkeit aus deiner Sicht bei den Studierenden aus? Hast du Beispiele beim Zeichnen, Malen, Plastizieren?

In der bildenden Kunst geht es darum, Materie zu verwandeln.

Allein schon die Konfrontation mit der Materie kann etwas auslösen, z.B. das weisse Aquarellpapier, der leere Zeichenbogen oder der ungeformte feuchte Tonklumpen. Etwas Unberührtes oder Ungestaltetes soll im allmählichen Entstehungsprozess Gestalt annehmen. Der aufgespannte Papierbogen auf einer Staffelei als Gegenüberstellung kann eine Art Spiegelbilderlebnis auslösen: Einerseits lockt und inspiriert die unendliche Freiheit auf der reinen, weissen Fläche, andererseits fordert diese Leere, dieses reizende Nichts den Studierenden auf, wahr und wach zu sein, aufmerksam und geduldig, spontan und mutig. Dieses schweigende, weisse Blatt hat Erwartungen an ihn, und er kann nur auf sich selbst in seiner All-einheit mit allen seinen Stärken und Schwächen zurückgreifen.

Angenommen, es soll in einer zeichnerischen Übung mit schwarzer Kreide eine Begegnung von Licht und Finsternis dargestellt werden, durch Hinzufügen von Dunkelheit soll die Helligkeit immer mehr zum Leuchten kommen. Geduld und Durchhaltevermögen sind gefordert, die Kreidespuren kontinuierlich hinzuzufügen. Man begibt sich in einen ständigen Verwandlungsprozess, zu Festgewordenes muss immer wieder aufgelöst werden. Wer sich zu sehr ins Detail verliert, muss die Übersicht für das Ganze wieder ins Bewusstsein holen.

Je fortgeschrittener der Entstehungsprozess ist, desto öfter ist es notwendig, die Arbeit mit Abstand und Übersicht zu betrachten. Das Abwägen, wann eine Übung als beendet betrachtet werden kann, ist besonders herausfordernd, denn es braucht Mut und Risikobereitschaft, die Spannung im Bild immer mehr zu steigern, aber auch Vorsicht und Überschau, an der geeigneten Stelle den richtigen Strich zu setzen. Das erzeugt höchste Anspannung, und die Begegnung von Licht und Finsternis findet nicht nur auf dem Papier statt, sondern wird auch zum herausfordernden seelischen Erlebnis.

Auch bei der anschliessenden gemeinsamen Betrachtung der entstandenen Werke mit entsprechendem Abstand, bei der jeder in eine objektive Betrachtungshaltung kommen sollte, lebt diese polare Stimmung im Raum. Die Dynamik von Licht- und Finsterniskräften ist lebendig geworden und durch die Kraft des neu entstandenen Lichtes wird der Raum in einer neuen Dimension wahrgenommen.

Wenn z.B. nach einer intensiven Auseinandersetzung mit den Polaritäten von Hell und Dunkel bei einer nächsten Übung die Farbe hinzugenommen wird, lösen die Wirkungen der Farben besonders viel aus. Nicht nur beim Malen, sondern auch im alltäglichen Leben, beim Spazierengehen: die Farben des Himmels werden intensiver wahrgenommen, die verschiedenen Grünnuancen der Bäume leuchten stärker. Auge und Seele hatten sich vorher reduziert auf Grauwerte und werden jetzt beschenkt, bereichert mit einer neuen Qualität von Farberfahrung. Es kann in diesem Moment zum seelischen Erlebnis werden, dass Gelb verdichtetes Licht ist und sich zum Rot hin immer mehr steigert, oder dass nur ein geringer Lichtstrahl, der in die Finsternis dringt, ein leuchtendes Blau hervorruft.

Viele Studierende haben diese Urerfahrungen zur Farbenlehre noch nicht gemacht, das kann ich also nicht voraussetzen. Solche grundlegenden Erfahrungen finde ich für ein späteres experimentelleres Arbeiten wichtig, in dem im freien Spiel mit Aquarellfarben z.B. eine Landschaftsstimmung entstehen soll, die nach der ersten spontanen Farbspielerei allmählich herausgearbeitet werden soll. Das Landschaftsbild entsteht in der Seele, es soll nicht dargestellt werden was ist, sondern was sein könnte, nicht das Wirkliche soll entstehen, sondern das Mögliche.

Eine permanente Veränderung findet statt, die Vorstellung sollte nie zu fest sein, man muss immer wieder loslassen, immer wieder offen und neugierig sein auf die vie-

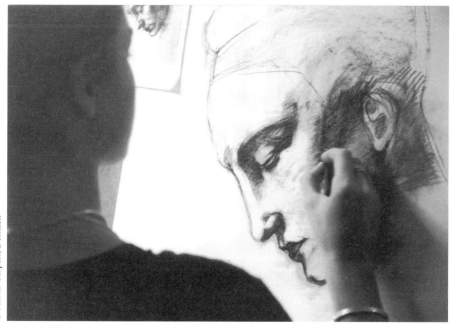

len Zwischenergebnisse. Und das ist eine besondere Herausforderung in der bildenden Kunst, dass man die unvollendeten Zwischenergebnisse immer vor Augen hat, sodass Freude am Arbeiten sich oft abwechselt mit bohrender Unzufriedenheit, und es will gelernt sein, damit umzugehen und diese zu ertragen. Gerade wenn einem eine bestimmte Stelle im werdenden Bild besonders lieb geworden ist, weil sie gut gelungen war, muss man sie später wieder unter Umständen zerstören zu Gunsten des ganzen Werdeprozesses des Bildes; sie muss geopfert werden. Das kann ein schmerzliches Erlebnis auslösen, eröffnet anschiessend allerdings ungeahnte neue Möglichkeiten.

Auch die Arbeit mit Ton stellt Herausforderungen an die Studierenden. Der Berg von Ton in der Tonne ist feucht, kalt und schwer, und es braucht zunächst Überwindungskraft, ihn zu verlebendigen, zu durchdringen und zu durchwärmen mit der eigenen Willenskraft und Wärme. Der Berg von Ton kann auch erlebt werden als eine Masse von kreativem Chaos, das nun geordnet und immer mehr individualisiert werden soll.

Die Entstehung von Köpfen ist ein besonders spannender Prozess. Nachdem der erste Aufbau stattgefunden hat und das Gesicht entsteht, tauchen Spiegelbilder auf. Erinnerungen, Grenzerlebnisse und Todesprozesse wechseln sich ab mit neuen Erfahrungen und Erkenntnissen, wie z. B. eine Nase lebendig dargestellt werden kann, dass sie auch atmen und riechen könnte. Zunächst wird um die Stimmigkeit der Physiognomie gerungen, später wird versucht, die Lebendigkeit und den seelischen Ausdruck herauszuarbeiten. Es soll nun charakterisiert und individualisiert werden, weiblich oder männlich, jung oder alt, vergrämt oder lächelnd, in sich ruhend oder zornig. Seelengesten sollen entstehen, die eine eindeutige Aussage bekommen, sodass bei der Abschlussbetrachtung eine neue Schicksalsgemeinschaft von unterschiedlichen, aussagekräftigen Charakterköpfen uns gegenübersteht, die niemanden ganz unberührt lässt. Solche Prozesse haben zur Folge, dass man sich gegenseitig differenzierter und aufmerksamer anschaut – ein Aufwachprozess hat stattgefunden.

Wie sieht aus deiner Sicht der Zusammenhang zwischen künstlerischer Tätigkeit in der Ausbildung und heilpädagogischem Alltag aus?

Die Auszubildenden sollten ihre Fähigkeiten schulen, um im heilpädagogischen Alltag zum schöpferisch Handelnden werden zu können.

Nicht selten werden sie vor unerwartete Situationen gestellt sein, in denen sie unmittelbar reagieren sollten, in denen erhöhte Aufmerksamkeit, feinste Sensibilität und selbstbewusstes Handeln gefordert sind. Es müssen Ideen entwickelt werden können, wie die herausfordernde Situation verwandelt werden kann. Eine richtige Tat im richtigen Moment im ausgewogenen Verhältnis zwischen Eingreifen und Zurückhaltung kann zur Verwandlung einer problematischen Situation beitragen und eine heilende Wirkung zur Folge haben.

Im Umgang mit Menschen, die einseitige Tendenzen haben und nicht im Einklang mit sich selber sind, ist der Betreuer aufgerufen, ständig dieses Ungleichgewicht auszugleichen und somit auch ein wenig zu erlösen.

Die zeichnerischen, malerischen und plastischen Übungen in der Ausbildung haben zum Ziel, ein Kräftewirken in Bewegung zu bringen und ständig um Ausgleich zwischen Polaritäten zu ringen: zwischen Hell und Dunkel, zwischen Verdichtung und Auflösung, zwischen den Komplementärfarben oder in der Plastik zwischen Innen- und Aussenwölbung. Diese Übungen ermöglichen später ausgleichende schöpferische Handlungskompetenz. Offenheit ist gefordert, den unbekannten Verhaltensweisen der Betreuten zu begegnen, Ungesichertes ist eine allgegenwärtige Herausforderung. Die Sicherheit kann nicht im äusseren Bereich gesucht werden, sondern nur in sich selbst entwickelt werden. Um einem anderen Menschen mit Einfühlungsvermögen und wahrem Verständnis begegnen zu können, muss zunächst der Weg zur eigenen Persönlichkeit gefunden werden. Die künstlerischen Prozesse haben den Zugang zum Kern der eigenen Persönlichkeit erweitert, und diese Qualität wirkt auf die zu betreuenden Menschen.

Auch die Wahrnehmungsfähigkeit hat sich ausgebildet. Wer viel zeichnet, lernt differenzierter Sehen und Beobachten und kann z. B. durch diese Fähigkeit zum Gelingen einer Kinderbesprechung beitragen. Durch die allmählichen Entstehungsprozesse in der bildenden Kunst werden auch die Wechselwirkungen von Nähe und Distanz geübt, die im Umgang mit Betreuten ein permanentes Abwägen bedeuten. Vor allem in der Einzelbetreuung kann das ein aktuelles Thema sein: Bis wohin ist intensives Begleiten wichtig, und ab wann ist Distanzierung notwendig?

Auch hier findet ein Prozess von Verdichtung und Auflösung statt. Die künstlerische Arbeit hat bewirkt, dass die Grenzen gespürt und die Verwandlungsfähigkeit nun eingesetzt werden kann.

Wichtig finde ich auch den Umgang mit Fehlern, mit nicht gelungenen Situationen, mit gescheiterten Verwandlungsprozessen, denn man kann davon ausgehen, dass auch einem ausgebildeten Heilpädagogen diese Erfahrung nicht erspart bleibt. Auch Fehler eingestehen will gelernt sein. Vielleicht kommen in solch einem Moment des Scheiterns Erinnerungen hoch an ein gemaltes Bild, das man nach mühevollem, stundenlangem Entstehungsprozess zerrissen hat, weil nichts mehr zu retten war, oder an eine Gestalt aus Ton, die kurz vor der Vollendung zu stark gewässert wurde und am nächsten Morgen platt auf dem Boden wieder zu finden war. Solche Erlebnisse prägen sich tief in die Seele ein und können, weil sie zu einer Erschütterung und dadurch zu einem Aufwacherlebnis geführt haben, nun hilfreich sein, nach dem Erlebnis des Scheiterns nicht zu resignieren, sondern die Situation zu erkennen und mit Humor und Mut wieder neu zu beginnen! Jede wirkliche durchlittene Wandlung setzt einen Bewusstseinsprozess in Gang, und jedes Eingeständnis des Ungenügens führt manchmal weiter als ein Sieg.

Hierbei kann das Entwickeln von Geduld, das beim künstlerischen Arbeiten ein ständiger Begleiter ist und auch eine permanente Herausforderung bedeutet, von grossem Wert sein. Wer gelernt hat, mit sich selbst Geduld zu haben, kann auch im Umgang mit zu betreuenden Menschen Geduld entwickeln und auch mit Kollegen!

Für das ganze soziale Umfeld ist das Erüben von Fähigkeiten, die sich durch künstlerisches Arbeiten entwickeln, hilfreich für ein würdevolles, aufmerksames Umgehen miteinander. Daraus wird die soziale Aufgabe der Kunst deutlich.

Wie kann nach der Ausbildung die künstlerische Erfahrung im Arbeitszusammenhang fruchtbar werden?

Wenn einmal die Flamme der Begeisterung für die künstlerische Arbeit entfacht ist, geht es nun darum, die Flamme zu schützen, denn sie wird nicht ewiglich brennen. Wertvoll ist es, während der Ausbildung erkannt zu haben, mit welcher Dimension und Tiefenwirkung die Kraft der Kunst auf den einzelnen Menschen und auf die ganze Gemeinschaft wirken kann, und dass diese individuelle Bereicherung dazu beitragen kann, den ganzen sozialen Organismus zu verwandeln. Die herausfordernde Arbeit im heilpädagogisch-sozialtherapeutischen Bereich braucht für jeden Einzelnen hygienischen Ausgleich, um immer wieder neue Kraftquellen zum Sprudeln zu bringen. Die ständige Erneuerung ist also notwenig. Deshalb wäre es sinnvoll, wenn in Fortbildungsinitiativen nicht nur theoretische Themen bearbeitet werden, sondern wenn die ganze Mitarbeitergemeinschaft künstlerisch arbeitet, um sich gegenseitig aus einem völlig neuen Blickwinkel wahrzunehmen.

Um diese Idee zu verwirklichen, braucht es genügend Zeit, einen angemessenen Raum, der sich in ein Atelier verwandeln kann, und einige engagierte Mitarbeitende, die die Organisation in die Hand nehmen. Manche Institutionen verwirklichen das bereits, z.B. arbeite ich seit Jahren regelmässig mit einer Mitarbeiterschaft einmal im Jahr vier Tage lang.

Dann wird eine Turnhalle in ein Atelier umfunktioniert und zu einem bestimmten Thema wird in einer Vormittags- und in einer Abendgruppe je nach Neigung und Interesse zeichnerisch, malerisch und plastisch gearbeitet. Je unterschiedlicher die Arbeitsmethoden sind, umso interessanter und spannender ist der gegenseitige Austausch. Innerhalb dieser Kunsttage findet dann ein sichtbar gewordener Verwandlungsprozess statt, der von jedem zu verfolgen ist. Die Kraft der Kunst hat dann eine Ausstrahlung auf die ganze Institution, wenn die entstandenen Bilder in den Schulzimmern wieder zu finden sind, wenn die gelernten Arbeitsmethoden im Unterricht anschliessend vermittelt werden können, wenn die zu betreuenden Menschen am letzten Tag die entstandenen Werke betrachten und wenn neue Begegnungsereignisse stattgefunden haben. Auf diese Weise kann eine soziale Skulptur entstehen, die zur Erneuerung des Einzelnen und der ganzen Gemeinschaft beitragen kann.

Unterrichtsvorbereitung als künstlerischer Prozess

Eva-Maria Schnaith

«Das Unsichtbare sichtbar machen, durch die Realität.» Max Beckmann

Hartmut von Hentig, Professor für Erziehungswissenschaft und Reformpädagoge mit Leidenschaft, beendet sein Buch «Ach, die Werte – Über eine Erziehung für das 21. Jahrhundert» mit folgenden Sätzen: «An den Wänden der gastgebenden Universität hatten junge Leute geschrieben: ‹Wir suchen nach Erkenntnis und ertrinken in Information›. Möge das als Aufruf und nicht als Nachruf gelesen werden.» (von HENTIG 2001, S. 156).

Dieser Aufruf beinhaltet die Frage nach der Qualität dessen, was wir als Unterrichtende/Dozierende an Unterrichtsstoff vor- und zubereiten und dann in das Unterrichtsgeschehen einbringen. Die folgenden Gedanken sind Ausdruck einer Annäherung an diese Frage.

Der Vorgang rund um den Unterricht gliedert sich in drei qualitativ verschiedene Zeiteinheiten auf:
- In einen Teil der Vorbereitung, der sowohl die Auseinandersetzung mit dem Stoff/Inhalt als auch mit den zu erwartenden Menschen beinhaltet,
- in einen Teil des tatsächlichen Unterrichtsgeschehens, den «Trialog» zwischen dem vorbereiteten Stoff, den Schülern bzw. Studierenden und uns, die sich nach der Unterrichtsvorbereitung auch als andere in den «Trialog» einbringen, als sie das vor der Vorbereitung getan hätten, und
- als Letztes in den Teil, in dem «die Saat aufgeht», sowohl bei den Unterrichteten als auch bei uns Dozierenden/Unterrichtenden.

Ich beschränke mich mit meinen Ausführungen auf die erste Zeiteinheit, die Unterrichtsvorbereitung und hierbei ausschliesslich auf den Umgang mit dem Unterrichtsstoff.

Erstes Niveau der Unterrichtsvorbereitung:
Sammeln von Informationen und anfängliches Ordnen

Der erste Schritt der Unterrichtsvorbereitung beinhaltet das Sammeln von Informationen im Sinne von «Bausubstanz» als Grundlage für das, was wir unterrichten möchten. Hierfür benötigen wir bereits ein ungefähres Wissen von den Grenzen unseres Unterrichtsgebietes, um an der richtigen Stelle und in einem einigermassen sinnvollen Mass suchen und sammeln zu können. Dann folgt ein erstes Ordnen der Informationen, sowohl nach Zusammengehörigkeit der Einzelfakten in Gruppierungen als auch nach einer sinnvollen Hierarchisierung in Über- und Untergeordnetes. Zudem schiessen uns vielleicht schon «Aufhänger» wie eigene Erlebnisse oder Beobachtungen bei den Studierenden in den Kopf, die wir uns vormerken, auch wenn sie dort, an dieser Stelle innerhalb des Vorbereitungsprozesses, noch nicht ihren eigenen weiterführenden Platz haben.

Was liegt vor? Viele Einzelteile, nach groben Kriterien in Gruppen zusammengestellt, insgesamt meist ein viel breiteres Spektrum abdeckend als das, was später tatsächlich im Unterricht zum Einsatz kommen wird. Wird der Unterrichtsstoff auf dieser Stufe den Studierenden vorgestellt, lässt er Enttäuschung zurück – für dieses Erg(l)ebnis benötigen sie keinen Dozenten (s. o.)…

Zweites Niveau der Unterrichtsvorbereitung:
Suche nach Erkenntnis durch Aufspüren von Zusammenhängen oder «Gebt mir einen Hebel…»

Für den zweiten Schritt, den unserer Suche nach Erkenntnis, bemühen wir uns vorerst um das Wahrnehmen von Zusammenhängen zwischen den einzelnen Informationsgruppen. Es geht um «horizontale» Berührungen (was grenzt thematisch an was an) und «vertikale» Abhängigkeiten – nicht unbedingt kausal, aber doch unter dem Gesichtspunkt: Was bedingt was, welche Voraussetzung hat das Auftreten eines Phänomens, was hängt wie mit was zusammen.

Stärker als das Sammeln von Informationen ist Erkenntnis das Produkt eines Prozesses, der zwischen uns als erkennendem Subjekt und dem zu erkennenden, zu erforschenden Objekt abläuft. Wir sind als Tätige unverzichtbar und wesentlich. Wir tauchen ein als Fragende, Suchende, Bohrende, Verstehen-Wollende; von unseren Intentionen und Fähigkeiten hängt (grösstenteils) ab, inwieweit wir den zu erfassenden Stoff mit Verständnis durchdringen können.

Als Gegenbewegung zu diesem willentlich denkenden Eindringen in die Zusammenhänge des Stoffs braucht es immer wieder das Zurücknehmen unseres «aggressiven» (im ursprünglichen Wortsinn) Eigenwillens, damit wir uns mit unserer Erkennensabsicht das Wahrnehmen dessen, was sich uns nach und nach erschliessen «will», nicht verbauen. Wir vollziehen ein rhythmisches Pendeln zwischen aktiver intentionaler Denktätigkeit und «selbstlosem», aufmerksamem Wahrnehmen. Zudem wechselt der Fokus unserer Aufmerksamkeit zwischen einzelnen Informationselementen und der Gesamtgestalt des Stoffs («Stoff» kann sowohl bereits «vorgedachter» Unterrichtsstoff z. B. aus einem Buch sein als auch das direkte originäre Annähern an «Erscheinungen in der Welt» wie Menschen, Tiere, Pflanzen, Kunst, Soziales, Gesellschaftliches, Wirtschaft, Technik, Physik, Chemie, auch heilpädagogische Methodik, Diagnostik usw.).

Im Verlauf unserer Auseinandersetzung mit dem Stoff bewegt uns schliesslich nichts Geringeres – freilich für ein begrenztes Gebiet – als der Drang zu verstehen, «was die Welt im Innersten zusammenhält». Wir begegnen «der Welt» quasi mit einer diagnostischen Fragehaltung: Wer bist du eigen-tlich, was weist uns auf deine Eigenheit hin, in welchem Umfeld gedeihst du wie (z. B. nach welchen Gesetzmässigkeiten), was brauchst du von uns Erkenntnis Suchenden, damit du dich zeigen und entfalten kannst…?

Zu der horizontalen und vertikalen Vernetzung (s. o.) kommt folglich als neue Dimension noch die Tiefe im Sinne von Ver-Tiefung, die Richtung nach dem «Innersten», Wesentlichen hinzu: Wir wollen wissen, «was die Welt zusammenhält», wir suchen nach einer Art *«Keimpunkt»*, von dem aus sich der gesamte Stoff entfaltet, nach einem Grundmotiv, einer Grundgeste, nach einem einer Funktion zugrunde liegenden Prinzip (wenn es Technik betrifft), auf welche sich der Stoff zurückführen lässt.

(Das Wort «Keimpunkt» passt in diesem Sinne besonders gut, weil es sowohl die äusserste bzw. innerste Zurückgeführtheit auf ein wesentliches Grundelement – den Punkt – enthält als auch dessen Potenzialität zur Entfaltung.)

Goethe: «Aufgeregt nun durch eben diese Betrachtungen, fuhr ich fort, mich zu prüfen, und fand, dass mein ganzes Verfahren auf dem Ableiten beruhe; ich raste nicht, bis ich einen prägnanten Punkt finde, von dem sich vieles ableiten lässt, oder vielmehr der vieles freiwillig aus sich hervorbringt und mir entgegenträgt, da ich denn im Bemühen und Empfangen vorsichtig und treu zu Werke gehe. Findet sich in der Erfahrung irgendeine Erscheinung, die ich nicht abzuleiten weiss, so lass ich sie als Problem liegen, und ich habe diese Verfahrungsart in einem langen Leben sehr vorteilhaft gefunden: denn wenn ich auch die Herkunft und Verknüpfung irgendeines Phänomens lange nicht enträtseln konnte, sondern es beiseite lassen musste, so fand sich nach Jahren auf einmal alles aufgeklärt in dem schönsten Zusammenhange.» (GOETHE 2006).

Wir sehen, dass auch Goethe ausser der für ihn wesentlichen Erfahrung des *«prägnanten Punkts»*, der ihn «Herkunft und Verknüpfung» eines Phänomens verstehen lässt, die Notwendigkeit des weiter oben erwähnten Pendelns zwischen «Bemühen und Empfangen», zwischen forschendem Eintauchen und wahrnehmendem Zurücktreten bekannt ist als eine Voraussetzung dafür, dass sich der dem Stoff bzw. den Phänomenen zugrunde liegende «prägnante Punkt» zeigen kann.

Selbstverständlich kann man den Prozess der ersten beiden Schritte in der Unterrichtsvorbereitung, des Sammelns von Informationen und des Suchens nach Erkenntnis, auch umgekehrt gehen: wir *haben* bereits einen «prägnanten Punkt» und suchen nach Phänomenen, die uns von dort aus erklärbar sind und die das Prinzip des Punktes in seiner Fülle erfahrbar machen; wir *haben* eine Idee – zum Beispiel den Zusammenhang der Kunstgeschichte mit dem sich ändernden Selbstverständnis des Menschen – und prüfen bzw. bereichern sie jetzt mit Wissen und Beobachtungen.

Hierzu Schiller: «Es gibt zwei Arten, einen Begriff zu bestimmen – indem man vom Besondern zum Allgemeinen heraufsteigt – oder indem man vom Allgemeinsten zum weniger Allgemeinen herabsteigt.» (SCHILLER 2003, S. 20).

Was liegt vor? Wir versuchen, uns forschend und wieder Abstand nehmend mit dem Unterrichtsstoff auseinander zu setzen und vertiefte Erkenntnis dadurch zu gewinnen, dass wir nach dem zugrunde liegenden Keimpunkt suchen als nach etwas, was den Verständnis- und Daseinsgrund gibt für die vielfältigen Ausprägungen der Einzelteile und ihres Zusammenhangs mit der Gesamtgestalt.

Schliessen wir das 2. Niveau der Unterrichtsvorbereitung mit einem Satz von Archimedes (287–212 v. Chr.): «Gebt mir einen festen Punkt und ich werde die Welt aus den Angeln heben.» (ARCHIMEDES 2006) und übertragen ihn auf alles Lebendige und Prozesshafte. Er könnte etwa folgendermassen lauten:

«Gebt mir einen Keimpunkt (z.B. polare Qualitäten und deren «Begegnungsraum», Bewegungen im Raum und in der Zeit, die linear, zirkulär, spiralig oder sprunghaft verlaufen usw.) und ich kann die Welt aus diesem Keimpunkt heraus nachschaffen.»

An dieser Stelle der Unterrichtsvorbereitung, wenn wir durch das Finden des «Hebels» oder «prägnanten Punkts» Erkenntnis gewonnen haben, stellt sich die Frage nach dem «Wie» des Vermittelns.

Drittes Niveau der Unterrichtsvorbereitung:
Gestaltung des Unterrichtstoffs als künstlerischer Prozess oder «Das Unsichtbare sichtbar machen, durch die Realität»

Einleitend ein Zitat von dem Künstler (Maler, Graphiker und Plastiker) Max Beckmann (1884–1950): «Worauf es mir in meiner Arbeit vor allem ankommt, ist die Idealität, die sich hinter der scheinbaren Realität befindet. Ich suche aus der gegebenen Gegenwart die Brücke zum Unsichtbaren – ähnlich wie ein berühmter Kabbalist es einmal gesagt hat: ‹Willst du das Unsichtbare fassen, dringe, so tief du kannst, ein in das Sichtbare.› Es handelt sich für mich immer wieder darum, die Magie der Realität zu erfassen und diese Realität in Malerei zu übersetzen. Das Unsichtbare sichtbar machen, durch die Realität. – Das mag vielleicht paradox klingen – es ist aber wirklich die Realität, die das eigentliche Mysterium des Daseins bildet.» (BECKMANN 1938).

Schöner kann man den Dreischritt der Unterrichtsvorbereitung eigentlich gar nicht fassen:
- Das Wahrnehmen der Realität,
- durch sie hindurch das Erfassen der «Magie der Realität» als Erkenntnisgrundlage,
- und anschliessend wieder das Übersetzen des Erforschten in eine neue Realität, in Kunst oder, bei uns, in eine Unterrichtsgestalt.

Die Erkenntnis der «Magie der Realität» oder des «prägnanten Punkts» als Ergebnis unseres zweiten Unterrichtsvorbereitungsniveaus ist jetzt Ausgangspunkt für methodisch-didaktische Erwägungen. Wir sind auf eine Grundgeste, einen Keimpunkt, ein Grundmotiv gestossen und wollen diese wieder – ihrer eigenen inneren Gestalttendenz gemäss – «in Realität übersetzen», d. h. erfahrbar, erkennbar, verstehbar machen. Zur Erinnerung: Solche Grundgesten können das *Auftreten von Polaritäten* und deren Verhältnis zueinander sein (Kopf und Gliedmassen, oben und unten, innen und aussen, Abend und Morgen, lastend und tragend, aufstrebend und abfallend, hell und dunkel, melodiös und rhythmisch, staccato und legato, trocken und feucht, reduziert und üppig quellend, Nerv und Muskel, Tag und Nacht, Wasser und Erde, Wurzel und Blüte, Materie und Geist, Verhärtung und Auflösung und unendlich viel mehr) oder *Verläufe in der Zeit* (linear, zirkulär, spiralig, sprunghaft), beides als Keimpunkte für Sich-Entfaltendes verstanden.

Nehmen wir zur Verbildlichung als «prägnanten Punkt» die Polarität «innen-aussen». Zu den impliziten räumlichen Phänomenen kann man auch die Tätigkeit des *Hereinlassens in* ein Inneres und des *Heraussetzens aus* dem Inneren dazunehmen. Diese Geste liegt beispielsweise dem Atmen zugrunde als einer körperlichen Funktion, die eng mit unserem Seelenleben verbunden ist; sie gehört aber auch zur Ernährung (wir nehmen Stoff herein und geben ihn verwandelt wieder ab) oder sogar zu unserer Sinnestätigkeit (wir nehmen Wahrnehmungen herein und gestalten Wahrnehmungswelt im Aussen). Jeder Mensch hat seinen eigenen, ihm zuträglichen Rhythmus auf dem Gebiet des «Atmens»; wer aus dem Rhythmus, dem «Mass» fällt (als für das Mass verantwortlich nehmen wir jetzt eine Instanz in unserem eigenen Innern an – das Ich), wird «krank»; wenn wir im Sozialen zu viel nach innen nehmen oder zuviel nach aussen geben, brennen wir aus; wenn wir im Gespräch oder in der Begegnung zu weit in den anderen hinein schlüpfen, verlieren wir uns; wenn wir unsere «Fühler» zur Mitwelt zu stark kappen, isolieren wir uns und fallen aus dem Zusammenhang; wenn wir uns zu weit in die Aussenwelt (Raum, zeitliche Abläufe) hinein begeben, werden wir völlig abhängig von räumlichen und zeitlichen Gegebenheiten im Umfeld: Wir drehen durch, wenn sich das Aussen verändert, weil *wir* das Aussen *sind* (manche Menschen mit Autismus beschreiben das so).

Wir können die Phänomene des Innen und Aussen, des Sich-Öffnens (für Wahrnehmen und Handeln) und Verschliessens auch unter dem Gesichtspunkt von *Entwicklung* anschauen. Wir bemerken, dass z. B. der Säugling und das kleine Kind viel rückhaltloser an das Aussen hingegeben leben (so viel zugewandtes Lächeln!) als ein Kind, das schon das Erlebnis des Ich (Ich als «Nicht-Welt», als getrennt vom Anderen, als andere Absichten habend usw.) in sich aufleuchten spürte; beim Kind dieser letztgenannten Entwicklungsstufe können wir neben den Phasen der Hingabe an die Umgebung (alles, was Familie etc. machen, ist nachahmenswert, massgeblich und wichtig…) auch solche des Zu-Sich-Kommens beobachten, des Ausprobierens von Distanzierung, des Erlebens anfänglicher Getrenntheits- und Einsamkeitsgefühlen, auch von Traurigkeit.

Gehen wir im Nachvollzug der Entwicklung dieser Qualitäten noch einen Schritt weiter, so können wir genetische Syndrome mit geistiger Behinderung daraufhin anschauen, auf welcher Entwicklungsstufe bzgl. seines Innen-Aussen (in seelischen oder leiblichen Äusserungen) wir einen Menschen wahrnehmen. Bei Menschen mit dem Angelman-Syndrom beispielsweise können wir die Assoziation an eine Entwicklungsstufe vor dem Bei-sich-Ankommen des kleinen Kindes haben usw.

Methodisch können wir diese Grunddimensionen zum Erleben bringen, indem wir mit den Studierenden z. B. mit Ton/Plastilin einen Innenraum plastizieren und diesen – mit Augenmerk auf den Prozess – in viel Aussenfläche verwandeln. Oder indem wir gemeinsam an Pflanzen den Verlauf von der Blatt- (als Geste des Hingegebenseins ans Aussen) zur Knospenbildung (bei der etwas im Inneren bewahrt wird) verfolgen, ebenso vom Erblühen (dem Licht hingewendet) zur Frucht (die lichtabgewendet ihre Kostbarkeit im Allerinnersten verschliesst); wir können Begegnungen im Raum vollziehen, in denen wir uns einmal mit offenen Armen und Blickkontakt, dann mit verschränkten Armen und abgewandtem Blick begegnen; anschliessend an alles Tun gilt es zu reflektieren, was wir woran wie erlebt haben. So können wir aus dem Erleben und Reflektieren bestimmter Grundmotive phänomenal (im Wortsinn) viele Möglichkeiten der Seelenentwicklung oder der Kommunikation samt deren Störungen verstehen bzw. deren Entfaltung nachvollziehen und zum eigenen schöpferischen Handeln gelangen.

Aus dem Keimpunkt heraus zu unterrichten heisst nicht unbedingt, eine ausgefallene Methodik anwenden zu müssen: manchmal ergibt sich lediglich eine schlüssige visuelle Darstellung, die «für sich spricht», oder ein «potenter Aufhänger». Immer aber steht die Methodik in Zusammenhang mit dem Innersten des Stoffs:

«Eine Form erscheint also frei, sobald wir den Grund derselben weder ausser ihr finden noch ausser ihr zu suchen veranlasst werden.» (SCHILLER 2003, S. 26).

Schiller weiter: «An jeder grossen Komposition ist es nötig, dass sich das Einzelne einschränke, um das Ganze zum Effekt kommen zu lassen. Ist diese Einschränkung des Einzelnen zugleich eine Wirkung seiner Freiheit, d. i., setzt es sich diese Grenze selbst, so ist die Komposition schön.» (SCHILLER 2003, S. 50). Schillers Begriff von Schönheit und Freiheit steht bei uns für die Stimmigkeit der Unterrichtsgestalt nach Massgabe der Keimpunkte.

Dieser letzte Schritt der Umsetzung unserer Erkenntnisse in eine konkrete Unterrichtsgestaltung ist zukunftsoffen. Es gibt vielerlei Möglichkeiten, ihn umzusetzen; er ist künstlerisch, insofern er schöpferisch und frei mit erkannten Gestaltungsgesten und -kräften umgeht. In ihm liegt keine Möglichkeit zu vorab zu fällenden Beurteilungen – dennoch ist er nicht ohne Massstab.

Als Dozierende müssen wir uns diesen Massstab, den wir aus dem Erkenntnisprozess gewonnen haben, so weit als möglich bewusst machen. Die Studierenden werden meist eher unbewusst mit ihren Empfindungen darauf antworten: mit ihrem Interesse, mit ihrem Verstehenwollen und -können und mit ihrem Impuls, das Erkannte für so wesentlich zu nehmen, dass sie es sich aneignen und zukünftig damit umgehen möchten. Wir haben also als Dozierende die Chance (und die Verantwortung), die Studierenden selbst an die Gestaltungskräfte des Stoffs bzw. der beschriebenen Erscheinungen heranzuführen – «durch die Realität». So können sie unter Umständen erleben und erkennen, dass und warum ein Unterrichtsstoff im (Berufs-)Leben relevant sein mag. Oder sie entwickeln sogar die Fähigkeit, Realität in vielerlei Erscheinungsformen wahrnehmen bzw. handhaben zu lernen, das heisst, «Spieler» oder «Situationskünstler» zu werden – eine der urtypischen (heil-, sozial-)pädagogischen Fähigkeiten: Handeln im Jetzt der Begegnung. Dies spricht selbstverständlich nicht gegen Planung und Vorbereitung, verweist diese jedoch auf den ihnen angemessenen Platz als notwendige Grundlage und Ausgangspunkt für jeweils Gegenwärtiges.

Schillers beunruhigend anspruchsvoller Beurteilungsmassstab: «Der grosse Künstler, könnte man also sagen,» – in unserem Fall eher der/die angemessen Dozierende – « zeigt uns den Gegenstand (seine Darstellung hat reine Objektivität), der mittelmässige zeigt sich selbst (seine Darstellung hat Subjektivität), der schlechte seinen Stoff (die Darstellung wird durch die Natur des Mediums und durch die Schranken des Künstlers bestimmt).» (SCHILLER 2003, S. 61).

Was liegt vor? Es handelt sich nun also um eine «Neu-Schöpfung». Wir waren beim 2. Schritt im Innersten der Schöpfung angelangt, an dem Keimpunkt, an der «Magie der Realität» – und müssen nun zwar nicht die Welt bzw. den Unterrichtsstoff ein zweites Mal erschaffen, aber aus diesem Keimpunkt heraus den Unterrichtsstoff *gestalten,* wieder nach aussen setzen, d.h. einen Weg für die Studierenden suchen, der diesen Stoff mit seinen dahinterliegenden gestaltenden Kräfte zur Erscheinung bringt, erkenn- und erfahrbar werden lässt.

Ausblick: «... jener entwerfende Geist, welcher das Irdische meistert, liebt in dem Schwung der Figur nichts wie den wendenden Punkt.» (RILKE 1992, S. 702).

Jetzt stellt sich «nur» noch die Frage, wie wir die Verwandlung der ersten in die zweite und der zweiten in die dritte Phase unserer Unterrichtsvorbereitung erreichen. Wie wir – um mit Rilke zu sprechen – als die Welt nach-schöpfende, später Unterricht schöpfende, «entwerfende Geister» zu dem «wendenden Punkt» kommen.

Diese Frage wäre einen eigenen «Beweg-Raum» wert. In aller Kürze stelle ich die Behauptung auf, dass es immer wieder darum geht, einen Frei-Raum zu schaffen, in dem sich das, was ich mir bereits vom Stoff errungen habe, wandeln und neu aussprechen kann. So wie ich manche soziale Situationen erst verstehe, wenn ich sie aus dem Abstand heraus anschaue, so braucht auch der Unterrichtsstoff Zeit und Gelegenheit, «sich» zu zeigen, «sich» zu «wenden», um dann, in einem nächsten Schritt, künstlerisch-schöpferisch neu Gestalt anzunehmen, als Unterricht «entworfen» und vollzogen zu werden.

Mit einem leichten Augenzwinkern – das Ideelle dieses Anspruchs ist mir wohl bewusst – stelle ich eine Ermahnung Schillers an Hölderlin an den Schluss. Wer hinterher einwendet, dass so viel Zeit ja keinem/r Dozierenden zur Verfügung steht, mag bedenken, dass er/sie in den schöpferischen, das heisst «wendenden» Pausen ja auch produktiv sein kann, lediglich mittels andersartiger Betätigungen (Haushalt, Mittagsschlaf, Spaziergang, Gespräche, Organisation usw.) und dass das Vermögen des Findens von «Hebel- und sonstigen prägnanten Punkten» und der daraus folgender Unterrichtsgestaltung sich übt, somit wachsende Fähigkeit werden kann...

«Nehmen Sie, ich bitte Sie, Ihre ganze Kraft und Ihre ganze Wachsamkeit zusammen, wählen Sie einen glücklichen poetischen Stoff, tragen ihn liebend und sorgfältig pflegend im Herzen, und lassen ihn, in den schönsten Momenten des Daseins, ruhig der Vollendung zureifen.» (Schiller zit. nach SAFRANSKI 2004, S. 433).

Literaturverzeichnis

ARCHIMEDES (287–212 v. Chr.): www.mathematik.ch/mathematiker/archimedes.php (Zugriff: 16.2.2006).

BECKMANN, Max (1938): *Über meine Malerei*. Vortrag in London, nach http://www.k-faktor.com/frankfurt/beckmann.htm (Zugriff am 16.2.06).

GOETHE, Johann Wolfgang von: *Bedeutende Fördernis durch ein einziges geistreiches Wort*. Nach http://goethe.odysseetheater.com (Zugriff am 16.2.06).

HENTIG, Hartmut von (2001): *Ach, die Werte – Über eine Erziehung für das 21. Jahrhundert*. Weinheim: Beltz Verlag.

RILKE, Rainer Maria (1992): *Die Gedichte*. Frankfurt: Insel Verlag.

SAFRANSKI, Rüdiger (2004): *Schiller oder die Erfindung des deutschen Idealismus*. München: Carl Hanser Verlag.

SCHILLER, Friedrich (2003): *Kallias oder über die Schönheit*. Stuttgart: Philipp Reclam jun.

Praxis

Gegenwart ist, wenn das Spiel ernst wird

Konstanze Brefin Alt

Am 10. Januar 2006 fuhren Hans Egli, Leiter der Höheren Fachschule für anthroposophische Heilpädagogik (HFHS) in Dornach, HFHS-Dozentin Eva-Maria Schnaith und ich bei eisig-sonnigem Wetter ins Centovalli zu einem Gespräch mit Dimitri. Sein Anwesen «Cadanza» (mit berückender Rundsicht!) liegt auf einem kleinen Hügel unterhalb von Borgnone direkt am Stausee des Ridi Vacariccia. Dass die Gemeinden der Tessiner Täler an Überalterung leiden, erlebten wir am eigenen Leib bei der mühsamen Suche nach einem offenen Grotto. Schliesslich verpflegt und etwas nervös, stapften wir vorbei an einem buntbemalten Baumstrunk (Dimitri grüsst bereits!) den

© Remy Steinegger, Sala Capriasca

Weg zum Haus hoch. Kaum hatten wir das kunstvolle Tor hinter uns gelassen, kam uns Dimitri auch schon entgegen und bat uns mit seinem berühmten Lächeln in den gemütlichen «Salon».

So wenig Dimitri auf der Bühne spricht, so viel hat Jakob Dimitri zu sagen, wenn er sprechen soll. Kaum hat ihm Hans Egli ein kurzes Porträt der Höheren Fachschule vermittelt, lacht er: Vor 30 Jahren hätte er es sich nicht träumen lassen, dass seine Scuola professionale di teatro di movimento – die zusammen mit dem Theater, den Schülern, Lehrern, der Technik und Verwaltung 85 Personen umfasst – zur «einzigen Hochschule für Bewegungstheater in Europa werden könnte. Die Beamten, die uns auf Herz und Nieren zu prüfen hatten, mussten sich erst mal mit diesem für sie neuen Metier der Pantomime befassen – was mich natürlich mit Stolz erfüllte, denn ich setze gerne Sachen um, die neu sind.»

Angesprochen auf den Impuls, weshalb er seinerzeit diese Ausbildung eingerichtet habe, meint er schlicht: «Als mein Erfolg als Clown auf der Bühne – und eben nicht im Zirkus – einsetzte, kamen viele junge Leute auf mich zu und fragten: ‹Wo kann man das lernen, wir möchten auch etwas in diese Richtung machen.› Mit einem Freund, einem Mimen aus Prag, Richard Weber, habe ich darüber gewitzelt, dass, wenn die Nachfrage so gross ist, wir doch eine Schule im Tessin aufbauen könnten, weil ich da räumliche Möglichkeiten hätte. Er, meine Frau und ich haben dann einfach keck und frech angefangen. Eines Tages, als wir die Lehrer für Akrobatik und Tanz beisammen hatten – das war 1975 –, gaben wir bekannt: ‹Im September fängt die Schule an!› Wir hatten noch keine Aufnahmeprüfung, und es kamen, glaube ich, 50 junge Menschen aus aller Welt daher. Wir haben sie in drei Klassen aufgeteilt. Das war der Anfang. – Es ist tatsächlich so, dass es zustande kam, weil so viele Junge interessiert waren. – Wenn ich gefragt werde, löst das bei mir sofort etwas aus. Ich will mich jetzt natürlich nicht mit Rudolf Steiner vergleichen, der seine Impulse immer auf Anfrage entwickelte. Aber es ist schon so, wenn ich gefragt werde und ein Bedürfnis sehe für eine Sache, die es noch nicht gibt, dann reizt mich das doch sehr!»

Natürlich hatte er Vorbilder, etwa den Clown Grock; Dimitri jedoch wollte das Circensische mit der Schauspielkunst verbinden, wollte das eigene Bewegungstheater verwirklichen. Wir kommen auf die Unmittelbarkeit des seelischen Ausdrucks zu sprechen, der in der mimischen Bewegung liegt; Dimitri erzählt von seiner wichtigsten Begegnung: «Marcel Marceau, der Meister der Pantomime, sagt: ‹Mit der Bewegung kann man nicht lügen, die Geste ist immer echt, ehrlich, spricht direkt zum Menschen und wird von allen Menschen verstanden›. Selbstverständlich kann man mit der Pantomime nicht alles ausdrücken. Kompliziertere, abstrakte Themen sind unmöglich darzustellen, aber alles, was die Gefühle betrifft, oder einfache dramatische oder komische Handlungen, sind mit der Pantomime oft sogar besser ausdrückbar als mit

Worten.» Das sei der Grund, wirft Eva-Maria Schnaith ein, weshalb in der Heilpädagogik die Bewegung so ernst genommen werde, denn sie sage viel über das Kind, über den Menschen aus.

Improvisation als Übung...

Marcel Marceau war es auch, der Dimitri stark förderte in der Kunst des Improvisierens. «Und ich denke, dass die Improvisation vielleicht auch als Übung für die Heilpädagogik enorm wichtig ist. Denn was ist Improvisation anderes als der Anfang alles Kreativen, alles Künstlerischen, man kann sie auch Spiel nennen. Die Kunst beginnt erst, wenn ich mich frage, was ich nun mit einer Improvisation mache. Wiederhole ich sie, ist es keine Improvisation mehr, denn es wird bereits geübt, gestaltet, geformt, gekürzt, verlängert, filtriert, bearbeitet... In einem Kurs für Clownerie gebe ich etwa folgendes Thema: ‹Ihr nehmt jetzt einen Hut, wollt ihn aufsetzen, aber schafft es nicht und stolpert darüber – spielt einmal mit dieser Idee.› Vielleicht gelingt eine Improvisation, alle lachen. Dann sage ich: ‹Gut, wir sind ja Theaterleute und wollen vor einem Publikum auftreten. Wir müssen also was haben, das klappt, das sitzt, auch wenn ich Fieber habe oder schlecht gelaunt bin. Also wiederhole das jetzt mal!› Dann gibt es die Schüler, die eine Leichtigkeit haben und das sofort wiederholen können, und andere haben Mühe. Wenn wir es nicht wiederholen können, war es eine einmalige Eingebung, aber wir können sie fürs Theater nicht konkretisieren, nicht realisieren. Da fängt die Theaterarbeit im Grunde erst an.»

Dimitri ist in Fahrt und hat aufmerksame Zuhörer. Ich beobachte, wie sich leise, während er die Gedanken sammelt, die Fingerbeeren seines Daumens und Zeigefingers massieren. «Nun ist aber Improvisation bei uns ein Fach. Naiv könnte man fragen, wie und weshalb lehrt man etwas, das man gar nicht braucht. Es geht eben darum, dass man Eingebungen, Ideen sofort am Schopf packt. Wenn jetzt hier zum Beispiel etwas vom Tisch fällt...», er lässt ein Magazin vom Tisch rutschen, «dann ist das kein Zufall, sondern ein Wink des Schicksals, da muss ich doch dankbar draus was machen... Der Improvisierende muss, wenn er eine Idee hat, einen Anfang haben, er muss sie entwickeln, sie auf einen Höhepunkt steigern können und schliesslich einen guten Schluss, eine Pointe finden. Das kann man lernen. – Jean-Martin Roy, der bei uns Improvisation lehrt, gibt manchmal Kurse für Firmen, z. B. in einer Weberei. Da kommen die Weberinnen, da kommt der Direktor, der Designer, der Techniker, die Putzfrau – alle machen mit. Und dann sieht die Putzfrau, wie der Direktor einen betrunkenen Mann improvisiert, der versucht mit seinem Schlüssel die Tür zu öffnen – und sie sieht, dass er in bestimmten Situationen genau so unbeholfen ist wie sie... Das schafft Nähe, Verbundenheit. Samy Molcho, ebenfalls bekannter Mime und Experte in Körpersprache, gibt Kurse für Manager... damit macht er gutes Geld. Diese Manager werden wirklich bessere Manager, sie lernen eben nicht nur zu improvisieren, sondern auch einiges an Menschenkenntnis. Jede Bewegung, jede körperliche Haltung gibt Aufschluss über einen Menschen. Also ich denke, dass Improvisation für euch etwas sehr Nützliches ist. Nur würde ich noch den Humor und die Clownerie hinzufügen…»

Dimitri, nun in seinem Element, warnt uns: Wenn wir jetzt keine Zwischenfrage stellten, würde er einfach loslegen. «Denn für mich ist das Kreative – und damit Lebensthema – der Humor, das Lachen, der Witz und deren Heilkraft.»

Improvisation und Wiederholung

In der Heilpädagogik und Sozialtherapie ist Wiederholung bedeutsam als Halt gebender Rahmen. So stellt Hans Egli die Frage: «Wie macht man das, dass Wiederholung nicht etwas Steifes wird, das sich vom Lebendigen weg reproduziert, sondern immer wieder taufrisch ist?»

«Dafür bin ich das lebendige Beispiel!», nimmt Dimitri den Faden auf. «Es gibt Nummern, die ich seit 40 Jahren mache. Bei uns Clowns ist mechanische Wiederholung der Tod – da ist es dann egal, ob äusserlich alles stimmt. Die Leute lachen nicht. Wenn ich mein Spiel nicht beseele und wie neu selber immer wieder erlebe und übermittle, dann – forget it! Aber so ganz genau sagen, wie ich das denn mache, dass es gelingt, kann ich auch nicht.»

«Und doch ist es ein zentraler Punkt in der Heilpädagogik-Ausbildung», wendet Hans Egli ein. «Wissen Sie, wenn Sie davon sprechen, dass neben der Improvisation auch Humor und Clownerie für uns wichtig sein könnten, dann erinnere ich mich an Rudolf Steiners Ausruf bei den Heilpädagogen: ‹Werdet Tänzer!›. Man könnte eigentlich sagen: ‹Werdet Clowns!›. Vielleicht ist es eine sublimierte Form von Humor, wenn ich beim zehnten, zwanzigsten Mal einer Handlung in unserem Alltag immer noch Freude empfinde…?!» Dimitri bestätigt Eglis Vermutung: «Wenn jemand fröhlich ist und gut gelaunt, ist natürlich das Lachen, der Humor und der Schalk ganz in der Nähe.»

«Wir sind in unserem Alltag sehr herausgefordert, weil wir mit Kindern und Erwachsenen zu tun haben, die ganz besondere Verhalten haben und wissen wollen: *Wer* ist denn da?», setzt Eva-Maria Schnaidt zu einer Frage an. «Die spüren mich nur, wenn ich ganz präsent bin. Wenn mich also z.B. ein Kind anspuckt und mir spontan aus der Situation heraus etwas Hilfreiches einfällt. Wunderbar, die Situation löst sich wieder. Dann kann ich aber nicht davon ausgehen: Aha, so geht es! Denn beim nächsten Mal wirkts nicht mehr. Eine Erfahrung lässt sich eben nicht auf die nächste Situation übertragen, sonst verlieren unsere Kinder den Halt. Wie schult man also diese Präsenz in der Ausbildung, oder was machen Sie, damit Ihre Leute schöpferisch sind?»

«Das ist delikat», zögert Dimitri etwas, «denn die Schüler sind sehr unterschiedlich begabt. Und man fördert ja jemanden, der wenig Begabung hat für das Komödiantische, nicht dadurch, dass man ihm sagt, es fehle ihm an Humor. Das Gleiche gilt natürlich auch, wenn ich mit meiner Truppe eine komische Szene probe. Werde ich dabei ausnahmsweise mal ungehalten oder nervös, dann sind die Komödianten trotz Professionalität blockiert. Das Komische ist intim, es kann nur in einer liebenswürdigen, fröhlichen, toleranten, menschlichen Atmosphäre entstehen und gedeihen. – Wenn ich nach zwei Jahren Schule zum ersten Mal einen Clownkurs gebe, hat der eine oder andere Schüler eben schon etwas Angst; manche wissen auch, dass sie nicht so begabt sind für das Komische. Aber ich kann fast aus jedem was herauslocken. Da sage ich ihnen dann auch: ‹Hört mal, ihr wollt ja nicht alle Clowns werden – wir sind ja auch keine Clownschule –, aber es kann durchaus geschehen: Ihr seid irgendwo an einem Stadttheater und der Regisseur hat eine Szene, die komisch sein sollte – und viele Regisseure haben Mühe mit der Komik. So was wie eine…», Dimitri spitzt seine Lippen und holt mit dem Arm zu einer grossen Geste aus, die ganz klein wird, «Five-o'clock-Tea-Ceremony. Und dann sagt der Regisseur: Ihr seid doch in Verscio in die Dimitri-Schule gegangen, zeigt mir jetzt mal, wie man diese Szene lustig machen kann! Wenn ihr in dieser Situation besteht, werdet ihr noch an mich denken.› Das verstehen sie sofort.»

Dimitri erinnert an Hinweise von Michael Cechov, der empfiehlt, dass ein Schauspieler, der eine komische Figur zu spielen hat, «sich doch um Gottes willen auch etwas von den Gnomen und Kobolden um ihn herum leiten lassen soll. Der beschreibt das wunderherrlich. Und es ist halt so, wir haben rundherum viele Helfer. Und ich denke schon, wenn ein Heilpädagoge positiv den Moment nutzt, schwierige Situationen so umzumünzen versteht, dass man darüber lachen kann – natürlich so intelligent, dass sie wegen des Lacherfolgs nicht ständig wiederholt werden –, dass das sehr hilfreich ist.»

Vom Heilenden des Lachens

Für Dimitri hat jeder Mensch einen Clown in sich, und er beschreibt den Anfang jedes Lachens: Die Mutter merkt, dass ihr Kind lächelt, «wenn sie eine bestimmte Geste macht oder einen Laut oder irgendetwas – und von dem Moment an entlockt sie dem Kind immer wieder ein Lächeln. Das Lächeln ist Ausdruck von Sympathie, von Liebe, von Freude und Dankbarkeit.» Deshalb freut es ihn auch so sehr, dass seit rund 10 Jahren Clowns in die Spitäler gehen und «die kranken Kinder zum Lachen bringen. Ein Kind, das Krebs hat oder Leukämie, wird wegen eines Clowns zwar nicht gesund, aber es wird für Momente aus der Schwere geholt…»

«Es wird schon eine feine Wahrnehmung brauchen, um in einer solchen Situation improvisieren zu können, denn wenn ich als Clown zu so einem Kind komme und mir einfach eine rote Nase umbinde, wird das gerade falsch wirken, nicht echt», gibt Hans Egli zu bedenken.

«Genau, das ist unendlich wichtig!», unterstreicht Dimitri. «Ein Arzt hat ja das gleiche Problem, er muss auch immer schauen, dass das Mitgefühl ihn nicht mitreisst. Ein ehemaliger Schüler von uns ist Spitalclown – ich konnte einmal mit ihm mitgehen. Er darf im Spital nur Narr, fröhlich, positiv sein. Er darf sich nicht hintersinnen, sonst würde er einfach nur noch weinen. Wenn man einem zwölfjährigen Knaben gegenübersteht, der vielleicht noch ein Jahr zu leben hat, darf man sich nicht von der traurigen Atmosphäre anstecken lassen.» Die Worte kommen stockend. Dimitri kämpft für einen Moment gegen schmerzende Gefühle an… «Es wird ja so wunderbar in dem Büchlein ‹Oskar und die Dame in Rosa› von Eric-Emmanuel Schmitt beschrieben. Kurz gesagt, es geht um einen todkranken Knaben in einer Klinik, und immer wenn die Eltern kommen, ist es furchtbar für ihn. In ihrer Trauer reissen sie ihn jedesmal runter. Dann muss ihm immer die Krankenschwester Geschichten erzählen, damit er wieder auflebt. – Es ist eine einmalige Erzählung. Ich verstehe natürlich die Trauer der liebenden Eltern, da hätte ich auch Mühe. Aber wenn ich einem Sterbenskranken begegne, nütze ich ihm nichts, wenn ich mit ihm weine. Vielleicht kennt ihr die Geschichte des ‹Superman›-Darstellers Christopher Reeves. Der hatte einen Reitunfall und war bis zum Ende seines Lebens komplett gelähmt. Er wollte nur noch sterben. Dann kam ihn sein Kollege Robin Williams, ein Komiker, besuchen. Er kam in der Doktorschürze und hantierte mit riesigen Spritzen und Pumpen. Er brachte Christopher Reeves so zum Lachen, dass der sich nachher ganz anders fühlte. – Vielleicht hat er ihm damit das Leben gerettet.»

Geistreich unterhalten ist das Ziel

Dieses Beispiel wirft die Frage auf, ob nicht vornehmstes Ziel jeder Komik sei, den Menschen durch das Erheitern weiterzubringen, herauszuheben aus dem, was ihn an Schwerem, Krankem umgibt. Sind vielleicht in der Kunst die ethischen, moralischen Kräfte angesprochen? – Ein wenig ringt Dimitri nach Worten: «Einerseits ja, aber es kommt sehr darauf an, wie man das sagt. Ich wehre mich vehement dagegen, dass ich die Aufgabe hätte, die Menschen zu verbessern. Die Moral ist eine Frage meiner Haltung, nicht meines Ziels – und das ist, die Leute zum Lachen zu bringen auf eine eigene, künstlerische, persönliche, originelle, witzige, kindliche, geistige – unmaterialistische – Art. Aber wenn man mich fragt, was ich mir dabei gedacht habe – dann… puh!… Ich hab das halt einfach so gemacht, aus dem Bauch, intuitiv,… ich weiss nicht, ich wollte etwas Schönes machen. Der Kritiker hat wunderbare Begrifflichkeiten, die dann sicher auch irgendwie stimmen. Aber es steht mir nicht zu, zu sagen, ich hätte die Aufgabe, die Menschheit mit meinem Lachen auf eine höhere Stufe zu heben. – Brrrr, das ist für mich ganz schlimm. Wenn das andere sagen: ‹Dieser Clown, das ist ja unglaublich, bei dem lacht man im siebten Himmel!›, O.k., das darf man von mir sagen. Es darf ein Nebenprodukt sein, aber nicht Zweck.»

Dimitri denkt einen Moment nach: «Doch, ich habe gerne Erfolg, es freut mich, wenn die Leute lachen – aber ich weiss auch, dass ich mindestens so viel zurückbekomme, wie ich gebe. Ich bin nicht der arme Clown, der nach der Vorstellung völlig ausgepumpt ist – oder aus-gelacht...»

Die Balance von Geben und Nehmen

Dimitri lacht und wird gleich wieder ernst, denn er spricht von seinen grössten Feinden als Clown: der schlechten Laune, der Bosheit, der Aggressivität, der Eifersucht. «Wie die Routine, sind das Kardinalsünden. Ich stelle mir vor, für die Heilpädagogik – ein Beruf, den ich übrigens sehr bewundere – muss eine gewisse Technik, Methode existieren, um über Launen und Routine hinweg den Alltag zu bestehen.»

«Na ja, in unserem Beruf erlebt man auch, dass man sehr viel zurückbekommt», meint Egli. «Denn der Umgang mit dem Ungewohnten weckt viele neue Fragen an das Leben, an sich selbst. Man lernt durch diese Menschen auch so manches der eigenen Seele kennen – ausgebreitet um sich herum. Und das ist ungeheuer interessant. Es ist auch bei uns eine Haltungsfrage, ob ich sehe, wie viel ich von den anderen lerne und bekomme. – Wir nähren und stützen uns ja immer gegenseitig...»

«Es ist die Herausforderung, zu erkennen, dass ich nicht das Gleiche zurückerhalte, was ich gegeben habe. Schaffe ich diesen Verwandlungsprozess nicht, blute ich aus», fügt Eva-Maria Schnaith bei. «Da, wo ich hergeb, muss ich selber dafür sorgen, dass ichs wieder auffülle, dass mir meine Kreativität, meine Kraft bleibt. Das, was ich zurückerhalte, muss ich einfach als Geschenk annehmen oder auch als Herausforderung, denn es kommen ja auch direkte Seelenäusserungen, die mich an die Grenze bringen.»

Kreativität als Bewältigungstechnik

«Aber sehen Sie, Sie haben jetzt das kleine Stichwort ‹Kreativität› erwähnt; ich glaube, das ist einer der wichtigsten Punkte, um diesen Ausgleich zu haben», sinniert Dimitri. «Das ist auch für mich so, obwohl man ja einen kreativeren Beruf als den meinen kaum haben kann. Und doch brauche ich nebenbei noch einen Ausgleich: Ich male sehr viel, kreiere viel. Das ist für mich wichtig. – Am meisten glaube ich aber schon an den Humor.»

Dimitri erzählt, wie er als Bub grossen Spass daran hatte, Witze zu erfinden. Ihn interessierte nicht das, was alle schon kannten. Und dann kommt er von dieser Jugendreminiszenz darauf zu sprechen, wie er sich den sozialtherapeutischen Alltag vorstellt: «Man muss sich ja ständig anpassen, jeder Mensch ist anders, jede Situation ist neu, man muss immer wieder erfinderisch sein, – wie kann ich das jetzt lösen. Es ist eigentlich eine ständige kreative Herausforderung.»

«Das ist der Grund, weshalb wir in der Ausbildung dieses Kreative, Schöpferische auch in einer konstruktiven Weise schulen möchten», geht Hans Egli darauf ein. «Nicht, damit unsere Leute Clowns werden – das könnte ja auch mal sein –, sondern damit sie diese Kreativität in der Alltagsanforderung anwenden können. Damit sie sich nicht im technisch Erlernten einerseits und in den Problemen von aussen andererseits verlieren. Damit sie eben befähigt sind, im Augenblick das Richtige zu tun.»

In der Gegenwart ankommen

«Mir brennen drei Sachen auf den Nägeln», übernimmt Dimitri das Gespräch. «1. Es gibt ein Büchlein von Niccel Steinberger – Emils Frau – mit dem Titel ‹Ich bin fröhlich›. Sie hat sich vorgenommen, jeden Tag ein bestimmtes Quantum zu lachen. Und sie gibt so gute Ratschläge, wie man das im praktischen täglichen Leben umsetzen kann. Es ist grossartig, ganz naiv, ganz einfach. 2. Einer unserer Studenten hat über Salvador Dalì eine Arbeit gemacht. Demnach hat Salvador Dalì die allerbanalsten Sachen in seinem Leben so konzentriert ausgeführt, als ginge es um ein Ritual. Hochinteressant.» Dimitri steht auf, nimmt einen Kugelschreiber in die Hand und setzt ihn langsam auf ein Blatt Papier. «Und jetzt schreibe ich etwas, wie wenn es das Wichtigste der Welt wäre… – So hat das Leben natürlich eine ganz andere Qualität. 3. In den Büchern von Carlos Castaneda, die vor 30 Jahren mal Bestseller waren, kommt immer wieder dieser Don Juan, der ihm Weisheiten erteilt. Einmal sagt er zu Castaneda: ‹Du musst jeden Tag so leben, als sei es dein letzter›. – Das begleitet mich heute noch. Natürlich denke ich da nicht jeden Tag dran, aber mir ist das eine Hilfe, um wesentlich zu bleiben – um ganz in der Gegenwart zu leben.»

Auf die Frage des Ernstes im Spiel meint Dimitri: «Wenn das Spiel ernst wird, wird es zum Gegenwartsspiel. Man denkt nicht mehr an die Vergangenheit, nicht an die Zukunft, man lebt den Moment, lebt im Augenblick. Vor ein paar Tagen sprach ich mit einem Psychoanalytiker und der zitierte Augustinus. Dieser behauptete, die Vergangenheit ist Gegenwart, weil ich jetzt an die Vergangenheit denke, und die Zukunft ist Gegenwart, weil ich jetzt an die Zukunft denke. Das ist unglaublich raffiniert. Es hat mich sehr angeregt.»

Das Mönchlein und der Samurai

Das Thema «Vorbilder» ist etwas aus der Mode gekommen. Für Dimitri waren Vorbilder entscheidend in seinem Leben; elementar geht es ihm dabei nicht so sehr um das Objekt der Bewunderung, als um die Bewunderung selbst: «Es ist gut, wenn man Menschen kennt, die man bewundern, als grösser, stärker, gescheiter respektieren kann. Ich kenne Menschen, für die ich gern die Schuhe putzen würde.»

Dimitri erzählt ein japanisches Zen-Gleichnis von einem kleinen Mönchlein, das dem Bürgermeister einer Stadt einen Brief überbringen muss. «Das Mönchlein kommt also zum Stadttor, und dort steht ein Samurai, der sagt: ‹Hier kommt mir niemand durch, ohne mit mir gekämpft zu haben!› Das Mönchlein, das noch nie ein Schwert in Händen hatte, versucht ihm zwar zu erklären, dass es dem Bürgermeister unbedingt den Brief aushändigen sollte, aber es ist nichts zu machen. Der Samurai, der bereits 99 Menschen umgebracht hat, will das Mönchlein nur nach einem Zweikampf durchlassen. Da sagt das Mönchlein: ‹Aber lass mich zunächst bitte durch, ich verspreche dir, wenn ich zurückkomme, werde ich gegen dich antreten.› Der Samurai: ‹Also gut, dann mache ich jetzt eine Ausnahme, aber vergiss es nicht!› Das Mönchlein gibt also den Brief dem Bürgermeister und geht anschliessend zu seinem Meister, der auch in dieser Stadt wohnt, und erklärt ihm die Lage. Der Meister erklärt ihm: ‹Ja, das ist jetzt dein Ende. Du wirst ganz bestimmt sterben müssen, aber ich zeige dir, wie du am würdigsten stirbst. Dafür gebe ich dir dies Schwert. Du stellst dich so mit geschlossenen Augen vor diesen Samurai...›», Dimitri erhebt sich, stellt sich in einen Ausfallschritt und hält sein imaginäres Schwert senkrecht vor sich. «Das arme Mönchlein bedankt sich: ‹Ja, Meister, so werd ichs machen.› Einen guten Rat schickt der Meister noch hinterher: ‹Und wenn du dann auf deinem Kopf etwas Kühles spürst, dann weisst du, jetzt ist das Schwert in dich gedrungen. Dann wirfst du das Schwert weg und verrichtest noch ein Gebet. So nimmst du würdig und stolz von dieser Welt Abschied.› Das Mönchlein geht also vors Stadttor und stellt sich dem Samurai. Dieser packt sein Schwert, stürzt auf das Mönchlein los – und hält inne: ‹Das muss ein Meister sein! Wie der da steht in Angriffsstellung... hat nicht einmal die Augen offen. – Also der sieht mich auch, ohne zu schauen. Das muss tatsächlich ein grosser Meister sein.› Vorsichtig, weil der Samurai fürchtet, der kleine Mönch könne plötzlich losschlagen, umkreist er ihn. Schliesslich fällt er auf die Knie und fleht ihn an, ihn als Schüler aufzunehmen.»

Dimitri lacht: «So findet jeder seinen Meister. – Auch wenn heute oft nicht in dem Sinn Meister gesucht werden, sondern Menschen, die das leben, was sie vertreten.»

Ganz zum Schluss möchte Hans Egli noch wissen, wie Dimitri als Theatergründer und Regisseur in der Zusammenarbeit mit dem Thema «Führen und Führenlassen» umgehe. «Im Theater, in der Kunst gibt es keine Demokratie. Ein Künstler macht genau das, was er will, hört auf niemanden. Wenn er intelligent ist, akzeptiert er berechtigte Kritik. – Nun ist das Theater eine Art Körper, wo es eine Führung braucht. Die Schauspieler müssen versuchen zu realisieren, was dem Regisseur vorschwebt. Aber: Diese Schauspieler sind nicht Sklaven und sie sind auch nicht Untergebene. Sie sind schöpferisch und sie wollen schöpferisch sein. Und das muss man als Regisseur sehr klug kanalisieren. Ein guter Schauspieler ist so gescheit und flexibel, dass er das Seine dazu beiträgt, den Wagen in Fahrt zu bringen; er ordnet sich klugerweise den Ideen des Regisseurs unter. Sonst hat man x Regisseure, und das funktioniert nie. – Ich liebe es, wenn ich mit einem Regisseur zusammenarbeite und einfach dem nachspüre, das versuche zu verwirklichen, was er sich gedacht hat. Ich finde das sehr spannend!»

Literatur

Hanspeter GSCHWEND/DIMITRI: *Dimitri – Der Clown in mir. Autobiographie mit fremder Feder.* Benteli-Verlag, Bern 2003 (3. Aufl. 2005). 240 S., CHF 48.–. ISBN 3-7265-1318-0.

DIMITRI: *Clown Fantasy.* 366 farbige gemalte Bilder von Dimitri für jeden Tag. Fratelli Poncioni, Losone 2005. Auflage 1200, geb. in Ganzleinen, Format 32x26 cm, jedes Buch handsigniert, CHF 300.–, inkl. Versandspesen. Der Verkaufserlös kommt vollumfänglich dem Teatro Dimitri zugute. ISBN 88-85118-71-2.

Weitere Informationen: www.teatrodimitri.ch.

Künstlerisches Tun während der Ausbildung unterstützt Verwandlungsprozesse

Christianne Büchner

Welche Erfahrungen verbinden Menschen, die die Ausbildung am Rudolf-Steiner-Seminar für Heilpädagogik bzw. an der HFHS Dornach absolviert haben, in ihrem gegenwärtigen Berufsalltag mit dem künstlerischen Tun während der Ausbildungszeit? Woran merken sie, dass die Auseinandersetzung mit künstlerischen Aufgaben sie als Persönlichkeit geprägt hat und damit ihre Tätigkeit beeinflusst?

Wir haben eine Reihe von Absolventinnen und Absolventen aus verschiedenen Ausbildungsjahren sowie eine Studentin angeschrieben, strebten damit aber keine repräsentative Auswahl von Befragten an. Sie wurden gebeten, auf die erwähnten Fragen eine persönliche Antwort zu formulieren. Wir wollten wissen, ob es Situationen gibt, in welchen sie den Eindruck haben, dass das künstlerische Üben in der Eurythmie, der Musik, der Sprachgestaltung, dem Plastizieren, dem Malen und Zeichnen einen konkreten Einfluss auf das berufliche Handeln (z.B. bezüglich Personal- oder Sozialkompetenz) hat.

Die Ausbildungsstätte in Dornach formuliert ihr Anliegen betreffend künstlerischen Unterricht folgendermassen: «*Künstlerisches Üben bewirkt ein verstärktes Wahrnehmen und angemessenes Gestalten von Prozessen. Diese erübten Fähigkeiten bereichern und verändern die Persönlichkeit. Diese Prozesse verlaufen nicht linear. Es wird der jeweilgen biographischen Situation und den Erfahrungen der einzelnen Auszubildenden bzw. der Lerngruppe Rechnung getragen. ... Der Ausbildungsweg in den künstlerischen Fächern beginnt mit der unmittelbaren Erfahrung. Die Auszubildenden entdecken ihre künstlerischen Erlebnis- und Ausdrucksmöglichkeiten, den inneren Antrieb zur Gestaltung und den Umgang und das Ringen mit Widerständen und eigenen Begrenzungen. Im Verlauf der Ausbildung lernen sie, die Herausforderungen des Alltags kreativ zu gestalten.*» (aus dem Konzept zum Ausbildungsgang Sozialpädagogik der HFHS, 2004).

Inwiefern solche oder ähnliche Zielsetzungen bei einzelnen Menschen erreicht wurden, soll dieser Sammelbeitrag mit Aussagen von ausgebildeten Heilpädagoginnen und Heilpädagogen ein Stück weit illustrieren. Die Antworten sind so aufbereitet, dass zunächst allgemeine Gesichtspunkte zusammengetragen und daran anschliessend Erfahrungen mit einzelnen Fächern dargestellt werden. Die Aussagen wurden zum Teil zusammengefasst, zum Teil werden sie wörtlich wiedergegeben.

Wir danken folgenden Personen für ihre Erfahrungsbeiträge: Tatjana Balmer, Paul Freisler, Sheila Häfliger Castano, Marguerite Haas Beerli, Anne Janssen, Brigitte Kaldenberg, Petra Klages, Wiebke Kohlmeyer, Elsbeth Müller-Leupold, Ursula Petit, Veronika Schubot, Lisa Stucky und Johanna Strawe. Sie haben einen bunten Strauss von Rückmeldungen zustande kommen lassen.

Künstlerische Tätigkeiten beeinflussen die Persönlichkeitsentwicklung und damit den heilpädagogischen Alltag

«Für mich ist/war die künstlerische Tätigkeit die direkteste, aber auch annehmbarste Art, mir selber zu begegnen, meinen Schwächen (und Stärken) gegenüber zu treten», so die Hauptaussage einer Absolventin. In den meisten Antworten tauchen Elemente auf wie: sich in der Persönlichkeit verwandeln, sich selbst begegnen, durchhalten, Grenzen erleben und überwinden, durch einen Nullpunkt hindurchgehen, vorurteilsfrei an Dinge und Menschen herangehen, prozessorientiert denken und handeln.

Jemand beschreibt die Wirkung künstlerischen Tuns während der Ausbildung so: «In der Tat erlebte ich immer wieder, dass sich der Klumpen in meinem Kopf auflöste und auf den ganzen Körper verteilte. Ich fühlte mich nach dem Kunstunterricht freier und beweglicher.» Durch das «Sich-selbst-betätigen-Müssen» wird man dazu angehalten, gewissen Problemen nicht auszuweichen. Dank dieser Schulung gelingt es oft auch in der heilpädagogischen Arbeit besser, anstehenden Problemen mit betreuten Kindern oder begleiteten Erwachsenen nicht auszuweichen. Dazu benötigt man subtile Wahrnehmungsfähigkeiten, Durchhaltekraft und originelle Eingebungen zur rechten Zeit. Das Nichtaufgeben in schwierigen Situationen kann zu Gefühlen der Erleichterung, der Stärkung führen, die wiederum ermutigend wirken für das Durchhalten in kommenden Schwierigkeiten.

Der Aspekt des bewussten Umgehens mit der eigenen Persönlichkeit und Individualität, des Bemühens, sich nicht von fixen Vorstellungen leiten zu lassen, wird im Zusammenhang mit dem künstlerischen Üben immer wieder erwähnt. Die Bereitschaft dazu kann als Grundvoraussetzung für die Arbeit in sozialen Zusammenhängen gesehen werden. Kunst kann unter diesem Gesichtspunkt als ein Medium erlebt werden, das einem hilft, eigene Gefühle bewusst zu machen, sie darzustellen und dadurch besser zu verstehen. Dies hilft auch, Abstand zu sich selbst zu gewinnen – ein Prozess, der eine Persönlichkeitserfahrung und -entwicklung anregen kann, sofern er als Prozess an sich ins Bewusstsein gehoben wird. Dieses Heben der Prozesse ins Bewusstsein ist ein wesentliches Merkmal der künstlerischen Arbeit in der Ausbildung; nur dadurch können sie in die eigene Persönlichkeit als (werdende) Fähigkeit integriert werden. Erst dann wird der künstlerische Prozess für den Berufsalltag sinnvoll und fruchtbar. «Gehe ich mit festen, vorgeprägten Vorstellungen an meine Arbeit – sei es die Umsetzung (heil-)pädagogischer Massnahmen oder seien es Teamsitzungen etc.–, bleibt meist wenig Möglichkeit für Veränderung und innovative Entwicklung.»

Gerade auch in der Team-Zusammenarbeit ist es eminent wichtig, Rollen und Rollenverhalten immer wieder aufzulösen. «Habe ich meine Persönlichkeitsentwicklung und damit auch meinen bewussten Zugriff auf meine Persönlichkeit kreativ ergriffen, kann sich mir die Möglichkeit bieten, offener und vorurteilsfreier in soziale Auseinandersetzungen zu gehen.»

Im künstlerischen Gestalten setzt man sich immer wieder neuen Situationen aus, die nicht nur aufgrund bereits gemachter Erfahrungen zu meistern sind. Dies lässt sich auf das soziale Geschehen direkt übertragen: Greife ich bloss auf alte Erfahrungen zurück oder versuche ich, aktiv und kreativ mitzugestalten? Künstlerisches Üben schafft Erlebnisse im sozialen Miteinander und gibt damit Anstösse für die persönliche Weiterentwicklung. In der Eurythmie etwa genügt es nicht, sich auf die eigenen Bewegungen zu konzentrieren; es geht vielmehr darum, sie in Einklang zu bringen mit der Gruppe. Den Massstab für das, was im Verhältnis zur Aufgabenstellung stimmig ist, ergibt sich aus dem Zusammenspiel der Gruppe. «Da wurden Aspekte wie Dominanz und Zurückhaltung, Wachheit, Wahrnehmung des Gegenübers relevant. Und immer waren zwei Dinge gefragt: das Erzeugen einer eigenen Handlung und das In-Bezug-Setzen dieser Handlung zum Umfeld.»

«Die sozialen Fähigkeiten oder auch Grenzerlebnisse/Abneigungen, die ich innerhalb der Ausbildung erlebt habe, waren nicht unbedingt unmittelbar eine Bereicherung; doch im Rückblick und im jetzigen Berufsleben sind sie eine Hilfe: Gespräche führen, zuhören, Emotionen zurückhalten, wachsam sein für zwischenmenschliche Interaktionen... oder auch frei heraussprechen können (d.h. Auseinandersetzung mit der Sprache), mich selbst wahrnehmen können (mit Gesten, Gebärden, Gesagtem) in der Arbeit, mich adäquat ausdrücken können im sozialen Umfeld, z.B. eine Situation kurz skizzieren oder ein Gespräch genau aufschreiben/nachvollziehen können, mir ein Bild von etwas machen oder den richtigen Ton finden oder etwas bewegen können.»

Das gemeinsame künstlerische Tätigsein in einem Raum setzt andere Kräfte frei, als wenn jeder sich allein betätigt. Das Teilnehmen am Prozess der Mitstudierenden, die Vielfalt im Ausdruck und die verschiedenen Arbeitsweisen sind eine Bereicherung für jeden Einzelnen. Dazu trägt auch der Umstand bei, dass man sich gegenseitig Einblick in die eigene Tätigkeit gibt. Dabei kann erlebt werden, dass eine Gemeinschaft dem Einzelnen Kraft geben, dass sie ihn aber auch Kraft kosten kann, je nachdem, ob es gelingt, sich zu öffnen und gegenseitig wertzuschätzen.

Im täglichen Zusammenleben ist es von grosser Bedeutung, dass die Fachperson einem (behinderten) Kind/Jugendlichen/erwachsenen Menschen vorurteilslos, entwicklungsbereit und ohne feste Vorstellungen begegnet. «Weiss ich beispielsweise von einem Kind, dass es autistische Züge hat und begegne ich ihm aufgrund dieses Vorwissens so, als ob ich aufgrund der Diagnose bereits alles über es wüsste, lasse ich ihm wenig Möglichkeiten, seine trotz Behinderung vorhandene individuelle Persönlichkeit zu entwickeln.» Es geht darum, sein (inneres) Verhalten so zu schulen, dass man als Fachperson in der Begegnung mit dem Kind/Jugendlichen/Erwachsenen möglichst vorurteilslos sein kann und die Persönlichkeit des Gegenübers sich aussprechen lässt; erst im zweiten Schritt geht es um die Suche nach den adäquaten heilpädagogischen Massnahmen. Diese Aussagen sollen keineswegs den Eindruck erwecken, die künstlerischen Fähigkeiten würden für die Tätigkeit in Heil- oder Sozialpädagogik genügen: «Dass ich mir umfangreiches Fachwissen kompetent aneigne, schliesst das vorher Geschilderte keineswegs aus. Im Gegenteil: Gelingt die offene Begegnung mit dem Kind/Jungendlichen/Erwachsenen, kann das Fachwissen sehr hilfreich sein, seinen ‹ausgesprochenen› Bedürfnissen entgegenzukommen.»

Für eine Absolventin war das breite Angebot an künstlerischen Fächern mitbestimmend beim Entscheid, die Ausbildung in Dornach zu absolvieren. Sie ist überzeugt, dass jeder Mensch unterschiedliche Neigungen zu den verschiedenen Künsten in sich trägt und hält es dementsprechend für unabdingbar, in einer Ausbildung eine möglichst grosse Vielfalt an künstlerischen Fächern vorzufinden. «Vor allem in den Bereichen, die einen mehr Überwindung kosten, kommt man in der Regel ziemlich schnell an die eigenen Grenzen; in der darauf folgenden Auseinandersetzung mit den ganz individuellen Schwierigkeiten und Einseitigkeiten liegt ein enormes Entwicklungspotenzial für die eigene Persönlichkeit verborgen. Gerade diese Konfrontation mit sich selbst kann im künstlerischen Tun kaum umgangen werden – es sei denn, man erscheint nicht zum Unterricht oder der Prozess wird nicht begleitet. Die Begleitung durch einen Dozenten/eine Dozentin ist meines Erachtens abgesehen von der rein fachlichen Übermittlung einerseits dazu da, um mit denjenigen Studierenden, die sich gerade in einer Sackgasse verfahren haben, gemeinsam nach neuen Auswegen zu suchen, und um andererseits diejenigen Studierenden, welche die künstlerische Aufgaben auf eine geschickte Art ‹erledigen›, indem sie allfällige Holpersteine umgehen, ebenfalls an Grenzerlebnisse heranzuführen.» Entwicklung wird natürlich nicht nur dort möglich, wo man an scheinbar unüberwindbare Grenzen stösst; der Unterschied liegt lediglich darin, dass eine Entwicklung in diesen Fällen unvermeidlich und deutlicher erkennbar ist. «So betrachtet, könnte man die begleitete künstlerische Tätigkeit sogar als eine Garantie für die persönliche Weiterentwicklung bezeichnen.»

Erfahrungen im künstlerischen Tun können besonders auch in Konfliktsituationen dienlich sein. Da können Erlebnisse wachgerufen werden, in denen die Studierenden sich mit inneren Widerständen und Begrenzungen auseinander setzen mussten. Für eine Absolventin bedeutet künstlerisches Tun in erster Linie vertrauen lernen, aber auch durchhalten, durch Nadelöhre gehen, Angst abbauen, Neues entstehen lassen, staunen und in gewisser Weise «Tod und Auferstehung» erleben. Etwas entsteht; es gibt keinen Untergang; Verwandlung ist immer möglich. In einer Konfliktsituation bedeutet das, dass man darauf vertrauen kann, «dass – bildlich gesprochen – ein neues Bild entsteht, dass auch da Verwandlung stattfindet, solange ich den Pinsel nicht wegschmeisse». Im Kunstunterricht kann das Entstehen eines neuen Bildes durch eigenes, fortwährendes Üben immer wieder erlebt werden. «Mir helfen diese Erfahrungen sehr dabei, schwierige Situationen mit mehr Gelassenheit, aber nicht weniger Aufmerksamkeit, sondern sogar mit mehr Bewusstheit, ja sogar als spannend zu erleben.»

Bei Übungen in den bildenden Künsten (z. B. Malen und Plastizieren) können immer wieder Durchgänge durch Nadelöhre erlebt werden, weil Vorstellung und Wirklichkeit oft deutlich auseinander klafften, weil Dinge sichtbar wurden, die man überwunden geglaubt hat. Das kann zur Erkenntnis führen: auch das bin ich! «Die Erfahrung, nicht mehr weiterzukommen oder der eigenen Begrenzung zu begegnen, war nicht immer einfach. Die Auseinandersetzung mit den Erfahrungen in solchen Situationen (gelingt es mir, den nötigen Abstand zu gewinnen oder gebe ich zu schnell auf? Zu welchem Zeitpunkt hole ich mir Hilfe? usw.) ermöglichte mir, mich besser kennen zu lernen.» Erfahrungen dieser Art, gewonnen im künstlerischen Unterricht, können eine wertvolle Basis sein für eine gesunde Selbsteinschätzung in der Arbeitswelt.

Eine weitere Erfahrung im Umgang mit Nadelöhr-Erlebnissen: «Zuweilen empfand ich die künstlerische Auseinandersetzung und die damit verbundene Konfrontation mit den eigenen Schwierigkeiten als schwere Kost; doch erstaunlich oft konnte ich auch vielen Unfähigkeiten mit einer guten Portion Humor begegnen. Was diesem Phänomen zugrunde liegt, kann ich nicht wirklich beurteilen, aber vielleicht fördert die künstlerische Betrachtung seiner selbst ein Stück weit die gesunde Selbstironie?»

Nadelöhr-Situationen beinhalten oft das Erleben, wohl ein Verständnis davon zu haben, was zu tun wäre, die Umsetzung jedoch erst nach längerer und beharrlicher Übung zu schaffen. «Solche durchlebten Lernschritte wurden zu erworbenen Fähigkeiten.» Solche Situationen können sich im Berufsalltag als besonders hilfreich erweisen: «Sie wurden zur Erfahrungsreferenz für die Gestaltung heilpädagogischer Handlungen bzw. deren Reflexion.» Veranschaulicht wird dies an einem Beispiel aus dem Unterricht in Sprachgestaltung: «Wir übten intensiv, wie Bewegung und Sprache zusammenhängen. Wenn ich die Aufmerksamkeit auf eine Sache lenken möchte, nehme ich diese in den Blick, deute dorthin und beginne erst dann zu sprechen. Das Erlebnis von der Klarheit und Eindeutigkeit einer solchen Aussage hat mich sehr beeindruckt. Die Handhabung klingt einfach. Während der Übungen und auch jetzt im Alltag zeigt sich jedoch, dass sich viele Fehler einschleichen können, die die Aussagekraft wieder mindern. Ich bin innerlich manchmal zu wenig Anteil nehmend und tue den zweiten Schritt vor dem ersten, spreche zu viele undeutliche Worte usw. Das kann von grosser Bedeutung sein bei Kindern, deren Sprachverständnis begrenzt ist. Und dann gibt es Situationen, in denen ich die Erfahrung während der Ausbildung als Referenz nehme: Ich halte inne, erinnere mich an ‹Blick-Geste-Sprache› und handle dementsprechend.»

Die Auseinandersetzung mit Künsten kann zur Entdeckung führen, dass man vieles um sich herum nur unbewusst wahrnimmt und dass die Umwelt «reich» wird, wenn man das Auge schärft und die Dinge bewusster wahrnimmt. So lässt sich z. B. anhand der Auseinandersetzung mit zwei Herbstgedichten, die in Form, Wort und Aufbau gänzlich verschieden sind, innerhalb einer Stunde ein ganzer Herbst finden. «Diese Horizonterweiterung, dieses Bewusstwerden davon, welch ein Reichtum z. B. in einem Herbstgedicht enthalten ist, dass es hunderte von Abstufungen zwischen Schwarz und Weiss gibt oder wie wunderbar ein Ohr geformt ist und welche Anstrengung es erfordert, dies auch nur annähernd nachzubilden, ist mir auch eine Hilfe in der täglichen Arbeit: Es gelingt mir oft, Aufgaben weniger eng zu sehen, es gelingt mir besser, Verbindungen zu schaffen und Dinge genauer anzuschauen. In der Ausbildung wurde im künstlerischen Unterricht ein grosses Gewicht auf Dinge gelegt, welche man im Alltag nur wenig wahrnimmt. Dadurch können sie zu leuchten beginnen.»

Der Arbeit in heil- und sozialpädagogischen Aufgabenbereichen kommt die Tatsache sehr entgegen, dass die künstlerische Tätigkeit in hohem Masse prozessorientiert ist. Manchmal verstellt das Nützlichkeitsdenken in Bezug auf Ziele den Blick auf die zum Ziel führenden Prozesse. «Wenn wir am Ende eines Eurythmiejahres das Resultat bewundern, so dauert diese Bewunderung wahrscheinlich nicht allzu lange, weil sich das erarbeitete Gedicht oder Musikstück in der Regel nur über einige Minuten erstreckt. Oder: Worin liegt die Nützlichkeit eines plastizierten Menschenkopfes, der womöglich nach Beendigung sogar als Rohmaterial wieder verwendet wird? Das Endprodukt verrät dem Aussenstehenden nicht unbedingt viel über den Werdegang, über die Gedanken und Empfindungen, die während einer künstlerischen Tätigkeit freigesetzt wurden.»

Lässt man sich auf einen künstlerischen Prozess ein, so greift man aktiv in sein Werk ein, man gestaltet, verändert und wird gleichzeitig selbst verändert. Man kann mutig etwas angehen, seine Grenzen überschreiten, eine Harmonie verlassen, Spannungen verursachen, aus dem Gleichgewicht Geratenes wieder einfügen. Die innere Beweglichkeit wird geübt; man ist für sein Tun ganz alleine verantwortlich und macht Erfahrungen, ohne jemanden zu verletzen.

Offenbar wohnen dem künstlerischen Tun genauso wie dem Alltag, der Entwicklung überhaupt, Gesetzmässigkeiten inne; sie können einerseits als Pfeiler dienen, an denen man sich orientieren, bei welchen man verweilen oder zu denen man Distanz schaffen kann; auf der anderen Seite entsteht dadurch Freiheit und somit eine grosse Möglichkeit zur Kreativität und schöpferischem Tun. In der Vielfalt des Gestaltens kann ein Gehaltensein erlebt werden.

Probleme von Menschen mit Beeinträchtigungen können in Übungen des künstlerischen Unterrichts konkret erfahrbar gemacht werden. Was bedeutet es z. B., wenn ein Kind wenige Wahrnehmungen für den Umkreis, für die Richtungen im Raum hat? Wie fühlt sich ein Mensch, der seine Bewegungen nicht unter Kontrolle hat? Während der Ausbildung kann man nicht nur das Fachwissen erweitern und solche Phänomene besser verstehen lernen; zusätzlich gelingt «durch die künstlerischen Übungen ein innerer Nachvollzug, der mich näher an die Qualitäten der Dinge heranbringt. Ich bin aufgefordert, mich tätig und erlebend auseinander zu setzen mit den Phänomenen.» Zur Illustration werden folgende Beispiele erwähnt: «Wie wirkt ein schneller, kurzatmiger Rhythmus, und wie ein langsamer, getragener? Was löst ein überraschender Rhythmuswechsel in mir aus? Wie kann ich diesen selber erzeugen? Wie lassen sich Leichte und Schwere, Enge und Weite in Farben ausdrücken? In dieser Auseinandersetzung war ich konfrontiert mit mir selber. Ich musste eine Qualität innerlich erzeugen, sie mit dem Mittel der Kunst ausdrücken, das Ergebnis zeigte mir, ob das gelungen war. Übend galt es dann, sowohl an mir und meinem Ausdruck zu arbeiten, als auch die Mittel der jeweiligen Kunst adäquater einzusetzen.»

Die Voraussetzungen dafür, dass ein künstlerischer Unterricht wirklich dazu führen kann, die Persönlichkeit zu bereichern und neue Handlungsmöglichkeiten zuzulassen, umschreibt eine Absolventin folgendermassen: «Zum einen sehe ich die Regelmässigkeit und Selbstverständlichkeit, mit der die künstlerischen Fächer im Stundenplan der HFHS integriert sind; da geht es nicht um Randstunden oder Wahlmodule, sondern der künstlerische Unterricht steht sowohl bezüglich Quantität als auch Qualität gleichrangig neben den anderen Fächern. Dieses so selbstverständliche, wiederholende, mit der Zeit sogar unbewusst geschehene Üben und die damit verbundenen Auseinandersetzungen führen dazu, dass sich das Künstlerische im Alltag integriert und so seinen Platz darin bekommt.» Dadurch erhält das Künstlerische mehr den Charakter des Alltäglichen und verliert den Anstrich des Besonderen. Einer Absolventin ist es «ein klein wenig gelungen, die Selbstverständlichkeit der Kunst im Stundenplan der HFHS auch nach der Ausbildung weiter zu pflegen. Dies zeigt sich einmal darin, dass ich der Sprache mehr Bedeutung zukommen lasse, aufmerksamer bin, welche Bilder in Worten zu finden sind, woher Worte und Begriffe ihren Ursprung haben.» Sie weist darauf hin, dass in der Heilpädagogik und vielleicht vor allem im Schulbereich die Sprache eine zentrale Rolle spielt; der bewusstere Umgang damit hat einen Einfluss auf das berufliche Handeln. «Daneben ist es mir zu einem Anliegen geworden, den Schülerinnen und Schülern die Schönheiten und die Vielfältigkeiten der Sprache zu zeigen, und ich merke, dass es mir dabei immer leichter fällt, die Sprache in lebendiger Art in den Unterricht einzubeziehen – sei es im Finden von Gedichten oder im Finden von Worten und Bildern, welche in Begriffen versteckt sind.»

Die Notwendigkeit, dass Heilpädagogen und Sozialpädagoginnen immer wieder den eigenen Zugang zu einer Quelle des Schöpferischen suchen müssen, wird mehrfach erwähnt. Dazu bedarf es der Aufmerksamkeit und der Willenskraft. Wenn dies gelingt, kann es zum Erlebnis führen, dass «das künstlerische Tun meine Mitte stärkt, meine Gedanken mit der Tat verbindet, meine Einseitigkeiten ausgleicht und mich lehrt, dass ich nicht Mensch bin, sondern Mensch nur werden kann.»

«Warum war und ist mir die Kunst als vollwertiger Bestandteil einer Ausbildung von zentraler Wichtigkeit? Diese Frage beschränkt sich nicht auf die mittlerweile abgeschlossene Ausbildung zur Heilpädagogin, sie ist für mich eine Lebensfrage, eine Alltagsfrage. Dabei bin ich durchaus keine Museumsgängerin, besuche selten eine Ausstellung, ein Konzert, sodass ich mich schon ernsthaft gefragt habe, wie weit Kunst für mich eine reale Bedeutung hat. Ich liebe Musik, doch: kann ich jeweils erkennen, aus welcher Epoche, von welchem Komponisten sie stammt? Ich umgebe mich gerne mit Bildern, die mir gefallen, aber darf ich mir anmassen zu entscheiden, was Kunst ist und was nicht?» Trotz dieser offenen Fragen erlebt die betreffende Lehrerin die unmittelbare Sinnhaftigkeit des eigenen regelmässigen künstlerischen Tuns in ihrem Leben, und zwar dann, wenn sie selber tätig wird, ohne sichtbaren Sinn und Zweck, wenn sie ihren Alltag, ihre vielen wichtigen, zweckgebundenen, notwendigen Gedanken und Verrichtungen unterbricht und sich in den Strom des Werdenden stellt. Sie will teilhaben an einem schöpferischen Prozess, der in ihr etwas entstehen lässt, was vorher nicht da war. Dabei erlebt sie immer wieder, dass sie trotz allen begeisternden Erfahrungen einen mehr oder weniger leisen Widerstand überwinden muss, um sich bewusst aus den Verpflichtungen herauszulösen. «Nach einem langen, anstrengenden Arbeitstag die Eurythmie nicht sausen zu lassen, ist eine immer wiederkehrende Entscheidung. Umso beglückender ist dann die Erfahrung der Erneuerung!»

Das Element der Ausrichtung künstlerischen Tuns auf die Zukunft wird in der folgenden Umschreibung herausgearbeitet: «Es scheint, als könnte man in sich selbst durch die künstlerische Tätigkeit Dinge in Bewegung bringen, die zwar da sind, aber zuerst wachgerufen werden müssen.» Kunst ist auf die Zukunft in uns selbst gerichtet. Wenn man mit Kindern arbeitet, arbeitet man auf die Zukunft in diesen Kindern hin; man möchte Dinge in Bewegung bringen. In sozialen Tätigkeiten hat man es stets mit Werdeprozessen zu tun, mit zu gestaltender Zukunft. Neben viel Wissen und Können ist es unabdingbar, sich selber im spielerischen Prozess des Mensch-Werdens zu empfinden, um einem Menschenwesen gerecht werden zu können. Man muss dementsprechend auch in sich selbst etwas Zukünftiges ansprechen; die künstlerische Betätigung ermöglicht dieses Ansprechen. «So gesehen sind die künstlerischen Inhalte nicht als Luxusinhalte zu betrachten; sie ergänzen vielmehr die wissenschaftlichen und die Praxisinhalte.» Dass für die künstlerische Arbeit ein verhältnismässig grosses Zeitgefäss zur Verfügung stand, empfindet eine Absolventin auch im Nachhinein als Wohltat.

Die Inhalte der künstlerischen Fächer werden in der Regel eher als allgemein bildend, selten (bzw. nicht augenfällig) an die jeweiligen Schwerpunkte der theoretischen Fächer gekoppelt, erlebt. «Die intensive, tätige Auseinandersetzung brachte wesentliche Erfahrungen, die mir im Berufsalltag ebenso hilfreich sind wie die Erweiterung meines fachlichen Wissens. Ich erlebe beide als sich ergänzende Standbeine meiner heilpädagogischen Fachkompetenz.»

«Für die Ausbildungsanbieter bleibt es ein Kunstgriff, die künstlerischen Fächer so zu gestalten, dass solche Prozesse stattfinden können, dass auch ein Bewusstsein und Wachsein dafür da ist, mit welchem Hintergrund die Einzelnen und die Gruppe dastehen. Es ist eine Kunst, die unterschiedlichen Erfahrungshintergründe und Voraussetzungen zusammenzuführen oder aufzugreifen, wahrzunehmen. Das sehe ich als grosse Herausforderung für die einzelnen Dozierenden, als Herausforderung aber ebenso für die Studierenden: die gesamte Gruppe mit den Einzelnen mitzutragen. So bleiben die künstlerischen Fächer eine Heraus-forderung, zum Teil im Tun eine Über-forderung, und auf jeden Fall eine grosse An-forderung an alle Beteiligten.»

Erlebnisse mit bestimmten künstlerischen Aufgabenstellungen

Es folgen Aussagen und Gedankengänge zu den in anthroposophisch ausgerichteten heilpädagogischen Ausbildungsgängen normalerweise angebotenen künstlerischen Fächern. Teilweise rief das Schreiben offenbar Erinnerungen an die jeweils ersten Stunden in diesen Fächern wach. Eine Erfahrung, die gleich mehrere Fächer umfasst: «Im Musizieren, im Singen, im Malen fühle ich mich unmittelbar erfrischt, belebt; sie sind wie ein Geschenk im Alltag. In der Eurythmie und in der Sprachgestaltung erlebe ich dies noch viel bewusster. Meist erst hinterher erlebe ich intensiv das Gefühl von Neuordnung, Durchlüftung, Harmonisierung meines Selbst, sodass ich die unmittelbare Notwendigkeit des regelmässigen künstlerischen Tätigseins empfinde, um im anforderungsreichen Berufsalltag wie im Privatleben aktiv handelnd statt nur reagierend stehen zu können.»

Sprachgestaltung
Es geht dabei nicht ausschliesslich um das Sprechen, sondern «während eines erheblichen Teils der Unterrichtsstunde wurden Körper- und Bewegungsübungen, Ballübungen, pantomimische Übungen etc. ausgeführt. Dies wirkte befreiend und entspannend. Die darauf folgenden Sprach- und Sprechübungen wurden dann weniger gehemmt und mit grösserer Begeisterung in Angriff genommen.»

Zwei Beispiele aus der Praxis illustrieren, wie das in der Ausbildung Erübte angewendet wird: «Mit acht Jugendlichen studieren wir im Moment ein kleines Theaterstück ein. Eines der Mädchen spricht normalerweise immer mit hoher, fiepsiger Stimme, schnell, undeutlich und kraftlos. Im Rahmen des Theaterstücks arbeiten wir natürlich auch an der Sprache. Wenn das erwähnte Mädchen dann plötzlich laut und kraftvoll einen Satz sagen kann, zeigt es damit, dass es durch das künstlerische Tun eine Grenze in sich selbst überwunden hat, so wie sie auch eine Grenze überwindet, indem sie in eine Rolle eintaucht. Das Erlebnis, dass es möglich ist, Grenzen zu überwinden oder sie bewusst setzen zu können, wirkt immer stärkend.»

«In meiner aktuellen Arbeit an der Staatsschule mit Jugendlichen mit Lernbehinderung, die oft mit schwierigen Lebenssituationen und Verhaltensweisen gekoppelt ist, kommt mir die künstlerische Arbeit ganz konkret immer wieder zugute. Je nach Klassenzusammensetzung ist es zum Beispiel durchaus möglich, Aspekte der Sprachgestaltung einfliessen zu lassen. Noch wichtiger scheint mir aber die Möglichkeit, die eigene Sprache durch jahrelanges Üben immer bewusster einsetzen zu können. Die Art des Sprechens der Lehrperson hat ja einen unmittelbaren Einfluss auf die seelische Befindlichkeit der Schülerinnen und Schüler.»

Musik

Der Musikunterricht war einer Absolventin zu Beginn eher ein Dorn im Auge; der Unterricht hat ihr aber Mut gemacht, weil sie gelernt hat, dass Musik vor allem auch Spass machen kann. Sie kaufte einen Klassensatz Sopranflöten und Anfängerhefte, um den Kindern einen spielerischen Zugang zur Musik zu eröffnen. «Alle sind gleichwertig, machen mit und achten nicht primär darauf, was sie leisten. Danach sind wir sehr entspannt und haben viel Kraft für die übrigen Fächer.»

Das gemeinsame Musizieren und das Chorsingen werden als weiteres Beispiel für die Wirksamkeit der künstlerischen Fächer gesehen. Neben der Fähigkeit, mit Kindern, Jugendlichen oder Erwachsenen musikalisch tätig werden zu können, bietet sich die Möglichkeit, «gerade im Musikalischen etwas zu erüben, was den Alltag bis in die Feinheiten hinein durchdringt: das soziale Leben. Wenn man gemeinsam musiziert oder singt, kann man sehr genau erspüren, wann man sich zurücknehmen muss und wann – z. B. in Form des richtigen Einsatzes – Initiative gefragt ist.»

Plastizieren

Ein Absolvent erinnert sich an eine Plastizierepoche, in welcher die Aufgabe gestellt wurde, einen Kopf zu modellieren. «Der Anfang war schnell gemacht, aber irgendwann ging es dann mehr und mehr um die Feinheiten, um die Nase, den Mund und die Übergänge zwischen den einzelnen Gesichtspartien. Und schliesslich – die meisten haben damit lange gewartet – mussten auch die Ohren gestaltet werden. Spätestens jetzt musste man sich die Mühe machen, ganz genau hinzusehen. Wie es sich da von innen nach aussen und wieder zurück stülpt. Genau das, was schwerfiel, erhält noch lange Zeit später viel Aufmerksamkeit.» Die Übung des genauen Anschauens, die hier zum künstlerischen Prozess gehörte, lässt sich auf alle Gesichts- und Körperteile übertragen, ja selbst auf die Bewegungsgestalt und Mimik. Diese künstlerische Betätigung hilft, beim äusseren Anschauen eines Kindes genau hinzusehen; sie kann im Ansatz etwas wachrufen, was sich dann mit viel Erfahrung zu einer Art diagnostischem Blick des Heilpädagogen/der Heilpädagogin ausbildet.

«In besonderer Erinnerung bleibt mir der Anfang, als wir eine Lehmkugel zu formen hatten. Wir konnten bewusst erleben, wie die Kugel immer wärmer und geschmeidiger wurde. Ja, es schien mir, dass sie in sich bewegbar, fast lebendig wurde und keine Starre mehr zeigte. Es war, als ob die Kugel durch meine Bearbeitung ‹Leben› eingehaucht bekommen hätte.»

«In einer plastischen Arbeit stellt sich mir die Aufgabe, ein menschliches Antlitz zu gestalten. Zu Beginn male ich mir ganz detailliert aus, wie das Gesicht aussehen soll. Dann versuche ich, meine vorgefasste Idee genau zu realisieren. Die Arbeit wird zunehmend mühsamer, da das vorgestellte Gesicht partout nicht entstehen will. Von der Kunstdozentin bekomme ich die Anregung, einmal zu versuchen, ohne feste Vorstellung und fertige Idee an das Ausarbeiten des Kopfes heranzugehen. Nach einer Pause, in der ich versuche, alles Vorgestellte, Feste loszulassen, mache ich mich erneut ans Werk. Nach Stunden vertieften Arbeitens stehe ich plötzlich einem Antlitz gegenüber, das zwar aus meinen Händen entstanden ist, aber irgendwie auch ein Eigenleben hat. Es ist ein Greis geworden mit Trauer, Weisheit und – Gott seis gedankt – auch Humor im Gesicht.»

«Täglich sehen wir die Gesichter unserer Mitmenschen; eigentlich eine enorme Erfahrungsvielfalt; und doch ist es sehr schwierig, sie in Ton plastisch umzusetzen: Erst einmal grosszügiger Aufbau mit der Tonmasse, das Suchen der Proportionen; dann beginnt das Ausarbeiten der Vertiefungen und Erhöhungen, ein ständiges Differenzieren. Die Wahrnehmung des Gegenübers wird geschärft, ich nehme selbst fremde Menschen intensiver wahr. Bei dieser Aufgabe stellt sich eine neue Herausforderung: wie bringe ich Leben, eine Charakterisierung in das Gesicht? Ich erlebte eine Wahrnehmungsintensität, die ich mir im Alltag wünsche und auch in den Arbeitsbereich einfliessen lassen möchte.»

Diese Auseinandersetzung unterstützt einen dabei, den Menschen mit einem aufmerksameren Blick zu begegnen und sich mit der Frage zu beschäftigen, wie sich die Persönlichkeit eines Menschen ausdrückt und inwiefern wir uns von dessen äusserer Erscheinung ablenken lassen.

Malen und Zeichnen

Beim Malen versucht man, Spannung und Harmonie zwischen Formen und Farben zu erzeugen; man setzt sich mit dem auseinander, was Farbe und Form bewirken können. Dadurch kann ein Empfinden wachgerufen werden für die Gestaltung von Räumen, und dies ist ein wesentlicher Aspekt der Hüllenbildung.

«Vor dem Malen und Zeichnen hatte ich eine gewisse Bange. Die spielerische Strichführung z.B. mit Bleistift und Kohle kam mir entgegen, und diese Übungen führten in eine Leichtigkeit. Diese war für mich die Voraussetzung, mich an ein konkretes Bild zu wagen. Das Malen mit Pigmenten ermöglichte mir, anhand des Farblichen in eine konkrete Gestaltung überzugehen. Da galt es, im Bild Proportionen, Verhältnisse zu suchen und zu differenzieren, was mit der Frage nach dem Gleichgewicht einhergeht.»

Im Alltag ist das Einstimmen oft ausschlaggebend für den Verlauf eines Geschehens oder das Sich-gegenseitig-Annähern für ein bevorstehendes Gespräch. «Das Suchen nach einer ‹Linienführung›, einer ‹Bildgestaltung›, das Zusammentragen von verschiedenen Komponenten, ohne schon ein Schwergewicht zu legen, helfen mir, das Geschehen nicht einseitig zu betrachten. Als nächster Schritt müssen das Wesentliche erfasst und Aussagen/Situationen in ein neues Verhältnis gesetzt werden. Dies ge-

schieht durch ein ständiges inneres Abwägen, welches durch die Entwicklung eines inneren Gleichgewichtes ermöglicht wird.» Wenn an einer Stelle eines Bildes gearbeitet wird, ändert dies oftmals das ganze Bild und ruft danach, das Ganze oder das Gewordene teilweise zu verändern. So ist auch im sozialen Geschehen immer eine gegenseitige Beeinflussung wahrnehmbar, der Einzelne wirkt auf das Ganze und umgekehrt. Wie kann eine schwierige Situation oder das Verhalten eines Menschen integriert werden, anstatt ihn auszugrenzen?

«Im Malunterricht ging ich ein paar Mal durch die Hölle (was nichts mit der Dozentin zu tun hatte). Ein Beispiel: Da ich seit meiner Kindheit Mühe mit der Farbe Rosa hatte, wollte ich erfahren, was das ‹Rosa-Malen› mit mir machen würde. Ich wählte als Motiv rosafarbene Blütenbäume. Als das Bild nicht gelingen wollte, fühlte ich je länger je mehr beinahe körperliche Schmerzen. Ich malte, änderte, seufzte, rief die Dozentin zu Hilfe, malte wieder… Plötzlich hielt ich es nicht mehr aus, schritt zum Wasserhahn, liess alles Rosa und die übrigen Farben den Abfluss hinunter und begann von Neuem. Jetzt fühlte ich nicht mehr Schmerz und Ohnmacht, sondern eine Art heilige Wut in mir. Also gut, dachte ich, wenn schon rosa, dann richtig. Ich versuchte, ein starkes, kitschiges Rosa auf mein Blatt zu ‹pfeffern›, malte die Baumschatten dunkelgrün-violett und fühlte mich allmählich wohler. Ja, ich wurde richtig froh, dass ich meinen Feind Rosa so richtig bei den Hörnern gepackt hatte. Das Bild sah dann gar nicht so schlecht aus. Das Tüpflein auf dem i folgte etwa eine Woche später, als ich meine Blütenbäume im Kursraum an der Wand entdeckte.»

Das gemeinsame Betrachten einer Arbeit mit der Dozentin kann dabei helfen, Abstand zum Dargestellten zu nehmen und einen neuen Blick auf das Gewordene zu werfen. «Das Eintauchen und Abstandnehmen erlebte ich als eine wichtige Voraussetzung, um mich einem Bild zu nähern. So war es immer ein starkes Erlebnis, wenn ich am folgenden Tag vor demselben Bild stand; es schien wie verändert, es war, als ob etwas in mir weitergearbeitet hätte und ich ein neues Verhältnis zum Entstandenen geschaffen hätte.» Auch im Arbeitsalltag können gemeinsame Betrachtungen zu einer Vielfalt führen, die sonst nicht möglich wäre. Es wird möglich, zu einem Umstand, einer Situation ein neues Verhältnis zu gewinnen. Das Abstandnehmen und die Zeit, die dazwischen liegt (wir arbeiten unbewusst in den Pausen und Nächten an einem Thema weiter) sind im sozialen Umfeld und in schwierigen Situationen von grosser Bedeutung.

Eurythmie
«Auf die künstlerischen Fächer habe ich mich riesig gefreut, als ich die Ausbildung in Angriff nahm. Für mich war alles neu. Ich kannte die Anthroposophie und die damit verbundenen Fächer nicht. Umso mehr staunte ich, als wir die erste Stunde Eurythmie hatten. Es fiel mir sehr schwer, mich auf diese Form der Bewegung einzulassen. Es

dauerte sicher ein Jahr, bis ich meine Abneigung ablegen konnte. Danach schätzte ich diese Stunden. Auch wenn Aussenstehende das vielleicht nicht direkt wahrnehmen konnten, gaben diese Stunden mir ein inneres Gleichgewicht und zufriedene Ruhe.»

Eine andere Absolventin vermisste im Eurythmieunterricht die musikalische Seite. Für ihr Empfinden wurde zu überwiegend an sprachlichen Ausdrucksweisen gearbeitet. Gleichzeitig sieht sie rückblickend, dass das «überaus sorgfältige Erüben und Einfühlen, das stete Wiederholen einzelner Gesten, das differenzierte seelische Wahrnehmen unserer Lehrerin mich zu erahnen lehrte, was ‹Andacht zum Kleinen› auch noch bedeuten könnte: nämlich bewusst immer am Gleichen zu üben, derart, dass es nicht langweilig wird, sondern dass es immer mehr Tiefe, Dichte und Spannung erhält. Ich lernte auch, dass ein Reifeprozess lange, sehr lange dauern kann und darf.»

Die Gruppeneurythmie war für jemanden die anschaulichste Kunst, um sich Sozialkompetenzen anzueignen. «Am gemeinsamen Erarbeiten eines Musikstückes tauchen Fragen auf wie: In welchem Verhältnis steht meine Vorstellung einer Interpretation zu derjenigen der anderen Gruppenmitglieder? Wann ist es sinnvoll, die eigenen Ideen durchzusetzen und wann ist es angemessener, sich zurückzunehmen? Weshalb steht einer meiner Kollegen immer ausserhalb des Kreises? Wie ist meine Position im

© Hans Egli, Dornach

Kreis? Schaffe ich es, meine Nachbarn gleichermassen im Bewusstsein zu behalten? Wenn nicht, woran liegt es? Hat mich meine Nachbarin im Bewusstsein? Wie stark und auf welche Art wird eine Gruppe von einzelnen Menschen beeinflusst und wieso?» Solche Fragestellungen kann man auf alle möglichen Gruppenprozesse übertragen; mit einer adäquaten Fragestellung wird zumindest der Weg zu einer Antwort bereitet.

Gedanken von Betroffenen

Urs Thimm / Nelli Riesen / Marianne Stärkle / Jacqueline Domeyer

Einleitung

Marianne Stärkle aus dem Humanus-Haus und Nelli Riesen aus der Alchemilla lernten sich im Frühjahr 2005 an dem Treffen für Menschen mit einer Behinderung aus anthroposophischen Institutionen näher kennen und haben sich befreundet. Sie führen seither regelmässig Gespräche. Beide können nicht sprechen und waren über Jahre, ja Jahrzehnte auf einfühlsame Mitarbeitende angewiesen, die ihre oft nicht ganz einfache Ausdrucksweise aus Erfahrung zu verstehen glaubten. Diese Ausdrucksweisen sind schwierig einzuordnen, fehlt doch auch die Mimik und Gestik grösstenteils. Weinen und sich selber an den Kopf schlagen muss nicht zwingend Trauer, Unzufrieden-

Nelli Riesen
© Matthias Spalinger., Beitenwil

heit oder Wut bedeuten, nein, es kann durchaus sein, dass diese Handlungsweise einem starken Glücksgefühl entstammt. Eine differenzierte Kommunikation, in der die Beteiligten sich aktiv ihrem Gesprächspartner gegenüber offenbaren können, war weder bei Marianne Stärkle noch bei Nelli Riesen möglich. Beide wuchsen in anthroposophischen Institutionen auf, wurden, soweit als dies jeweils möglich war, in alles mit einbezogen. Sie besuchten, wenn auch nur teilweise, die Schule, meist ohne sichtbare Ergebnisse. Sie erlebten die Jahresfeste wie auch die täglichen Feiern am Morgen und am Abend mit. Beide wurden in all den Jahren regelmässig mit den Künsten, wie Musik, Singen, Malen, Plastizieren, Eurythmie, Theater und Sprache übend konfrontiert. Seit drei respektive vier Jahren ermöglicht nun die gestützte Kommunikation den beiden eine zunehmend präzisere und differenziertere Ausdrucksweise. Äusserlich gesehen sind beide noch immer ohne Sprache, die innere Sprache kann sich heute aber durch diese Methode als schriftliche Sprache äussern.

Gestützte Kommunikation

«fc» (facilitated communication – gestützte Kommunikation) wird die Methode genannt, dank der es manchen Menschen, die über keine (oder eingeschränkte) verbale Sprache verfügen, möglich ist zu kommunizieren. Für all unsere Handlungen, seien sie noch so klein und scheinbar unbedeutend, brauchen wir alle einen inneren Impuls,

Marianne Stärkle

© Matthias Spalinger, Beitenwil

dem normalerweise unser Körper folgt. Menschen wie Marianne Stärkle und Nelli Riesen brauchen dazu die Stütze eines anderen Menschen (Stützer), der durch seinen Gegendruck zur Eigenbewegung ein stärkeres Bewusstsein in Arm, Hand und Finger entstehen lässt. So wird es möglich, auf einen Buchstaben zu zeigen und zu tippen, sei es auf einer Tafel mit Buchstaben oder, wie im Folgenden, auf die Tasten eines Computers.

Marianne Stärkle wird von Jacqueline Domeyer, Nelli Riesen von Urs Thimm gestützt. Beide Damen benützen einen Laptop und schreiben jeweils gleichzeitig. Nach einigen Sätzen halten sie inne und ihre Stützer lesen vor, was auf dem jeweiligen Bildschirm an Text entstanden ist. Manchmal geben die beiden Stützer auch einen Beitrag, meist mündlich, da das Hörvermögen der Damen nicht eingeschränkt ist. Dann wird von beiden weiter geschrieben.

Die Leserschaft wird gebeten, sich dieses Ablaufes bewusst zu sein, denn er unterscheidet sich von einem üblichen, uns vertrauten Gespräch, in dem die beiden Damen gleichzeitig «sprechen», den Inhalt der anderen Aussage aber erst durch das später erfolgende Vorlesen wahrnehmen können. Die Aussagen sind in den folgenden Gesprächen nacheinander abgedruckt. Die Leserschaft muss sie, zum besseren Verständnis des Gespräches, wieder innerlich gleichzeitig werden lassen. Zudem empfiehlt es sich, den Text nicht zu schnell zu lesen – geschrieben wurde er mit einer Geschwindigkeit von ungefähr 30 bis 60 Anschlägen pro Minute. Gedanklich wurde in dieser Zeit bestimmt wesentlich mehr geleistet, als letztlich in die Buchstaben zu bringen war.

Ausgangssituation

Marianne Stärkle und Nelli Riesen sind direkt von der Ausbildung von Mitarbeitenden betroffen. Beide sind auf die Unterstützung der sie begleitenden Mitarbeitenden angewiesen, ohne deren Unterstützung oft die kleinste und alltäglichste Handlung nicht möglich ist, da der innere Impuls, der Voraussetzung für jede Handlung ist, nicht ergriffen werden kann. Der Gedanke von Andreas Fischer, dass diese beiden Damen, als von Mitarbeitenden Betroffene, zum Thema dieses Buches aus eigener Erfahrung etwas beizutragen haben könnten, erschien nahe liegend. Also wurde das Thema gemeinsam angesprochen:

Aus dem Gespräch vom 17. Januar 2006

Urs: Andreas Fischer hat vor, ein Buch herauszugeben zum Thema «Kunst in der Ausbildung». Er lässt euch fragen, ob ihr bereit wäret, einen Beitrag zu diesem Thema zu schreiben.

Nelli: Ist doch genial. Wir so genannt Blöden schaffen es in die Fachwelt. Bin Andreas dankbar. Klar darf er fragen. Wenn er die Antwort nicht scheut. Freue mich, dass er sich für unsere Sichtweise interessiert.

Marianne: Ja sehr gerne. Ich kann mich nicht leider künstlerisch betätigen ich möchte mir aber gerne Gedanken machen.

Nelli: Kann ich mal wissen, ob Andreas eigentlich ein Riesenkamel ist? Er stützt die ganze heilpädagogische Bewegung.

Erstes Gespräch zum Thema, 31. Januar 2006

Nelli: Schön, dass wir wieder zusammen sein können. Nicht wahr heute wollen wir uns über die Bedeutung der Kunst in der Ausbildung unterhalten. Ich habe mir Gedanken gemacht.

Bild links: Nelli Riesen mit Urs Thimm

Bild gegenüberliegende Seite: Marianne StÄrkle mit Jacqueline Domeyer

Fotos © Matthias Spalinger, Beitenwil

Marianne: Ich habe am Sonntag mit Jacqueline die Fragen angeschaut von Andreas Fischer. Ich finde sie interessant und ich bin gespannt was du Nelli dazu zu sagen hast.

Marianne: Ich bin sehr dankbar für künstlerisches Tun. Ich meine ich habe viel lernen können von Musik und malen. Kunst ist für alle Menschen wichtig. Ich habe mit künstlerischem Tun mehr die Möglichkeit mit meinem Körper mich zu verbinden. Ich liebe Musik und ich liebe Farben. Ich kann sie zwar nicht gut sehen ich kann sie aber spüren.

Ich möchte nicht in einem Heim leben wo es keine Kunst gibt. Menschen die mit Kunst sich beschäftigen können ein anderes Interesse haben für Menschen mit Behinderung.

Nelli: Ja, in der Ausbildung von Menschen, für die Befindlichkeit sehr wichtig. Ohne kommt ihr nur intellektuell an die innere Welt von euch selbst heran. Marianne und ich leben aber grösstenteils in dieser Innenwelt. Die Beschäftigung mit der Kunst kann

euch helfen euern inneren Menschen zu finden und zu entwickeln. Den braucht ihr dringend, wenn ihr uns begleiten wollt. Sonst seid ihr bestenfalls Sozialmanager, ohne belegte Erfahrung und ohne menschliche Kompetenz.

Marianne: Ich bin beeindruckt wie du Nelli immer den Nagel auf den Kopf triffst. Genau auf den inneren Menschen kommt es an. Ohne die Kunst kann dieser nicht leben. Es ist die Kunst die uns im Innersten berührt.

Nelli: Kann mit Mitarbeitenden, die nur das äussere Leben begreifen, nichts anfangen. Das Äussere ist doch immer geprägt und wird gebildet, vom Inneren, vom Geistigen. Nicht wahr, Kunst schafft es, eine Brücke zu bauen. Verbindet diese Welten.

Marianne: Ich bin so dankbar dass hier im Humanus-Haus die Kunst noch lebt. Ich habe mehr Mühe mit Menschen die keine Kunst verstehen und nur im Äusseren leben. Kunst ist auch die Begegnung mit Menschen. Ich meine Offenheit und Interesse sind sehr wichtig in der Kunst. Ich möchte gerne mit Menschen leben die offen sind für verschiedene Welten und nicht nur für das äussere Leben.

Nelli: Lerne selber, mit der Beschäftigung mit der Kunst, mich besser kennen und komme der Welt näher. Gerade alles Fliessende, Strömende, sich Bewegende spricht mich tief innerlich an. Meine Seele jauchzt dann. Ihr meint dann oft, dass ich spinne, aber meistens sind es einfach gewaltige Emotionen.

Marianne: Ich möchte sagen ich liebe die Musik am meisten. Leider kann ich nur ein oder zwei Instrumente verkraften und ich brauche einen aufmerksamen Mitarbeiter. Er muss mir helfen dass ich nicht verloren gehe. Ich liebe auch die Sprache. Ich muss dort auch die Aufmerksamkeit vom Mitarbeiter spüren. Wenn er mich nicht mitnimmt bin ich verloren. Er muss mit seiner Konzentration voll in der Sprache sein und mir seine inneren Bilder zeigen. Ich kann sonst nichts verstehen.

Nelli: Mein Körper, der behindert ist, kann mit aller Bewegung ein Stück harmonisiert werden. Darum liebe ich Musik, eine sehr tiefe Bewegung. Tanz macht mir die grösste Freude. Eurythmie ist auch gut, oft nur zu ernst. Müsste doch Freude machen. Mit der Malerei habe ich mehr Mühe, denn darin erstirbt meine Bewegung. Dann ist das Bild fertig. Plastizieren ist echt gut. Bewegte Form, die lebend sich entwickelt. Goethe.

Jacqueline: Bewegte Form: da kommt mir die Freude am Puzzeln, das Marianne so gerne macht, in den Sinn.

Marianne: Ja meine Freude am Puzzeln ist das Spüren der Formen. Ich kann dort selber weil ich es gelernt habe. Mir fehlt meine eigene Bewegung. Ich kann immer nur mit fremder Hilfe Kunst erleben. Ich bin traurig wenn es keine Menschen mehr gibt die mir den Zugang zur Musik und zur Sprache öffnen. Ich bin dann ganz allein in meiner Welt gefangen und habe keinen Austausch.

Nelli: Nicht wahr, die Sprache ist die schwerste Kunst. Sie ist göttlich. Sie zu gestalten ist wahrhaft schwer. Viele Sprachgestalter gestalten sich selbst und machen die Sprache damit unverständlich.

Urs: Jetzt haben wir fast zwei Stunden gearbeitet und gesprochen. Vielen Dank für eure Gedanken. Sprechen wir das nächste Mal weiter. Versucht euch weitere Gedanken zu machen.

Zweites Gespräch, 21. Februar 2006

Marianne: Ich freue mich mit euch zu reden. Ich bin manchmal so traurig. Ich möchte am liebsten nicht mehr auf dieser Welt sein. Ich bin so froh ich habe euch gefunden als Freunde.

(Nelli ist sehr unruhig und tut dies mit jammernden Lauten kund.)

Nelli: Lieber Thimm. Ich freue mich auf Marianne und Jacqueline. Tosend ist meine Stimmung, laut vor Freude. Ja, ich bin heute eine Jammerliese. Lasst uns beginnen. Liebe Marianne und Jacqueline ich bin glücklich, dass ihr da seid. Habe mir weitere Gedanken gemacht.

Marianne: Ich habe mir auch Gedanken gemacht. Ich möchte gerne mit dir Nelli darüber reden. Ich bin mit meinem Leben zufrieden. Ich habe viele Möglichkeiten mich selber mit Kunst zu beschäftigen. Ich liebe Farben und ich liebe Musik und ich meine ich habe ein Gefühl für Formen. Ich kann mit meinem einen Auge nicht mehr sehr gut sehen. Ich habe mehr ein Gefühl für die Kunst. Ich kann empfinden wie es in einem Raum ist und ich kann sehen ob gute Energien im Raum sind.

Nelli: Liebe Marianne, das Leben ist oft schwer. Nicht wahr, oft verliert man jede Freude. Aber es lohnt sich. Die Freude kann errungen werden. Ich bin überzeugt von unseren inneren Möglichkeiten. Nathalie ist leider gestorben. Das schmerzt. Obschon ich weiss, dass es richtig ist.

Jacqueline: Ich habe deine Worte, die du Nelli zu Nathalies Tod geschrieben hast, auf die Seite gelegt, ich fand sie so schön.

Marianne: Ja ich weiss. Ich habe auch einen guten Freund verloren auf der Erde. Georg Kühlewind ist gestorben und ich bin auch traurig dass ich ihn nie mehr sehen werde hier. Ich meine ich habe vielleicht die Möglichkeit ihn in der geistigen Welt zu treffen. Jetzt ist noch zu früh ich muss noch warten.

Nelli: Ich liebe Kunst auch. Sie hebt sich vom Alltäglichen ab. Sie stellt eine übergeordnete Ebene des gewöhnlichen Lebens dar. Sie ist Verdichtung und kann wahrer als die Realität sein.

Marianne: Ja das stimmt. Ich meine das hängt damit zusammen dass man in der Kunst mit sich in Verbindung steht. Man ist nicht abgelenkt durch die äussere Welt. Und die äussere Welt ist ja die Wirklichkeit meinen viele Menschen.

Nelli: Bedingung ist, dass wir ehrlich und unvoreingenommen uns künstlerisch betätigen. Es geht nicht um das Ergebnis im Äusseren. Der innere Weg, den wir dadurch gehen, ist das Wesentliche.

Marianne: Ich bin mit dir einverstanden Nelli. Die Beschäftigung mit der Kunst ist wichtig. Ich meine das Resultat ist heute sehr wichtig weil die Menschen mit Kunst Geld verdienen. Ich habe keine Möglichkeit mit Kunst Geld zu verdienen. Ich habe nur die Möglichkeit mit Kunst mich zu entwickeln.

Nelli: Habe bemerkt, dass leider viel Show dabei gemacht wird. Dabei ist es eine ernsthafte Angelegenheit – es ist wie Meditation, nur in Bewegung. Trotz dem Ernst ist es Freude, schöner Götterfunke.

Marianne: Ja ich habe genau mit dir gedacht Nelli. Geld und Show gehören zusammen meine ich. Ich habe leider Mühe mit Bewegung. Ich kann sie nur mir innerlich vorstellen. Ich habe viel Freude mit Menschen die die Kunst ernst nehmen und viel Humor haben. Ich erlebe dann viele gute Energien im Raum.

Nelli: Liebe Marianne, wir wären stinkreich, wenn man unsere Ernsthaftigkeit bezahlen wollte. Ich bin so froh, Riesen und nicht Ospel oder Vasella zu heissen.

Urs: Nelli, woher kennst du diese Namen?

Nelli: Aus den Medien.

Marianne: Ich habe keine Ahnung wer diese Menschen sind. Ich meine aber du hast Recht. Geld macht nicht glücklich.

Nelli: Liebe Marianne, wir sind von aussen gesehen behindert und arm dran. Manager sind oft unser Gegenbild. Danken wir dem Schicksal, dass es so ist.

Jacqueline: Die Gefahr des Erfolges ist gross. Die Versuchung ist riesig. Wenn jemand damit nicht umgehen kann, ist es bestimmt auch für ihn nicht lustig. Zum Glück sind aber doch nicht alle so. Wobei ich keinen reichen Manager persönlich kenne. Mit dem vielen Geld könnte man so vieles machen.

Marianne: Ja ich bin auch froh dass ich kein Manager bin. Ich bin froh dass die innere Welt zu meinem Leben gehört. Ich hoffe dass alle diese Menschen irgend einmal mit der inneren Welt in Berührung kommen können.

Nelli: Kann nicht verstehen, wie eine Ausbildung funktionieren soll ohne Kunst. Klar müssen Mitarbeitende viel wissen. Wir benötigen aber keine wissenschaftliche Assistenten, sondern fähige, sich selber weiterentwickelnde Menschen. Fachidioten sind wir bereits selber.

Urs: Was meinst du mit «Fachidioten»?

Marianne: Ja ich bin einverstanden du hast richtig geschrieben. Fachidioten bedeutet für mich fixiert auf eine Behinderung. Ich brauche Menschen mit Tiefe und Beweglichkeit und Ernsthaftigkeit und auch Leichtigkeit eben wirkliche Lebenskünstler.

Nelli: Leute, die in Gewohnheiten gefangen sind. Es macht kaum einen Unterschied, ob einer wegen seiner Denkstruktur nicht mehr wahrnehmen kann oder ich beständig mit dem Löffel und der Tasse Lärm mache.

Marianne: Sehr spannend ich bin mit euch einverstanden. Ich meine aber ich kann mich auch in meiner inneren Welt verfangen. Ich muss dort immer aufpassen und wenn ich nicht Leichtigkeit spüre im Raum ist die Gefahr viel grösser dass ich mich nicht frei bewegen kann in meinen Gedanken.

Jacqueline: Fixierte Gedanken hört man einfach nicht.

Nelli: Kunst kann uns was anderes lehren. Nicht das blosse Betrachten im Museum. Dort besteht die Gefahr des verstaubten Experten. Nein. Wir müssen täglich uns im Tun, im Neuschöpfen üben.

Jacqueline: Selber tun, singen usw. ist doch was ganz anderes, als nur zuhören oder schauen.

Nelli: Ja, lieber unvollkommen, dafür selber errungen. Konzerte und Aufführungen sind schön und regen an. Aber konsumieren ist nicht wirklich weiterführend.

Marianne: Ja. Ich möchte die Menschen aufrufen mit dem Wissen sorgfältig umzugehen und die Kunst nicht zu vergessen. Der Mensch ist immer noch das Wichtigste für den Menschen. *(Hier lächelt Marianne, die nur ganz selten Mimik zeigt.)*
 Ich bin dankbar wenn ich Menschen treffe die in mir den Menschen sehen und nicht der behinderte Fall und nicht nur meine Beschreibung von Autistin im Kopf haben.
 Ich wünsche dir lieber Andreas viel Glück mit dem Buch. Ich hoffe die Menschen hören was wir brauchen.

Nelli: Ich bedanke mich, dass wir unsere Gedanken hier äussern durften. Ich hoffe damit einen Beitrag zur Ausbildungskunst gegeben zu haben. Nebenbei bemerkt: Lernt euch doch wieder freuen.

Urs: Herzlichen Dank, das war höchst interessant zu hören, wie ihr über das Thema denkt!
 Andreas Fischer hätte gerne noch gewusst, was für euch eine wirkliche Begegnung mit einem Kamel ist, wahrscheinlich weil du, Nelli, ihn im Januar gefragt hast, ob er ein solches sei.
 Du berichtetest kürzlich von deinem Gefangensein in Gewohnheiten und davon, dass dich dieses Unvermögen, daraus auszubrechen, nervt.

Nelli: Es ist das ewig alte Problem. Habe mich oft nicht im Griff, dann benehme ich mich daneben. Nicht wahr, das nervt dann auch mich und dann spinne ich noch mehr.

Urs: Ich verspreche, dir zu helfen.

Nelli: Ich werde was zu leiden haben, ist aber i.O. Das sind unsere Aufgaben. Bin dir dankbar wenn du mir klar begegnest und dich nicht drausbringen lässt. Bin einfach nicht so weit, dass ich alleine aus meinen Gewohnheiten herauskommen kann. Brauche deine Klarheit, auch wenn es für dich unangenehm ist.

Urs: Ja, das verstehe ich und ich werde mir alle Mühe geben.

Nelli: Danke du altes Kamel.

Urs: Wie ist das zu verstehen?

Nelli: Kamele sind doch genügsame, geduldige und nette Tiere. Ein Kamel ist ein gutes Tier, das uns durch die Wüste trägt.

Urs: Danke. Und wenn das so ist, dann ist Andreas tatsächlich ein Riesenkamel…

Die externe Evaluation des Lehrganges «Sozialpädagogik HFS mit anthroposophischem Ansatz»

Hannes Lindenmeyer

1. Vom Umgang mit unterschiedlichen Weltbildern; eine Metapher zum Spannungsfeld «anerkannter Lehrgang – anthroposophischer Ansatz»

Um den aussergewöhnlichen Hintergrund, mit dem sich die nachfolgend beschriebene externe Evaluation des Lehrganges «Sozialpädagogik HFS mit anthroposophischem Ansatz» auseinander setzen muss, verständlich zu machen, sei eine Metapher erlaubt, die im erweiterten Sinne des Themas dieser Festschrift Kunst als didaktisches Mittel einsetzt.

Giorgione hat um 1504 ein geheimnisvolles Gemälde geschaffen, das im Laufe der Jahrhunderte immer wieder neu interpretiert wurde und dementsprechend wechselnde Namen erhalten hat. Das farbenprächtige Werk, das bis heute als ein Höhepunkt der Renaissance bezeichnet wird, hängt im Kunsthistorischen Museum Wien unter dem Titel «Die drei Philosophen». Es zeigt in der rechten Bildhälfte drei würdige männliche Gestalten in einer hügeligen, dramatischen Landschaft. Sie stehen gegenüber einem überwachsenen Felsen auf der linken Bildhälfte, der einen Höhleneingang vermuten lässt; in der Bildmitte ist im Hintergrund eine kleine Siedlung erkennbar, am Horizont dahinter geht soeben die Sonne auf (oder unter).

© Kunsthistorisches Museum, Wien

Das Bild ist titellos überliefert worden. Es birgt zwei Geheimnisse. Wenn wir uns ihnen nähern wollen, gilt es, den Zeitgeist bei Entstehung des Gemäldes zu berücksichtigen: 1509 erscheint der «Commentarius» von Nikolaus Kopernikus, dem ein heliozentrisches Weltbild zugrunde lag – und das damit die in Gelehrtenkreisen längst erkannte Brisanz der Auseinandersetzung zwischen traditionellem, theologisch begründetem Dogma und den neuen, aufklärerischen Erkenntnissen der Naturwissenschaft öffentlich machte. In diesem Kontext malte Giorgione seine drei würdigen Männer vor Felsenhöhle und Sonnenaufgang.

Die Männer sind unterschiedlich alt und sehr verschieden gekleidet: Der Älteste, wohl über 60, scheint als griechischer Weiser gekleidet und hält in seiner Hand ein Pergament mit mathematischen Formeln. Der Mittlere, um die 40, trägt einen orientalischen Turban; der Jüngste, etwa 20-jährig, ist in Kleidern aus der Zeit gewandet, sitzt am Boden und hantiert mit astronomischem Gerät. Das ist das eine Geheimnis: Wer sind die drei Männer? Das andere Geheimnis zeigt sich nur dem genauen Betrachter: Das Bild wird von zwei Seiten beleuchtet: Einerseits vom Hintergrund her, von der aufgehenden Sonne – andrerseits aus einer nicht erkennbaren Lichtquelle aus der Höhle heraus, eine Lichtquelle, die «gegen jede Vernunft» nicht nur die drei Männer im Vordergrund beleuchtet, sondern gleich die ganze Landschaft, die doch eigentlich im Lichte der aufgehenden Sonne liegen sollte.

Es gehört zur Malerei der Renaissance, dass Gemälde Formen der Kommunikation komplexer Gedanken darstellen. «Der Pinsel, den der Maler führt, soll im Verstand getunkt sein», beschreibt Winckelmann die antike, in der Renaissance wiedergeborene Kunst: Der «pictor doctus» befasst sich nicht nur mit Kunstproblemen, sondern auch mit den aktuellen Weltfragen. Es ist also anzunehmen, dass Giorgione mit seinem Werk eine These aufstellt; ihre Verbalisierung aber wird dem Betrachter überlassen. Je nach Zeitgeist der Interpreten hat das Bild einmal den Titel «Die drei Heiligen Könige» erhalten, später «Die drei Philosophen».

Für die erste Interpretation spricht das Arrangement vor der Höhle, aus der das Licht des Weltenwenders leuchtet, der die Menschheit aus dem Dunkeln führt; dann erstaunt allerdings die beschriebene, auffällig unterschiedliche Kleidung dieser als «Könige» interpretierten Gestalten. Für die zweite sprechen die speziellen, mit typischen Emblemen und Charakterzügen ausgestatteten Gestalten, die sich leicht als Sokrates, Ptolemäus und als ein moderner Astronome erkennen lassen; gegen diese Interpretation spricht die seltsame, unnatürliche und unlogische Beleuchtung des Gemäldes.

Reinhardt Brandt, Professor für Philosophie und Kunstgeschichte an der Universität Marburg, präsentierte im Jahre 2000 eine neue Interpretation: Giorgiones Bild stellt beides dar, die drei Könige bei der Geburt von Christus *und* die drei Astronomen aus drei Epochen der Menschheitsgeschichte. Die drei Könige folgen dem Licht der Glaubenswahrheit; die drei Philosophen stehen im natürlichen Licht des wissenschaftlich untersuchten Himmelskörpers Sonne. «Das Bild trennt und versöhnt dadurch den Glauben und das Wissen miteinander, indem es beide in *einem* Bilde zeigt. Das Bild ist somit eine Collage der doppelten Wahrheit, der Wahrheit des Glaubens und der Wahrheit der Wissenschaft» (BRANDT 2000).

2. Der Lehrplan «Sozialpädagogik HFS mit anthroposophischem Ansatz» als Herausforderung im Umgang mit unterschiedlichen Weltbildern

Im Hinblick auf das neue eidgenössische Berufsbildungsgesetz, das auf Beginn des Jahres 2004 in Kraft trat, setzte sich die HFHS Dornach schon frühzeitig mit der Frage auseinander, ob und wie ein gesetzlich anerkannter Lehrgang in anthroposophischer Sozialpädagogik auf der Stufe der höheren Berufsbildung angeboten werden soll. Anfänglich wurde erwogen, einen Weg für einen eigenständigen Beruf im Sinne eines «eidgenössisch anerkannten anthroposophischen Sozialpädagogen» zu suchen. Theoretisch wäre eine solche eigenständige «höhere Berufsprüfung» möglich, faktisch wurde diese Möglichkeit aber bald wieder fallen gelassen; einerseits sollte nicht einem verhängnisvollen «Separatismus» anthroposophischer Sozialpädagogik Vorschub geleistet werden, andrerseits musste realistischerweise angenommen werden, dass ein solcher Weg in der aktuellen Berufsbildungslandschaft, die auf Übersichtlichkeit, Durchlässigkeit und einheitliche Berufsbilder setzt, wenig Chancen auf Anerkennung hätte.

Damit stellte sich die HFHS Dornach der Herausforderung, einen Lehrgang zu entwickeln, der sowohl den Grundsätzen eines anthroposophisch ausgerichteten, trialen Ausbildungsweges entspricht, d.h. auf einem Gleichgewicht beruht von theoretischen Erkenntnissen, praktischer Erfahrung und künstlerischem Üben und Erfahren – gleichzeitig aber auch die Anforderungen des Berufsbildungsgesetzes und des daraus abgeleiteten Rahmenlehrplans Sozialpädagogik erfüllt, d.h. jene Handlungskompetenzen fördert und sichert, die dem «state of the art» professioneller, auf Basiswissenschaften abgestützte Sozialpädagogik entsprechen. Zusätzlich musste diese Balance zwischen «konventioneller» Sozialpädagogik und «anthroposophischem Ansatz» den ökonomischen Anforderungen genügen, wie sie sich durch den Bildungsmarkt, auf dem sich Ausbildungsstätten zunehmend konkurrenzieren und dem Effizienzdruck der Praxisinstitutionen ergeben. Das heisst: Der «Lehrgang Sozialpädagogik mit anthroposophischem Ansatz» musste auf den gleichen Zeitrahmen wie der konventionelle Lehrgang ausgelegt werden.

Die Antwort auf diese Herausforderung wurde in einem Lehrgangskonzept gesucht, das den anthroposophischen Ansatz, insbesondere die künstlerischen Tätigkeiten sowohl im individualisierenden plastisch-bildnerischen wie im sozialisierenden sprachlich-musikalischen Kunstbereich, so weit als möglich in den Themenkanon konventioneller Sozialpädagogik integriert. Dieses dabei entwickelte Konzept kann von seinem Ansatz her mit dem «immersive learning» der neuen Sprachdidaktik verglichen werden, wo Fremdsprachunterricht nicht als separater Lehrgang geboten wird, sondern Sachunterricht in der fremden Sprache vermittelt (z.B. Geschichtsunterricht in englischer Sprache) und diese somit im Unterrichtsalltag dieses Faches angewandt wird. Zusätzlich hat aber der (bis jetzt erst provisorisch vorliegende) gesetzliche Rahmenlehrplan so viel Spielraum offen gelassen, dass er jeder Schule erlaubt, eine eigene, «schulspezifische» Ausrichtung, ob «christlich», «anthroposophisch», «systemisch» etc. zu pflegen und einen ansehnlichen Umfang der Ausbildungszeit diesen Spezialitäten zu widmen. Diese Offenheit der gesetzlichen Vorgaben darf als gute Voraussetzung für die Sicherstellung einer gewissen Vielfalt sozialpädagogischer Lehrgänge und damit auch für einen befruchtenden interinstitutionellen Austausch in der Schweiz bewertet werden.

Der «anthroposophische Ansatz» ist im nun vorliegenden, seit 2005 praktizierten Lehrgang der HFHS Dornach nicht nur anhand des Gewichts des Künstlerischen deutlich erkennbar, sondern auch an den in den einzelnen Themenkreisen präsentierten theoretischen Ansätzen, Begriffen und Methoden. Thematik und Gliederung der Themenkreise entsprechen dem Kanon konventioneller Lehrgänge; inhaltlich wird der anthroposophische Ansatz, dort wo er explizit als solcher bearbeitet wird, in den *Dialog* mit der am naturwissenschaftlichen Weltbild orientierten Sozialpädagogik gestellt.

Und damit wird die *«curriculare Herausforderung»*, der sich die HFHS Dornach stellte und die sie mit dem skizzierten Ausbildungskonzept beantwortete, als eine *individuelle Herausforderung* an die Dozierenden und an die Studierenden weitergegeben: Die Herausforderung, sich immer wieder einer Art «duplex veritas» zu stellen, den verschiedenen Menschenbildern, Gesellschaftsbildern, Erklärungsansätzen, Handlungsgrundsätzen etc. So wie es eingangs anhand der Metapher von Giorgiones Gemälde «Die drei Philosophen» gezeigt wurde, birgt die in Dornach so bedeutsame «Kunst in der Ausbildung» ein hohes Potenzial, die im «Sachunterricht» herausgearbeiteten Diskrepanzen verschiedener sozialpädagogischer, wissenschaftlicher und weltanschaulicher Ansätze als ebenbürtige, gerade in ihrer Vielfalt für Verstehen und Aushalten der Komplexität der Welt befruchtend und hilfreich anerkennen zu können.

3. Zu Fragestellung und Methodik der externen Evaluation des Lehrganges «Sozialpädagogik HFS mit anthroposophischem Ansatz»

Mit Beginn des Studienjahres 2005/06 wurde das neue Konzept und das darauf abgestützte Ausbildungsprogramm erstmals umgesetzt. Ihren eigenen Qualitätsansprüchen entsprechend will die Schulleitung der HFHS Dornach den ersten dreijährigen Lehrgang periodisch extern evaluieren lassen. Ziel ist es, zu prüfen, ob das neu entwickelte Ausbildungsprogramm tatsächlich geeignet ist, sowohl gemäss den Grundlagen konventioneller Sozialpädagogik die im behördlichen Rahmenlehrplan definierten professionellen Kompetenzen zu entwickeln und zu sichern wie auch die Ansprüche und Erwartungen der beteiligten Praxisinstitutionen und der Studierenden bezüglich einer «anthroposophisch ausgerichteten Ausbildung» zu erfüllen.

Die Schulleitung beschloss deshalb, den ersten Ausbildungsgang (2005 bis 2008) jährlich einmal extern evaluieren zu lassen. Es handelt sich dabei um eine formative Evaluation; diese unterscheidet sich von einer summativen Evaluation dadurch, dass es nicht um eine gutachterliche Bilanzierung des Geleisteten im Sinne von Kontrolle geht, sondern um die Beobachtung und Verbesserung laufender Prozesse. Der externe Evaluator versteht dabei seine Aufgabe nicht primär als wissenschaftliche Bildungsforschung, auch wenn seine Beobachtungen und Bewertungen selbstverständlich dem Anspruch nachvollziehbarer Systematik genügen müssen. Zweck der Evaluation ist der praktische Nutzen für das beobachtete und bewertete System und dessen Interesse an «kritischen» Erkenntnissen. Als «kritisch» werden Erkenntnisse verstanden, die auf «verbessernde Möglichkeiten» hinweisen.

Methodik
Die externe Evaluation basiert auf MAESTRO (Modell zur Analyse, Evaluation und Strategieentwicklung in Organisationen), einem Modell, das sich sowohl als Planungs- wie als Qualitätssicherungsinstrument in der Bildungs- und Organisationsberatung seit einigen Jahren bewährt hat und 2006 erstmals publiziert wird.

- Ausgangspunkt des Modells ist die Bedarfsfrage: Wozu braucht es die untersuchte Bildungsleistung? Im vorliegenden Falle gilt es hier den Bedarf zu berücksichtigen, der sich aus Berufsprofil und den verschiedenen Kompetenzanforderungen (Fach-, Methoden-, Sozial- und Selbstkompetenzen) ergibt, wie sie im Rahmenlehrplan für Sozialpädagogik HFS vorgegeben werden.
- Das Modell stellt im nächsten Schritt die Frage nach dem Auftragsverständnis: Wie will die HFHS mit ihrem «anthroposophischen Ansatz» diese Vorgaben erfüllen, in welcher Art und Weise wird der vom Berufsbildungsgesetz gegebene «Berufsbildungsauftrag» erfüllt?
- Im dritten Schritt wird die «Zielgruppe» untersucht: Entsprechen die Studierenden den Zulassungsbedingungen, welche Potenziale bringen sie mit, welche Ansprüche und Erwartungen stellen sie an die Ausbildung?
- Im vierten Schritt wird nach den Zielen gefragt: Wie wird der generelle Bildungsauftrag bedarfs- und zielgruppengerecht in Lernziele umgesetzt?
- Im fünften und sechsten Schritt wird nach den Prozessen, Strukturen und Ressourcen gefragt: Sind sie im Hinblick auf die gesetzten Lernziele geeignet, sind sie zielgruppengerecht?

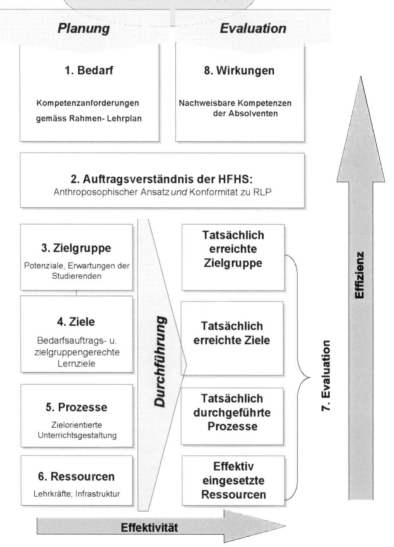

- Das Modell verknüpft diese sechs Kriterien mit den Fragen nach Effektivität, Effizienz und Angemessenheit und will schliesslich mögliche Verbesserungen erkennbar machen.

In Absprache mit Schulleitung und Dozierenden fokussiert die Evaluation drei Themen, die über die dreijährige Dauer des Lehrganges beibehalten werden, um so die Lehrgangsentwicklung beobachten und beurteilen zu können; es soll aber möglich sein, bei den jährlichen Zwischenevaluationen aktuelle Themen oder Fragen zusätzlich abzuklären.

Es wurden folgende drei Schwerpunktthemen gesetzt:

1. Die Lernziel-Orientierung:
Schulleitung und Dozierende verfügen über Rückmeldungen, inwiefern aus Sicht der Befragten der Lehrgang lernzielorientiert ausgerichtet ist.

2. Gestaltung der Unterrichtswochen:
Schulleitung und Dozierende verfügen über Rückmeldungen darüber, wie aus Sicht der Befragten die Gestaltung der Unterrichtswochen hinsichtlich Belastung, Einheitlichkeit, resp. Vielfalt der Themen und Förderung der verschiedenen Kompetenzdimensionen eingeschätzt wird.

3. Bedeutung des anthroposophischen Ansatzes:
Schulleitung und Dozierende verfügen über Rückmeldungen darüber, inwieweit aus Sicht der Befragten die anthroposophische Ausrichtung des Lehrganges erkennbar ist; wird er als eher zu einseitig, als ausgewogen oder als «verwässert» erachtet?

Durchführung der Evaluation:
Die jährlich durchzuführende externe Evaluation soll jeweils auf Beginn eines Schuljahres stattfinden und sich auf das vorangegangene Jahr beziehen. Erstmals wurde eine solche Evaluation im Oktober 2005, d.h. nach Abschluss des ersten Quartals, durchgeführt, um so möglichst rasch Erkenntnisse über die Eignung des geplanten Ausbildungsprogrammes zu gewinnen und frühzeitig entsprechende Anpassungen vornehmen zu können.

Einerseits findet bei jedem Durchgang der externen Evaluation ein Unterrichtsbesuch sowie beobachtende Teilnahme an Gruppenarbeiten und an der Konferenz der Dozierenden statt. Andrerseits werden die drei wichtigsten Anspruchsgruppen (Studierende, Dozierende, Praxisausbildner) individuell befragt.

Während allen vier externen Evaluationsdurchgängen werden bezüglich der drei Hauptthemen die sechs gleichen Studierenden befragt, um so gewissermassen einen «Längsschnitt» zu erhalten. Falls bei einzelnen Durchgängen zusätzliche aktuelle Themen dazu kommen, wird der Kreis der befragten Studierenden allenfalls erweitert.

Ebenfalls werden die Dozierenden, die im beobachteten Ausbildungsjahr tätig waren, individuell vor Ort befragt sowie anlässlich des Besuchs einer Konferenz mit einem moderierten Gruppengespräch in die Evaluation einbezogen.

Die PraxisanleiterInnen, die an den verschiedenen Institutionen tätig sind, in denen die sechs Studierenden ihre praktische Ausbildung absolvieren, werden per Telefon mittels eines halb standardisierten Fragebogens befragt.

Die Studierenden und die Praxisausbildner wurden von der Schulleitung aus sechs unterschiedlichen Betrieben ausgewählt. Den Befragten wurde Vertraulichkeit zugesichert, soweit dies bei einer so kleinen Befragtengruppe möglich ist.

Die oben genannten drei Evaluationsthemen werden in drei Schritten bearbeitet:
- Beobachtungen: Was teilen die Befragten mit, was stellen sie fest, welche Bewertungen und Einschätzungen machen sie in Bezug auf die drei Grundfragen?
- Bewertungen aus Sicht des Evaluators: Wie bewertet der Evaluator seine Beobachtungen, die Aussagen der Befragten, einerseits im Vergleich mit dem deklarierten Konzept und Ausbildungsprogramm, andrerseits unter Berücksichtigung der übergeordneten Anforderungen an den Lehrgang gemäss Rahmenlehrplan? Es geht dabei zuerst um die Frage: Macht die Schule das, was sie sagt? (Vergleich zu Konzept und Ausbildungsprogramm); dann um die Frage: Sind mögliche Abweichungen erkannt und begründet? Und schliesslich: Erscheint aus Sicht des externen Evaluators das, was die Schule macht, wie sie es macht (Prozessqualität) und womit sie es macht (Strukturqualität), geeignet, die vorgegebenen und die selbst deklarierten Ziele (Resultatsqualität) zu erreichen?
- Empfehlungen: Welche Anpassungen liegen aus Sicht des externen Evaluators nahe? Anpassungen der Lehrgangs-Durchführung an die ursprünglichen Konzepte oder Anpassung der Konzepte an die Erkenntnisse aus der Durchführung?

4. Zu ausgewählten Ergebnisse der ersten externen Evaluation

Fokus 1: Lernzielorientierung

In der Evaluation konnten folgende Beobachtungen gemacht werden: Die Studierenden nennen mit Leichtigkeit Stichworte zu ihren «neuen Erkenntnissen» respektive «Bestätigung von bestehendem Wissen», die sie in den ersten fünf Wochen gewonnen haben. Sie beziehen sich dabei sowohl auf den anthroposophischen Ansatz, wenn sie Stichworte nennen wie: «9er-Gliederung; Jahrsiebte; Wesensglieder» wie auf klassische Ansätze mit den Stichworten «Kleinkindentwicklung, Zusammenhang: Motorik–Sprache»; «Entwicklung des Denksystems»; oder auch: «mich selber anders sehen».

Aus Sicht des Evaluators darf es als sinnvoll und als der Ausbildungsstätte angemessen bewertet werden, dass in den ersten fünf Wochen dem anthroposophischen Ansatz Priorität zugemessen wird. Das Interesse der Studierenden an Anthroposophie, das ja wahrscheinlich deren Wahl der Ausbildungsstätte massgeblich geleitet hat, kann so bestätigt und als gemeinsame Grundlage dienen. Als Folge ist eine durchgehende Zufriedenheit, ja Begeisterung aller befragten Studierenden mit der neu begonnenen Ausbildung festzustellen. Dabei muss allerdings daran erinnert werden, dass eine solche hochgradige Zufriedenheit typisch ist für den Anfang jeder Ausbildung. Es geht, im Sinne der Gruppendynamik, um das «to be included».

Eine gewisse kritische Distanzierung ist erst im weiteren Verlauf der Ausbildung (gruppendynamisch gesprochen in der so genannten «Storming-» und dann in der «Positionierungsphase») zu erwarten. Die mögliche zeitliche Koinzidenz dieser kritischen Phasen mit einer vermehrten Bearbeitung nicht-anthroposophischer Ansätze birgt die Gefahr, dass die (phasentypische) kritische Haltung den (inhaltlichen) Widerstand gegenüber konventionellen (nicht-anthroposophischen) sozialpädagogischen Methoden verstärkt.

Aufgrund dieser Überlegung ist die Empfehlung naheliegend, bereits in den ersten fünf Wochen den Dialog der verschiedenen Ansätze zu eröffnen und gezielt zu führen – um von Anfang an Bereitschaft und Fähigkeit zu entwickeln, den anthroposophischen Ansatz als (empfohlene, aber nicht alleinige) Möglichkeit im Gegenüber von konventionellen Ansätzen zu anerkennen.

Fokus 2: Gestaltung der Unterrichtswochen
Das Nebeneinander von verschiedenen Themenkreisen am gleichen Unterrichtstag sehen einige der befragten Studierenden als gute, sich ergänzende Verknüpfungen, andere wenden ein: «Oft läuft es ineinander, es gibt Wiederholungen, manchmal Brüche, aber das ist notwendig.» «Der Wechsel von den anthroposophischen zu andern Ansätzen hat mich verwirrt, das war für mich störend».

Aus Sicht der Dozierenden hat die jeweils vorangestellte Einführung in die Themenkreise viel zur Klärung beigetragen. Die Studierenden können sich orientieren: wo sind wir, welche Themen, welche Aspekte werden behandelt; Studienordner sowie ein Praxisbuch für Praxistransfer sind wichtige Instrumente; die Studierenden verfügen über einen Lektionenplan, der ihnen Orientierung gibt. Die Themenfolge ist klar gegeben. – Einzelne Praxisausbildner sagen, es sei ein «dichtes Programm: Piaget, König u.a., dann der anthroposophische Teil». Der Aufbau sei aber sinnvoll: Entwicklung des Kindes, Literatur, Aufgaben. Die Studierenden verfügen aus Sicht der Praxisausbildner über viele Literaturangaben, sind sehr motiviert, «noch nicht» überfordert. Die Ausbildung wird als «gute Ergänzung zur Praxis» bewertet. Der Kurs sei «künstlerisch und kreativ aufgebaut».

Generelle Bewertung des Evaluators: Bezüglich Gestaltung der Unterrichtswochen besteht in diesen ersten Wochen eine sehr grosse Zufriedenheit. Die positive Beurteilung der Unterrichtsformen ist unter den Befragten einheitlich. Den Dozierenden werden sehr gute Noten ausgeteilt. Vorsichtigerweise ist dazu allerdings einzuwenden, dass in der Anfangsphase eines Lehrganges kaum Einsprachen gemacht werden; der Lehrgang ist so, wie er ist – und in der positiven Grundhaltung des Anfangs wird er so als gut bewertet.

Vor Ort konnte der Evaluator eine (im Vergleich mit andern Lehrgängen) ausgesprochen ernsthafte Haltung der Studierenden bei den Gruppenarbeiten feststellen. Sie blieben beim Thema und hielten die vorgegebenen Zeiten diszipliniert ein. Deutlich zeigte sich aber, dass die Sensibilität und die Fähigkeit, die eigene Gruppendynamik während der Arbeitsgruppen zu beobachten und zu beeinflussen, noch fehlen. Um unvermeidliche und notwendige Konflikte der Klasse im Rahmen der Gruppendynamik als Übungsfeld für die sozialpädagogische Ausbildung nutzen zu können, empfiehlt es sich, die Klasse im Zusammenhang mit Gruppenarbeiten bald explizit gruppendynamisch zu sensibilisieren.

Fokus 3: Bedeutung und Gewichtung des anthroposophischen Ansatzes
Beobachtung: Alle Befragten sind der Meinung, der anthroposophische Ansatz hätte die Bedeutung, die diesem Lehrgang angemessen sei. Es besteht diesbezüglich zum jetzigen Zeitpunkt Zufriedenheit.

Die Gewichtung des anthroposophischen Ansatzes im Verhältnis zu anderen Ansätzen wird von den Studierenden und den Praxisausbildnern als «ausgewogen» wahrgenommen. Die beiden Dozierenden sind der Meinung, der anthroposophische Ansatz sei in den ersten vier Wochen «stark gewichtet» worden – es sollte «zu Beginn klar werden, wo Dornach steht».

Diese Beobachtungen bewertet der externe Evaluator folgendermassen: Wenn in diesen ersten vier Unterrichtswochen, in denen die Dozierenden den anthroposophischen Ansatz prioritär gewichteten, dieser Ansatz von den Studierenden als «ausgewogen» bewertet wurde, muss erwartet werden, dass in späteren Phasen, wenn vermehrt auch andere Ansätze zum Zuge kommen, die Meinung aufkommen wird, der anthroposophische Ansatz komme zu kurz.

Die bei den Befragungen zur Unterrichtsgestaltung positive Bewertung eines Studierenden bezüglich der Positionierung seiner Ausbildung zum «Sozialpädagogen und nicht zum Anthroposophen» zeigt, dass die Dozierenden das Spannungsfeld *«gewünschter anthroposophischer Ansatz»* zu *«anerkennungskomformer Regelausbildung»* explizit als Thema aufgenommen haben. Es wurde jedoch nach ihren eigenen Aussagen – begründeterweise – in den ersten Unterrichtswochen noch nicht im Sinne der «Ausgewogenheit» praktiziert. Es ist anzunehmen und zu hoffen, dass sich im weiteren Fortgang des Lehrganges hier ein konstruktives und befruchtendes Spannungsfeld eröffnet.

5. Kunst in der Ausbildung – Ausbildung als Kunst

Mit der am Anfang dieses Beitrages vorgestellten Metapher zur Problematik eines bildungsgesetz-konformen Lehrganges mit anthroposophischem Ansatz wurde exemplarisch gezeigt, wie Kunst didaktisch eingesetzt werden kann. Gemäss Brandts moderner Interpretation zeigt Giorgione mit seinem Gemälde die Möglichkeit der «duplex veritas», der gleichzeitigen und ebenbürtigen Gültigkeit von seelischem Erleben und natürlicher Erkenntnis. Giorgione verwendet darstellende Kunst als Beitrag für eine Grundfrage der Menschheit, zu der Sprache «in diesem Falle ein viel zu umständliches Mittel der Mitteilung» ist (Brandt) – eine Erkenntnis, die auf die hervorragenden Chancen der trialen Ausbildung verweist.

Seit Comenius wird Didaktik als «Kunst» verstanden, als die Kunst, einen Lernstoff nach der Lernbarkeit zu gestalten unter Berücksichtigung der Lernenden. Mit dem Einbezug der Kunst in die Ausbildung in Sozialpädagogik wird die Kunst der Didaktik in hohem Masse gepflegt. Die externe Evaluation versteht sich als Beitrag, die Möglichkeiten dieser Kunst im Umgang mit der Vielschichtigkeit von Sozialpädagogik und ihren «Ansätzen» zu beobachten, zu reflektieren und daraus zu lernen.

Literaturverzeichnis

BRANDT, Reinhard (2000): *Philosophie in Bildern*. Köln.

HAGER, Willi: PATRY, Jean-Luc/BREZING, Hermann (Hrsg.) (2000): *Evaluation psychologischer Interventionsmassnahmen*. Bern.

KEK-CDC: MAESTRO (2006), publiziert auf www.kek.ch.

Ausbildung im Wandel der Zeit

Andreas Fischer

1. Der Blick zurück

Gerade in einer Zeit, wo sich vieles in der Ausbildungslandschaft verändert, kein Stein mehr auf dem anderen zu bleiben scheint, lohnt es sich, den Blick zurückzuwenden zu den Anfängen, zum Beginn.

Dies soll im folgenden Beitrag im Zusammenhang mit anthroposophisch orientierten Ausbildungen für Heilpädagogik und Sozialtherapie geschehen. Dabei wird nicht nur der nationale Aspekt im Vordergrund stehen, denn die anthroposophischen Ausbildungsimpulse waren von allem Anfang an international ausgerichtet.

Wie bereits in einem vorangehenden Kapitel in diesem Band dargestellt, begann die anthroposophische Heilpädagogik 1924 mit dem Heilpädagogischen Kurs, den Rudolf Steiner auf Anfragen aus der Praxis in Dornach vor gut zwanzig Teilnehmenden hielt.

Drei verschiedene Bereiche praktischer Tätigkeit von Heilpädagogik flossen in diesem Kurs zusammen. In der Ita Wegman Klinik in Arlesheim wurden zu dieser Zeit Kinder mit Entwicklungsstörungen betreut, in der ersten Waldorfschule in Stuttgart gab es bereits eine Schulklasse für Kinder mit Lernbehinderungen und in Jena wohnten behinderte Kinder schon auf dem Lauenstein, dem ersten heilpädagogischen Institut auf anthroposophischer Grundlage. So kamen drei Aspekte oder Sichtweisen in den Ausführungen von Rudolf Steiner im Heilpädagogischen Kurs zusammen, der medizinische, der pädagogische und der soziale Strom.

Die heilpädagogische Arbeit entwickelte sich weiter und breitete sich aus, neue Institute konnten begründet werden und sehr schnell wurde auch die Frage einer möglichen Ausbildung für diesen mehr oder weniger neuen Beruf aktuell.

Der Blick zurück zeigt, dass die ersten Ausbildungsbemühungen auf anthroposophischer Grundlage in zwei weit auseinander liegenden Institutionen fast zeitgleich begannen und diese zwei Orte – der Sonnenhof Arlesheim und Camphill Aberdeen – sich als wichtige Zentren für Ausbildung über Jahrzehnte auch etablieren konnten.

Kinderheim Sonnenhof

Die Entstehung und Entwicklung des Sonnenhofes ist eng mit dem medizinisch-therapeutischen Impuls der Anthroposophie verknüpft. Im Jahre 1921 eröffnete die Ärztin Ita Wegman das «Klinisch-Therapeutische Institut» in Arlesheim, das in einer Villa untergebracht war. Bereits ein Jahr später erwarb sie den Suryhof, den späteren Sonnenhof, der zuerst als Patienten- und Schwesternhaus diente. Im Jahre 1923 wurde das erste behinderte Kind – ein aus Amerika stammender Junge – in die Klinik in Arlesheim aufgenommen, sehr bald gesellten sich weitere Kinder mit einer Behinderung dazu. Nach Umbauarbeiten wurde der Sonnenhof ab dem Jahre 1926 definitiv ein Heim für Seelenpflege-bedürftige Kinder, bis 1928 wurden dort auch noch Erholung suchende Kinder aufgenommen.

Noch nicht im Sinne einer geregelten Ausbildung wurden in den Zwanzigerjahren Kurse für Mitarbeitende angeboten, dabei ist zu bedenken, dass der Beruf des Heilpädagogen sich auch ausserhalb der anthroposophischen Zusammenhänge erst langsam entwickelte. So wurde erst 1924 das Heilpädagogische Seminar in Zürich begründet, erster Leiter war Heinrich Hanselmann.

Bereits in den Dreissigerjahren des letzten Jahrhunderts bekam der Ausbildungsimpuls in Arlesheim mehr Struktur, so wurden die Menschen in zehn Monatskursen – entsprechend den individuellen Voraussetzungen gab es auch kürzere Ausbildungszeiten – zum Heilpädagogen qualifiziert. Die Ausbildung war in die tägliche Arbeit integriert, morgens zwischen sechs und sieben Uhr stand das Studium von Grundlagenwerken auf dem Stundenplan, weitere Kurse wurden in der Mittagspause und abends angeboten.

Die Kriegswirren und die damit verbundene Evakuierung der Seelenpflege-bedürftigen Kinder aus dem Sonnenhof brachten eine Zäsur der Bestrebungen.

Erst 1948 wurde der Ausbildungsimpuls wieder aufgegriffen, dieses Mal aber in einer klar strukturierten Form. Zu Ostern dieses Jahres begann der erste Ausbildungskurs mit zwölf Teilnehmenden, neun stammten aus Deutschland und je einer aus Frankreich, Holland und Dänemark. Aus heutiger Sicht ist zu bedenken, dass in dieser Zeit fast alle Teilnehmer durch die Geschehnisse des Krieges traumatisiert und gesundheitlich angegriffen waren. Darum diente das künstlerisch-therapeutische Angebot in der Ausbildung primär der körperlichen und seelischen Regeneration der Teilnehmenden. Jeden Tag bekamen sie Heileurythmieunterricht und alle Auszubildenden wurden auch medizinisch betreut. Die Ausbildung dauerte drei Jahre mit einem sich daran anschliessenden Anerkennungsjahr, sie wurde von einem sechsköpfigen Lehrerkollegium getragen.

Die Kurse fanden über Mittag, abends oder am einzig freien Nachmittag der Woche statt, die restliche Zeit arbeiteten die Seminaristen auf den Wohngruppen. Die

Entlöhnung war kärglich, man wohnte zu zweit auf einem Zimmer und der Beruf verunmöglichte ein Privatleben. Diese aus heutiger Perspektive inakzeptablen Bedingungen – sie hatten etwas Klösterliches an sich – wurden aber von niemandem infrage gestellt. Auch zu den Autoritäten – Lehrende und Gruppenverantwortliche – herrschte damals ein scheinbar unkompliziertes Verhältnis; sie wurden ganz einfach von einer Mehrheit als Autoritäten frag- und kritiklos akzeptiert, die Seminaristen waren froh, im Sonnenhof arbeiten zu dürfen.

Im Laufe der Jahre änderte sich aber der autoritäre, ganz auf den Sonnenhof konzentrierte Führungsstil, vor allem die nachrückende Generation – an dieser Stelle sei der Arzt Dr. Hellmut Klimm speziell erwähnt – bemühte sich um Veränderung und auch eine Öffnung des Sonnenhofes. Dies wurde auch vom Regierungsrat des Kantons Basel-Landschaft gewürdigt: «Es kommt hinzu, dass dem Heim eine anerkannte Ausbildungsstätte für Erzieherpersonal angeschlossen ist. Jahr für Jahr treten zwischen 10 und 20 Erzieherinnen und Erzieher nach dreijähriger Berufslehre ihre segensreiche Tätigkeit an. Diese Ausbildungsarbeit wird unter grossen Opfern geleistet und gereicht dem Staat – im Hinblick auf den Mangel an ausgebildetem Erzieherpersonal – nur zum Vorteil.» (Auszug aus dem Protokoll des REGIERUNGSRATES, 1970).

Neu wurden in die Ausbildung Aspekte der nicht-anthroposophischen Heilpädagogik einbezogen, in diese Zeit fällt auch der Beginn der Zusammenarbeit mit dem Kinderpsychiater Professor Lutz aus Zürich.

Mit der Einführung der Invalidenversicherung und der finanziellen Unterstützung der Ausbildungen änderte sich die Zusammensetzung der Seminarkurse, es kamen immer mehr Teilnehmende aus der Schweiz. «Die zunächst dreijährige Ausbildung wurde 1967/68 in eine zweijährige Grundausbildung in den Einrichtungen und ein darauf folgendes Seminarjahr in Eckwälden oder in Dornach umgewandelt.» (HAID 1998, S. 3).

Bereits zehn Jahre später wurde die Grundausbildung wieder um ein Jahr verlängert; das sich daran anschliessende vierte Jahr am Seminar in Dornach wurde um ein zusätzliches Anerkennungsjahr erweitert, sodass die Ausbildung zum Heilpädagogen nun fünf Jahre dauerte.

Camphill Aberdeen

Der Wiener Arzt Karl König hatte in den Zwanzigerjahren des letzten Jahrhunderts Kontakt zum Sonnenhof in Arlesheim und dort die anthroposophische Heilpädagogik kennen- und schätzen gelernt. Nach praktischer Tätigkeit in Deutschland und Österreich musste er in den Kriegswirren mit einer Gruppe von Mitarbeitenden nach Schottland übersiedeln und begründete dort die Camphill Gemeinschaft in Aberdeen, der viele weitere Gemeinschaften rund um den Erdball folgen sollten. «Der Anfang in Schottland war einer doppelten Schwierigkeit ausgesetzt: Deutsche galten infolge der

Kriegsereignisse als Nazis, ebenso war die Arbeit mit den Behinderten damals nicht üblich und von der Bevölkerung abgelehnt.» (HAID 1998, S. 4).

König liess sich aber nicht unterkriegen und veranstaltete von Anfang an immer auch Seminare für die Mitarbeitenden. Nur neun Jahre nach seiner Ankunft in Schottland – im Jahre 1949 – begann der erste zweijährige Seminarkurs mit zwanzig Teilnehmenden. Auch hier waren es vor allem Menschen aus den kriegsgeschüttelten Ländern Europas, die am Kurs teilnahmen, nur deren drei stammten aus England. Bis 1965 dauerten die Kurse zwei Jahre, dann wurden sie auf drei verlängert.

Der Zusammenhang des Seminars mit den Camphill-Gemeinschaften war sehr eng, während der Ausbildung lebten die Auszubildenden mit den Betreuten in den Familiengemeinschaften zusammen, der Pflege des Gemeinschaftslebens wird im Rahmen von Camphill eine grosse Bedeutung beigemessen.

Die dreijährige Ausbildung war klar gegliedert. «Im ersten Jahr stand die Betreuung der Kinder im Heim im Vordergrund. Das zweite Jahr fand seinen Schwerpunkt in der schulischen Arbeit mit den Betreuten. Im dritten Jahr standen dann die unterschiedlichen Therapieformen und handwerkliche Arbeit mit den Behinderten im Mittelpunkt.» (HAID 1998, S. 6).

Interessanterweise war auch der künstlerische Unterricht klar gegliedert, denn «im ersten Jahr diente die Beschäftigung mit der Kunst der eigenen Entwicklung, im zweiten Jahr stand der didaktische Aspekt im Hinblick auf die Unterrichtstätigkeit in der Schule im Vordergrund und im dritten Jahr wurde die therapeutische Anwendung der künstlerischen Fächer vermittelt.» (HAID 1998, S. 6).

Auch die Ausbildung in Schottland war herausgefordert, sich neuen Bedürfnissen und Entwicklungen zu stellen und sich zu verändern. In den Achtzigerjahren wurde eine Zusammenarbeit mit dem Northern College Aberdeen gesucht zum Aufbau einer gemeinsamen, anerkannten Ausbildung. Seit 2001 besteht nun die Möglichkeit, an der Universität von Aberdeen – das Northern College wurde zwischenzeitlich in die Universität integriert – die Ausbildung in anthroposophischer Heilpädagogik mit einem Bachelor of Arts abzuschliessen, der von den Behörden anerkannt wird. «Dass die Anerkennung einer Zusammenarbeit zwischen Universität und einer anthroposophischen Ausbildungsstätte ausgerechnet in Schottland möglich wurde, scheint umso erstaunlicher, als die Anthroposophie insgesamt in diesem Land nicht besonders tief verwurzelt zu sein scheint.» (BÜCHNER 2004, S. 145).

Ausbreitung und Zusammenarbeit

Die Ausbildungsstätten vom Sonnenhof und von Camphill Aberdeen sind in den letzten Jahrzehnten in der sich ausbreitenden heilpädagogischen und sozialtherapeutischen Bewegung natürlich nicht alleine geblieben. Bis heute haben sich aus diesen Anfängen weltweit gut fünfzig anthroposophisch orientierte Ausbildungsstätten in über zwanzig Ländern für anthroposophische Heilpädagogik und Sozialtherapie entwickelt.

Alle Ausbildungsstätten weltweit pflegen seit vielen Jahren eine intensive Zusammenarbeit. Einmal im Jahr treffen sich seit 1996 Vertreterinnen und Vertreter aller Initiativen für einige Tage in Kassel zur Weiterbildung, gegenseitigen Wahrnehmung und zum Austausch. Koordiniert und vorbereitet werden diese Treffen durch einen kleinen international zusammengesetzten Kreis. Aus dieser Zusammenarbeit ist auch das Handbuch für Ausbildungen in Heilpädagogik und Sozialtherapie – herausgegeben von der Konferenz für Heilpädagogik und Sozialtherapie der Medizinischen Sektion am Goetheanum – entstanden, das in einigen Berichten in diesem Buch erwähnt und zitiert wird. Das Handbuch enthält eine umfassende Beschreibung der Grundlagen und Praxis eines Ausbildungsganges. «In seiner Konzeption verbindet es prinzipielle Beschreibungen des Berufsbildes, der Ausbildungsinhalte, der Methoden, der Praxisbegleitung und der Weiterbildung der Ausbildungslehrer mit exemplarischen Beiträgen guter Ausbildungspraxis.» (GRIMM 2001, S. 16).

Für schweizerische Verhältnisse und Ohren eher ungewohnt ist die Tatsache, dass die Entwicklung dieses Handbuches im Rahmen eines EU-Projektes erfolgte und auch entsprechend mitfinanziert wurde.

Im Rahmen einer verbindlichen Zusammenarbeit und gegenseitigen Anerkennung wurde 2005 in Kassel der Entschluss gefasst, sich gegenseitig zu evaluieren. Zu diesem Zweck wurden ein Fragebogen und ein Leitfaden für einen Evaluationsprozess verabschiedet, der nun in die Praxis umgesetzt wird. Erste Erfahrungen, die an der nächsten Tagung ausgewertet werden, zeigen, dass diese Besuche und Befragungen durch aussenstehende Anerkennungsbegleiter für die Ausbildungsstätten zwar aufwändig in der Vorbereitung, aber sehr bewusstseinsfördernd und impulsierend sind. Eine in Kassel gewählte Anerkennungskommission überwacht den Prozess, evaluiert die eingereichten Unterlagen und schriftlichen Berichte der Evaluatoren und stellt dann aufgrund dieser Fakten den Antrag zur Anerkennung der Ausbildungsstätte im Rahmen der Medizinischen Sektion.

Ausbildungsstätten in der Schweiz

Nach der Beschreibung der zwei Pionierimpulse und der internationalen Situation richtet sich der Blick wieder auf die Schweiz und ihre weiteren Ausbildungsstätten, die nach dem Sonnenhof begründet wurden. Im Moment sind es fünf Orte, an denen Ausbildungen in Heilpädagogik und Sozialtherapie angeboten werden. Dabei ist wichtig zu wissen, dass eine Ausbildungsstätte – St. Barthélemy am Genfersee – nach mehrjähriger Wirksamkeit vor einiger Zeit die Tätigkeit beendet hat und eine weitere – die Heimschule Schlössli in Ins – nicht im engeren Sinne für die Heilpädagogik ausbildet, sondern sich umfassender definiert.

Die folgende Kurzdarstellung der klassischen Ausbildungsstätten für Heilpädagogik und Sozialtherapie in der Schweiz folgt chronologischen Gesichtspunkten, die Institutionen sind in der Reihenfolge ihrer Entstehung aufgeführt.

Perceval, St-Prex
Die gleichnamige Camphill-Einrichtung am Genfersee führte bereits relativ kurz nach ihrer Begründung den ersten Ausbildungskurs durch. Seit 1965 existiert in Perceval das «Seminaire Camphill de pédagogie curative», die Zusammensetzung der Studierenden, die alle in Perceval arbeiten, war und ist sehr international. Die Ausbildungsbegründung in St-Prex stand in einem engen Zusammenhang mit den Impulsen in Aberdeen. Im Durchschnitt wurden jedes Jahr zwanzig neue Seminaristen in den ersten Kurs aufgenommen, die Ausbildungsdauer variierte zwischen drei und vier Jahren.

Clair-Val, Epalinges
Die Ausbildung begann 1968 mit einem Kurs für sechs Seminaristen. Sie war zu Beginn stark an die Einrichtung La Branche in Mollie-Margot gebunden. Bereits in den ersten Jahren machte sich die Ausbildungsstätte aber selbstständig, auch wurde sie von Interessierten aus anderen Institutionen besucht. Seit 1971 finden jedes Jahr zwei Parallelkurse in Deutsch und Französisch statt. Die Teilnehmenden an der Ausbildung kommen aus Heimen der Schweiz, Frankreich und Österreich, seit 1974 wird die Ausbildung in Blockkursen von zwei Mal sechs Wochen pro Jahr angeboten. Die Ausbildung dauert drei Jahre und sie wurde 2002 von den eidgenössischen Behörden als Höhere Fachschule für Sozialpädagogik anerkannt.

Höhere Fachschule für anthroposophische Heilpädagogik, Dornach
Im Mai 1971 beschlossen die Institutionen, die Mitglieder des Schweizer Verbandes für anthroposophische Heilpädagogik und Sozialtherapie waren, die Gründung eines Seminars für das vierte Jahr nach der Grundausbildung. Nach Abklärungen und Rücksprachen mit Fachgremien und Behörden wurde das Seminar in Dornach 1973 begründet. Bereits im Herbst desselben Jahres begann der erste Kurs mit 10 Teilnehmenden. Ab 1980 stand und steht ein schöner Neubau mit einem Saal zur Verfügung. Im alten Gebäude, das nur noch zum Teil durch die HFHS benutzt wird, hat die Konferenz für Heilpädagogik und Sozialtherapie ihre Räumlichkeiten. Im Laufe der Jahre wurden – neben der eigentlich heilpädagogischen Ausbildung – auch weitere Kurse angeboten, so zum Beispiel die Weiterbildung für Praxisanleiter und für Menschen in Führungsverantwortung.

Camphill-Seminar, Humanus-Haus, Beitenwil
Schon relativ kurz nach der Eröffnung des Humanus-Hauses in Beitenwil – mehrere Jahre war das Heim in Ittigen beheimatet – wurde der Institution eine Ausbildungsstätte angegliedert. Im Jahre 1974 begann der erste Ausbildungskurs von drei Jahren, daran schloss sich ein viertes Jahr an, das überregional organisiert war. Das Schwergewicht der Tätigkeit und der Ausbildung lag hier eindeutig auf dem Bereich der Sozialtherapie, der Begleitung von erwachsenen Menschen mit Behinderungen. Die internationale Vernetzung im Bereich der Camphill Institutionen führte dazu, dass die Ausbildung im Humanus-Haus eine zentrale Rolle im mitteleuropäischen Raum einnahm.

2. Aktuelle Situation

Herausforderungen...

Wie weiter oben angedeutet, befindet sich die Ausbildungslandschaft der Schweiz in einem einschneidenden Veränderungs- und Umgestaltungsprozess. Davon sind auch die anthroposophisch orientierten Ausbildungsstätten betroffen und aufgerufen, mit den wachsenden Anforderungen, Reglementierungen und formalen Kriterien umzugehen.

Die Gründe für diesen Veränderungsprozess sind sehr vielfältig und nicht einfach auf einen Nenner zu bringen.

Wichtig und neu ist die Schaffung von verschiedenen Niveaus im Bereich der sozialen Ausbildungen. Diese entsprechen einer nationalen Bildungssystematik und sind im Rahmen der Berufsbildung verbindlich. Unterschieden werden drei Bereiche: die berufliche Lehre auf Sekundarstufe II, die Höheren Fachschulen und die Fachhochschulen im Tertiärbereich. So sind nun neu auch Ausbildungen im Sozialbereich auf Sekundarstufe II – im Anschluss an die obligatorische Schulzeit – möglich, während Ausbildungen im Tertiärbereich eine – auch branchenfremde – Berufsausbildung oder eine abgeschlossene Mittelschule voraussetzen. Diese klare Einordnung führte dazu, dass für Ausbildungsgänge nun klare und transparente Aufnahmekriterien, Anforderungen und Prüfungsvorschriften formuliert sind.

In der Praxis bedeutet dies, dass der Zugang zu und die Aufnahme an einer Ausbildungsstätte nicht mehr nur ein individueller Entscheid von interessierten Persönlichkeiten ist, sondern formale Kriterien, wie anerkannte Schulabschlüsse, Praxiskonzepte der Institutionen, ausgebildete Praxisanleiter usw., erfüllt sein müssen.

Auf der anderen Seite haben in den letzten Jahren bei den nationalen Behörden auch die Zuständigkeiten für Ausbildungen gewechselt, was wiederum dazu führt, dass sich alle Ausbildungsstätten einem neuen Anerkennungsprozess zu unterziehen haben. Schweizweit wurden und werden für alle Stufen auch verbindliche Vereinbarungen bezüglich der Rahmenlehrpläne verabschiedet, was bedeutet, dass die anthroposophischen Ausbildungsstätten im Bereich der Lehrinhalte – im Gegensatz zu früher – nicht mehr ganz frei sind.

In den vergangenen Jahren war auch im Gebrauch von Berufsbezeichnungen ein Wandel feststellbar. Die Berufsbezeichnung «Heilpädagoge» wird nur noch im Bereich der schulischen und integrativen Förderung verwendet, diese Ausbildung wird in Zukunft noch auf Ebene Fachhochschule oder Hochschule angeboten werden können. Alle ausserschulische Arbeit – wie die Betreuung auf einer Wohngruppe – wird nicht mehr als heilpädagogische, sondern als sozialpädagogische Tätigkeit bezeichnet. Dies bedeutet, dass mindestens im Moment keine anthroposophisch orientierten heilpädagogischen Ausbildungen neu beginnen, da keine der anthroposophischen Ausbildungsstätten die Bedingungen einer Fachhochschule erfüllt. Die Abschlüsse der Ausbildungsstätten tragen auf dem Diplom den Titel Sozialpädagoge/ Sozialpädagogin, dies ist die übliche Berufsbezeichnung auf Ebene Höhere Fachschule.

Zu guter Letzt wird ab dem Jahre 2008 auch die Finanzierung der Ausbildungsstätten neu geregelt. Durch den künftigen Wegfall der eidgenössischen Invalidenversicherung – die bis zu diesem Zeitpunkt die Ausbildungsstätten finanziell unterstützt – tauchen neue Fragen finanzieller Natur auf, die noch nicht alle gelöst sind.

... und ihre Konsequenzen

Die anthroposophischen Ausbildungsstätten haben versucht, sich so gut wie möglich intern und extern zu vernetzen, aber es hat sich doch deutlich gezeigt, dass es in Zukunft nicht mehr möglich sein wird, an fünf verschiedenen Orten Ausbildungen mit staatlicher Anerkennung anzubieten.

Diese Einsicht und auch die damit verbundenen Prozesse waren einerseits schwierig und schmerzvoll, auf der anderen Seite haben sie aber auch zu einer Klärung – und vielleicht damit auch zu einer künftigen Stärkung – geführt. Durch die Verordnungen und Gesetze war schon seit längerem klar, dass nach neuen Vorgaben institutionsinterne Ausbildungen keine Möglichkeit der offiziellen Anerkennung haben.

Aus diesen Gründen haben sich drei Ausbildungsstätten in der Schweiz entschliessen müssen, ihre Tätigkeit in absehbarer Zeit einzustellen.

Der *Sonnenhof* in Arlesheim wird im Jahre 2007 den letzten Seminarkurs abschliessen, denn Sommer 2005 wurde kein neuer Ausbildungsgang mehr angeboten. Damit findet eine fast sechzigjährige Tradition ihren Endpunkt, für die betroffene Institution ein gravierender Einschnitt in ihrer Geschichte.

Das Camphill-Seminar im *Humanus-Haus* hat Sommer 2005 den letzten Ausbildungsgang begonnen, nach diesem Zeitpunkt wird kein weiterer Kurs mehr angeboten, das Seminar in Beitenwil wird seine Tätigkeit im Sommer 2008 beenden.

Die Ausbildung in *Perceval* schliesst auf Sommer 2006 ebenfalls ihre Tore, die Studierenden werden in Epalinges integriert.

So werden in Zukunft nur noch an zwei Orten – *Epalinges* und *Dornach* – Ausbildungsgänge in Sozialpädagogik auf Ebene Höhere Fachschule angeboten. Beide müssen sich – wie alle Ausbildungsstätten auf dieser Ebene in der Schweiz – aber noch einem drei Jahre dauernden Anerkennungsprozess stellen.

Auf der Ebene Sekundarstufe II – die Berufsbezeichnung lautet Fachfrau/Fachmann Betreuung – ist eine Kooperation mit einer kantonalen Schule geplant, ebenso wird dieses Ziel im Bereich Schulische Heilpädagogik auf Stufe Fachhochschule angestrebt.

3. Veränderungen bei den Auszubildenden

Neben den äusserlichen Veränderungen und neuen Anforderungen ist ebenfalls auf Seiten der Auszubildenden ein grosser Wandel feststellbar. Dies wird mehr als deutlich, wenn man die Anfänge der Ausbildung der heutigen Situation gegenüberstellt. Dabei darf man aber nicht in den Fehler verfallen, Altes zu verherrlichen und Neues zu beklagen, sondern sollte versuchen, das Neue als impulsierende Herausforderung zu begreifen.

Eine deutliche Veränderung ist auf der Ebene der Motive für die heilpädagogische Arbeit und die Ausbildung festzustellen. Wie bereits geschildert, wurde in der Pionierzeit in erster Linie die Anthroposophie gesucht, diese fand man dann in einer heilpädagogischen Institution. Später war es bei einer Mehrzahl der Mitarbeitenden gerade umgekehrt. Die Menschen suchten eine Möglichkeit, heilpädagogisch oder sozialpädagogisch zu arbeiten und lernten dann über die praktische Tätigkeit die Anthroposophie kennen. Überblickt man eine längere Zeitspanne, sind Wellenbewegungen auszumachen; in denjenigen Perioden, wo die Jugend nach spirituellen Inhalten und alternativen sozialen Formen des Miteinanders suchte, war die Motivation für die Wahl der Arbeit die Anthroposophie, während in Zeiten ohne grosse Ideale die konkrete Tätigkeit im Vordergrund stand. Der Weg führte also entweder von der Anthroposophie zur praktischen Arbeit oder die Menschen suchten zuerst ihren Beruf und lernten daran erst den damit zusammenhängenden menschenkundlichen Hintergrund kennen.

Auch die Begleitung der Auszubildenden ist aufwändiger geworden, Ausbilder und Praxisanleiter werden aus den oben erwähnten Gründen nicht mehr als unantastbare Autoritäten wahrgenommen, sondern müssen sich behaupten und ihre Stellung rechtfertigen. Dies hat sicher auch mit der sich schnell verändernden Zeit und den immer neuen Herausforderungen des Berufsfeldes zu tun. «Die heute Ausbildenden können ihren Auszubildenden nicht mehr sagen, was sie in Zukunft können müssen. Das Prinzip von Vorbild und Nachahmung, das ja in der beruflichen Ausbildung eine grosse Rolle gespielt hat, lässt sich so nicht mehr realisieren.» (BRATER 2001, S. 24). Auch wird von den Auszubildenden erwartet, dass die Ausbilder fachlich so kompetent sind, dass sie – neben dem anthroposophischen Hintergrund des Berufes – auch die Inhalte der allgemeinen Heil- und Sozialpädagogik kennen und diese auch vermitteln können, kurz, zwei Fachsprachen beherrschen.

Ebenfalls einer Veränderung unterworfen waren die Form, der Sinn und die Bedeutung des Gemeinschaftslebens in den Praxisinstitutionen. Waren es früher sehr enge und auch sehr persönliche Formen von Gemeinschaften mit all ihren Vorteilen, aber auch Schattenseiten, erheben die Menschen heute den Anspruch auf eine Privatsphäre, auf Familie und Freizeit. Gerade in dieser Frage droht die moralische Beurteilung, der Seufzer «Früher war alles ganz anders!» – dem wir ja alle unabhängig vom Alter unterliegen –, was nicht weiter, sondern in die Lähmung führt. Gemeinschaften zu bilden, die den Einzelnen frei lassen, ihn sich aber doch als Teil eines Ganzen erleben lassen, ist eine moderne und spannende Herausforderung. Nicht mehr das Zusammenleben – die Lebensgemeinschaft –, sondern das gemeinsame Ergreifen einer Aufgabenstellung – die Aufgabengemeinschaft – steht im Vordergrund und will gestaltet werden.

Verändert hat sich aber in erster Linie die Stellung der Menschen mit Behinderung in der Gesellschaft; auch diese Tatsache hat ihre Auswirkungen auf die Menschen, die in diesem Arbeitsfeld sich ausbilden wollen. Das Gestalten eines gleichwertigen Dialoges in der Beziehungsgestaltung – eines der zentralen Anliegen Rudolf Steiners – muss heute mit mehr Bewusstsein ergriffen und auch in die Praxis umgesetzt werden. Dies erfordert neue Kompetenzen und Fähigkeiten, die früher meines Erachtens noch nicht in diesem ausgeprägten Mass notwendig waren.

4. Das künstlerische Element

Schon in den ersten Kursen der am Anfang beschriebenen Ausbildungsimpulse war das künstlerische Element stark ausgeprägt. In verschiedenen Künsten wurden die Auszubildenden unterrichtet, so in Eurythmie, Musik, Malen, Plastizieren und Sprache; sehr wichtig war auch die Leier, ein in der anthroposophischen Heilpädagogik entwickeltes Musikinstrument.

Oberflächlich betrachtet hat sich das Angebot des Kunstunterrichtes nicht verändert, die Frage stellt sich aber, ob die weiter oben beschriebenen Veränderungen die Methodik des Unterrichtens beeinflusst haben könnten.

In der Anfangszeit diente der künstlerische Unterricht sicher auch der seelischen Rehabilitation der Auszubildenden, kamen doch sehr viele von ihnen aus Kriegsgebieten und hatten einen grossen Bedarf nach Kultur. Diese Bedürfnisse konnten in den anthroposophischen Institutionen mit ihren reichen und vielfältigen künstlerischen Aktivitäten befriedigt werden.

In einer späteren Zeit war der künstlerische Unterricht neben anderem auch die Möglichkeit, die Feierlichkeiten und Jahresfeste in den Institutionen mit Hilfe der Auszubildenden durch Gesang, Sprache, Musik und Eurythmie zu bereichern. Ebenso war es sehr wichtig, dass man für den Unterricht mit den Kindern über künstlerische Kompetenzen verfügte, die man im Unterricht fruchtbar einsetzen konnte.

Heute spielen diese Aspekte immer noch eine Rolle, aber aus meiner Sicht werden eine Weiterentwicklung der Methodik und eine neue Gewichtung immer deutlicher. «Das künstlerische Element in der Ausbildung hat überhaupt nichts mit Kunstwerken zu tun, die man an die Wand hängen kann oder aufführen kann.» (BRATER 2004, S. 27). Die Kunst wird zu einem Mittel, wo Fähigkeiten entwickelt werden können, die im Alltag hilfreich sind. «Was sich abhebt vom Malen, Plastizieren und Theaterspielen, ist eine universelle Fähigkeit, die mir dann bleibt.» (a.a.O., S. 31).

Gelingt es, an diese Qualitäten heranzukommen, trägt der künstlerische Unterricht wesentlich dazu bei, die Auszubildenden für die Praxis vorzubereiten. «Es zeigt sich ja offenbar auch, dass die Behinderungsbilder nicht mehr so wie früher ‹stimmen›; und was fachlich an Massnahmen vorliegt, beruft sich ja noch auf diese klassischen Bilder. Die Kinder richten sich ja nicht nach diesen Bildern, und jeder Umgang, jede Behandlung wird einzigartig, wie ein Kunstwerk.» (a.a.O., S. 32).

So wird deutlich, dass die Methodik des künstlerischen Unterrichtes in der Ausbildung sich im Laufe der letzten Jahrzehnte sehr verändert hat. Sie gibt eine Antwort auf die Bedürfnisse der Studierenden und entspricht den Anforderungen der Praxis und leistet so einen wichtigen Beitrag für die Fachlichkeit in sozialen und heilpädagogischen Berufen. Neben den im oberen Teil beschriebenen äusseren Veränderungen, haben sich auch eine innere Verwandlung und Neugewichtung des Künstlerischen als Antwort auf die neuen Bedürfnisse der Auszubildenden und der Praxis ergeben. Diese zeigen, dass das künstlerische Tun in der Ausbildung immer mehr an Bedeutung gewinnt, weil es den Bereich im Menschen anspricht, der im beruflichen Alltag immer wichtiger wird: das Handeln aus Geistesgegenwart.

Literaturverzeichnis

BRATER, Michael (2001): *Gespräch über Ausbildungsfragen.* In: *Seelenpflege in Heilpädagogik und Sozialtherapie,* 20. Jahrgang Heft 2, Dornach.

BÜCHNER, Christianne (2004): *Eine schottische Spezialität: der Bachelor-Grad in anthroposophischer Heilpädagogik.* In: *Seelenpflege in Heilpädagogik und Sozialtherapie,* 23. Jahrgang Heft 1, Dornach.

GRIMM, Rüdiger (2001): *Handbuch für Ausbildungen in Heilpädagogik und Sozialtherapie.* In: *Seelenpflege in Heilpädagogik und Sozialtherapie,* 20. Jahrgang Heft 2, Dornach.

HAID, Christianne: *Zur Geschichte des Ausbildungsimpulses in der heilpädagogischen Bewegung am Beispiel des Sonnenhofes und Camphill Aberdeeen.* Dornach: Konferenz für Heilpädagogik und Sozialtherapie (unveröffentlicht).

REGIERUNGSRAT des Kantons Basel-Landschaft. Auszug aus dem Protokoll Nr. 1249 vom 28. April 1970.

Die Autorinnen und Autoren

Brefin Alt, Konstanze: 1956, Publizistin, mehrjährige Mitarbeit in der Redaktion der Wochenschrift «Das Goetheanum», Dornach. Aufbau und Redaktion der «Mitteilungen aus dem anthroposophischen Leben in der Schweiz», Mitinhaberin des Satzgestaltungsbüros Textmanufaktur, Basel.

Buchka, Maximilian, Dr. päd.: 1943, Professor für Erziehungswissenschaft, insbesondere Sozial- und Heilpädagogik an der Kath. Fachhochschule NRW, Abt. Köln, Fachbereich Sozialwesen. Erziehungswissenschaftliche, sozial- und heilpädagogische Studien an den Universitäten Münster, Köln und Dortmund. Praxiserfahrungen als Volks- und Sonderschullehrer, Ausbildungsleiter für Referendare im Lehramt Sonderpädagogik und Rektor einer Sonderschule für geistig Behinderte. Buchpublikationen und Zeitschriftenaufsätze zu folgenden Arbeitsschwerpunkten: Theorien und Konzepte der Sozial- und Heilpädagogik; Heilpädagogik und Sozialtherapie für Menschen mit Behinderungen; Sozial- und heilpädagogische Fall-Hermeneutik; Didaktik/Methodik des Unterrichts in der Schule für Geistigbehinderte; Burn-out-Syndrom bei professionellen Kräften in der Sonderschule; Religionspädagogische Fragestellungen bei Menschen mit geistiger Behinderung.

Büchner, Christianne, lic. phil.: 1953, Heilpädagogin; mehrjährige Tätigkeit als Heilpädagogin und als heilpädagogische Früherzieherin in der Zentralschweiz; danach wissenschaftliche Mitarbeiterin an der Schweizerischen Zentralstelle für Heilpädagogik (SZH) in Luzern. Seit 2002 wissenschaftliche Mitarbeiterin an der Höheren Fachschule für anthroposophische Heilpädagogik und in der Internationalen Konferenz für Heilpädagogik und Sozialtherapie in Dornach.

Caspari, Marita: 1957, dipl. Kunsttherapeutin, Heilpädagogin, dipl. Fachhochschule Ottersberg, Diplom Rudolf-Steiner-Seminar für Heilpädagogik Dornach. Freischaffend und langjährige Dozentin an verschiedenen Ausbildungsstätten.

Denger, Johannes: 1955 Basel, Arbeit in der Psychiatriepflege. Ausbildung zum Heilpädagogen auf anthroposophischer Grundlage in Arlesheim und Dornach. Mitarbeit im Kinderheim Sonnenhof, Arlesheim. 1982–1988 (und 1995–2001) als Klassenlehrer am Aufbau der Freien Waldorfschule Hannover-Bothfeld beteiligt. 1988–1995 Sekretär der Internationalen Konferenz für Heilpädagogik und Sozialtherapie, Dornach. In diesen Jahren Redaktion und Herausgabe der Zeitschrift «Seelenpflege». Seit September 2001 als Referent für Zeitfragen und Öffentlichkeitsarbeit des Verbandes für anthroposophische Heilpädagogik, Sozialtherapie und soziale Arbeit in Deutschland tätig. Redaktion der Verbandszeitschrift «Punkt und Kreis». Vorträge, Seminare und Publikationen. Dozent am Rudolf-Steiner-Institut für Sozialpädagogik, Kassel.

Egli, Hans: 1940, nach dem Abschluss des Erstberufes als El. Ing. HTL Aufnahme des Studiums zum Heilpädagogen auf anthroposophischer Grundlage. Abschluss 1968 am Rudolf-Steiner-Seminar für Heilpädagogik Eckwälden. 1972 Ausbildung zum Grundschullehrer an der Lehrerbildungsstätte des Kantons Baselland. 1976 Abschluss der Zusatzausbildung am Funkkolleg «Sozialer Wandel». Sonderpädagoge und Erzieher in einem Schulheim, davon mehrere Jahre Leiter der Sonderschule. Verschiedene kantonale und schweizerische Kommissionstätigkeiten. Seit 1990 Leiter des Rudolf-Steiner-Seminars für Heilpädagogik bzw. der Höheren Fachschule für anthroposophische Heilpädagogik in Dornach.

Fischer, Andreas: 1954, dipl. Heilpädagoge, Lehrer, Supervisor. Langjährige praktische Tätigkeit in einem Sonderschulheim. Leiter der Koordinationsstelle des Verbandes für anthroposophische Heilpädagogik und Sozialtherapie in der Schweiz und stellvertretender Leiter der Höheren Fachschule für anthroposophische Heilpädagogik, Sozialpädagogik und Sozialtherapie in Dornach.

Fröhlich, Andreas, Prof. Dr.: 1946, Studium der Pädagogik, Philosophie, Sonderpädagogik und Heilpädagogischen Psychologie. Arbeit über viele Jahre mit schwer- und schwerstbehinderten Kindern und Jugendlichen im Rehabilitationszentrum Westpfalz in Landstuhl. Lehrstuhl für Geistigbehindertenpädagogik am Institut für Sonderpädagogik der Universität in Landau/Pfalz. Anschliessend Hochschullehrer und Professor in Mainz und Heidelberg. Intensive Forschungsarbeit auf dem Gebiet schwerster Behinderung, Pflegebedürftigkeit und Bewusstlosigkeit. Entwicklung des Konzeptes «Basale Stimulation». Veröffentlichung u.a.: Basale Stimulation – Das Konzept. Düsseldorf 1998.

Gäch, Angelika, Dr. med.: Ärztin für Allgemeinmedizin, Eurythmistin. Langjährige Tätigkeit im heilpädagogischen Zusammenhang. Seit 1992 Leiterin des Rudolf-Steiner-Seminars für Heilpädagogik Bad Boll. Überregionale Kurstätigkeit, seit 1995 auch regelmässig in der Russischen Föderation.

Grimm, Rüdiger, Dr. phil.: 1952, Ausbildung zum Heilerzieher, Studium der Waldorfpädagogik, der allgemeinen Pädagogik und Sonderpädagogik, Psychologie und Soziologie, Diplom und Promotion in Erziehungswissenschaft. Langjährige Mitarbeit in heilpädagogischen Gemeinschaften der Camphill-Bewegung. Seit 1995 Sekretär der Internationalen Konferenz für Heilpädagogik und Sozialtherapie, Medizinische Sektion, Freie Hochschule für Geisteswissenschaft am Goetheanum, Dornach. Autor und Herausgeber von Publikationen zur Heilpädagogik.

Grebert, Joachim, Dr. phil: Banklehre, Studium der Soziologie, Psychologie, Wirtschaftswissenschaften, Promotion in Philosophie und Pädagogik, Ausbildung zum Lehrer für Rudolf-Steiner-Schulen, Leiter der deutschsprachigen Abteilung der «Höheren Fachschule für Sozialpädagogik» Clair-Val in Epalinges.

Gruntz-Stoll, Johannes, Prof. Dr. phil.: 1952, in Basel aufgewachsen. Nach mehrjähriger Lehrtätigkeit im Appenzell-Ausserrhodischen hat er in Bern und Tübingen Pädagogik, Pädagogische Psychologie, Philosophie und Ethnologie studiert. 1986 Doktorat in Bern mit einer Studie über «Sozialisationsprozesse in Kindergruppen»; 2000 Habilitation in Innsbruck mit einer Arbeit über «Pädagogische Antinomien und Paradoxe Anthropologie». Heute ist er Leiter des Instituts Spezielle Pädagogik und Psychologie der Fachhochschule Nordwestschweiz. Er ist Vater von vier Kindern und lebt mit seiner Familie in Basel. Buchveröffentlichungen unter anderem über Pestalozzi: «Appenzeller Schüler und Gehilfen Pestalozzis» (1985) und «Pestalozzis Erbe – Verteidigung gegen seine Verehrer» (1987), über Erziehung, Unterricht und Literatur: «Schullandschaften» (1988), «Kinder erziehen Kinder» (1989) und «Erziehung, Unterricht, Widerspruch» (1999), über Problemsituationen und paradoxe Interventionen in Beratung und Erziehung: «Probleme mit Problemen» (1994), «Einfach verflixt – verflixt einfach» (1997) und «Verwahrlost, beziehungsgestört, verhaltensoriginell» (2006), über Humor in Erziehung und Unterricht, Beratung und Therapie: «Ernsthaft humorvoll» (2001) und «Lachen macht Schule» (2002) sowie mit und über Rätselraten und Denkspielen: «Rate, rate, was ist das» (1974), «Denkspiele mit Bleistift und Papier» (1990) und «Ein Hund springt aus dem Mund» (1993).

Hucher, Jean-Claude: 1951, verheiratet, Vater von 7 Kindern. Lizenziert in Erziehungswissenschaft Genf, diplomiert in Ethik Sherbrooke in Kanada, diplomiert in Eurythmie und Heileurythmie Goetheanum Dornach, Waldorf-Pädagogik Stuttgart. Direktor für den französischen Teil der Ecole Supérieure de Travail Social Clair-Val Epalinges CH.

Jeltsch-Schudel, Barbara, PD Dr. phil: Ausbildung als Primarlehrerin, Studium der Sonderpädagogik an der Universität Zürich, Assistentin und ab 1986 Oberassistentin am Institut für Sonderpädagogik der Universität Zürich; Promotion 1988. Seit 1995 Lehr- und Forschungsrätin am Heilpädagogischen Institut der Universität Freiburg/Schweiz und Leiterin der Abteilung Klinische Heilpädagogik und Sozialpädagogik; Habilitation 2004. Themen in Forschung und Lehre: Familien mit behinderten Söhnen und Töchtern; Identitätsentwicklung von Menschen mit Behinderungen; Down-Syndrom; Fragestellungen der Pädagogik im Bereich Menschen mit geistiger Behinderung; Menschen mit lebenslangen Behinderungserfahrungen im Alter. Mitarbeit in verschiedenen Fachgruppen, u.a. zu ethischen Fragen im Zusammenhang mit Heil-/ Sonderpädagogik. Verheiratet, 2 Töchter.

Kaschubowski, Götz, Dr. päd.: 1957, Diplom-Pädagoge, Sonderschullehrer; arbeitet an der Odilienschule in Mannheim; Tätigkeit als Dozent an der Freien Hochschule für anthroposophische Pädagogik in Mannheim.

Kobi, Emil E., PD Dr.: 1935 in Kreuzlingen, dipl. Heilpädagoge, Dr. phil. habil., Dozent emerit. Universität, Basel. Primar- und Sonderklassenlehrer, Klinischer Heilpädagoge (Kinderpsychiatrische Poliklinik/Kinderspital Basel), Schulpsychologe, Psychologie- und Pädagogiklehrer (Lehrerseminar, Basel). 1972–1999 leitender Dozent für Heilpädagogik am interfakultären «Institut für Spezielle Pädagogik und Psychologie (ISP)» der Universität Basel (Ausbildung von Sonderklassenlehrerinnen und -lehrer, Logopädinnen und Logopäden, Früherzieherinnen und Früherzieher, Psychomotoriktherapeutinnen und -therapeuten), viele Veröffentlichungen u.a. «Grundfragen der Heilpädagogik».

Kugler, Walter, Dr.: 1948, studierte Musik, Deutsch, Geschichte, Erziehungswissenschaften und Politologie. Assistent in der Dramaturgie beim WDR und Lehrbeauftragter an der Universität Köln. Seit 1982 wissenschaftlicher Mitarbeiter im Rudolf-Steiner-Archiv in Dornach und heute dessen Leiter. Daneben publizistisch tätig. Seit 1992 Projektierung und Realisierung von mehr als 30 Ausstellungen künstlerischer Arbeiten Rudolf Steiners weltweit, u.a. im Museum of Contemporary Art Watari-Um in Tokyo, im University Art Museum Berkeley und im Kunsthaus Zürich.

Lindenmeyer, Hannes: 1945, Einstieg in die Berufswelt als Primarlehrer im Zürcher Weinland. Studium in Geographie und europäische Volkskunde an der Universität Zürich, als Werkstudent und nach dem Studium Lehrtätigkeiten auf allen Schulstufen. Assistent am Geographischen Institut. Autor eines Lehrmittels für den Realienunterricht im Kanton Zürich. Didaktiklehrer am kantonalen Primarlehrerseminar. Während 14 Jahren verantwortlich für die Inland-Projekte des Schweiz. Arbeiterhilfswerks, d.h. Aufbau und Leitung von Programmen und Kursangeboten für Stellensuchende sowie niederschwelligen Angeboten für Drogenkonsumierende in zwölf Kantonen. Während 7 Jahren Dozent an der Fachhochschule des Kantons Aargau im Bereich «Führen von Sozialen und Bildungsinstitutionen». Seit 1997 Mitglied von KEK-CDC Consutants, Beratungen im Bildungs-, Sozial- und Gesundheitsbereich in Zürich.

Osbahr, Stefan, Dr. phil.: 1965, sozialpädagogische Tätigkeiten mit erwachsenen Menschen mit geistiger Behinderung und Kindern mit autistischem Verhalten. Werkstudium in Sozialpädagogik und Sonderpädagogik an der Universität Zürich, Abschluss 1991 mit dem Lizentiat. Internatsleiter und stv. Heimleiter in Sonderschulheim für muskelkranke Kinder/Jugendliche. Dozent an der Höheren Fachschule für den Kanton Aargau, Professor für Sozialpädagogik an der Fachhochschule Aargau, Departement Soziale Arbeit (1994–2001). Promotion zum Dr. phil. an der Universität Zürich mit einer Dissertation zum Thema «Selbstbestimmtes Leben von Menschen mit geistiger Behinderung», publiziert in der Edition SZH (2000). Seit 2001 Schulleiter der Höheren Fachschule für Sozialpädagogik Agogis, Zürich. Verheiratet und Vater einer 5-jährigen Tochter.

Riesen, Nelli: 1966, besuchte die Heimschule St. Michael in Oberhofen. Zusammen mit Urs Thimm und anderen abgehenden Schülern gründete sie 1983 die Gemeinschaft Alchemilla in Oberhofen. Nelli Riesen bezeichnet sich als Autistin. Sie verfügt über keine verbale Sprache und kann erst seit ihrem 37. Lebensjahr mit fc kommunizieren.

Schädel, Erdmut J., Dr.: 1947, Heilpädagoge und Facharzt für Kinder- und Jugendmedizin, leitender Arzt an der Ita Wegman Klinik und am Kinderheim Sonnenhof in Arlesheim. Vortrags- und Unterrichtstätigkeit an verschiedenen Ausbildungskursen und Seminaren.

Schmalenbach, Bernhard, Dr. phil., dipl. Soz.päd.: 1962, Mitarbeiter der Camphill-Gemeinschaft Brachenreuthe und Redakteur der Fachzeitschrift «Seelenpflege in Heilpädagogik und Sozialtherapie».

Schnaith, Eva-Maria: 1960, Diplom Musikerzieherin, 18 Jahre Tätigkeit in heilpädagogischer Einrichtung, Diplom als Heilpädagogin. Dozentin an der HFHS Dornach.

Schulz, Dieter: 1955, Heilpädagoge, Ausbildung in Chirophonetik und Biographiearbeit, Supervisor. 10 Jahre Heimerfahrung, seit 1985 in freier Praxistätigkeit, Dozent an der HFHS Dornach.

Stärkle, Marianne: 1954, ist Autistin ohne verbale Sprache und stark sehbehindert. Sie lebt im Humanus-Haus in Beitenwil, Rubigen, zusammen mit Jacqueline Domeyer-Engel, 1956, Sozialtherapeutin, in einer von ihr verantworteten Hausgemeinschaft. Dank dem Engagement von Jacqueline Domeyer kann Marianne Stärkle seit 4 Jahren mit fc kommunizieren.

Thimm, Urs: 1953, Heilpädagoge, mit Nelli Riesen und anderen austretenden Schülern der Heimschule St. Michael Mitbegründer und Gesamtleiter der Vereinigung Alchemilla,

Oberhofen. Präsident des Verbandes für anthroposophische Heilpädagogik und Sozialtherapie in der Schweiz VaHS.

Zehnter, Agnes: 1966, Erzieherin, freischaffende Sprachgestalterin, Künstlerin, Therapeutin, Dozentin an verschiedenen Ausbildungsstätten. Verantwortlich für den Bereich Sprachgestaltung und Schauspiel in der Sektion für Redende und Musizierende Künste am Goetheanum.